高校思想政治理论课重点教材

法律基础

（第三版）

主　编　程天权　　执行主编　朱力宇

中国人民大学出版社
· 北京 ·

图书在版编目（CIP）数据

法律基础 / 程天权主编；朱力宇执行主编 . 3 版 . -- 北京：中国人民大学出版社，2025. 1.（高校思想政治理论课重点教材）. -- ISBN 978-7-300-33684-8

Ⅰ. D92

中国国家版本馆 CIP 数据核字第 2025CS8562 号

高校思想政治理论课重点教材

法律基础（第三版）

主　　编　程天权

执行主编　朱力宇

Falü Jichu

出版发行	中国人民大学出版社		
社　　址	北京中关村大街 31 号	**邮政编码**	100080
电　　话	010－62511242（总编室）		010－62511770（质管部）
	010－82501766（邮购部）		010－62514148（门市部）
	010－62515195（发行公司）		010－62515275（盗版举报）
网　　址	http://www.crup.com.cn		
经　　销	新华书店		
印　　刷	唐山玺诚印务有限公司	**版　　次**	2003 年 8 月第 1 版
开　　本	787 mm×1092 mm　1/16		2025 年 1 月第 3 版
印　　张	20.5 插页 1	**印　　次**	2025 年 1 月第 1 次印刷
字　　数	469 000	**定　　价**	58.00 元

内容提要

本教材具有通识教育的性质，针对21世纪青年的特点组织编写，在阐释全面推进依法治国必须遵循的习近平法治思想之后，依次涉及的内容包括：法理学、宪法、行政法、民法、商法、知识产权法、经济法、劳动法和社会保障法、刑法、诉讼法和非诉讼程序、国际法等领域的一些基本理论、知识和概念，注重对学生广博与精深相结合的法律素质的培养。

通过学习本教材，读者能够基本了解我国法律体系的宏观情况，增强法治观念和社会责任感，从而能够正确行使和履行公民的权利和义务，增强运用法律知识和手段维护国家、集体和个人合法权益的能力，成为具备现代视野、可以适应21世纪社会发展需要的高层次人才。

主编简介

程天权，教授、博士生导师，曾任北京市委委员、全国政协委员、中国人民大学党委书记等。主要研究方向：中国法律思想史、中国法制史、中国当代政治、中国高等教育研究等。主要著述：《中国民法史》（合著）、《大清律》（中译英）、《法律基础》（主编）、《中国之路》（中、英文版）（主编）等。其中与他人合著的《中国民法史》获第一届中国高校人文社会科学研究优秀成果奖一等奖。多篇有关中国特色社会主义理论的文章获奖。

朱力宇，法学博士，中国人民大学法学院教授、博士生导师，《人权》杂志常务副总编。主要研究方向：法理学、立法学、人权法学。法国马赛第三大学法学院、巴黎第一大学法学院访问学者。主要社会兼职：中国立法学研究会顾问，中国人权研究会顾问，中华人民共和国联合国教科文组织全国委员会咨询专家。主要著述：《彭真民主法制思想研究》（专著）、《依法治国论》（主编）、《法理学原理与案例教程》（主编）等。作为负责人承担国家及省部级研究课题多项。

第三版说明

1986年，我国普通高等院校开始开设“法律基础”课。按照教育部的有关规定，“法律基础”课是在全国高等院校中除法律专业外所有专业普遍开设的公共课，是一门与“思想道德修养”课、“形势与政策”课相配合，以马克思列宁主义、毛泽东思想、邓小平理论、“三个代表”重要思想、科学发展观为指导，针对大学在校学生进行法律基本知识教育的课程；是全国高等院校学生必须学习的马克思主义理论课和思想品德课的“两课”课程之一。“法律基础”课的任务，就是通过传授基本的法学理论知识，使学生初步理解马克思主义法学的基本原理，充分认识法律对于现代社会，包括对国家、社会和公民个人的重要作用，了解“依法治国，建设社会主义法治国家”的重要性与迫切性；通过传授必要的法律基础知识，使学生初步了解我国法律体系的宏观情况，掌握我国宪法和有关法律的主要精神和内容，增强法治观念和社会责任感，提高自身的法律意识和公民意识，正确行使和履行公民的权利和义务，增强运用法律知识和手段维护国家、集体和个人合法权益的能力；通过提升学生政治、法律和专业的综合素质，使其成为既有精深专业基础，又具备现代视野，能适应21世纪社会发展需要和应对未来挑战的高层次专门人才。

本教材的第一版和第二版，就是在上述背景下编写的。

2005年3月2日，为贯彻落实《中共中央国务院关于进一步加强和改进大学生思想政治教育的意见》和全国加强和改进大学生思想政治教育工作会议精神，充分发挥高等学校思想政治理论课在大学生思想政治教育中的主渠道作用，《中共中央宣传部教育部关于进一步加强和改进高等学校思想政治理论课意见》提出实施方案，在本科课程内设置包括“思想道德修养与法律基础”（3学分）在内的4门必修课。也就是说，将原来的“思想道德修养”和“法律基础”两门课程合并为一门课程。此后，尽管本教材一直受到广大读者的欢迎，但是由于课程内容有了根本性的变化，所以本教材也就没有再版。

当年本教材的第二版出版时，中国特色社会主义法律体系还没有形成，即使到2010年我国宣布中国特色社会主义法律体系形成时，包括宪法在内，当时全国人大及其常委会制定通过的法律只有236件[①]；而到本教材第三版即将付印时（2024年11月），我国现行有效的法律共305件[②]。也就是说，仅就有关宪法法律层级的规范性文件而言，与20多年前相比，在数量和质量上，都有了巨大的发展和提高。因此，随着中国特色社会主义法律体系的不断完善、法学各学科理论知识的发展，在党的十八大特别是党的二十大召开后，为满足中国特色社会主义新时代的需要，有必要根据我国法治建设的发展，重新编写一本性质完全不同的《法律基础》教材。

这本教材既不同于法律院校开设的法理学、民法学、刑法学等法律专业课程使用的教材，也不同于在高校中开设的“思想道德与法治”课使用的教材。它不要求传授给学生系统的法学理论和具体、精深的专业知识，而是注重对最基本的法律基础理论知识的介绍；它不能也不应该对所有法律部门、法学领域面面俱到，而是主要涉及一些与公民特别是大学生的学习、工作和生活有关的主要法律问题。简言之，这本教材，具有通识教育的性质，是针对21世纪青年的特点而组织编写教材体系和内容的。在这一意义上，本教材也有法律专业的“入门”性质。

由于本教材性质的根本变化，我们重新约请和组织了新的编写者。他（她）们都是毕业于中国人民大学法学院的研究生，获得了法学博士学位，现在都在国内高校任教或在法院、公司从事审判、法律实务工作。编写这本教材，也是这些青年才俊以知识对母校法学院的回馈之作。

最后，也是最重要的，本教材在原教材的基础上，对各章内容进行了程度不同的改编或重写，所以我们还要对本教材第一版和第二版的作者表示感谢。

本教材的主编为程天权，执行主编为朱力宇；教材的编写大纲由全体编写人员经过数次集中讨论确定，各章分工撰写，最后由主编、执行主编审定。具体写作分工如下（以撰写各章先后为序）：

导论：程天权（中国人民大学法学院教授、博士生导师）

第一章：彭君（法学博士，北京工业职业技术学院文法与管理学院副教授）

第二章：朱力宇（法学博士，中国人民大学法学院教授、博士生导师）

第三章：沈太霞（法学博士，暨南大学法学院/知识产权学院副教授）

第四章：黄娟（法学博士，中南林业科技大学法学院讲师）

第五章：李雅琴（法学博士，天津医科大学医学人文学院副教授）

第六章：熊侃（法学博士，华泰人寿保险股份有限公司合规负责人）

第七章：林鸿姣（法学博士，北京知识产权法院三级高级法官）

---

① “到2010年底，我国已制定现行有效法律236件、行政法规690多件、地方性法规8 600多件，并全面完成对现行法律和行政法规、地方性法规的集中清理工作。目前，涵盖社会关系各个方面的法律部门已经齐全，各法律部门中基本的、主要的法律已经制定，相应的行政法规和地方性法规比较完备，法律体系内部总体做到科学和谐统一。一个立足中国国情和实际、适应改革开放和社会主义现代化建设需要、集中体现党和人民意志的，以宪法为统帅，以宪法相关法、民法商法等多个法律部门的法律为主干，由法律、行政法规、地方性法规等多个层次的法律规范构成的中国特色社会主义法律体系已经形成”。引自2011年3月10日全国人大常委会委员长吴邦国在十一届全国人大四次会议上所作的《全国人民代表大会常务委员会工作报告》。

② 数据来自2024年11月北大法宝的统计。

第八章：郭晓明（法学博士，中国农业大学人文与发展学院法律系副教授）
第九章：粟丹（法学博士，浙江工业大学法学院/地方立法研究院副教授）
第十章：孙晓红（法学博士，山西财经大学法学院副教授）
第十一章：韩振文（法学博士，浙江工商大学法学院/知识产权学院副教授）
第十二章：王陈平（法学博士，教育部课程教材研究所助理研究员）

目 录

导 论

党的十八大特别是党的二十大召开后，为适应中国特色社会主义新时代的需要，根据我国法治建设的发展，尤其是随着中国特色社会主义法律体系的形成和完善，有必要编写一本《法律基础》教材。就此而言，本教材是一本法律专业的通识性读物。

重点问题

- 法律与国家、社会和公民个人的关系。
- 马克思和恩格斯在历史上第一次科学地揭示了法律的本质。
- 法律产生和发展的一般规律及法律的历史类型。
- 当代世界各国法律的分类和主要法系。
- 法学及其研究对象。
- 学习法律基础应注意的问题。

一、法律与人类社会

（一）法律是规范人们生活的基本规则

“法律”是一个人们耳熟能详的热门词语，对于绝大多数成年人来说，在日常生活中都或多或少与法律打过交道，也听说或看过一些与法律相关的新闻、消息。简单说来，法律是一个国家和社会进行管理、维持秩序、规范人们生活的基本规则；也是这个国家和其民众在一定历史时期内共同生活所必须遵循的普遍规范，具有政治统治、经济和社会管理等多重功能。法律作为规则，对于国家、社会、公民，都是至关重要的。没有法律，不可能有现代国家；没有法律，也不可能有人类文明，不可能有现代社会生活。古今中外的历史都已经雄辩地证明，法律对于公民生活、社会发展、国家兴亡是极为重要的。中国几千年的历史，治乱兴衰，可以说都与法律有关。凡是政治清明、法制健全时，国家就兴旺发达；反之，则家破国亡、生灵涂炭。可见，“法律”这一概念，比一般人所理解的要更为复杂、抽象。

（二）法律与人类文化

作为一种社会现象，法律是人类社会的精神产物，是人类智慧的结晶。从远古到现今，人类社会经历了巨大的变化，人类的物质生活有了极大进步，精神生活也极大丰富。但是从宏观上看，人类至少依然面临着两个方面的挑战：其一，来自自然的挑战。经过一代又一代人的艰辛探索，人类虽然在与自然相处方面取得了巨大成就，物质文明已经非常发达，但是如何在自然环境中继续求生存、求发展，仍然是重大问题。其二，来自人类自身的挑战。比如说如何认识人类自身，我们从哪里来、到何处去，我们的生活价值在哪里，应该由谁来支配我们的生活等哲学层次的问题，一直困扰着一代又一代的人。另外，我们应该如何对待他人，这是人类如何管理自己、约束自己，如何组织自己生活的问题，也是一个极大的问题。每一代人对这些问题的看法和所采取的行动，构成了所谓人类文化或者精神文明，包括宗教、哲学以及法律等方面的精神成果。

文化人类学的研究表明，人类的文明文化有不同的源头，不同的文明文化造就了不同的法律制度。据考证，现在所知世界上最早的法典古巴比伦的《乌尔纳姆法典》，是由距今六千多年前的乌尔纳姆王朝制定的。其后，又有著名的《汉谟拉比法典》，法典原文刻在一座黑色玄武岩石柱上，是世界上迄今完整保存下来的最早的法典。古往今来，不同民族，不同国家，大多都有自己的法律，有自己的法典。一般认为，世界历史上的法律制度，可以大略归为五大法系：大陆法系、英美法系、中华法系、印度法系、伊斯兰法系。其中，古印度法以种姓等级制度为特征，伊斯兰法至今仍通行于一些伊斯兰国家。在西方历史上，古罗马的法律曾经放射出夺目的光彩，对欧美国家的近现代法律产生了巨大的影响。而以古代罗马法和英国普通法为基础，欧洲大陆法系和英美法系在资产阶级革命浪潮中逐渐发展完善起来。

在中国，早在公元前21世纪的夏朝，就开始进入有法律支配的时代。经过夏、商、周一千多年的习惯法时代以后，到春秋战国之际，早期的成文法开始破茧而出。中国历史上第一部比较系统的成文法典是战国初年魏国的《法经》。此后经过两千多年的积累传承，最终形成了在世界法律史上独树一帜的中华法系。中华法系是以唐、明律为代表的中国古代法律制度。这是一套建立在农业经济基础之上，以天道观念、阴阳五行学说为哲学思想，充满传统伦理精神的圆熟的法律制度。秦汉以降，各朝各代都曾颁行过体系完整、结构严谨的基本律典以及数量浩繁的敕、令、格、式、条、例等配套的法规，立法规模蔚为大观。其中，《唐律疏议》《大明律》《大清律例》都是非常杰出的法律文献，而《唐律疏议》则是中华法系的代表性法典。翻开秦汉以后任何一个朝代的法律文本，都足以批驳中国古代仅是“人治”社会、根本没有法律的错误观念。

在人类创造的各种文化成果中，法律制度可以体现出一个时期、一个国家、一个民族的精神内容、文化特征。因为在其法律制度之中，包含着当时人们对于世界、对于自然、对于人与人之间关系的种种看法和做法，集中了当时人们的各种价值观。国家和社会的许多变化，也往往是从法律变革开始，并且最终归结到法律调整上来的。例如，当今一些热门话题，包括安乐死问题、试管婴儿问题、克隆技术问题、同性恋问题，乃至人工智能问题等，虽然是道德问题或经济、科学技术问题，但是同时也涉及法律问题。因为，人们对这些问题的看法、处理方式，最终都要通过国家的立法，把相关问题的调整、处理、保护或限制规定下来，成为有法律效力的通行准则。可见，法律与国家、社会，与政治、经济、文化乃至人们的日常生活，都有密切的关系。

（三）法律与国家

法律是伴随着国家的产生而正式形成的，是人类社会发展到一定阶段以后的产物。任何一种法律制度，都依附于一定的政权而存在，与国家制度相伴相生、密不可分。法律是国家文明的重要组成部分，不能脱离国家而独立存在。这种与国家政权的紧密关系，是法律区别于伦理道德、一般生活习俗的重要特征。

一般而言，"国家"一词有广义与狭义之分。广义的国家是指政治上组织起来的全体人民，而狭义的国家则是指与公民相对应的政府机构。无论是广义的还是狭义的国家，都与法律制度联系紧密。按照《简明不列颠百科全书》的解释，国家不同于其他社会组织的特点是：国家的主要目的是维持秩序和安全以及增进公民的福利；它拥有以武力为后盾的一整套法律制度来实现其目的，它行使的权力限于固定的地域；在这个地域内，国家拥有"主权"，即至高无上的权威。这种解释概括出了国家这种特殊社会现象的四个基本要素：人民、领土（地域）、政府和主权。人类社会进入国家文明以后，经历了奴隶制社会、封建制社会、资本主义社会和社会主义社会等发展阶段，因而也就有了奴隶制国家、封建制国家、资本主义国家和社会主义国家等不同的国家形态。奴隶制国家、封建制国家都以集权专制为特征，其法律制度更多地表现为专制和压迫的工具。进入近代，随着人民主权观念的形成，国家有了崭新的内容，法律制度有了更广泛、更丰富的内容。

在现代社会，"法治"已经成为各国追求的目标。所谓"法治"，是一种国家治理模式，它要求的是"法律的统治和治理"。也就是说，国家、社会和公民的一切重要活动，都要依照法律来运作、来规范。例如，公民的基本权利，包括政治权利、财产权利以及人身权利和人身自由等，都由宪法来确定并由刑法、民商法、诉讼法等来具体保障。又如，自然人和法人的人身关系、财产关系，都有一套成熟、合理的私法来调整；国家权力的分配、各国家机构的运作等，都要按照宪法和行政法的规定进行；对外关系活动，则应以国内法的相关规定或国家间签订的条约、协定和国际承诺为依据。可见，在现代国家中，法律起着越来越重要的作用。换句话说，健全的法律制度构成了现代国家的基础。没有人民，不成其为国家；没有领土，不成其为国家；没有政府和主权，也不成其为国家。而缺乏健全的法制，则不成其为一个成熟的国家。

（四）法律与社会

首先，法律的产生、发展，源于社会生活。法律是人类思维的产物。按照马克思主义原理，法律这种社会现象，是一定社会的物质文化条件的反映，它来自人类的现实生活。因为，法律是规定人们应该干什么、不应该干什么、可以干什么的规则，是一种框框。这种框框，来自现实社会的需要。比如说，社会需要对交通进行管理，就会制定交通法规；需要防止环境污染，就要制定环保法规；需要打击犯罪，就会制定刑法。脱离社会现实生活的法律，必然没有实际价值。

其次，法律在政治上除了体现统治阶级的共同意志之外，也在一定程度上反映社会整体和大众的利益与要求。中国近代著名思想家梁启超先生曾把法律说成是“天下之公器”[①]。他说：“有国斯有法，无法斯无国”，“故言治国而欲废法者，非直迂于事理，亦势之必不可得致者也”[②]。这种说法很有道理。众所周知，国家是一定地域的人群的集合，在国家文明存续期间，人有阶级、阶层、群体之分。不同阶级、阶层和群体之间存在着利益的矛盾和冲突，甚至会爆发激烈的斗争和革命。但是不同阶级、阶层和群体的人民，在同一片国土上生活，使用相同的语言，也存在着共同的利益和传统。比如说，中国古代法律在大力维护君权、父权、夫权的同时，也不乏关于保护自然资源，惩治危害公共安全、破坏河防、毁坏公私财物、强买强卖、出售假冒伪劣产品等行为的法律规定。在现代社会，法律的社会性表现得更为明显，大凡有关交通、能源、自然资源保护、控制环境污染、社会保险、劳动及社会保障、医疗保健等涉及公众利益的法律、法规，都发挥着越来越广泛的作用。这充分说明，在现代社会，法律应该是国家履行社会管理职能且与每个公民利益息息相关的基本规则。

最后，一个国家和民族的法律的产生、发展以及外在的风格特征，除受社会发展阶段、国家类型等因素决定以外，还会受到生活方式、文化传统、民族习惯、社会风俗等因素的影响。法律制定出来以后，就会发挥作用；至于在这个框框里面，各种规则的具体内容是什么，则因时代、国家、民族的不同而千差万别。正因为如此，东方社会的法律就带有东方文化的特色，西方国家的法律就染上西方文化的色彩，人类法律世界的百花园呈现出万千的姿彩。一位西方学者曾指出，法律的发展并不取决于立法，也不在于法律科学和司法判决，而是取决于社会生活本身。这种观点，在一定程度上说明了法律所具有的社会性质。

（五）法律与公民

在现代社会，法律的重要性越来越突出，越来越明显。从大的方面说，法治程度的高低关系到国家的安定、社会的发展、民族的前途，关系到人民的整体利益。从小的方面说，也关系到每个社会成员的切身利益。可以说，人从出生伊始，甚至尚在母腹时，就与法律产生了关系。有些人以为，只要自己不犯法，不去杀人放火，就跟法律没有关系；自己不惹法律，法律也不会找自己。这种想法非常片面。因为这样想的人，把法律仅仅看成是刑法，认为只要不触犯刑律，就万事大吉。实际上，我们日常生活中的许多事情，如人身、财产、婚姻、继承、旅行、购物、工作、生老病死、衣食住行，都与法律相关。举例说，在都市里随地吐痰，严格说也涉及法律问题。所以说，法律不仅与每个人密切相关，而且与每个人相伴终生。

在现代社会，法律的重心与终极价值在于确认并保障公民的基本权利和自由，维护公民的合法权益。法律保障公民权利和利益的方式，不外主动和被动两种。所谓主动的方式，就是正面明确规定和调整公民的各项权利和自由，如人身权、财产权等。所谓被动的方式，则表现为对国家机关行使权力和公民行使权利的限制，如对侵犯他人权利的

---

① 梁启超．变法通议//梁启超．饮冰室合集：第1册．北京：中华书局，1989：8.

② 梁启超．管子传//梁启超．饮冰室合集：第7册．北京：中华书局，1989：12.

惩罚，对犯罪行为的打击，以及通过程序法来保障实体权利的实现。所以，对于每个公民而言，法律的最大意义，不在于告诉他不能违法犯罪，而在于让他知道，通过法律，可以保障社会的基本秩序，可以保障公民的各项权利和自由，知悉如何防止合法权益遭受不法侵害，而且在权利受到侵害时怎样从法律上获得救济。可以设想，如果我们没有法律做保障，每个人只能靠自力救济来保障自己的权益，那我们的社会会是一种什么样的景象。因此，完全可以说，法律是每个公民最重要的人权保障。

二、法律的本质和历史发展

（一）法律的本质

在人类历史上，许多哲学家、政治学家和法学家都对法律的本质问题进行过研究和解释。概括起来，他们的观点可以归纳为"神意说""理性说""正义说""命令说"等。例如，我国历史上的法家代表人物韩非子认为，"法者，编著之图籍，设之于官府，而布之于百姓者也"，"法者，宪令著于官府，刑罚必于民心，赏存乎慎法，而罚加乎奸令者也"①。

上述观点虽然有一定的合理之处，但存在片面性，只涉及了法律的某些属性，只注意到了法律的形式和外部特征，却否定了法律与社会物质生活条件的内在必然联系，因而不可能全面地、科学地、准确地揭示法律的真正本质。

马克思主义法学的诞生是法学发展史上的重大变革，马克思和恩格斯在历史上第一次科学地揭示了法律的本质。他们把法的关系看作"从人们的物质关系以及人们由此而产生的互相斗争中产生"② 的关系，集中地反映了统治阶级根本的、共同的、整体的愿望和利益要求，而由统治阶级的"共同利益所决定的这种意志的表现，就是法律"③。对于资产阶级法的本质，马克思和恩格斯在《共产党宣言》中明确指出："你们的观念本身是资产阶级的生产关系和所有制关系的产物，正像你们的法不过是被奉为法律的你们这个阶级的意志一样，而这种意志的内容是由你们这个阶级的物质生活条件来决定的。"④ 马克思和恩格斯的这些论述所包含的历史唯物主义观点和方法，对于我们认识法律的本质具有普遍的指导意义：

第一，法律是上升为国家意志的统治阶级共同意志的体现。也就是说，法律是社会上层建筑现象，是一种制度化的国家意志。所谓意志，是人们的愿望和要求。首先，法律是人们有目的、有意识进行活动的结果，属于主观范畴。其次，法律不是"个人意志"的反映，也不是"社会所有成员意志"的反映，而是"统治阶级"意志的反映。在阶级社会中，在不同阶级之间存在着根本利益冲突的情况下，法律反映的只能是该社会中在经济上、政治上居于统治地位并掌握了国家权力的阶级的意志，并且还通过权利义务的

---

① 韩非子．2版．高华平，王齐洲，张三夕译注．北京：中华书局，2015：587，620.

② 马克思，恩格斯．马克思恩格斯全集：第3卷．北京：人民出版社，1960：363.

③ 马克思，恩格斯．马克思恩格斯全集：第3卷．北京：人民出版社，1960：378.

④ 马克思，恩格斯．马克思恩格斯选集：第1卷．2版．北京：人民出版社，1995：289.

分配使统治阶级处于优势地位。再次，法律体现的是统治阶级的整体意志，而不是统治阶级中个别人或一部分人的意志。虽然这种意志往往是通过一定的代表者或代表机关来宣告的，但是在创制和实施法律时，必须反映和体现这些个人或机关所代表的那个阶级的共同意志和利益。最后，法是“被奉为法律”的统治阶级的共同意志，即国家意志。也就是说，并非统治阶级的所有愿望和要求都要体现为法律，只有由国家制定或认可，具有普遍约束力，并且以国家强制力保障其实施的统治阶级的共同意志，才是法律。

第二，法律所反映的统治阶级共同意志的内容归根到底是由社会物质生活条件决定的，具有物质的根源性和制约性。马克思主义认为，物质是第一性的，意识是第二性的，物质决定意识。法律所反映的统治阶级的国家意志，既不是统治阶级头脑中所固有的，也非凭空产生的，他们的价值理念以及由此决定的法律对权利和义务的规定也不是任意的，只能产生于他们的社会物质生活条件。所以，法律的阶级意志性归根到底决定于法律的物质根源性和物质制约性。社会物质生活条件的含义比较广泛，主要包括地理环境、人口状况、社会物质生产方式。地理环境、人口状况对阶级意志的形成有一定的影响，但是，马克思主义认为生产方式即生产力与生产关系的统一，才是社会发展的决定性因素，从而也是法律产生和发展的决定性因素。

第三，经济以外的其他因素对法律也有影响。马克思主义法学肯定生产方式对法律的最终决定作用，但是并不认为经济是法律产生和发展的唯一决定因素。恩格斯说：“政治、法、哲学、宗教、文学、艺术等等的发展是以经济发展为基础的。但是，它们又都互相作用并对经济基础发生作用。并非只有经济状况才是原因，才是积极的，其余一切都不过是消极的结果。这是在归根到底总是得到实现的经济必然性的基础上的互相作用。”①

综上所述，对法律的定义可作如下表述：法律是由国家制定或认可并以国家强制力保证其实施的、反映统治阶级共同意志的规范体系，统治阶级共同意志的内容是由统治阶级的物质生活条件决定的。法律通过规定人们在相互关系中的权利和义务，确认、保护和发展对统治阶级有利的社会关系和社会秩序。

（二）法律的历史发展

1. 法律产生和发展的一般规律

马克思主义法学认为，法律不是从来就有的，也不是永远存在的。法律是阶级社会的特有现象，它的产生和发展经历了相当长的历史过程。

人类在进入阶级社会以前处于原始公社制度阶段，原始公社的经济基础是生产资料公有制。原始公社时期既没有国家，也没有法律；由氏族组织进行管理，社会规范主要是习惯。氏族组织通过习惯等对原始社会的秩序进行调整和维护。

原始社会末期，随着生产工具的进步、生产力的发展和私有制的形成，产生了阶级、阶级对立和阶级斗争。在这种情况下，氏族制度和传统习惯已经无法继续维持社会生活的正常运转，不可避免地要被某种新的社会组织和社会规范取代。处于统治地位的奴隶主阶级为了维护自己在政治上、经济上的利益，建立起军队、警察、监狱等一系列

① 马克思，恩格斯．马克思恩格斯选集：第4卷．2版．北京：人民出版社，1995：732.

暴力机构和专门的管理机关，以镇压奴隶阶级的反抗并管理社会公共事务。也就是说，国家产生了。同时，奴隶主阶级还把自己的共同意志上升为国家意志，制定或认可为法律，以确认、维护和发展对本阶级有利的社会关系和社会秩序。法律由此也就产生了。

2. 法律的历史类型

法律的历史类型是指按照法律制度赖以建立的生产关系类型和反映阶级意志的不同，对不同国家和地区的法律制度进行的基本分类。尽管各国不同时期的法律在内容和形式上可能有这样或那样的特点，但只要它们赖以建立的生产关系相同，国家政权的性质相同，体现的阶级意志相同，就属于同一历史类型的法律。

与国家的本质类型一样，法律的历史类型也是同社会形态相适应的。人类社会迄今已有五种社会形态，除原始社会没有国家和法律外，同奴隶制、封建制、资本主义和社会主义的国家相适应，也有奴隶制法、封建制法、资本主义法和社会主义法。前三种历史类型的法，尽管存在于不同社会形态内，各有不同的阶级性质和特点，但是由于都是建立在以生产资料私有制为核心的经济基础之上，根据马克思主义法学，都是剥削阶级共同意志和利益的体现，都维护着人剥削人的制度，因此可以被统称为剥削阶级类型的法。社会主义类型的法同剥削阶级类型的法有根本的不同，它建立在社会主义生产关系之上，是由社会主义国家制定或认可的，是工人阶级领导下的广大人民群众共同意志和利益的体现，是人类历史上新的历史类型的法律。

迄今为止，法律的发展已经经历了相当长的历史过程，从奴隶制法到封建制法，继而又发展到资本主义法和社会主义法。马克思主义法学认为，法的历史发展归根到底是由社会基本矛盾运动的规律性所决定的。马克思指出："社会的物质生产力发展到一定阶段，便同它们一直在其中运动的现存生产关系或财产关系（这只是生产关系的法律用语）发生矛盾。于是这些关系便由生产力的发展形式变成生产力的桎梏。那时社会革命的时代就到来了。随着经济基础的变更，全部庞大的上层建筑也或慢或快地发生变革。"① 也就是说，法律的性质是随着经济基础发展变化而变化的，当生产力的发展使原有的社会生产关系不能适应其要求时，就需要有新的生产关系来代替它，而作为社会上层建筑重要组成部分的法律制度也必须随之变化，以新的历史类型的法律代替旧的历史类型的法律。

法律的历史类型的更替并不是自发实现的，而是要通过人们有意识的改造，在许多情况下还可能要通过社会革命或改革才能完成。代表生产力发展要求的先进阶级要想建立新的生产关系，就必须用社会革命的方式夺取国家政权并建立新型法制。因此，法律的历史类型的更替通常伴随着社会革命或改革。

三、当代世界各国法律的分类和主要法系

在现代社会，随着社会的发展、科学技术的进步，信息传播速度越来越快，文化的交流、融合的步伐也大大加快。在现在世界上的一百多个国家中，其法律制度的内容千

① 马克思，恩格斯．马克思恩格斯选集：第2卷．2版．北京：人民出版社，1995：32－33.

差万别。例如在交通法中，英国、日本等规定的是左行，中国、美国等规定的是右行。抛开这些差别，可以将当代世界各国的法律进行如下分类。

（一）法律的分类

1. 成文法和不成文法

成文法是由特定国家机关制定颁布、以不同效力等级的规范性文件形式表现的法律，故又称“制定法”。不成文法是由国家机关以一定形式认可其法律效力，但不表现为成文的规范性文件形式的法，一般指习惯法。英美法系的判例法是由法院通过判决创制的法，它虽然表现为文字形式的裁决，但不同于由法定立法机关制定的规范性文件，因此通常将判例法视为与制定法相对应的一种法律表现形式，也归入不成文法。

当今世界各国的法律，大多以成文法为主。在以英国、美国为代表的英美法系国家中，判例法在法律中占有主导的地位，其并非判例的简单汇编，也不在于法院在此后的案件审理中能够从先例中得到帮助或指导，最根本的是把先前的判例看作一种规范，对本法院及其下级法院具有法律的约束力。判例法与成文法不同，它产生于诉讼，一般不是用确切而系统的词语陈述来表述，注重的是权威性原则的阐释。在大陆法系国家中，由于立法权和司法权的严格划分，一般并不承认判例为法的形式渊源。

2. 根本法和普通法

在采用成文宪法的国家，根本法是指宪法，其在国家法律中享有最高的法律地位和效力，是国家社会生活的基本依据，也是该国其他一切法律、法规的立法基础和依据。宪法的内容和制定、修改的程序都不同于其他法律。普通法是指宪法以外的其他法律。普通法的内容一般只涉及社会生活的某一方面，如民法、行政法、刑法等，其法律效力低于宪法，不能与宪法相抵触，否则无效。

3. 公法和私法

一般认为，凡是以保护国家利益和社会公共利益为目的，具有管理与服从的性质，以国家或具有管理公共事务职能的组织为法律关系主体一方或双方的法律，即为公法。如规定国家机关及其工作人员职权和职责的法律。凡是以保护私人利益为目的，具有平等的性质，以地位平等的自然人、法人和其他组织为法律关系主体双方的法律，即为私法。如规定法人的民事权利和义务的法律。公法重权力干预，其纠纷必须经由国家机关解决。私法重意思自治，其纠纷的解决要求采用平等、协商、调解的方式，尽可能减少权力干预。

公法与私法，是一种历史悠久的法律划分方法。20 世纪以来，随着经济和社会的发展，国家通过立法干预经济的力度加强，出现了公法私法化与私法公法化的倾向。所谓“公法私法化”，是指传统的私法调整方式被部分地或者间接地引入了公法领域，从而使私法关系向公法领域延伸。所谓“私法公法化”，是指国家权力对社会和经济生活的直接干预突破了传统的私法界限，从而使公法关系向私法领域延伸。这种公法与私法的相互渗透，不仅造成了公法与私法的复合领域，而且开拓出了既非公法又非私法的新领域。例如，经济法便是民法与行政法相结合的产物。事实上，经济法既不以国家利益为本位，也不以个人利益为本位，而是以社会公共利益为本位。社会法亦是如此。法律的这种变化和分类是与市场经济的发展趋势相适应的。

4. 一般法和特别法

一般法是指在效力范围上具有普遍约束力的法律，即针对一般主体、一般事项，在较长时期内，在全国范围内普遍有效的法律。特别法是指对特定主体、特定事项，或在特定地域、特定时间有效的法律。一般法与特别法的区别只是相对的。如以空间效力而论，宪法是一般法，特别行政区基本法是特别法；如以时间效力而论，治安管理处罚法是一般法，紧急状态法是特别法；如以对人的效力而论，有关公民在法律面前一律平等的规定是一般法，对妇女儿童特殊保护的规定是特别法；如以对事的效力而论，规定盗窃罪的法律是一般法，规定盗窃武器弹药罪的法律则是特别法。

"特别法优于一般法"的原则，系指在针对某一特定事项时，同一机关的特别法较之一般法优先适用。

5. 实体法和程序法

实体法主要是规定和确认人们的权利和义务或国家机关及其工作人员的职权和职责的法律，通常表现为民法、刑法、行政法等；实体法的规定直接来自人们在生产和生活中形成的要求，如所有权、正当防卫权、纳税的义务等。程序法主要是规定保证实体权利和义务得以实现或职权和职责得以履行的法律，通常表现为民事诉讼法、刑事诉讼法等。程序法规定的权利和义务，如辩护权、上诉权等，是派生的，其作用在于保证法律关系主体在实体法上的权利和义务得以实现。因此，实体法又被称为主法，程序法又被称为助法。

实体法与程序法的划分是相对的，如在公司法中，既有公司的实体权利和义务的规定，又有公司的设立及其解散程序的规定。

6. 国内法和国际法

国内法是在一国主权范围内，由该国的国家机关制定或认可并保障其实施的法律。国内法的法律关系主体一般是自然人、法人和非法人组织，在特定法律关系中也包括国家和国家机关。国际法是参与国际关系的国家之间通过协议制定或认可的法律规范，通常表现为多国参与的国际条约、两个以上国家间的协议和被认可的国际惯例。国际法律关系的主体主要是国家，也包括有关的国际组织。

国内法与国际法紧密联系，二者互为补充。如各国关于罪犯引渡的法律，大多根据国际法的原则而制定。又如对于某些法律术语的定义，在适用时，两者常互相援引或者彼此作为对方的依据。

（二）主要的法系

法系是比较法研究中常用的一种分类概念和方法，即根据法律的结构、形式和历史传统等外部特征以及法律意识和法律实践的特点等因素，对不同国家和地区的法律制度所进行的分类。

大陆法系，也称罗马法系、民法法系、法典法系或罗马-日耳曼法系，是根据罗马法的传统，在19世纪初的《法国民法典》的基础上产生和发展起来的那些国家或地区的法律制度的总称。属于大陆法系的主要有欧洲大陆和拉丁美洲的一些国家和地区。

英美法系，又称普通法法系，是指以英国普通法为基础发展起来的以英国和美国为代表的法律制度的总称。它首先产生于英国，后扩大到曾经是英国殖民地、附属国的一些国家和地区。

法律的历史类型是对世界各国法律从内容和性质层面进行的分类，而法系则是从形式和特点层面进行的分类。中国由于历史上实行成文的立法，近代受大陆法系的影响较大，因此也可以被归为大陆法系。因为实行“一国两制”，香港和澳门回归，形成了中国内地社会主义法律与港澳资本主义法律并存。作为中国国家的主体法律和基础，仍然保持社会主义的性质不变，而香港特别行政区和澳门特别行政区的法律，仍保持资本主义的性质不变，是中国国家主体法律极其重要而且是不可或缺的辅助和支撑。从法系的角度来看，“在香港特别行政区，由于允许保留原有的制定法、普通法、衡平法、条例、附属立法、习惯法等，所以香港的法律文化在传统上仍然属于英美法系，而且更倾向于英国支系。在澳门特别行政区，由于允许保留其原有的法律、法令和其他规范性文件，所以澳门的法律文化在传统上仍然属于大陆法系，而且更倾向于葡萄牙和西班牙支系”。“这样，在‘一国两制’条件下，中国除在法律制度方面出现了社会主义和资本主义两种体系外，还存在着社会主义法系、英美法系、大陆法系的文化传统，即多种法系并存的格局。这种法律文化上的‘丰富多彩’可能在全世界范围内都是绝无仅有的，因此，从多种法系并存的角度来探讨中国法律文化的同一性和多样性，同样具有‘中国特色’，也更为复杂，当然也更有学术价值和实践意义”①。

还需要值得注意的是，“在当代，由于世界经济全球化和一体化的发展，两大法系的各国法律在法律技术、法律方法等方面有不断融合的趋势，比如，大陆法系国家也开始注重判例的作用，英美法系国家也开始关注公法和私法的划分”②。

四、法学研究与法律基础的学习

（一）法学及其研究对象

法学是关于法律的学问，是现代社会科学领域中研究法律及与法律相关问题的一门体系庞大、义理精深的独立学科。简而言之，法学是以法律现象为研究对象的。但是法律现象又是复杂的社会现象，对于各种各样的法律现象，是无法一一列举的。所以，法学可以对各种法律现象从宏观上加以归纳，从理论上加以概括，从多样中加以抽象：“我们还可以将所有的法律现象划分为三种类型，即：规范-制度型的法律现象、事实-关系型的法律现象和意识-观念型的法律现象。规范-制度型法律现象以法律规范、法律文本和法律制度等静态的法律现象为代表。事实-关系型法律现象以法律关系、法律行为和法律秩序等动态的法律现象为代表。意识-观念型法律现象以法律意识、法律学说和法学流

---

① 朱力宇．“一国两制”视野下法律文化的同一性与多样性及其在中国的体现：写在中国特色社会主义法律体系形成之后．法学杂志，2012（4）.

② 朱力宇，袁钢．法理学原理与案例教程．5版．北京：中国人民大学出版社，2022：223.

派等理论的法律现象为代表。”[①]“当然，这三种类型的法律现象并不是截然分开的，它们彼此之间存在着不可分割的密切联系。例如，任何事实-关系型的法律现象都是实施一定的规范-制度型的法律现象的结果，任何规范-制度型的法律现象都是在一定的意识-观念型的法律现象的指导或影响下制定的，而任何意识-观念型的法律现象又必然是在一定的规范-制度型和事实-关系型的法律现象的基础上形成和发展的。又如，在任何规范-制度型和事实-关系型的法律现象中都渗透、蕴含着一定的法学理论，而在相关的规范-制度型法律现象和事实-关系型法律现象中又必然是静态和动态的统一。”[②] 本教材的重点主要还是围绕规范-制度型的法律现象即静态法律现象的法律规范、法律文本和法律制度等来进行阐述的。

一般来说，法学的发展与法律的发展长相伴随、互相促进。法学的昌明与法律的发达相一致。法律的发展进步，有赖于法学研究的深入提高；法学研究的深入提高，又能促进法律的发展进步。例如，古罗马的法律非常发达，因而古罗马的法学学术成就也非常可观，对近现代法律，特别是民商法理论，影响至深至巨。又如，我国古代也有关于法律的研究，也有许多精通律学的专家和善于断案的清官名吏，但可惜并未形成独立的法学学科。在 20 世纪初，随着西方法学及其研究方法传入中国，我们的法学研究和法学教育的体制才建立起来。在现代社会，法律的重要性越来越突出，法学研究也越来越受到重视。我国法学研究的基本功能和任务，在于探究法律产生发展的共同规律和一般理论，深入了解各种法律制度对社会生活的调整作用，解决法律在制定和实施过程中产生的各种问题，不断改善、协调法律与政治、经济、文化等的关系，促进社会的整体进步与发展。

（二）《法律基础》教材的性质

正如在本教材“第三版说明”中所说，这本教材，既不同于在所有大学中开设的“思想道德与法治”课程使用的教材，也不同于法律院校开设的法理学、民法学、刑法学等法律专业课程使用的教材。本教材不要求传授给学生系统的法学理论和具体、精深的专业知识，而是注重最基本的法律知识的介绍和法律素质的培养；它不能也不应该对所有法律部门、法学领域面面俱到，而主要涉及一些与公民特别是大学生的学习、工作和生活有关的主要法律问题。简言之，相对于其他法学专业课程的教材，本教材具有通识教育的性质，是针对当代大学生和 21 世纪青年的特点而组织课程的内容和体系的。

（三）学习法律基础的重要性与必要性

建设法治国家、发展自己的法律文明，是近代百余年来中国人的梦想，也是无数仁

---

① 朱力宇．法理学原理与案例教程．5 版．北京：中国人民大学出版社，2022：18．此处引文中的“事实-关系型法律现象”，在朱力宇主编的《法理学案例教程》（知识产权出版社，2011 年第 2 版）中，为“行为-关系型法律现象”。后来在《法理学原理与案例教程》的各版中，作者改为事实-关系型法律现象。这样可能更为合适，因为，所谓“事实”，是法律事实，即引起法律关系产生、变更和消灭的客观情况和现象，其中既包括法律事件，也包括法律行为。所以，用事实-关系型法律现象来概括或归纳动态或实践的法律现象，可能更全面，也更准确。特此说明。

② 朱力宇．法理学原理与案例教程．5 版．北京：中国人民大学出版社，2022：18．

人志士不懈奋斗的目标。而法律的制定和实施、法治的完善，是一项综合性的复杂的社会工程。从宏观上看，至少有三方面的因素决定着这项社会工程的进度、质量和水平：其一，法律的制定和实施，取决于现实社会关系的发展。也就是说，法治必须以国家政治、经济、社会生活的发展变化为动力。离开现实社会生活的土壤，法律就会成为无源之水、无本之木，所谓法律进步，也就会失去方向。其二，法学教育、法学研究的发展，直接推动和影响着法治的进程。其三，全民法律意识、法律素质的提高，则是实现依法治国方略的基础性因素。

在上述有关法治进步、完善的重要环节中，法学教育无疑处于重要的基础地位。所以，法学教育的目标不应该仅限于法律专门人才的培养，针对全体公民进行的普法教育以及在大学开设的法律基础类课程，也是提高全民法律素质、提升国家整体法治水平的重要方面。在全国大学生中开设法律基础类课程，其重要性和必要性主要在于：

第一，学好法律基础，是新时代国家和社会发展的必然要求。例如，20 世纪后半叶以来，科学技术的进步，特别是信息技术的迅猛发展，深刻地改变着世界，影响着人们的生活方式。国家间的竞争越来越激烈，但竞争的模式已经大大改变。法治水平高低、法制是否健全，已经成为决定国家竞争力强弱的重要因素。在现代社会中，各种社会交往，包括政治、经济、文化、社会、生态环境各领域的往来日益频繁，在各种社会发展指标背后，都有法律的因素在起作用。而一个国家整体法治水平的高低，从根本上说并不完全取决于法律工作者阶层，即法学家、司法官、律师等“法律精英”们的工作，而是取决于全体公民的法律意识、法治观念。我国在读的大学生，是经过高考严格选拔出来的优秀青年，在 10 年、20 年后，必将担负起国家和社会的主要责任，成为国家和国际各领域的骨干。可以说，他们的综合素质如何、他们对法律的态度，关系到国家和社会的未来。如果他们中的大多数人都缺乏法律常识，对于整个国家而言，将是一件可怕的事情。因此，学好法律基础，与国家、社会和人民的整体利益密切相关。

第二，学好法律基础，是当代青年提高自身素质、维护自身权益的现实需要。如前所述，法律制度不仅与国家和社会密切相关，与公民个人也有莫大关系。首先，在现代社会中，各行各业、社会生活的各方面，都与法律相关。作为工人，会有劳动合同、劳动保护等方面的法律问题；作为商业经营者，会涉及公司法、合同法、会计法、税法等方面的法律问题；作为科技工作者，也常会遇到诸如环境保护、著作权、专利权方面的法律纠纷。如果缺少基本的法律知识，工作起来就容易迷失方向，至少会事倍功半。而且，社会的效率与和谐也会大受影响。其次，法律的基本功能，是确定权利和义务关系。一方面，虽然我们自己可能不会有意识去做违法的事，但如果缺少基本的法律知识，就很可能犯了法而不自知。另一方面，对于公民个人而言，法律的价值也在于保护他的权利。自身不犯法，但不能保证绝对不会受到不法侵害；而在遭受不法侵害时，只有通过法律手段才能获得合理救济。如果缺少基本的法律知识，自身的权利很有可能得不到应有的保障。

（四）学习法律基础应该注意的几个问题

1. 注意法律的专业性与广泛联系性的统一

法律是人类抽象思维的产物，本身无疑具有很强的专业技术性。但是同时我们也应该注意到，法律是现实社会生活的反映，是服务于社会现实的。许多社会问题，虽然表现为法律问题，但也是政治、经济、科技、文化和生活等领域的问题。因此，学习研究任何法律问题，切不可把它们与现实社会生活割裂开来，孤立地就法律而谈法律。如果是这样，我们就很难理解这些法律问题的实质内容，也就很难真正找到合适的解决方法。

2. 注意法律的阶级性与社会性的统一

法律是国家机器的重要组成部分，是实现国家统治的基本工具。因此，无论何种类型的法律制度，无疑都具有强烈的阶级性。尤其是在涉及国家政权性质、各阶级社会地位、所有制形式等根本性问题上，法律的阶级属性表现得更为明显。但是，法律在具有强烈的阶级性的同时，也具有明显的社会性。尤其是在现代社会，在一些公共事务领域中，如交通、卫生、环境保护、社会保险等方面，法律正在发挥着越来越强的社会性功能。

3. 注意法律的理论性与实践性的统一

法律是人类智慧的结晶。作为抽象思维的产物，法律与法学都有极强的理论性。但是，法律又是社会实践的产物，它来源于社会现实生活，同时又服务于社会现实生活。实践性也是法治建设的显著特征之一，可以说，与社会实际脱节、不能服务于社会实践的法律，没有任何实际意义。因此，学习法律基础，还应该注意理论与实践相结合。一方面应该掌握好法学的一般原理、基本精神、主要知识和概念，另一方面则应该注意法律在社会生活中的实践与应用。如果能结合社会生活中的具体问题来学习，将会收到事半功倍的效果。

4. 注意法律的民族性与国际性的统一

法律是一个国家、一个民族在一定历史时期对于社会与人生问题而做出的某种思考与选择，因而任何类型的法律制度，都会打上民族的烙印。但是在现代社会中，随着民族之间、国家之间的交往越来越密切、频繁，原来许多交往的障碍、沟通的坚冰逐渐被打破，世界各民族和国家间的利益共同点也越来越多，法律制度的趋同性也越来越强烈。尤其是在民商法等私法领域，这种趋同性更是明显。特别是 WTO 等国际性贸易组织的扩大，以及诸如欧盟法的发展，显示出一些法律领域的国际性也在增强。例如，有关知识产权保护、环境保护与自然资源合理开发与利用、国际贸易争端解决等法律问题，已经成为国际社会的热点问题。因此，坚持中国化和时代化的思想，以更开放的胸怀去看待法律，学习法律，理解法律，也是学好法律基础的不二法门。

练习与思考

内容提要

1. 法律是一个国家和社会进行管理、维持秩序、规范人们生活的基本规则；也是这个国家的民众在一定历史时期内共同生活所必须遵循的普遍规范，具有政治统治、经济和社会管理等多重功能。

2. 在人类创造的各种文化成果中，法律可以体现出一个时期、一个国家、一个民族的精神内容、文化特征。因为法律制度包含着当时人们对于世界、自然、人与人之间关系等的种种看法和做法，集中了当时人们的各种价值观。国家和社会的许多变化也往往从法律变革开始，并且最终归结到法律调整上来。

3. 马克思主义认为，法律是上升为国家意志的统治阶级共同意志的体现，法律所反映的统治阶级共同意志的内容归根到底是由社会物质生活条件决定的，经济以外的其他因素对法律也有影响。

4. 按照法律制度赖以建立的生产关系类型和反映阶级意志的不同，可以分为奴隶制法、封建制法、资本主义法和社会主义法。社会主义法是人类历史上新的历史类型的法律。

5. 在现在世界上的一百多个国家中，其法律制度千差万别。抛开这些差别，可以将当代世界各国的法律分为：成文法和不成文法，根本法和普通法，公法和私法，一般法和特别法，实体法和程序法，国内法和国际法。

6. 可以将法学研究各种法律现象从宏观上加以归纳，从理论上加以概括，从多样中加以抽象，划分为三种类型，即：规范-制度型的法律现象、事实-关系型的法律现象和意识-观念型的法律现象。

7. 学习法律基础应该：(1) 注意法律的专业性与广泛联系性的统一；(2) 注意法律的阶级性与社会性的统一；(3) 注意法律的理论性与实践性的统一；(4) 注意法律的民族性与国际性的统一。

关键术语

法律	法律的历史类型	成文法	不成文法	根本法
普通法	公法	私法	一般法	特别法
实体法	程序法	国际法	国内法	法系
中华法系	大陆法系	英美法系	法学的研究对象	

辨析题

1. 法律与国家、社会、公民个人的联系是什么？

2. 法律的历史类型是对世界各国法律从内容和性质层面进行的分类，而法系则是对世界各国法律从形式和特点层面进行的分类。

3. 为什么同一机关制定的特别法要较之一般法优先适用？

4. 由于实行“一国两制”，中国存在着社会主义法系、英美法系、大陆法系的文化传统，即多种法系并存的格局。

5. 有人认为“我不犯法，法律就跟我没关系”，这种观点是否正确？

案例分析

中国法制已有了几千年经验的积累。自夏朝开始正式确立法制以后，每个朝代都建立了自己的法制，而且还不断总结经验，推进法制的发展。《唐律疏议》（又称《永徽律疏》）是唐高宗永徽年间完成的一部极为重要的法典。永徽二年（公元651年），长孙无忌、李勣等在《贞观律》基础上进行修订，唐高宗在永徽三年下令召集律学通才和一些重要臣僚对《永徽律》又进行逐条逐句的解释。这是继汉晋以来，特别是对晋代张斐、杜预注释律文已有成果的编纂，历时1年，撰《律疏》30卷，与《永徽律》合编在一起，于永徽四年十月经高宗批准，将疏议分附于律文之后颁行。计分12篇，共30卷。《永徽律疏》是中国现存的第一部内容完整的法典，也是中国古代法典的楷模和中华法系的代表作，可以说是被称为世界五大法系之一的中华法系的代表。

请查阅有关书籍和资料，对唐律这一集封建法律之大成的成文立法例的历史地位和世界影响进行分析。

第一章

习近平法治思想概述

中国共产党领导法治建设的新里程碑，是在2020年11月召开的中央全面依法治国工作会议上正式确立的习近平法治思想。这是自党的十八大以来，对习近平关于法治建设、全面依法治国等重要论述的高度概括和思想升华。习近平法治思想是当代中国马克思主义法治理论的最新成果，是新时代推进全面依法治国的指导思想和根本遵循。

重点问题

- 习近平法治思想的形成、提出和发展。
- 习近平法治思想的政治意义、理论意义和实践意义。
- 习近平法治思想的核心要义。
- 习近平法治思想关于正确处理政治和法治的关系的论述。
- 习近平法治思想关于正确处理改革和法治的关系的论述。
- 习近平法治思想关于正确处理发展和安全的关系的论述。
- 习近平法治思想关于正确处理依法治国和以德治国的关系的论述。
- 习近平法治思想关于正确处理依法治国和依规治党的关系的论述。

第一节　习近平法治思想的形成、发展与重大意义

一、习近平法治思想的形成与发展

伟大的时代产生伟大的理论，伟大的理论来自伟大的实践。习近平从基层干部成长为党和国家的领导人，根据亲身经历的党和国家事业发展的伟大历史进程，逐渐形成了关于中国法治建设的一系列系统性的观点、理论和原理。“在长期的领导实践中，习近平总书记积累了依法治县、依法治市、依法治省、依法治国的丰富经验，提出了许多立时代之潮头、发时代之先声的法治新思想新论断，展现出深邃思考力、敏锐判断力、卓越领导力。”①

① 王晨．坚持以习近平法治思想为指导 谱写新时代全面依法治国新篇章，中国法学，2021（1）.

（一）习近平法治思想的形成背景

习近平法治思想是在推进伟大斗争、伟大工程、伟大事业、伟大梦想的实践之中形成完善的，也还会随着实践的发展而进一步丰富[①]。在中国共产党的领导下，随着改革开放的基本国策的践行和实施，我国选择了中国特色的社会主义市场经济道路，以及与之相适应的社会主义民主法治建设模式。

党的十一届三中全会是新中国成立以来党和国家历史上具有深远意义的里程碑。以邓小平同志为主要代表的中国共产党人认真总结新中国成立以来，特别是“文化大革命”的经验教训，拨乱反正，坚定不移地作出把党的工作重心转移到社会主义现代化建设上来的战略决策，提出了发展社会主义民主，健全社会主义法制，使民主制度化、法律化的任务。

1992 年党的十四大确立了我国经济体制改革的目标是建立社会主义市场经济体制；政治体制改革的目标是建设中国特色的社会主义民主政治。以江泽民同志为主要代表的中国共产党人继承邓小平的民主法制思想，明确提出“依法治国，建设社会主义法治国家”的治国方略。1997 年党的十五大报告对这一治国方略和目标进行了更为全面、深入、准确的论述：“依法治国，就是广大人民群众在党的领导下，依照宪法和法律规定，通过各种途径和形式管理国家事务，管理经济文化事业，管理社会事务，保证国家各项工作都依法进行，逐步实现社会主义民主的制度化、法律化，使这种制度和法律不因领导人的改变而改变，也不因领导人看法和注意力的改变而改变。”[②] 1999 年，“中华人民共和国实行依法治国，建设社会主义法治国家”的规定载入宪法，从此法治国家的建设目标具有了宪法的保障基础。

党的十六大报告提出：“我们要在本世纪头二十年，集中力量，全面建设惠及十几亿人口的更高水平的小康社会”。以胡锦涛同志为总书记的党中央提出的全面建设小康社会的目标之一是：社会主义民主更加完善，社会主义法制更加完备，依法治国基本方略得到全面落实，人民的政治、经济和文化权益得到切实尊重和保障。党的十七大报告继续提出加快建设“社会主义法治国家”的要求。

党的十八大报告提出，“全面推进依法治国，法治是治国理政的基本方式”。以习近平同志为核心的党中央召开十八届四中全会，更是以“全面推进依法治国”作为会议的主题、中心议题。全会通过的《中共中央关于全面推进依法治国若干重大问题的决定》将全面深化改革和全面依法治国作为引领中国特色社会主义进入新时代的一体两翼式设计，是法治中国建设事业新的里程碑。全会擘画全面依法治国的总目标，即建设中国特色社会主义法治体系、建设社会主义法治国家。全会提出了五个坚持，即坚持中国共产党的领导，坚持人民主体地位，坚持法律面前人人平等，坚持依法治国和以德治国相结合，坚持从中国实际出发。全会还提出全面推进依法治国的六大任务，即完善以宪法为核心的中国特色社会主义法律体系，加强宪法实施；深入推进依法行政，加快建设法治

---

① 栗战书．习近平法治思想是全面依法治国的根本遵循和行动指南．中国人大，2021（2）．

② 江泽民．江泽民文选：第 2 卷．北京：人民出版社，2006：28－29．

政府；保证公正司法，提高司法公信力；增强全民法治观念，推进法治社会建设；加强法制工作队伍建设；加强和改进党对全面推进依法治国的领导。

党的十八大以来，中国特色社会主义法治建设进入了新的历史阶段，提出了一系列的法治新思想。在党的十八届三中、四中、五中全会上，习近平总书记多次就法治建设发表重要论述，党中央提出全面推进依法治国的顶层设计方案，将法治建设的发展放在“全面建成小康社会、全面深化改革、全面依法治国、全面从严治党”的宏观战略布局中来把握，坚定不移推进法治领域建设。这也为中国特色社会主义法治理论体系的形成和发展提供了研究路径。随着第一个百年奋斗目标的实现，党的十九届五中全会把“四个全面”战略布局更新为“全面建设社会主义现代化国家、全面深化改革、全面依法治国、全面从严治党”，全面依法治国可以为党和国家事业发展提供根本性、全局性、长期性的制度保障。

（二）习近平法治思想的提出与发展

2014 年党的十八届四中全会提出全面依法治国，2018 年中央全面依法治国委员会第一次会议正式提出：习近平法治思想作为全面依法治国的指导思想和行动指南，是马克思主义法治理论中国化时代化的最新成果。

2018 年 8 月 24 日，习近平总书记在中央全面依法治国委员会第一次会议上指出，党的十八大以来，我们提出一系列全面依法治国新理念新思想新战略，明确了全面依法治国的指导思想、发展道路、工作布局、重点任务，概括为 10 方面。2019 年 10 月，党的十九届四中全会全面系统深入地阐述了中国特色社会主义制度所具有的显著优势，中国特色社会主义制度建设的理论和实践进一步系统化、成熟化和定型化。

2020 年 11 月，中央全面依法治国工作会议在北京召开，这次会议创下两个纪录：一是在党的历史上首次召开，二是首次提出习近平法治思想。习近平总书记将其概括为“十一个坚持”。这是党的十八大以来，以习近平同志为核心的党中央在全面依法治国、建设中国特色社会主义法治体系、建设社会主义法治国家、推进国家治理体系和治理能力现代化新的伟大实践中，关于中国特色社会主义法治理论的整合、创新和发展。

马克思主义经典作家告诉我们，“哲学家们只是用不同的方式解释世界，而问题在于改变世界”。习近平法治思想在中国特色社会主义走向新时代的征程中萌发和形成，同时作为一个博大精深的科学理论体系，必然指引和应用于中国特色社会主义法治的实践。这一根植于中华优秀传统文化的思想，能够在实践的检验中不断升华，坚持守正创新，促进和发展马克思主义法治理论创新性发展。

二、确立和提出习近平法治思想的重大意义

习近平法治思想是习近平新时代中国特色社会主义思想的重要组成部分，是全面依法治国的根本遵循和行动指南，深刻回答了新时代为什么实行全面依法治国、怎样实行全面依法治国等一系列重大问题，涉及法治建设的方方面面。

（一）习近平法治思想的政治意义

党的十八大以来，以习近平同志为核心的党中央深刻论述党领导人民进行法治建设的实践经验，在依法治国的基础上提出全面依法治国，并将其纳入“四个全面”战略布局，开启全面依法治国新时代，有力地推进我国社会主义法治建设发生历史性变革，取得历史性成就。

习近平法治思想深刻论述了党的领导的决定性作用。在“十一个坚持”所构成的核心要义中，首要的就是坚持党对全面依法治国的领导。习近平指出，“党的领导是我国社会主义法治之魂，是我国的法治同西方资本主义国家的法治最大的区别”①。

习近平法治思想深刻论述了社会主义法治的显著优势。新中国成立 70 多年以来，波澜壮阔的法治实践，充分表明了社会主义法治的强大生命力。党的十九届四中全会把“坚持全面依法治国，建设社会主义法治国家，切实保障社会公平正义和人民权利”确定为我国国家制度和国家治理体系的十三个显著优势之一。

习近平法治思想深刻论述了全面依法治国的政治方向。习近平指出，“全面推进依法治国这件大事能不能办好，最关键的是方向是不是正确、政治保证是不是坚强有力”②。坚持党的领导、坚持以人民为中心、坚持中国特色社会主义法治道路就是全面依法治国的正确政治方向。要坚持党对社会主义法治的领导，坚决反对把党的领导和社会主义法治对立起来。要坚持依宪执政、依宪治国，坚决抵制西方“宪政”。要坚持民主集中制，坚决抵制西方“三权分立”。要坚持社会主义司法制度，坚决抵制西方“司法独立”。这些论述澄清了大是大非问题。

（二）习近平法治思想的理论意义

习近平法治思想是马克思主义法治理论同中国具体实际相结合的最新成果，是在毛泽东思想对马克思主义法治理论中国化时代化的第一次飞跃，和在邓小平理论、“三个代表”重要思想和科学发展观对马克思主义法治理论中国化时代化的第二次飞跃基础上的升华和发展，是马克思主义法治理论中国化时代化的第三次飞跃。

习近平法治思想作为习近平新时代中国特色社会主义思想的重要组成部分，首先，是在法治领域取得的重要理论成果。可以说，习近平法治思想贯穿中国特色社会主义伟大事业的各个领域、各个方面。其次，随着依法执政的深入和推进，党越来越深刻地认识到，“治国理政须臾离不开法治”③，“没有全面依法治国，我们就治不好国、理不好政，我们的战略布局就会落空”④。全面依法治国始终贯穿于“五位一体”总体布局和“四个全面”战略布局中，充分说明习近平法治思想的重要地位。最后，是对中国特色社会主义法治理论的创新发展。习近平法治思想深刻回答了全面依法治国的一系列重大理论问题，提出了一系列事关法治建设全局的新理念新思想新战略，是一个内涵丰富、系统完

① 中共中央文献研究室．习近平关于全面依法治国论述摘编．北京：中央文献出版社，2015：35.

② 习近平．论坚持全面依法治国．北京：中央文献出版社，2020：91.

③ 习近平．论坚持全面依法治国．北京：中央文献出版社，2020：227.

④ 习近平．论坚持全面依法治国．北京：中央文献出版社，2020：145.

备的科学法治理论体系。

（三）习近平法治思想的实践意义

习近平法治思想是对党领导法治建设丰富实践和宝贵经验的科学总结，是根植新时代全面依法治国实践产生的思想理论成果，为中国特色社会主义法治体系和社会主义法治国家建设提供了正确的思想指导。

理论的生命在于结合实践，而实践因为时刻对接日新月异的社会实际，所以对理论的检验和总结永无止境。因此，需要不断提升理论适应实践、理论指引实践的自觉性与有效性。习近平指出，推进全面依法治国是国家治理的一场深刻变革，必须以科学理论为指导，加强理论思维，不断从理论和实践的结合上取得新成果，总结好、运用好党关于新时代加强法治建设的思想理论成果，更好地指导全面依法治国各项工作①。全面依法治国，核心是坚持党的领导、人民当家作主、依法治国有机统一，关键在于坚持党领导立法、保证执法、支持司法、带头守法。从立法、执法、司法和守法等主要环节坚持全面依法治国，贯穿法治运行全过程，体现了习近平法治思想旨在解决新时代中国所面临的法治问题，蕴含丰富的法治实践和强大的生命力。

总而言之，从党的二十大起，“中国共产党的中心任务就是团结带领全国各族人民全面建成社会主义现代化强国、实现第二个百年奋斗目标，以中国式现代化全面推进中华民族伟大复兴”。“我们要坚持走中国特色社会主义法治道路，建设中国特色社会主义法治体系、建设社会主义法治国家，围绕保障和促进社会公平正义，坚持依法治国、依法执政、依法行政共同推进，坚持法治国家、法治政府、法治社会一体建设，全面推进科学立法、严格执法、公正司法、全民守法，全面推进国家各方面工作法治化。”习近平法治思想是新时代推进全面依法治国的指导思想和根本遵循，必须长期坚持。

第二节　习近平法治思想的核心要义

习近平法治思想深刻回答了新时代为什么实行全面依法治国、怎样实行全面依法治国等一系列重大问题，具体体现在“十一个坚持”中：坚持党对全面依法治国的领导；坚持以人民为中心；坚持中国特色社会主义法治道路；坚持依宪治国、依宪执政；坚持在法治轨道上推进国家治理体系和治理能力现代化；坚持建设中国特色社会主义法治体系；坚持依法治国、依法执政、依法行政共同推进，法治国家、法治政府、法治社会一体建设；坚持全面推进科学立法、严格执法、公正司法、全民守法；坚持统筹推进国内法治和涉外法治；坚持建设德才兼备的高素质法治工作队伍；坚持抓住领导干部这个“关键少数”。深刻领会“十一个坚持”的内在逻辑和丰富内涵，是全面践行习近平法治思想的应有之义和必然要求。

---

① 坚持习近平法治思想：论学习贯彻习近平总书记在中央全面依法治国工作会议上重要讲话．光明日报，2020-11-20.

一、习近平法治思想指明的政治方向

习近平法治思想指明的政治方向主要体现于“十一个坚持”中的前“三个坚持”中，这些“坚持”回答了全面依法治国的根本保证、根本属性、根本路径的问题。

（一）坚持党对全面依法治国的领导

早在 2014 年，习近平就在中央政法工作会议上指出：“我们党的政策和国家法律都是人民根本意志的反映，在本质上是一致的。党的政策是国家法律的先导和指引，是立法的依据和执法司法的重要指导。要善于通过法定程序使党的主张成为国家意志、形成法律，通过法律保障党的政策有效实施，确保党发挥总揽全局、协调各方的领导核心作用。党的政策成为国家法律后，实施法律就是贯彻党的意志，依法办事就是执行党的政策。”①

在党的十八届四中全会上，习近平强调过党的领导和依法治国的关系，即社会主义法治必须坚持党的领导，党的领导必须依靠社会主义法治。2015 年，习近平又指出：“法是党的主张和人民意愿的统一体现，党领导人民制定宪法法律，党领导人民实施宪法法律，党自身必须在宪法法律范围内活动，这就是党的领导力量的体现。党和法、党的领导和依法治国是高度统一的。”② 也就是说，全面依法治国要加强党的领导，健全党领导全面依法治国的制度和工作机制，推进党的领导制度化、法治化。2018 年 3 月，在《宪法》“序言”坚持党的领导地位的基础上，十三届全国人大一次会议将“中国共产党领导是中国特色社会主义最本质的特征”写入《宪法》的第一条，不仅增强了党领导的时代性和全局性，也是对党和国家的关系以及在党的领导下执政进行宪法层面的提升和拓展。2018 年，习近平在中央全面依法治国委员会第一次会议上深刻指出：“推进党的领导制度化、法治化，既是加强党的领导的应有之义，也是法治建设的重要任务。”③

总之，习近平法治思想的提出，进一步推进了党的领导的法治化，而“十一个坚持”内容的体系化，也铺就了党的领导法治化的实践路径。

（二）坚持以人民为中心

“民惟邦本，本固邦宁”。法治最广泛、最深厚的基础是人民的认同。坚持以人民为中心，是全面推进依法治国的力量源泉。

2002 年党的十六大提出全面建设小康社会，开创了中国特色社会主义事业的新局面。2004 年，“国家尊重和保障人权”正式写入《宪法》。人权，从来没有像今天这样被高度尊崇。宪法，已经成为人权的最高“保护者”。

党对如何“以人为本”从未停止过理论思考，而且随着党的执政实践的发展而不断丰富。在党的十六届三中全会上，以胡锦涛同志为总书记的党中央明确提出了“以人为

① 习近平．论坚持全面依法治国．北京：中央文献出版社，2020：43.

② 习近平在省部级主要领导干部学习贯彻十八届四中全会精神全面推进依法治国专题研讨班开班式上发表重要讲话强调 领导干部要做尊法学法守法用法的模范 带动全党全国共同全面推进依法治国．党建，2015（3）.

③ 习近平．论坚持全面依法治国．北京：中央文献出版社，2020：223.

本”为核心的科学发展观，并且将它确立为中国共产党执政的根本思想。党的十八大把以人为本、执政为民作为检验党一切执政活动的最高标准。2014 年 10 月在党的十八届四中全会第二次全体会议上，习近平进一步讲话指出：“要保证人民在党的领导下，依照法律规定，通过各种途径和形式管理国家事务，管理经济和文化事业，管理社会事务。要把体现人民利益、反映人民愿望、维护人民权益、增进人民福祉落实到依法治国全过程，使法律及其实施充分体现人民意志。”党的十九大报告提出，“明确新时代我国社会主要矛盾是人民日益增长的美好生活需要和不平衡不充分的发展之间的矛盾，必须坚持以人民为中心的发展思想，不断促进人的全面发展、全体人民共同富裕”。以人为本、以人民为中心的执政理念，就是要把人民的需要和利益作为发展的前提、发展的目的、发展的标准、发展的动力，并以实现人的全面发展、人民共同富裕为依归。

人民是国家的主人、依法治国的主体。“坚持人民主体地位，必须坚持法治为了人民、依靠人民、造福人民、保护人民。”人民群众对美好生活的向往，就是共产党执政的奋斗目标。因此，依法保障全体公民享有广泛的权利，成为创建人民美好生活的重要内容。公民的人身权、财产权、基本政治权利等各项权利不受侵犯，公民的经济、政治、文化、社会和生态环境等各方面权利得到落实，将公民吃饱穿暖的基本需求升级为关涉公平正义的各项诉求和愿景，认真对待权利，需要落实到全面依法治国各领域的全过程。

（三）坚持中国特色社会主义法治道路

为党和国家事业发展提供长期性的制度保障，是全面依法治国必须坚持的大方向。走中国特色社会主义法治道路，在法治领域本质上是建设中国特色社会主义，因此必须坚持党的领导、人民当家作主和依法治国有机统一。习近平强调：“具体讲我国法治建设的成就，大大小小可以列举出十几条、几十条，但归结起来就是开辟了中国特色社会主义法治道路这一条。”① 也就是说，我们是从我国革命、建设、改革的实践中探索适合自己的法治道路的，同时也传承了中华优秀传统法律文化和借鉴了国外法治的有益成果。

二、习近平法治思想明确的重点任务的总体部署

习近平法治思想对全面依法治国的重点任务的总体部署，主要体现在上述第四至八个“坚持”中，深刻回答了全面依法治国的总原则、总要求、总抓手、总布局和总方针的问题。

（一）坚持依宪治国、依宪执政

以宪法为核心的中国特色社会主义法律体系是建立和完善法治体系的重要基础，要维护法治权威，维护宪法权威。关于宪法具有最高法律效力，习近平提出，宪法“是国家各种制度和法律法规的总依据”②，“宪法是全面依法治国的根本依据”，“宪法是我们党

---

① 习近平．论坚持全面依法治国．北京：中央文献出版社，2020：105.

② 习近平．论坚持全面依法治国．北京：中央文献出版社，2020：215.

长期执政的根本法律依据”[①]。法律规范体系是以宪法为核心的全部生效的法律的有机统一体，构成依法治国的规范性文件基础，而依法治国，首先要依宪治国。所以，习近平强调指出：“宪法是国家的根本法。法治权威能不能树立起来，首先要看宪法有没有权威。必须把宣传和树立宪法权威作为全面推进依法治国的重大事项抓紧抓好，切实在宪法实施和监督上下功夫。”[②]

（二）坚持在法治轨道上推进国家治理体系和治理能力现代化

进入新时代，我国发展处于新的历史方位，社会主要矛盾已经转化为人民日益增长的美好生活需要和不平衡不充分的发展之间的矛盾，国家治理面临许多新任务新要求，必然要求中国特色社会主义制度和国家治理体系更加完善、不断发展[③]。党的十九大报告指出，全面依法治国是国家治理的一场深刻革命。要继续发挥我国创造出的经济快速发展、社会长期稳定的治理经验，必须以全面依法治国为重要依托。“只有全面依法治国才能有效保障国家治理体系的系统性、规范性、协调性，才能最大限度凝聚社会共识。”[④]

推进国家治理体系和治理能力现代化，要以法治固根本、稳预期、利长远为根本目标。首先，坚持以法治固根本。以宪法为核心的中国特色社会主义法律体系是建立和完善法治体系的重要基础，对于国家制度和治理体系具有根本的保障作用。其次，坚持以法治稳预期。法律是调整人的行为和维护社会秩序的规范，对于经济社会的良好发展具有重要的预期作用。最后，坚持以法治利长远。坚定不移厉行法治，既要为当代人和当下考虑，更要为子孙万代计、为长远发展谋，对于国家和社会长期发展具有科学的规划作用。例如，2020 年通过的《民法典》，作为中国特色社会主义法律体系中第一部以“法典”命名的基本法律，是新时代我国法治建设的重大成果的集中表现。因此，习近平指出，民法典是一部固根本、稳预期、利长远的基础性法律，对推进全面依法治国、加快建设社会主义法治国家，对发展社会主义市场经济、巩固社会主义基本经济制度，对坚持以人民为中心的发展思想、依法维护人民权益、推动我国人权事业发展，对推进国家治理体系和治理能力现代化，都具有重大意义[⑤]。

（三）坚持建设中国特色社会主义法治体系

党的十七大报告提出要完善“中国特色社会主义法律体系”。这个目标已基本实现。此后，以习近平同志为核心的党中央提出，建设中国特色社会主义法治体系，建设社会主义法治国家。这是党的十八届四中全会提出的一个新目标、新概念。从“法律体系”到“法治体系”，是中国共产党领导依法治国基本思路的重大发展和提升，意味着依法治国全面实施，社会主义法治国家建设步伐更加追求质量。习近平指出：“全面推进依法治国涉及很多方面，在实际工作中必须有一个总揽全局、牵引各方的总抓手，这个总抓手

---

① 习近平．论坚持全面依法治国．北京：中央文献出版社，2020：201.

② 习近平．论坚持全面依法治国．北京：中央文献出版社，2020：94.

③ 习近平．习近平谈治国理政：第 1 卷．2 版．北京：外文出版社，2018：104－105.

④ 习近平．论坚持全面依法治国．北京：中央文献出版社，2020：3.

⑤ 习近平．论坚持全面依法治国．北京：中央文献出版社，2020：278－279.

就是建设中国特色社会主义法治体系。依法治国各项工作都要围绕这个总抓手来谋划、来推进。”① 要在中国共产党领导下，坚持中国特色社会主义制度，贯彻中国特色社会主义法治理论，形成完备的法律规范体系、高效的法治实施体系、严密的法治监督体系、有力的法治保障体系，形成完善的党内法规体系，坚持依法治国、依法执政、依法行政共同推进，坚持法治国家、法治政府、法治社会一体建设，实现科学立法、严格执法、公正司法、全民守法，促进国家治理体系和治理能力现代化。

（四）坚持依法治国、依法执政、依法行政共同推进，法治国家、法治政府、法治社会一体建设

在党领导中国特色社会主义法治建设的过程中，强调法治的生命力在于实施，不仅关乎立法机关、执法机关、监察机关和司法机关，而且也是全社会的大事。坚持依法治国、依法执政、依法行政共同推进，法治国家、法治政府、法治社会一体建设，构成了全面依法治国的工作布局。例如，习近平就指出，“法治是最好的营商环境……要把平等保护贯彻到立法、执法、司法、守法等各个环节，依法平等保护各类市场主体产权和合法权益”②。运用系统思维，不断增强法治建设的系统性、整体性、协同性。对此，关保英教授对开放的法治实施系统予以高度评价：“在传统的法治理念中，法治实施似乎仅仅是法律人共同体的事。在新的法治实施理念中，法治实施由法律人共同体拓展到了整个社会系统，由原来较为封闭的状态变为相对开放的状态。这又是一个非常重要的理论超越。”③

（五）坚持全面推进科学立法、严格执法、公正司法、全民守法

20 世纪 50 年代，时任国家副主席的董必武提出“有法可依，有法必依”的著名论断，高度概括了中国特色社会主义法治创制初期的基本思想。伴随着改革开放的春风，立足于社会主义现代化建设的实际，邓小平不仅传承了董必武的依法办事的思想，而且将社会主义法治的要求发展为“有法可依，有法必依，执法必严，违法必究”的十六字方针，丰富了社会主义法治建设的内涵。进入 21 世纪，中国特色社会主义法治建设迎来了又一发展时期，尤其党的十八届四中全会将法治建设的重点转移到全面推进法律实施，因此，新的十六字方针应运而生：“科学立法、严格执法、公正司法、全民守法”。在历史的见证下，经过理论和实践的双重探索，依法办事的思想不仅得到弘扬和传承，而且实现了从法治奠基演进到系统构建，成为全面推进法律实施的正确指导方针。

三、习近平法治思想提出的重点领域、人才支撑和关键主体

习近平法治思想对全面依法治国提出的重点领域、人才支撑和关键主体，主要体现

---

① 习近平．论坚持全面依法治国．北京：中央文献出版社，2020：93.

② 习近平．论坚持全面依法治国．北京：中央文献出版社，2020：254.

③ 关保英．推进法治实施“联动化”．上海企业，2021（3）.

在上述第九至十一个“坚持”中，科学布置了今后相当长一个时期内法治工作的方法和重点。

（一）坚持统筹推进国内法治和涉外法治

党的十八大以来，习近平始终强调国内法治和国外法治的辩证关系。在十八届中央政治局第三次集体学习时，他指出，要“更好统筹国内国际两个大局，坚持开放的发展、合作的发展、共赢的发展，通过争取和平国际环境发展自己，又以自身发展维护和促进世界和平，不断提高我国综合国力，不断让广大人民群众享受到和平发展带来的利益，不断夯实走和平发展道路的物质基础和社会基础”①。

党的十九届五中全会提出，“统筹中华民族伟大复兴战略全局和世界百年未有之大变局”，“加强前瞻性思考、全局性谋划、战略性布局、整体性推进，统筹国内国际两个大局，办好发展安全两件大事”。所以，在法治工作中，要强化法治思维，运用法治方式，有效应对各种挑战和风险，协调推进国内法治和涉外法治，综合利用立法、执法、司法等手段开展斗争，更好维护国家主权、安全和发展利益。积极推动全球治理变革，推动构建人类命运共同体。

（二）坚持建设德才兼备的高素质法治工作队伍

“徒善不足以为政，徒法不足以自行”。在良法确立之后，法律执行和适用面对的是“活生生的法律”，人民群众主要是通过执法、司法等环节形成对法律的一般认识和看法，进而影响他们对法律权威和尊严所持的立场和态度的。因此，全面推进依法治国，必须着力建设一支忠于党、忠于国家、忠于人民、忠于法律的社会主义法治工作队伍。全面推进依法治国，首先要把专门队伍建设好。要加强理想信念教育，深入开展社会主义核心价值观和社会主义法治理念教育，推进法治专门队伍革命化、正规化、专业化、职业化，确保做到忠于党、忠于国家、忠于人民、忠于法律②。立法、执法和司法人员既要认真践行宪法、法律确立的基本原则和构成性规则，更要以人民为中心，坚持厚德载法、德正法严。对此，习近平指出：“立法是为国家定规矩、为社会定方圆的神圣工作，立法人员必须具有很高的思想政治素质，具备遵循规律、发扬民主、加强协调、凝聚共识的能力。执法是把纸面上的法律变为现实生活中活的法律的关键环节，执法人员必须忠于法律、捍卫法律，严格执法、敢于担当。司法是社会公平正义的最后一道防线，司法人员必须信仰法律、坚守法治，端稳天平、握牢法槌，铁面无私、秉公司法。”③

（三）坚持抓住领导干部这个“关键少数”

全民守法最重要的是党和国家机关守法，而其中的关键则是“领导”干部。只有如此，才有可能形成法治社会。例如，各级行政、司法机关是国家机关中对经济和社会发

---

① 中共中央党史和文献研究院．习近平关于总体国家安全观论述摘编．北京：中央文献出版社，2018：257.

② 习近平．习近平谈治国理政：第4卷．北京：外文出版社，2022：297.

③ 习近平．论坚持全面依法治国．北京：中央文献出版社，2020：116.

展影响最大、与公民关系最密切的部门。法律赋予公民、法人的权利能否得到保障，公共利益和国家利益能否得到维护，很大程度上取决于国家机关如何履行职责。2017 年随着中央全面深化改革领导小组审议通过的《关于实行国家机关“谁执法谁普法”普法责任制的意见》的实施，国家机关首次被明确为法治宣传教育的责任主体。从普法法律关系的要素构成来看，首先，“谁执法谁普法”中的责任主体，既包括各级行政机关、授权的组织和被委托的主体，也包括各级司法机关。执法者要依法行政、依法办事。其次，整个依法办事的执法过程就是最好的普法教材。

为了树立法律的权威，以规范国家的权力，习近平要求权力行使必须依照法定程序和法定权限，要抓住领导干部这个“关键少数”。这是全面依法治国，依宪治国、依法执政的题中应有之义和要害之处。所以，党的二十大报告严厉强调：“以零容忍态度反腐惩恶，更加有力遏制增量，更加有效清除存量，坚决查处政治问题和经济问题交织的腐败，坚决防止领导干部成为利益集团和权势团体的代言人、代理人，坚决治理政商勾连破坏政治生态和经济发展环境问题，决不姑息。深化整治权力集中、资金密集、资源富集领域的腐败，坚决惩治群众身边的‘蝇贪’，严肃查处领导干部配偶、子女及其配偶等亲属和身边工作人员利用影响力谋私贪腐问题，坚持受贿行贿一起查，惩治新型腐败和隐性腐败。”

第三节　习近平法治思想的方法论

习近平法治思想关于政治和法治、改革和法治、发展和安全、依法治国和以德治国、依法治国和依规治党等重大关系的深刻论述，是立场、观点和方法的有机统一，科学指明了法治中国建设的认识论和方法论。

一、正确处理政治和法治的关系

党的领导、人民当家作主和依法治国是根本统一的，更是在根本政治制度安排下的有机统一，理解这一命题的关键思路就是回归到政治和法治的关系层面。人类社会发展的理论和实践都表明，法治和政治共同在国家治理和社会治理中发挥着重要作用，因此形成了不可分离、彼此交织的结构。

（一）坚持以人民为中心的根本立场

马克思主义的基本原理告诉我们，法治与政治同属于上层建筑范畴，共同为它们所赖以存在的经济基础所决定。习近平指出：“每一种法治形态背后都有一套政治理论，每一种法治模式当中都有一种政治逻辑，每一条法治道路底下都有一种政治立场。”① 在根本立场方面，资本主义法治道路的政治立场集中体现为以资本为中心，服务于资产阶级

---

① 中共中央文献研究室．习近平关于全面依法治国论述摘编．北京：中央文献出版社，2015：34.

专政；而社会主义法治道路则坚持人民至上、以人民为中心的政治立场[①]。所以，“全面依法治国最广泛、最深厚的基础是人民，必须坚持为了人民、依靠人民。要把体现人民利益、反映人民愿望、维护人民权益、增进人民福祉落实到全面依法治国各领域全过程”[②]。

（二）党的领导是实行社会主义法治最根本的保证

习近平法治思想在论述了政治和法治的必然联系的基础上，深刻指出坚持中国特色社会主义法治道路，全面依法治国，最根本的是坚持中国共产党的领导。习近平强调：“党的领导是中国特色社会主义法治之魂，是我们的法治同西方资本主义国家的法治最大的区别。”“我们强调坚持党的领导、人民当家作主、依法治国有机统一，最根本的是坚持党的领导。坚持党的领导，就是要支持人民当家作主，实施好依法治国这个党领导人民治理国家的基本方略。”[③] 坚持党对全面依法治国的领导，从具体环节和制度实施方面，体现在党领导立法、保证执法、支持司法、带头守法上。所以，“一方面，要坚持党总揽全局、协调各方的领导核心作用，统筹依法治国各领域工作，确保党的主张贯彻到依法治国全过程和各方面。另一方面，要改善党对依法治国的领导，不断提高党领导依法治国的能力和水平。党既要坚持依法治国、依法执政，自觉在宪法法律范围内活动，又要发挥好各级党组织和广大党员、干部在依法治国中的政治核心作用和先锋模范作用”[④]。

（三）党和法的关系是政治和法治关系的集中反映

在当今国际社会，大多数国家都实行政党政治。政党是政治力量的代表，国家政权掌握在执政党手中并由执政党运作，执政党的路线、方针和政策深刻影响着法律制度、法治体系及其运行。所以，政治和法治的关系在我国现实中，集中表现为党和法的关系。我国《宪法》明确规定：“中国共产党领导是中国特色社会主义最本质的特征。”坚持和加强党的领导，核心的问题就是要正确认识并处理好党和法的关系。习近平强调指出，“党和法治的关系是法治建设的核心问题”，“党和法的关系是政治和法治关系的集中反映”[⑤]。但是，党和法的关系不能简单地归结为“党大还是法大”这一伪命题。“我们说不存在‘党大还是法大’的问题，是把党作为一个执政整体而言的，是指党的执政地位和领导地位而言的，具体到每个党政组织、每个领导干部，就必须服从和遵守宪法法律，就不能以党自居，就不能把党的领导作为个人以言代法、以权压法、徇私枉法的挡箭牌。”[⑥]

二、正确处理改革和法治的关系

历史是一幅生动画卷，勾勒出改革和法治的密切联系以及二者相伴而生的互动逻辑。

---

① 张文显．习近平法治思想的政理、法理和哲理．政法论坛，2022（3）．

② 习近平．论坚持全面依法治国．北京：中央文献出版社，2020：2.

③ 习近平．论坚持全面依法治国．北京：中央文献出版社，2020：42.

④ 习近平．论坚持全面依法治国．北京：中央文献出版社，2020：107.

⑤ 中共中央文献研究室．习近平关于全面依法治国论述摘编．北京：中央文献出版社，2015：22，34.

⑥ 中共中央文献研究室．习近平关于全面依法治国论述摘编．北京：中央文献出版社，2015：37.

正确处理改革和法治的关系，既是改革发展的需要，也是法治建设的需要。

（一）改革和法治相辅相成、互为支撑

习近平从历史的角度指出："我国历史上的历次变法，都是改革和法治紧密结合，变旧法、立新法，从战国时期商鞅变法、宋代王安石变法到明代张居正变法，莫不如此。"[①] 变旧法意味着破，表明了改革的奋勇争先；立新法意味着立，表明了法治的相伴而行。所以，习近平指出："改革和法治是两个轮子，这就是全面深化改革和全面依法治国的辩证关系。"[②]

进入新时代，党的十八届四中全会提出了"全面依法治国"的要求。这是继党的十八届三中全会提出的"全面深化改革"之后的又一重大战略要求。在中国语境下，"依法治国"离不开社会转型背景下的"全面深化改革"及其路径选择，更无法绕开全面深化改革和全面依法治国的关系。正确处理改革和法治的关系，有利于体会和贯彻党的十八届三中全会提出的"全面深化改革"和十八届四中全会提出的"全面依法治国"。

随着我国改革进入深水区，亟待纠正一些错误的认识。"一种观点认为，改革就是要冲破法律的禁区，现在法律的条条框框妨碍和迟滞了改革，改革要上路、法律要让路。"[③] 这种观点错误地认为现有的法律限制了改革，改革就是要突破法律的框架。"另一种观点则认为，法律就是要保持稳定性、权威性、适当的滞后性，法律很难引领改革。"[④] 这种观点只看到了法治对改革成果的确认和保障作用，忽视了法治对改革的指引、预测作用。

（二）在法治下推进改革，重大改革于法有据

正确处理改革和立法的关系，是事关改革和法治建设的前置问题。"今天我们进行的改革，既有政策的变革，更有法制的改革。为了推进改革，需要修改已经过时的法律法规，制定新的法律法规，还要废止部分法律法规。究竟是改革先行还是修法先行，一直是争议的问题。从科学性上看，改革先行并探索出成熟的经验，才能制定、修改和废止法律；但从法治角度看，如果改革先行，要么缺乏法律依据和支撑，要么违反现行法律法规，导致改革与法治相悖，缺乏合法性。为此，应当确立法治与改革并行的理念。"[⑤] 因此，为了全面深化改革，必须立法先行。要做到重大改革于法有据，在改革遇阻的时候，及时进行规范性文件的制定、修改和废止。因此，要坚持立法与改革相衔接，坚持立法先行，凡属重大改革都要于法有据，确保改革在法治轨道上有序进行。

改革与立法具有内在的一致性，比如经济领域的改革，不仅要体现相关的经济逻辑，还要遵循相应的法治逻辑，保证改革的深化和立法的优化具有一致性和统一性。这就是说，改革要符合法制统一原则、公平原则、依法立法原则等的要求，从而保证相关领域

① 习近平．论坚持全面依法治国．北京：中央文献出版社，2020：38.
② 习近平．论坚持全面依法治国．北京：中央文献出版社，2020：40.
③ 习近平．论坚持全面依法治国．北京：中央文献出版社，2020：38.
④ 习近平．论坚持全面依法治国．北京：中央文献出版社，2020：38.
⑤ 马怀德．立法先行 质量为本．中国司法，2015（1）.

改革的合理性、合法性，使改革成果与法治原则有机融合。所谓法治逻辑，还包括审视相应的立法模式、立法架构以及立法内容，不断提升相关领域的立法质量。

（三）在改革中完善法治

改革是厉行法治和完善法治的强大动力。改革可以通过不断的先行先试，为立法积累经验；而不断完善立法，则有助于保障改革的进一步进行。正是在这个意义上，要"坚定不移推进法治领域改革，坚决破除束缚全面推进依法治国的体制机制障碍"①。

习近平指出："解决法治领域的突出问题，根本途径在于改革。如果完全停留在旧的体制机制框架内，用老办法应对新情况新问题，或者用零敲碎打的方式来修修补补，是解决不了大问题的。"② 他特别强调："法治领域改革涉及的主要是公检法司等国家政权机关和强力部门，社会关注度高，改革难度大，更需要自我革新的胸襟。如果心中只有自己的'一亩三分地'，拘泥于部门权限和利益，甚至在一些具体问题上讨价还价，必然是磕磕绊绊、难有作为。"③"只要有利于提高党的执政能力、巩固党的执政地位，有利于维护宪法和法律的权威，有利于维护人民权益、维护公平正义、维护国家安全稳定，不管遇到什么阻力和干扰，都要坚定不移向前推进，决不能避重就轻、拣易怕难、互相推诿、久拖不决。"④

党的十八届四中全会是中国共产党历史上关于法治建设的一次重大会议，就新时代全面依法治国擘画部署各项改革措施。对此，习近平指出："这次全会提出了一百八十多项重要改革举措，许多都是涉及利益关系和权利格局的'硬骨头'。凡是这次写进决定的改革举措，都是我们看准了的事情，都是必须改的。"⑤ 可以说，从形成中国特色社会主义法律体系到建设中国特色社会主义法治体系，需要通过法治领域的改革来推动。

三、正确处理发展和安全的关系

中国共产党在领导人民进行社会主义革命、建设和改革的征程中，始终对发展和安全具有清醒的认识。习近平法治思想坚持总体国家安全观，高度重视和科学把握发展和安全的辩证关系。习近平强调指出，"越开放越要重视安全，越要统筹好发展和安全"⑥。他深刻揭示了这样的道理和经验：在政治领域，随着改革进入深水区，面对意识的多元和各种观念的交锋，要坚决打赢网络意识形态斗争，切实维护国家政治安全⑦。在经济领域，我国的经济发展与全球经济秩序深度融合，更要注意防范金融风险，切实维护国家金融安全。在科技领域，要清醒地防控核心技术领域陷入依赖西方技术进口，处于产业

---

① 习近平．论坚持全面依法治国．北京：中央文献出版社，2020：116.
② 习近平．论坚持全面依法治国．北京：中央文献出版社，2020：116.
③ 习近平．论坚持全面依法治国．北京：中央文献出版社，2020：117.
④ 习近平．论坚持全面依法治国．北京：中央文献出版社，2020：117.
⑤ 习近平．论坚持全面依法治国．北京：中央文献出版社，2020：117.
⑥ 习近平．在经济社会领域专家座谈会上的讲话．北京：人民出版社，2020：8.
⑦ 中共中央党史和文献研究院．习近平关于总体国家安全观论述摘编．北京：中央文献出版社，2018：117.

分工低端的旋涡或者风险。“只有把核心技术掌握在自己手中，才能真正掌握竞争和发展的主动权，才能从根本上保障国家经济安全、国防安全和其他安全。”①

发展和安全互相支撑。一方面，安全是发展的前提和保障。习近平指出：“国家安全和社会稳定是改革发展的前提。只有国家安全和社会稳定，改革发展才能不断推进。”②另一方面，发展是安全的基础和目的。“解放和发展社会生产力，增强社会主义国家的综合国力，是社会主义的本质要求和根本任务。只有牢牢扭住经济建设这个中心，毫不动摇坚持发展是硬道理、发展应该是科学发展和高质量发展的战略思想，推动经济社会持续健康发展，才能全面增强我国经济实力、科技实力、国防实力、综合国力，才能为坚持和发展中国特色社会主义、实现中华民族伟大复兴奠定雄厚物质基础。”③

四、正确处理依法治国和以德治国的关系

道德和法律都是社会规范。习近平指出：“法律是成文的道德，道德是内心的法律，法律和道德都具有规范社会行为、维护社会秩序的作用。”④ 由于道德的作用机理主要在于自律和内律，法律的作用机理主要在于他律和外律，所以道德规范作为法律的理想和目标，也为法律提供心理基础和评价标准。在两者的关系中，服从法律规则意味着对一般道德规范的遵守，而普遍反复适用的法律规则也一直以践行道德规范为理想。因此可以说，守法是一种内在道德自觉的外在表现。

（一）法律是成文的道德

习近平指出：“法律是准绳，任何时候都必须遵循；道德是基石，任何时候都不可忽视”⑤。要“把法治建设和道德建设紧密结合起来，把他律和自律紧密结合起来，做到法治和德治相辅相成、相互促进”⑥。一方面，我们要坚定不移地实行法治，同时要加强法律的道德性培育；另一方面，我们要自信地弘扬我国的法律道德性的传统，但也要警惕以道德逻辑来代替法律逻辑。

（二）道德是内心的法律

习近平指出：“只有铭刻在人们心中的法治，才是真正牢不可破的法治。”⑦ “法律要发挥作用，需要全社会信仰法律。卢梭说，一切法律中最重要的法律，既不是刻在大理石上，也不是刻在铜表上，而是铭刻在公民的内心里”⑧。他多次引用法国启蒙思想家卢梭的这一观点，表明法治的作用最终还是要仰赖人们内心的自律。

---

① 中共中央党史和文献研究院．习近平关于总体国家安全观论述摘编．北京：中央文献出版社，2018：157.
② 中共中央党史和文献研究院．习近平关于总体国家安全观论述摘编．北京：中央文献出版社，2018：3.
③ 习近平．论坚持全面深化改革．北京：中央文献出版社，2018：518.
④ 习近平．论坚持全面依法治国．北京：中央文献出版社，2020：109.
⑤ 习近平．论坚持全面依法治国．北京：中央文献出版社，2020：165.
⑥ 习近平．论坚持全面依法治国．北京：中央文献出版社，2020：24.
⑦ 习近平．论坚持全面依法治国．北京：中央文献出版社，2020：135.
⑧ 中共中央文献研究室．习近平关于全面依法治国论述摘编．北京：中央文献出版社，2015：88－89.

总之，法律和道德都具有规范社会行为、调节社会关系、维护社会秩序的作用，在国家治理中各有其地位和功能。法安天下，德润人心。法律的有效实施有赖于道德的支持，道德的践行也离不开法律的约束。

（三）把社会主义核心价值观融入法治建设全过程

2011 年 10 月党的十七届六中全会提出了社会主义核心价值体系的命题，强调以爱国主义为核心的民族精神和以改革创新为核心的时代精神。经过进一步的提炼和概括，2012 年 11 月，党的十八大提出“三个倡导”，明确了社会主义核心价值观的基本内容。2013 年 12 月，中共中央办公厅印发《关于培育和践行社会主义核心价值观的意见》。2014 年 2 月，习近平在中共中央政治局第十三次集体学习时强调，要通过教育引导、舆论宣传、文化熏陶、实践养成、制度保障等，使社会主义核心价值观内化为人们的精神追求，外化为人们的自觉行动。

社会主义核心价值观的基本内容由 12 个价值元素组成。富强、民主、文明、和谐，是国家层面的价值目标；自由、平等、公正、法治，是社会层面的价值取向；爱国、敬业、诚信、友善，是公民个人层面的价值准则。这一核心价值观是社会主义文化共识和道德理想的凝结，在社会利益日益多元化的今天，构建起国家、社会和公民个人的三维价值框架，既显示了在进行中国式现代化建设中，党和政府自上而下地主动指引方向，也表明我国需要进行社会主义核心价值体系的整合以及良性互动。

1. 融入立法工作

党的十八大以来，我国在推动社会主义核心价值观入法入规上取得重大进展。2018 年 5 月，中共中央关于《社会主义核心价值观融入法治建设立法修法规划》强调，力争经过 5 年到 10 年时间，推动社会主义核心价值观全面融入中国特色社会主义法律体系。2021 年 9 月，中央宣传部、中央政法委、全国人大常委会办公厅、司法部印发《关于建立社会主义核心价值观入法入规协调机制的意见（试行）》。这是认真贯彻和实施《社会主义核心价值观融入法治建设立法修法规划》的重要举措。

2. 融入执法、司法、守法各领域

执法层面主要涉及政府部门的守法，实质是指一切公权力的行使者必须守法。从出生到死亡，人们与各级政府及其职能部门联系频繁，政府的形象对社会具有强烈的示范作用，依法行政才能获得民心拥戴，增强民众对法律的信仰程度。政府认真对待法律是整个社会遵守法律的外在推动力。依法行政、依法办事的法治观念，融合在为群众办实事的程序中；加强对权力行使的约束，更有利于公民权利的实现。

权利不仅是规定的，也是在司法实践中不断完善的。权利在实现的过程中，有些是要上升到司法的高度的；认真对待权利，还要转化为对权利司法适用的尊重。党的十八大以来，各级司法机关坚持以“努力让人民群众在每一个司法案件中感受到公平正义”为奋斗目标，始终践行以人民为中心的理念。习近平深刻指出：“所谓公正司法，就是受到侵害的权利一定会得到保护和救济，违法犯罪活动一定要受到制裁和惩罚。如果人民群众通过司法程序不能保证自己的合法权利，那司法就没有公信力，人民群众也不会相信司法。法律本来应该具有定分止争的功能，司法审判本身应该具有终局性的作用，如果司法不公、人心不服，这些功能就难以实现。”①

要将社会主义核心价值体系与人们的日常行为规范联系起来。一方面，可以与市民公约和学生守则的内容有效衔接。以《北京市中小学生日常行为规范》为例，其包括“勤奋学习、健康身心、勤俭自立、遵守规则、文明上网”等内容，总共 15 条，告诉青少年应该做什么和怎么做。根据社会主义核心价值观的要求，还需进一步普及和完善市民公约、学生守则等行为准则。另一方面，进一步构筑诚信守法的制度机制。和谐社会的建构，既需要诚信等道德元素，也仰赖法律的制度支撑，既要倡导和建立社会诚信体系，也要充分发挥法律的规范作用，提高违法的成本，以保护性的方式对诚信进行调整，培养守诚信、讲法治的思维方式，预防和减少违法失信等现象。正如习近平提出的：“要健全公民和组织守法信用记录，完善守法诚信褒奖机制和违法失信行为惩戒机制，形成守法光荣、违法可耻的社会氛围，使尊法守法成为全体人民共同追求和自觉行动。”②

五、正确处理依法治国和依规治党的关系

现代政治学的研究表明，“在所有的政治秩序中，法的来源是国家”，“在政治的原动力中，政策优先于法律。只有在公共政策确定以后，法律家才引用政策起草法案并构想出实施它们的一系列行政条例”③。政策的产生和作用机制仰赖于社会现象之间的因果联系，以及解决具体问题与既定目标之间的手段和目的关系，进而在逻辑结构上形成“目的-手段”型的结构关系。在这种结构关系中，问题意识明显，结果指向清晰，并依据因果联系甄选相应的手段。党的领导和执政，既需要政策，也不能远离法律。

从国家治理体系的层面来看，中国共产党发挥的是总揽全局、协调各方的领导核心作用；从国家治理能力的层面来看，中国共产党在政策和法律的制定和实施过程中是关键的引领者。

1. 丰富党的依法执政理论

改革开放初期，以邓小平同志为主要代表的中国共产党人形成了党要守法的思想。随着“全国各族人民、一切国家机关和武装力量、各政党和各社会团体、各企业事业组织，都必须以宪法为根本的活动准则”被载入 1982 年宪法，依法执政的重大问题在国家根本法的层面上得到了解决，不仅解决了实际工作中的问题，而且廓清了法律与政策的关系，丰富了马克思主义法治理论。在邓小平理论的指导下，我国确立了坚持党的领导、人民当家作主和依法治国有机统一的执政原则。

新旧世纪之交和进入 21 世纪，“建设什么样的党、怎样建设党”的问题凸显。以江泽民同志为主要代表的中国共产党人形成了“三个代表”重要思想，以胡锦涛同志为主要代表的中国共产党人形成了科学发展观，相继指出党要做到科学执政、民主执政、依法执政，要把党的执政能力和先进性建设作为主线，为党的建设、党的自我革命指明了

① 习近平．论坚持全面依法治国．北京：中央文献出版社，2020：22.

② 习近平．论坚持全面依法治国．北京：中央文献出版社，2020：115.

③ 戈登．控制国家．南京：江苏人民出版社，2005：4.

前进的道路和坚持的方向。

进入新时代后，以习近平同志为主要代表的中国共产党人创立了习近平新时代中国特色社会主义思想，继续坚持党要科学执政、民主执政、依法执政，并使之朝着体系化的方向发展，丰富和发展了中国特色社会主义法治体系中的依法执政理论。

2. 加强党内法规体系建设，促进党的领导的法治化

党内法规体系是社会主义法治理论体系的重要组成部分。早在1938年党的六届六中全会上，毛泽东就第一次提出了党内法规这一基本范畴。此后，邓小平、江泽民、胡锦涛等党的中央领导同志均对党内法规建设予以高度关注，党内法规的表述更是被党的十四大予以确认并写入了新修改的党章中。党的十八大以来，形成了一条推进党内法规的制度建设的实践路径，例如，相继制定颁发《中央党内法规制定工作五年规划纲要（2013—2017年）》《中央党内法规制定工作五年规划纲要（2018—2022年）》，印发《关于加强党内法规制度建设的意见》；党中央从全局和战略高度，深刻阐明了新形势下加强党内法规制度建设的目标任务、基本要求，为党内法规的制定和实施工作指明了前进的方向。

3. 强化制度治党的根本性作用

全面从严治党，既要注重思想教育，抓思想，抓作风建设，更要依靠制度建设从严治党，从严管党。习近平强调："要把制度建设摆在党的建设的重要位置，以制度建设巩固思想建设、组织建设、作风建设、反腐倡廉建设成果，加强制度执行力建设，为党的长治久安提供坚强制度保障。"① "要坚持用制度管权管事管人……把权力关进制度的笼子里。"② "铲除不良作风和腐败现象滋生蔓延的土壤，根本上要靠法规制度。"③ 坚持依法治国和依规治党有机统一，相辅相成，把中国共产党领导的显著政治优势不断转化为国家治理效能，把中国特色社会主义伟大事业推向前进。

练习与思考

内容提要

1. 习近平法治思想是在推进伟大斗争、伟大工程、伟大事业、伟大梦想的实践之中形成并完善的，也还会随着实践的发展而进一步丰富。

2. 习近平法治思想作为全面依法治国的指导思想和行动指南，是马克思主义法治理论中国化时代化的最新成果。

3. 党的领导是我国社会主义法治之魂，是我国法治同西方资本主义国家法治最大的区别。

4. 习近平法治思想深刻回答了新时代为什么实行全面依法治国、怎样实行全面依法治国等一系列重大问题，具体体现在"十一个坚持"中。

---

① 中共中央纪律检查委员会，中共中央文献研究室．习近平关于严明党的纪律和规矩论述摘编．北京：中央文献出版社，2016：127－128.

② 习近平．论坚持全面依法治国．北京：中央文献出版社，2020：75.

③ 中共中央文献研究室．习近平关于全面从严治党论述摘编．北京：中央文献出版社，2016：187.

5. 坚持党对全面依法治国的领导、坚持以人民为中心和坚持中国特色社会主义法治道路，这是习近平法治思想指明的政治方向，回答了全面依法治国的根本保证、根本属性、根本路径的问题。

6. 坚持依宪治国、依宪执政；坚持在法治轨道上推进国家治理体系和治理能力现代化；坚持建设中国特色社会主义法治体系；坚持依法治国、依法执政、依法行政共同推进，法治国家、法治政府、法治社会一体建设；坚持全面推进科学立法、严格执法、公正司法、全民守法，这是习近平法治思想明确的重点任务的总体部署，深刻回答了全面依法治国的总原则、总要求、总抓手、总布局和总方针的问题。

7. 坚持统筹推进国内法治和涉外法治、坚持建设德才兼备的高素质法治工作队伍和坚持抓住领导干部这个“关键少数”，这是习近平法治思想对全面依法治国提出的重点领域、人才支撑和关键主体，科学布置了今后相当长一个时期内法治工作的方法和重点。

8. 习近平法治思想关于政治和法治、改革和法治、发展和安全、依法治国和以德治国、依法治国和依规治党等重大关系的深刻论述，是立场、观点和方法的有机统一，科学指明了法治中国建设的认识论和方法论。

关键术语

全面依法治国	以人民为中心	中国特色社会主义法治体系
社会主义核心价值观	法治中国	国家治理体系和治理能力现代化
改革和法治	发展和安全	以德治国
依规治党		

辨析题

1. 全面依法治国是国家治理的一场深刻革命。

2. 我国法治建设的总目标是建设中国特色社会主义法律体系，建设社会主义法治国家。

3. 全面依法治国最广泛、最深厚的基础是良好的营商环境。

4. 《民法典》系统整合了新中国成立70多年来长期实践形成的民事法律规范，汲取了中华民族几千年传统法律文化，借鉴了人类法治文明建设有益成果。

5. 全面依法治国，核心是坚持党的领导、人民当家作主、依法治国有机统一。

6. 甲公司涉嫌未依法取得卫生许可证，擅自营业。卫生监督员当场要求其停止经营，责令限期予以改正，并告知其未取得卫生许可证不得从事公共场所经营活动。这体现了全民守法原则。

7. 坚持依法治国、依法执政、依法行政一体建设，法治国家、法治政府、法治社会共同推进。

8. 全面依法治国，要坚持科学立法、严格执法、公正司法、全民守法。

9. 全面依法治国的关键主体在于，建设德才兼备的高素质法治工作队伍，抓住青少年这个“关键少数”。

案例分析

孙某某，曾任某部党委委员、副部长，副总警监警衔。2021 年 9 月 30 日，孙某某严重违纪违法问题被立案审查调查。

经查，孙某某从未真正树立理想信念，背弃“两个维护”，毫无“四个意识”，政治野心极度膨胀，政治品质极为恶劣，权力观、政绩观极度扭曲，妄议党中央大政方针，制造散布政治谣言，阳奉阴违，欺上瞒下，捞取政治资本；为实现个人政治目的，不择手段，操弄权术，在党内大搞团团伙伙、拉帮结派，培植个人势力，形成利益集团，成伙作势控制要害部门，严重破坏党的团结统一，严重危害政治安全；狂妄自大，恣意妄为，大搞特权，在抗击新冠疫情一线擅离职守，私藏私放大量涉密材料，长期搞迷信活动；使用公安侦查手段对抗组织审查，违背组织原则，在组织函询时不如实说明问题，大肆卖官鬻爵、安插亲信、布局人事，严重破坏公安政法系统政治生态；无视中央八项规定精神，生活腐化堕落，长期收受大量贵重物品，长期接受可能影响公正执行公务的宴请和高档消费娱乐活动，长期安排私营企业主租用高档寓所供其使用，长期沉溺于各种奢靡服务；毫无道德底线，大搞权色、钱色交易；极度贪婪，大肆进行权钱交易，非法收受巨额财物。

2022 年 9 月 23 日，某省某市中级人民法院公开宣判孙某某受贿、操纵证券市场、非法持有枪支一案，孙某某最终受到了应有的惩处。

请运用本章所学理论，分析孙某某违纪违法犯罪的原因和教训。

第二章

法律的基础理论和知识

本章从马克思主义关于法律现象的基本原理出发，特别是以习近平法治思想为指导，结合我国法治建设具体实际，阐述有关法律的一些基础理论和知识。通过本章的学习，读者可以初步了解和掌握我国法律制定和实施的指导思想、原则、作用和一些基本概念，树立正确的法治观。

重点问题

- 我国法律的本质、特征和作用。
- 法律规范的结构和分类。
- 法律原则的分类和功能。
- 法律概念的功能和分类。
- 我国法律制定的阶段、指导思想和原则。
- 法律体系、法律部门及其划分。
- 我国的正式法律渊源。
- 法律适用的概念和特点。
- 法律关系的主体、客体和内容。
- 违法的构成条件和分类。
- 法律责任和法律制裁的分类。
- 法律意识的分类。
- 社会主义法治理念的基本内涵。

第一节　法律的基本特征

法律是社会上层建筑的重要组成部分，与上层建筑的其他部分（如政策、道德、宗教等）相比，法律具有以下一些基本特征：

（一）法律是一种特殊的社会规范

人类社会的存在和正常发展离不开各种各样的行为规范。从反映和调整的领域看，行为规范大体上可以分为两类，即技术规范和社会规范。技术规范是调整人与自然之间关系的行为规则，即规定人们如何作用于自然界、劳动工具和劳动对象。社会规范是调整人与人之间社会关系的行为规则，包括法律规范、道德规范、社会团体规范等。

马克思指出，“法律是肯定的、明确的、普遍的规范”①。法律作为一种特殊的社会规范，具有规范性、概括性和可预测性等特点。规范性是指法律规定了人们在一定情况下可以做什么、应当做什么或不应当做什么，为人们的行为规定了模式、标准和方向。概括性是指法律的对象是抽象的、一般的人和事，在同样的情况和条件下，法律可以反复适用。可预测性是指人们通过法律有可能预见到国家对自己和他人的行为的态度和产生的法律后果，因为法律规定了人们的行为模式，从而也成为评价人们行为合法还是不合法的标准。

（二）法律是国家制定或者认可的

法律是由国家制定或者认可的，这是其区别于其他社会规范的重要特点之一。制定和认可是国家创制法律的两种基本形式。所谓“制定”，是指在社会生活中原先并没有某种行为规则，立法者根据社会生活的需要，通过相应的国家机关按照法定程序制定各种规范性文件的活动。所谓“认可”，是指社会生活中原来已经实际存在着某种行为规则（如习惯规范等），国家以一定形式承认并且赋予其法律效力的活动。无论是制定还是认可，都与国家权力有着不可分割的联系，并且正是这一特点使法律的效力在形式上具有了普遍性。

（三）法律规定了人们的权利和义务

法律的核心内容在于规定了人们的法定权利和义务。法律权利是指法律赋予人们的某种利益或行为自由。法律义务是指法律规定人们必须履行的某种责任或行为的界限。法律通过规定人们在一定社会关系中的权利和义务来确认、保护和发展有利于统治阶级的社会关系和社会秩序。

（四）法律是由国家强制力保证实施的，具有普遍约束力

任何社会规范都要通过一定的力量来保证自己的实施，但方式有所不同。法律作为特殊的社会规范，是由国家权力的力量即国家强制力来保证实施的，而且这种强制力具有普遍性。在任何国家，违反法律规定的行为都将由专门国家机关依法定程序追究行为人的法律责任，责任人也将受到法律的制裁。但是同时我们也要看到，国家的强制力只是法律区别于其他行为规范的特点之一，而不是其得以实现的唯一方式。

---

① 马克思，恩格斯．马克思恩格斯全集：第 1 卷．北京：人民出版社，1956：71.

第二节　我国法律的本质、特征和作用

一、我国法律的本质

我国法律是在彻底废除国民党伪法统、继承革命根据地新民主主义法的基础上产生和发展起来的，是社会主义类型的法律，其本质表现为以下三个方面：

（一）是中国共产党领导下的广大人民的共同意志的体现

我国是工人阶级领导的、以工农联盟为基础的人民民主专政的社会主义国家，国家的一切权力属于人民。我国的性质决定了我国法律是工人阶级领导的广大人民共同意志和根本利益的体现，是实行人民民主专政和建设社会主义的重要保障。

工人阶级是我国的领导阶级。工人阶级之所以成为我国的领导阶级，是由工人阶级本身的特点、优点以及担负的历史使命决定的。工人阶级在国家生活中的领导地位，决定了我国法律首先必须反映工人阶级的共同意志和利益。

我国法律还必须反映工人阶级领导下的广大人民的共同意志和根本利益。在当代中国，人民的范围极为广泛，全体社会主义劳动者、社会主义事业的建设者、拥护社会主义的爱国者和拥护祖国统一的爱国者，都属于人民的范围。

中国近现代的历史证明，工人阶级的领导是通过中国共产党实行和实现的，党的集中统一领导保证社会主义革命、建设和改革取得了历史性的胜利和伟大的成就。党的二十大报告指出："中国式现代化的本质要求是：坚持中国共产党领导，坚持中国特色社会主义，实现高质量发展，发展全过程人民民主，丰富人民精神世界，实现全体人民共同富裕，促进人与自然和谐共生，推动构建人类命运共同体，创造人类文明新形态。"①

（二）是上升为国家意志的中国共产党领导下的广大人民的共同意志

在我国，党领导下形成的广大人民共同意志的内容和形式十分广泛，可以表现为道德、习惯、政策、理论学说等等。但是，只有上升为国家意志的广大人民的共同意志才是法律。也就是说，广大人民通过党的领导，在自己掌握的国家政权中，将自己的某些意志上升为国家意志，制定或认可为法律，从而取得人人必须遵守的效力。

（三）中国共产党领导下的广大人民的共同意志的内容归根结底是由我国物质生活条件决定的

如前所述，社会物质生活条件包括多方面因素，其中决定性的因素是生产方式。马

---

① 习近平．高举中国特色社会主义伟大旗帜 为全面建设社会主义现代化国家而团结奋斗：在中国共产党第二十次全国代表大会上的报告．北京：人民出版社，2022：23－24．

克思主义认为，生产力是最活跃最革命的因素，是推动人类社会发展的根本物质动因和决定性力量，其中科学技术是第一生产力。解放和发展生产力特别是先进生产力，是人类社会发展规律的要求。所以，作为马克思主义执政党的中国共产党，一贯高度重视解放和发展生产力，这也决定了我国法律必须适应生产力特别是先进生产力解放和发展的要求。

生产关系直接决定着人们在经济生活中的地位，直接决定着生产资料和其他社会财富的归属，从而也直接决定着人们在政治和社会生活当中的地位，直接决定着社会各种利益的分配。党的二十大报告提出，我们要“构建高水平社会主义市场经济体制。坚持和完善社会主义基本经济制度，毫不动摇巩固和发展公有制经济，毫不动摇鼓励、支持、引导非公有制经济发展，充分发挥市场在资源配置中的决定性作用，更好发挥政府作用”①。这是我国广大人民共同意志的基本制度内容，也决定了我国法律的基本性质。

二、我国法律的主要特征

（一）阶级性和人民性的统一

我国法律是由社会主义国家制定的，并由社会主义国家强制力保证实施，是实现人民民主专政的保障，因此具有鲜明的阶级性。同时，在我国，广大人民的共同意志和根本利益是一致的，所以法律又具有最广泛的人民性。我国法律的阶级性和人民性统一的具体表现是：阶级性和人民性相互渗透，相互依存；人民性以阶级性为前提和基础，阶级性通过人民性来体现和保障；阶级性和人民性将随着我国社会的不断发展而日趋一致。

（二）规范性和社会性的统一

规范性是指从形式上看，法律是一种特殊的行为规则；社会性是指从内容上看，法律体现一定的意志，而这种意志又是一定社会关系的反映。规范性体现的是法律在形式上的特点，社会性体现的是法律的社会内容。我国法律的规范性和社会性是统一的，它们相互联系、相互促进、相互作用，反映并服务于社会主义社会关系，对规范人们的行为和活动具有重要作用，履行着广泛的社会公共职能。

（三）科学性和公正性的统一

科学性是指法律正确反映客观规律的程度，公正性是指法律反映的一定社会中占统治地位的正义观。在我国，党领导下的广大人民的根本利益同社会发展的要求是一致的，这种特点决定了我国法律成为能够正确反映客观规律，始终起进步作用的行为规范。我国法律所体现的公正，是社会主义的公正，是绝大多数人公认的公正，是真正体现社会进步的公正。因为确认了科学合理的社会主义基本经济制度，确认了公民在法律面前一律平等的原则，等等，所以，我国法律是科学性和公正性的统一。

① 习近平．高举中国特色社会主义伟大旗帜 为全面建设社会主义现代化国家而团结奋斗：在中国共产党第二十次全国代表大会上的报告．北京：人民出版社，2022：29.

（四）权利和义务的统一

权利和义务是由法律规定的。不同社会和国家的法律，对公民的权利和义务有不同规定。在我国，人民群众是国家的主人，国家、集体和个人的利益是一致的，公民的权利和义务是统一的。我国公民在法律面前一律平等，既平等地享有权利，也平等地履行义务，不允许只享有权利而不履行义务或者只履行义务而不享有权利的现象存在。

（五）国家强制力和人民自觉遵守的统一

我国法律实施的过程是人民的意志和利益的实现过程，因此广大人民基本上是能够自觉遵守法律的。但是我国法律的实施不能没有国家的强制力，这是多数人对少数人、广大人民对极少数敌对分子和违法犯罪分子的强制。所以，我国法律的实施需要强制，但主要是靠人民群众的自觉遵守。将国家强制力同人民的自觉遵守结合起来，能够有效地保证我国法律的实施。

（六）党的主张和人民意志的统一

在我国，中国共产党是中国特色社会主义事业的领导核心，党的领导地位决定了党的主张在国家生活中具有重要作用。党的十六大报告指出："宪法和法律是党的主张和人民意志相统一的体现。"我们党的主张是以马克思列宁主义、毛泽东思想、邓小平理论、"三个代表"重要思想、科学发展观和习近平新时代中国特色社会主义思想为指导，根据社会主义革命、建设和改革的客观需要和广大人民的意愿和利益而形成的。从这一意义上讲，党的主张和人民意志是一致的。所以，党的二十大报告指出："全面建设社会主义现代化国家、全面推进中华民族伟大复兴，关键在党。"① 坚持党的领导、人民当家作主、依法治国有机统一，党就要善于把自己的主张通过法定程序变成国家法律，将人民的利益和意志通过民主程序体现在法律中。党领导人民制定宪法和法律，它还必须在宪法和法律的范围内活动，必须带头严格遵守和执行宪法和法律，必须依宪治国、依法执政。

综上所述，我国法律的定义是：是由社会主义国家制定并以国家强制力保证实施的行为规范体系。它体现着由我国社会主义发展不同阶段的物质生活条件所决定的中国共产党领导的广大人民的共同意志和利益。用规定法律上的权利和义务的方法，确认、保护和发展有利于生产力解放和发展、人民生活水平提高、综合国力增强的社会主义社会关系和社会秩序，是实现中国式现代化的重要保障。

三、我国法律的作用

（一）法律的作用

法律的作用是指法律对社会生活的影响，是法律在社会中运行的表现。从本身看，

① 习近平．高举中国特色社会主义伟大旗帜 为全面建设社会主义现代化国家而团结奋斗：在中国共产党第二十次全国代表大会上的报告．北京：人民出版社，2022：63.

法律具有规范主体行为的作用，即法律的规范作用。从调整的目的和对社会生活影响的后果看，法律具有社会调整的作用，即法律的社会作用。

法律的规范作用是指其在微观方面对具体主体行为的调控和影响作用，作为特殊的行为规范，法律直接的作用就在于规范人们的行为，表现为对人们行为的评价、指引、预测，对合法行为的保护和奖励，对违法行为的谴责、警戒、预防、制裁，等等。而且，作为一种思想、意志、原则的体现，法律对人们的观念和品德也有一定的教育影响作用。

法律的社会作用指其在宏观上对社会关系和社会秩序的确认、调整和保护的作用。作为社会关系的调整器，法律具有广泛的阶级统治职能和社会公共职能，这些职能都是通过对具体主体的行为进行规范而实现的。也就是说，法律所调整、规范的行为，都是具体主体在一定社会关系中的交互行为，法律规范具体主体行为的目的就在于确认、保护和发展一定的社会关系和社会秩序。所以，法律的规范作用和社会作用是手段和目的关系，即国家通过法律的规范作用这一手段来达到实现法律的社会作用这一目的。

（二）我国法律的社会作用

党的十九大报告提出："中国特色社会主义进入新时代，我国社会主要矛盾已经转化为人民日益增长的美好生活需要和不平衡不充分的发展之间的矛盾。"[①] 根据党的十一届三中全会后党的历次代表大会特别是十九大报告的这一重大论断，2018 年 3 月 11 日第十三届全国人民代表大会第一次会议通过《宪法修正案》，"序言"第七自然段将"推动物质文明、政治文明和精神文明协调发展，把我国建设成为富强、民主、文明的社会主义国家"修改为"推动物质文明、政治文明、精神文明、社会文明、生态文明协调发展，把我国建设成为富强民主文明和谐美丽的社会主义现代化强国，实现中华民族伟大复兴"。本教材根据《宪法》"序言"的"五个文明"的协调发展，将我国法律的社会作用分述如下：

1. 在推动物质文明协调发展中的作用

我国正处于并将长期处于社会主义初级阶段，国家的中心任务是进行经济建设。党的二十大报告提出："高质量发展是全面建设社会主义现代化国家的首要任务"，"没有坚实的物质技术基础，就不可能全面建成社会主义现代化强国"[②]。

（1）法律促进和保障生产力特别是先进生产力的解放和发展。例如，法律可以建立、维护与新质生产力相适应的良好社会秩序和经济秩序。没有法律的调节，经济和社会活动必然陷入无序状态。生产力的发展水平越高，对法治的要求程度就越高。

（2）法律促进和保障社会主义的基本经济制度和分配制度。例如，法律可以坚持和完善公有制为主体、多种所有制经济共同发展的基本经济制度；可以确立劳动、资本、技术和管理等生产要素按贡献参与分配的原则，完善按劳分配为主体、多种分配方式并存的分配制度。

---

① 习近平．习近平谈治国理政：第 3 卷．北京：外文出版社，2020：9.

② 习近平．高举中国特色社会主义伟大旗帜 为全面建设社会主义现代化国家而团结奋斗：在中国共产党第二十次全国代表大会上的报告．北京：人民出版社，2022：28.

（3）法律促进和保障社会主义市场经济体制的建立和完善。例如，法律可以健全现代市场体系，加强和完善宏观调控，形成健全、统一、有序的法律体系，等等。市场经济在一定意义上说就是法治经济。世界上众多实行市场经济国家的经验证明，市场经济的建立和运行离不开法律。

（4）法律促进和保障社会主义经济体制改革的顺利进行。例如，法律可以把经济体制改革的方向、方针、任务、方法和步骤制度化、法律化；可以贯彻经济体制改革的具体措施，直接推动改革的发展，将改革的成果制度化、普遍化、规范化。

2. 在推动政治文明协调发展中的作用

发展社会主义民主政治，建设社会主义政治文明，是全面建设社会主义现代化国家重要目标之一。党的二十大报告提出："我们要健全人民当家作主制度体系，扩大人民有序政治参与，保证人民依法实行民主选举、民主协商、民主决策、民主管理、民主监督，发挥人民群众积极性、主动性、创造性，巩固和发展生动活泼、安定团结的政治局面。"①

（1）法律促进和保障人民当家作主地位。例如，法律可以巩固和完善人民代表大会制度、中国共产党领导的多党合作和政治协商制度、民族区域自治制度；可以健全民主制度，丰富民主形式，扩大公民有序的政治参与；可以确认人民依法享有广泛的权利和自由，尊重和保障人权；等等。

（2）法律促进和保障基层民主。例如，法律可以健全基层群众自治机制，加强基层组织建设，完善基层直接民主制度体系和工作体系；可以增强城乡社区群众自我管理、自我服务、自我教育、自我监督的实效；可以健全以职工代表大会为基本形式的企事业单位民主管理制度，维护职工合法权益；可以保障人民依法管理基层公共事务和公益事业；等等。

（3）法律促进和保障最广泛的爱国统一战线。例如，法律可以发挥我国社会主义新型政党制度优势，加强同民主党派和无党派人士的团结合作；可以铸牢中华民族共同体意识；等等。

（4）法律促进和保障以新安全格局保障新发展格局。例如，法律可以健全国家安全体系，增强维护国家安全能力，提高公共安全治理水平，完善社会治理体系，等等。我国是人民民主专政的社会主义国家，对敌实行专政仍然是我国法律的重要职能之一。为了维护社会秩序和广大人民的利益，对于那些严重破坏社会秩序的犯罪分子，必须严厉打击，以保障人民生命财产安全，维护社会的安定。

3. 在推动精神文明协调发展中的作用

文明是人类改造客观世界和主观世界所取得的成果。人类在改造客观世界的同时，自己的主观世界也得到改造，这方面的成果就是精神文明，它表现为教育、科学、文化知识的发达和人们思想、政治、道德水平的提高。党的二十大报告提出："中国式现代化是物质文明和精神文明相协调的现代化。物质富足、精神富有是社会主义现代化的根本

① 习近平．高举中国特色社会主义伟大旗帜 为全面建设社会主义现代化国家而团结奋斗：在中国共产党第二十次全国代表大会上的报告．北京：人民出版社，2022：37.

要求。”[①]“我们不断厚植现代化的物质基础，不断夯实人民幸福生活的物质条件，同时大力发展社会主义先进文化，加强理想信念教育，传承中华文明，促进物的全面丰富和人的全面发展。”[②]

（1）法律促进和保障教育事业的发展。例如，法律可以加快建设高质量教育体系，发展素质教育，促进教育公平；可以加快义务教育优质均衡发展和城乡一体化，优化区域教育资源配置；等等。

（2）法律促进和保障科学技术的发展。例如，法律可以完善科技创新体系，强化国家战略科技力量，优化配置创新资源，提升国家创新体系整体效能；可以深化科技体制改革，加强知识产权法治保障，形成支持全面创新的基础制度；等等。

（3）法律促进和保障文化事业的发展。例如，法律可以繁荣发展文化事业和文化产业；深化文化体制改革，完善文化经济政策；可以健全现代文化产业体系和市场体系；可以加大文物和文化遗产保护力度，加强城乡建设中历史文化的保护与传承；等等。

（4）法律促进和保障思想道德建设。例如，法律可以实行依法治国和以德治国相结合，把社会主义核心价值观融入法治建设、融入社会发展、融入日常生活；可以实施主要包括马克思主义理论建设、理想建设、道德建设、权利义务观念和纪律观念建设等的公民道德建设工程，将大量社会公共道德和职业道德准则具体化、规范化、法律化；等等。

4. 在推动社会文明协调发展中的作用

社会的改造、社会制度的进步，都可以表现为社会文明的协调发展。党的二十大报告提出：要“提高全社会文明程度”[③]，“必须坚持在发展中保障和改善民生”[④]。

（1）法律促进和保障就业公共服务体系建设，完善重点群体就业支持体系。例如，可以统筹城乡就业政策，消除影响平等就业的不合理限制和就业歧视；可以健全劳动法律、法规，完善劳动关系协商协调机制，完善劳动者权益保障制度；等等。

（2）法律促进和保障社会保障体系建设。例如，法律可以健全覆盖全民、统筹城乡、公平统一、安全规范、可持续的多层次社会保障体系；可以完善基本养老保险全国统筹制度，发展多层次、多支柱养老保险体系；等等。

（3）法律促进和保障健康中国建设。例如，法律可以建立生育支持政策体系，降低生育、养育、教育成本；可以发展养老事业和养老产业，优化孤寡老人服务，推动实现全体老年人享有基本养老服务；可以深化医药卫生体制改革，促进医保、医疗、医药协同发展和治理；等等。

---

① 习近平．高举中国特色社会主义伟大旗帜 为全面建设社会主义现代化国家而团结奋斗：在中国共产党第二十次全国代表大会上的报告．北京：人民出版社，2022：22.

② 习近平．高举中国特色社会主义伟大旗帜 为全面建设社会主义现代化国家而团结奋斗：在中国共产党第二十次全国代表大会上的报告．北京：人民出版社，2022：23.

③ 习近平．高举中国特色社会主义伟大旗帜 为全面建设社会主义现代化国家而团结奋斗：在中国共产党第二十次全国代表大会上的报告．北京：人民出版社，2022：44.

④ 习近平．高举中国特色社会主义伟大旗帜 为全面建设社会主义现代化国家而团结奋斗：在中国共产党第二十次全国代表大会上的报告．北京：人民出版社，2022：46.

5. 在推动生态文明协调发展中的作用

生态文明建设关系到我国人民的福祉，关系到我国的长远发展，关系到中华民族的未来。党的二十大报告提出："大自然是人类赖以生存发展的基本条件。尊重自然、顺应自然、保护自然，是全面建设社会主义现代化国家的内在要求。"①

（1）法律促进和保障发展方式绿色转型。例如，法律可以实施全面节约战略，推进各类资源节约集约利用，加快构建废弃物循环利用体系；可以完善支持绿色发展的财税、金融、投资、价格政策和标准体系，发展绿色低碳产业，健全资源环境要素市场化配置体系，推动形成绿色低碳的生产方式和生活方式；等等。

（2）法律促进和保障推进环境污染防治。例如，法律可以加强污染物协同控制；可以统筹水资源、水环境、水生态治理，推动重要江河湖库生态保护治理；可以加强土壤污染源头防控，开展新污染物治理；可以全面实行排污许可制，健全现代环境治理体系；等等。

（3）法律促进和保障提升生态系统多样性、稳定性、持续性。例如，法律可以推进以国家公园为主体的自然保护地体系建设，实施生物多样性保护重大工程；可以深化集体林权制度改革，健全耕地休耕轮作制度；可以建立生态产品价值实现机制，完善生态保护补偿制度；等等。

（4）法律促进和保障推进碳达峰、碳中和。例如，法律可以完善能源消耗总量和强度调控，重点控制化石能源消费；可以推动能源清洁低碳高效利用，推进工业、建筑、交通等领域清洁低碳转型；可以完善碳排放统计核算制度，健全碳排放权市场交易制度；等等。

与此同时，我国法律在促进和保障同各国发展友好合作，推动构建新型国际关系，深化拓展平等、开放、合作的全球伙伴关系，致力于扩大同各国利益的汇合点的协调发展中，也发挥着重要作用。例如，法律可以规定中外合资、合作和外资企业的法律地位和经营管理制度；可以管理对外贸易、商品进出口、技术和设备引进、金融外汇等事项；可以打击各种破坏国际经济交往的行为，保护外国人在华的合法权益；等等。又如，法律可以统筹推进国内法治和涉外法治，以良法促进发展、保障善治。总之，正如党的二十大报告提出的："必须更好发挥法治固根本、稳预期、利长远的保障作用，在法治轨道上全面建设社会主义现代化国家。"②

第三节　法律的要素

在法学基础理论中，通常将法律规范、法律原则和法律概念视为通过各种规范性文件的不同法律条文体现出来的法律的三个要素。

---

① 习近平．高举中国特色社会主义伟大旗帜 为全面建设社会主义现代化国家而团结奋斗：在中国共产党第二十次全国代表大会上的报告．北京：人民出版社，2022：49－50.

② 习近平．高举中国特色社会主义伟大旗帜 为全面建设社会主义现代化国家而团结奋斗：在中国共产党第二十次全国代表大会上的报告．北京：人民出版社，2022：40.

一、法律规范

（一）法律规范的概念和特点

法律规范是由国家制定或认可，具有普遍约束力的行为规则，它规定法律关系参加者在法律上的权利和义务，并以国家强制力作为实施保障。法律规范既不同于其他社会规范，也不同于国家机关发布的个别性命令（例如法院的判决书），其基本特点是：

第一，它是一般性的行为规则，而不是个别性命令。

第二，它包含一定的行为模式，是必须遵守的规则，而不是一般的倡导或建议。

第三，它是由国家制定或认可并具有国家强制性的行为规则，而不是一般的社会团体规范。

第四，它具体规定法律关系参加者在法律上的权利和义务以及违反法律的责任，是适用和遵守法律的根据。

（二）法律规范的结构

法律规范的结构可以从不同层次分为内在逻辑结构和外在形式结构。

1. 法律规范的内在逻辑结构

法律规范是一种特殊的在逻辑上周全的规范，一个完整的法律规范在结构上由三个要素即“假定”、“处理”和“制裁”构成。

（1）假定，又称行为条件，是指法律规范中规定适用该规范的条件部分，它把规范的作用与一定事实状态联系起来，指出在发生何种情况或具备何种条件时，法律规范中规定的行为模式生效。首先，其包括行为主体的条件，比如行为人是自然人还是国家机关，应具有何种行为能力或责任能力，等等。其次，其包括适用条件，即在什么时间、空间，对什么人适用，即在什么情况下有约束力。

（2）处理，又称行为模式，是指法律规范中为主体规定具体行为模式的部分，即权利和义务、权力和责任，其指明主体可以做什么，应该做什么，不能做什么，即作为和不作为，以此指导和衡量主体的行为。根据行为要求的内容和性质不同，行为模式分为三种：可为模式，即在假定条件下，人们“可以如何行为”的模式；应为模式，即在假定条件下，人们“应当如何行为”的模式；勿为模式，即在假定条件下，人们“不得如何行为”的模式。一般说来，可为模式是授权性的规定，而应为模式和勿为模式往往是义务性的规定。

（3）制裁，又称法律后果，是指法律规范中规定主体的行为违反法律要求时，应当承担何种法律责任或引起何种国家强制措施的部分。法律后果表明了法律对人们某种特定行为的态度。所以，可分为：合法后果，又称肯定式的法律后果，是当人们按照行为模式的要求采取行动而在法律上得到的肯定性后果，它表现为法律对该行为的保护、许可或奖励。违法后果，又称否定式的法律后果，是当人们不按照行为模式的要求行为而在法律上得到的否定性后果，它表现为对该行为的制裁、撤销、拒绝认可，或要求恢复、补偿等①。

法律规范的上述三个要素是具有内在联系的统一整体，任何一个完整的法律规范都必须具备上述三个要素，即在逻辑上是“如果……则……否则……”的结构。

2. 法律规范的外在形式结构

虽然假定、处理、制裁三个要素是任何法律规范在逻辑上都必须具备的，但是这三个要素通过具体的国家命令表现出来时，实际上通常只包含两个构成要素，即“如果……则……”或“如果……否则……”。前者指明适用规范的事实情况，后者规定该事实将导致的法律后果。由于其本身也已构成一定的行为规则或模式，因此可以称为命令性规范。实际上，当我们说某个具体的“刑法规范”时，就是指的这种命令性规范，而不是逻辑性规范。因为这些“规范”在外在形式结构上往往并不包含完整的逻辑性规范的三个必备要素。

命令性规范在功能上可以分为两类：一类规定合法的行为模式，其结构为假定（正常的法律事实）——处理（权利或义务、权力或责任）；另一类则规定违法行为及其否定式法律后果，其结构为假定（非正常的法律事实，即违法构成）——制裁（法律责任和法律制裁）。这两类规范在法律调整中执行着不同的功能。前者执行法律确认和调整正常社会关系的职能，旨在建立一种正常的法律秩序；后者执行法律保护合法社会关系的职能，旨在维护正常的法律秩序，或者使被破坏的法律秩序得到恢复。

（三）法律规范的结构在法律条文中的表达方式

法律规范与法律条文是内容和形式的关系，法律规范的结构在立法中是通过法律条文加以表述的。

1. 逻辑性规范的结构与法律条文

法律规范的三个要素既可以同时规定在一个法律条文或规范性文件中，也可以分别规定在不同的法律条文或规范性文件中。在立法中，将一个逻辑性规范的三个构成要素规定在一个法律条文中的现象极少，最常见的情况是将假定、处理规定于一个条文，而将制裁规定在另外的条文中。例如，我国许多法律都有“法律责任”一章，就是专门规定否定式法律后果的。

2. 命令性规范的结构与法律条文

与逻辑性规范相比，命令性规范与法律条文之间有着明显的对应关系，一个条文就是一项指令。在立法中往往将命令性规范结构要素中的相同内容集中规定于一些条文中，比较常见的情况是将多个命令性规范中的“假定”和“处理”部分或者“假定”和“制裁”部分分别集中以若干专门条文加以表述。例如，我国《刑法》“分则”条文规定的是犯罪行为的性状及制裁措施，而作为犯罪构成所必需的有关犯罪主体责任年龄和责任能力的规定，则集中于《刑法》“总则”中。此外，还有将逻辑性规范的三要素分别规定于不同部门法的规范性文件中的情况。例如，《刑法》“分则”规定的是假定和刑事制裁，而

---

① 因此，有些法学著述认为，将“制裁”表述为法律规范的第三个要素并不准确，而应当直接将其表述为“法律后果”。

假定和处理，也即关于合法行为的模式，有许多却规定在其他规范性文件的法律条文中。

立法者为了防止法律条文过于烦琐，有时还可能对法律规范中的某些要素（如假定）予以省略。例如，我国《民法典》第1084条第1款规定："离婚后，子女无论由父或者母直接抚养，仍是父母双方的子女。"这里关于"子女"的假定是省略的，显然是指未成年或不能独立生活的子女。因为，《民法典》第1058条已经规定了："夫妻双方平等享有对未成年子女抚养、教育和保护的权利，共同承担对未成年子女抚养、教育和保护的义务。"

（四）法律规范的分类

根据法学基础理论，可以按不同的标准对法律规范进行不同的分类。

1. 部门法规范

按照法律规范调整对象的不同，可以将法律规范分为不同的部门法规范，如刑事法律规范、民事法律规范等。

2. 授权性规范、义务性规范和权义复合性规范

这是按照法律规范本身的性质和确定的不同行为模式进行的分类。

（1）授权性规范，即规定主体享有作出或不作出某种行为的权利和自由的法律规范。授权性规范规定主体既可以行使权利，也可以放弃权利，如自然人可以放弃自己的继承权。

（2）义务性规范，即规定主体必须作出某种行为或必须不作出某种行为的法律规范。义务性规范又可以分为命令性规范和禁止性规范。命令性规范是规定主体必须作出某种行为的法律规范，即主体必须承担积极作为的义务，如纳税的义务。禁止性规范是规定主体不得作出某种行为的法律规范，即主体必须承担不作为的义务，如不得侵犯他人合法财产权的义务。

（3）权义复合性规范，即兼具授予权利、设定义务两种性质的法律规范。权义复合性规范大多是有关国家机关组织和活动的规则，所以也可以称为职权性规范，即规定主体只能依法行使权力，而不能选择放弃或转让。有些关于公民权利的规定，也属于权义复合性规范，如《宪法》关于公民的教育权和劳动权的规定。权义复合性规范的特点是，一方面有关主体有权按照法律的规定作出一定行为，另一方面作出这些行为又是他们不可推卸的职责或义务。例如，国家机关及其工作人员的权力既具有职权的性质，又具有职责的性质，是权利和义务的结合，不过在本质上更接近于义务。也就是说，职权和职责必须行使和履行，即"法无授权不可为，法定职责必须为"，否则就是滥权、越权或失职，要承担相应的法律责任。

授权性规范、义务性规范、权义复合性规范之间存在着不同形态的联系。首先，没有无权利的义务，也没有无义务的权利。法律在规定义务人的义务时，必须考虑到是否为其设定了相应的权利；反之亦然。也就是说，任何主体的权利和义务都应当在整体法律关系的系统中达到大体平衡。其次，重视权利并不等于主体的每一项具体权利都必须在规范性文件中加以明确规定。例如，在私权利方面，现代立法往往采取一般允许和个别禁止相结合的方式，即"凡是法律不禁止的，就是允许的"。这是通过少量而具体的必要否定来表现大量和一般的抽象肯定，以保护私权利。在公权力方面，现代立法往往采取一般禁止和个别允许相结合的方式，即“凡是法律没有授权的，就是禁止的”。这是通过少量而具体的必要肯定来表现大量和一般的抽象否定，以限制对公权力的滥用。

此外，从立法技术的角度看，在相对法律关系中，多数情况下义务人积极义务的内容同时也就是权利人的权利内容，只要法律规定了义务人的义务，权利人的权利也就不言自明了。例如，关于合同的规定。但在绝对法律关系中，义务人的义务只表现为消极的不作为，对其义务的规定并不能说明权利人权利的具体内容究竟是什么，在这种情况下，法律除了规定义务人的消极义务以外，还必须明确规定权利人的权利。例如，关于财产所有权的规定。

3. 绝对确定性规范和相对确定性规范

这是按照法律规范与个别调整的不同联系进行的分类。

（1）绝对确定性规范，即具体而详尽地规定了主体的权利、义务或法律责任及其界限，未给执法人员的个别调整留下自由裁量的“空白”的法律规范。

（2）相对确定性规范则不同，它虽然也规定了上述内容，但往往留有一定余地，允许执法者在法定幅度内根据具体情况作出个别裁量。

4. 必择其一的规范、任选的规范和情况性规范

这是对相对确定性规范依照适用机关自由裁量的限度进行的分类。

（1）必择其一的规范，即规定应当选择法律列举的若干种方案中的一种方案进行适用的法律规范。例如，我国《刑法》第 27 条第 2 款规定：“对于从犯，应当从轻、减轻处罚或者免除处罚。”根据这一规定，应当在上述三类量刑中选择一种进行处罚。

（2）任选的规范，即法律列举了若干种方案，规定可以选择其中一种或几种方案进行适用的法律规范。例如，我国《刑法》第 37 条规定：“对于犯罪情节轻微不需要判处刑罚的，可以免予刑事处罚，但是可以根据案件的不同情况，予以训诫或者责令具结悔过、赔礼道歉、赔偿损失，或者由主管部门予以行政处罚或者行政处分。”根据这一规定，可以在上述各类各种法律制裁中，任选一种或几种进行处罚。

（3）情况性规范，即规定完全由适用法的机关按照具体情况进行自由裁量的规范。如我国《民事诉讼法》第 86 条规定：“当事人因不可抗拒的事由或者其他正当理由耽误期限的，在障碍消除后的十日内，可以申请顺延期限，是否准许，由人民法院决定。”这一规定就属于情况性规范。

5. 准用性规范和委任性规范

（1）准用性规范，即不直接规定规范的内容，而是规定应当参照其他规范的条款进行适用的法律规范，而它所参照的其他条款必须是已有的现行法律规范，其目的在于避免条文上的重复。如我国《刑事诉讼法》第 242 条规定：“第二审人民法院审判上诉或者抗诉案件的程序，除本章已有规定的以外，参照第一审程序的规定进行。”这一规定就属于准用性规范。

（2）委任性规范，即也不直接规定规范的内容，而是规定应由某一国家机关加以具体规定的法律规范。如我国《注册会计师法》第 43 条规定：“在审计事务所工作的注册会计师，经认定为具有注册会计师资格的，可以执行本法规定的业务，其资格认定和对其监督、指导、管理的办法由国务院另行规定。”这一规定就属于委任性规范。

6. 强制性规范和任意性规范

这是按照法律规范对人们行为规定的范围和限度进行的分类。

（1）强制性规范，是指规定的内容具有强制性质，只能无条件遵守，不能随意加以更改的法律规范。否则，其法律行为属于无效。一般地说，禁止性规范、义务性规范大都属于强制性规范。

（2）任意性规范，是指规定的内容具有任意性质，允许在法律规定的限度内自行选择或者协商确定行为方式或权利与义务的法律规范。一般地说，授权性规范大都属于任意性规范。但是，任意性规范并不等于就是授权性规范。例如，赋予国家机关及其工作人员职权的授权性规范，同时也就规定了其职责，带有强制性，不属于任意性规范。

7. 专门化规范

除了直接规定法律关系参加者具体权利和义务以外，法律规范中还有另外一些内容，主要包括有关立法宗旨和依据、法律原则、法律概念、效力范围、授权一定国家机关制定实施细则的规定等。这些法律规范没有规定主体的具体行为模式，因此有学者也将其称为“关于规范的规范”。它们具有不可替代的特殊功能，是正确理解和适用具体法律规范所必需的。根据它们在法律调整中的不同功能，大体上可以将其分为：

（1）原则性规范。其功能在于确定法律调整的指导思想、依据、目的、任务或基本价值取向。原则性规范在形式上并不具备法律规范所必需的假定、处理、制裁的结构要素，也没有提供明确具体的行为模式，而只是提出对于某一类行为的倾向性要求。原则性规范的高度抽象和概括的性质，使它比具体的法律规范更具有稳定性，适用范围也更广泛。我国《宪法》和许多部门法中都有原则性规范。例如，《宪法》中关于中华人民共和国公民在法律面前一律平等的规定，《刑法》中关于罪责刑相适应的规定，等等。

（2）定义性规范。其功能是确定和解释法律概念的特定含义。与日常生活中的语言不同，法律语言是传达国家指令的。因此，对法律语言的理解，直接关系到法律关系主体的切身利益和国家机关适用法律的准确性。这就要求对“明确的、普遍的、肯定的”法律规范进行表述的法律语言的含义必须十分清晰，尽量减少歧义。因而，我国许多法律中都有定义性规范，如《刑法》中的“故意犯罪”和“过失犯罪”、“正当防卫”和“紧急避险”，《民法典》中的“法人”“不当得利”，《民事诉讼法》中的“证据”“期间”等法律语言的规定，都是通过专门的法律条文来进行定义的。

（3）业务性规范，是指专门规定法律规范的效力范围的规范。法律规范的效力范围包括时间效力、空间效力、对人和事的效力等。不同法律规范的效力范围有所不同，因此一般都以专门条文明确规定其效力范围。例如，我国《刑法》第 88 条第 1 款规定：“在人民检察院、公安机关、国家安全机关立案侦查或者在人民法院受理案件以后，逃避侦查或者审判的，不受追诉期限的限制。”这是关于时间效力的规定。我国《民事诉讼法》第 4 条规定：“凡在中华人民共和国领域内进行民事诉讼，必须遵守本法。”这是关于空间效力的规定。第 5 条规定：“外国人、无国籍人、外国企业和组织在人民法院起诉、应诉，同中华人民共和国公民、法人和其他组织有同等的诉讼权利义务。”这是关于对人的效力的规定。

（4）冲突性规范，又称“冲突规范”、“法律选择规范”、“抵触规范”或“间接规范”

等，是指在法律、条约或国际惯例中规定的，在处理涉外民事关系过程中，当有关国家的法律规定相互抵触时，应当适用哪一国法律的规范。冲突性规范的特点是并不直接规定当事人的权利和义务，而是指出在某类民事关系中应当适用哪一国的法律。冲突性规范的功能实际上也在于规定法律的效力范围，但与一般的业务性规范相比，它又具有明显的特殊性。例如，它只调整特定的社会关系，即涉外民事关系；它不仅指出在发生法律冲突时本国法的适用范围，而且还明确指出在何种情况下应当适用外国法。例如，我国《涉外民事关系法律适用法》第 18 条规定："当事人可以协议选择仲裁协议适用的法律。当事人没有选择的，适用仲裁机构所在地法律或者仲裁地法律。"①

二、法律原则

（一）法律原则的概念

法律上所讲的原则，通常是指在一国法律体系中对各种法律制度起指导作用的思想，以及具有基础或本源意义的稳定的法律原理和准则。法律原则集中地体现了一国法律体系的基本性质、内容和价值取向。

（二）法律原则的分类

法律原则是通过原则性规范进行表述的。根据法学基础理论，可以按不同的标准对法律原则进行分类。

1. 政策性法律原则和公理性法律原则

这是按原则产生的基础不同进行的分类。政策性法律原则是国家关于必须达到的目的或目标，或实现某一时期、某一方面的任务而采取的方略。例如，我国《宪法》第 25 条规定："国家推行计划生育，使人口的增长同经济和社会发展计划相适应。"这就是一项政策性原则。

公理性法律原则是从社会关系性质中产生并得到广泛认同的被奉为法律公理的法律原则。这是严格意义上的法律原则。例如，各国宪法规定的尊重和保障人权原则。

2. 基本法律原则和具体法律原则

这是按原则的覆盖面不同进行的分类。基本法律原则是指体现根本价值的法律原则，其体现了法律的基本精神，在价值上比其他原则更为重要，在功能上比其他原则的调整范围更广，是整个法律活动的指导思想和出发点。例如，各国宪法规定的原则，就是基本法律原则。

具体法律原则是基本法律原则的具体化，其以基本法律原则为基础，构成某一法律领域的基础或出发点。基本法律原则与具体法律原则的划分是相对的，例如，相对于"法律面前人人平等"宪法原则而言，我国《刑法》第 4 条规定的"对任何人犯罪，在适用法律上一律平等。不允许任何人有超越法律的特权"，就是只适用于犯罪与刑罚领域的

① 关于冲突性规范的详细阐释，详见本教材第十二章第二节"国际私法"。

具体法律原则；但是在刑法领域，则是刑法的基本法律原则。

3. 实体性法律原则和程序性法律原则

这是按法律原则的实际内容不同进行的分类。

实体性法律原则调整实体上的权利和义务关系，例如，《民法典》中的诚信原则。程序性法律原则是通过对法律活动程序进行调整而对实体性权利、义务产生间接影响的原则，例如，《民事诉讼法》中的公开原则、回避原则、谁主张谁举证原则等。

（三）法律原则的功能

1. 法律原则对于法律制定具有指导作用

法律原则尤其是某一法律部门中的原则，是经过社会生活的长期发展而形成的根本性规范，是该法律领域的基础性真理或原理，是必须遵守的标准。立法者不论是在对某一制度进行设计时，对权利义务进行分配时，还是对某个法律概念进行界定时，都不能忽视该法律领域中的基本原则，更不能与该原则形成矛盾和冲突。也就是说，具体的立法内容是否和法律原则相冲突，是衡量该法律是否“合法”的一个重要标准。

2. 法律原则对于法律实施具有指导作用

当人们对有关法律条文进行理解和解释时，法律原则具有积极的指导意义。法律是需要解释的，法律的真实意义只有在解释中才能被发掘和呈现，即使是特别明确的法律规定，在执法、司法和守法过程中，有时也需要正确合理地解释其含义以及适用和遵守的理由。在很多情况下，尤其是面对较为概括的规则和较为复杂的案件时，人们往往会得出多种理解和多种解释结果，在这种情况下，法律原则就起了衡量标尺的作用。正如前面已指出的，对法律制定是以法律原则为指导的，所有的法律规范在理想状态下应与法律原则的要求和精神一致，所以在法律的具体实施中，还要继续坚持不与法律原则相冲突的标准。

三、法律概念

（一）法律概念的定义和功能

法律概念是有法律意义的概念，即对各种有关法律的事物、状态、行为等进行界定的法律术语，是在法律上对各种事实抽象出它们的共同特征而形成的，通常具有明确的定义和应用范围。有些法律概念与日常生活用语中的概念相同；有些则不完全相同，甚至完全不同。例如，如果一个人的行为引起了他人死亡，人们在日常生活中并不区分此行为是属于故意杀人、过失杀人、伤害致死，还是属于意外事件。而在法律中，这些概念都有专业的定义。正确理解和把握法律概念是学习法学知识的基础。

前述定义性规范的功能就是确定和解释法律概念的。法律概念对于法律的运行具有不可替代的功能，其有三大功能：第一，表达功能。法律的意义和内容是通过法律语言得以呈现和表达的，而这缺少不了法律概念的运用，无概念的法律是难以想象的，只能是文字的乱码。第二，认识功能。法律概念使人们可以顺利地认识和理解法律，不借助法律概念，人们便无法认识法律的内容，也很难进行正常的法律交流。第三，提高科学化程度的功能。丰富、准确的法律概念可以提高法律的专业性程度。

（二）法律概念的分类

根据法学基础理论，可以按不同的标准对法律概念进行分类。

1. 基本的法律概念和非基本的法律概念

这是根据法律概念的内容进行的分类。基本的法律概念是通过专业凝练而来的原本概念，如合同、正当防卫等。非基本的法律概念是从日常生活中沿用而来与法律有关的概念，如放火、杀害等。

2. 时间概念、空间概念、涉人概念、涉事概念和涉物概念

这是根据法律概念所描述的对象进行的分类。时间概念，如期间、诉讼时效等。空间概念，如居所、行为地等。涉人概念，如公民、合伙人、当事人等。涉事概念，如违约、侵权等。涉物概念，如财产、标的等。

3. 主体概念、关系概念、客体概念和事实概念

这是按照法律概念所涉及的因素进行的分类。主体概念是用以表达各种法律关系主体的概念，如公民、法人、原告人、行政机关等。关系概念是用以表达法律关系主体间权利、义务关系的概念，如所有权、交付义务、赔偿责任等。客体概念是用以表达各种权利、义务所指向的对象的概念，如动产、著作、支票等。事实概念是用以表达各种事件和行为的概念，如不可抗力、违约、犯罪中止等。由于上述四种概念并不能穷尽所有的法律概念，所以还有其他概念，如公平、正当程序等。

4. 一般法律概念和部门法律概念

这是按照法律概念涵盖面大小进行的分类。一般法律概念是指适用于整个法律领域的概念，如权利、义务、责任等。部门法律概念是指仅适用于某一法律领域的概念，其涵盖面较一般法律概念为窄，如犯罪、刑罚、合同、债务、行政相对人、质证等，这些法律概念只分别适用于刑法、民法、行政法或诉讼法领域。

第四节　法律的制定

一、法律制定的概念、特点和阶段

（一）法律制定的概念

法律制定，又称立法，通常有广义和狭义两种理解。广义的法律制定泛指有关国家机关在其法定的职权范围内，依照法定程序制订、修改、补充、废止规范性文件的活动。狭义的法律制定专指国家最高权力机关（或称国会、国家立法机关等）制订、修改、补充、废止基本法律（或法典）和法律的活动。

（二）法律制定的特点

无论是广义还是狭义的立法，都具有以下一些特点：

1. 法律制定是国家机关依照法定职权进行活动的形式之一

首先，法律制定主要是由国家机关进行的，其他任何社会组织、团体和个人，非经国家机关授权或法律规定，不能进行这项活动。其次，法律制定活动不是任何国家机关都可以进行的，而是享有相应立法权的国家机关的专有活动，这种权力通常是由一国的宪法和有关法律规定的。最后，法律制定不是国家机关进行活动的唯一方式，国家机关还有许多其他活动，如行政活动、司法活动和法律监督活动等。

2. 法律制定是国家机关依照法定程序进行的活动

首先，任何国家的法律制定活动都不是随意的，必须遵循一定的程序。其次，不同国家的立法程序虽然有所不同，但通常都是根据宪法和有关法律来确定的，即法律制定活动本身也必须法律化、程序化、制度化。最后，立法程序不仅包括对法律制定活动本身的规定，而且这些规定还往往包括人们从事这一工作的经验积累，即对某些立法技术的规定。

3. 法律制定是制订、修改、补充、废止规范性文件的综合性活动

法律制定是一种综合性的活动，不仅包括产生新的规范性文件的活动，而且包括对已有规范性文件进行的修改、补充和废止活动。这些活动在立法过程中有可能是单独出现的，如只有制订的情况，也有可能是同时出现的，如既有修改，也有补充的情况。

（三）法律制定的阶段

法律制定活动基本上可以分为以下三个相互独立而又有联系的阶段：

1. 法律制定的准备阶段

又可以称为法律制定的起草阶段。这一阶段从提出的立法建议被列入起草工作开始，主要是围绕起草规范性文件草案所进行的各项工作，如进行有关的调查研究，草拟具体的法律条文，按照立法技术的要求对其进行相应的修改、补充，同有关机关、组织和人员协商、征求意见等，直到把草案提交有权制定法律的机关进行审议、讨论，准备阶段即告结束。

2. 法律制定的确立阶段

又可以称为法律制定的通过阶段。在这一阶段中，各种立法活动主要是围绕着有关的四个程序进行的，即：法律案的提出，法律案的审议和讨论，法律案的表决，法律的公布。法律制定的确立阶段较之法律制定的准备阶段，在形式上更具法律化、制度化和程序化。通常所说的立法程序，主要就是指这个阶段的过程和步骤。

3. 法律制定的完善阶段

又可以称为法律制定的后续阶段。在这一阶段中，立法活动通常包括：立法解释，修改和补充，实施细则的制定，法律废止，法律整理，法律汇编，法典编纂，等等。

二、我国法律制定的指导思想和原则

（一）法律制定的指导思想

法律制定的指导思想是立法的总的政治原则、工作原则和思想原则，它对立法工作起着根本的、全局性的、方向性的指导作用。我国《立法法》第3条规定："立法应当坚持中国共产党的领导，坚持以马克思列宁主义、毛泽东思想、邓小平理论、'三个代表'重要思想、科学发展观、习近平新时代中国特色社会主义思想为指导，推进中国特色社会主义法治体系建设，保障在法治轨道上全面建设社会主义现代化国家。"这是我国立法工作总的指导思想。《立法法》第4条规定："立法应当坚持以经济建设为中心，坚持改革开放，贯彻新发展理念，保障以中国式现代化全面推进中华民族伟大复兴。"这是我国立法工作的中心和目标。《立法法》的这两条是为贯彻落实宪法规定和党的二十大精神，根据新时代党的重大理论创新成果，对立法的指导思想进行的与时俱进的规定和完善。

（二）法律制定的原则

《立法法》根据我国国情和多年立法工作的经验，规定了我国的法定立法原则[①]。《立法法》第5条规定："立法应当符合宪法的规定、原则和精神，依照法定的权限和程序，从国家整体利益出发，维护社会主义法制的统一、尊严、权威。"这是我国立法的国家法制统一原则，该原则也可以概括为依法立法原则。

因此，立法应当依照宪法、法律关于立法权限的划分制度即立法体制和立法事项的规定进行，应当依照宪法、法律和有关规范性文件规定的程序进行。立法应当从国家整体利益出发，这是我国各种立法工作的根本出发点。立法应当使我国的法律体系具有整体的统一性和内在的协调性，即：我国的一切现行法律都必须与宪法保持一致，不得与之相抵触；各法律之间也必须保持一致，不应相互矛盾。在立法时必须统筹考虑形成较为完备的、门类齐全的、彼此配合发挥作用的各项法律、法规和规章。同时，立法还要注意法律的稳定性，不能朝令夕改；要保持连续性，注意与原有法律、法规和规章的衔接。

《立法法》第6条规定："立法应当坚持和发展全过程人民民主，尊重和保障人权，保障和促进社会公平正义。立法应当体现人民的意志，发扬社会主义民主，坚持立法公开，保障人民通过多种途径参与立法活动。"这是我国立法的民主原则。

因此，立法要从实体法和程序法上确认和保障民主选举、民主协商、民主决策、民主管理、民主监督的全过程。立法应当体现权利公平、机会公平、规则公平的法律制度，保证人民享有广泛的自由和权利。立法应当健全人民当家作主制度体系，扩大人民有序政治参与，发挥人民群众积极性、主动性、创造性，巩固和发展生动活泼、安定团结的政治局面。

《立法法》第7条规定："立法应当从实际出发，适应经济社会发展和全面深化改革的要求，科学合理地规定公民、法人和其他组织的权利与义务、国家机关的权力与责任。法律规范应当明确、具体，具有针对性和可执行性。"这是我国立法的科学原则。

因此，立法应当实事求是，一切从实际出发，尊重立法本身的规律性。这是科学立法的灵魂，是立法工作的出发点。权利与义务、权力与责任作为法律内容的两个不可分

① 关于我国法定立法原则的详细论述，还可以参阅：朱力宇，叶传星．立法学．5版．北京：中国人民大学出版社，2023：61-69.

离的方面，共处于各种规范性文件中，彼此相互联系、相辅相成、互为条件，在一定的意义上，立法就是要在大量的法律条文中科学合理地配置权利、义务、权力、责任。同时，这也就要求立法应当抓住提高质量这个关键，要管用，能操作，能解决实际问题。

《立法法》第 8 条规定："立法应当倡导和弘扬社会主义核心价值观，坚持依法治国和以德治国相结合，铸牢中华民族共同体意识，推动社会主义精神文明建设。"这是我国立法的价值原则。

因此，立法要树立鲜明道德导向，弘扬美德义行，要体现社会主义道德要求，要把社会主义核心价值观贯穿其中，使社会主义法治成为良法下的善治。法律是成文的道德，道德是内心的法律，法律和道德都具有规范社会行为、维护社会秩序的作用，法治和德治两手抓、两手都要硬。这既是历史经验的总结，也是中国特色社会主义法治鲜明特点之一。

《立法法》第 9 条规定："立法应当适应改革需要，坚持在法治下推进改革和在改革中完善法治相统一，引导、推动、规范、保障相关改革，发挥法治在国家治理体系和治理能力现代化中的重要作用。"这是我国立法的改革与法治相统一原则。

因此，要坚持立法与改革相衔接，坚持立法先行，凡属重大改革都要于法有据，确保改革在法治轨道上有序进行，即：在法治下推进改革，在改革中完善法治。立法也要主动适应改革需要，积极发挥引导、推动、规范、保障改革的作用，做到改革和法治同步推进。

三、法律体系和法律部门

一个国家制定法律，进而形成该国的法律体系，而该国的法律体系则是由若干法律部门构成的。

（一）法律体系的概念

法律体系是指一个国家全部现行法律规范在分类组合为不同的法律部门的基础上构成的有机联系的统一整体。一国的法律体系是具有共同原则、规范和概念的系统，在内容上相互协调、在效力上相互联系，共同实现法律的总体任务和价值目标。法律体系的概念有以下几层含义：

首先，法律体系是一国全部国内现行法构成的整体。法律体系包括该国的全部现行法，不包括外国法和国际法。

其次，法律体系将全部规范性文件归入各法律部门，所有的法律部门组成该国的法律体系。各法律部门既相互区别又相互联系，调整不同社会关系的法律规范被归入不同法律部门，但是由于它们是相辅相成的有机统一整体，所以遵守或违反某一法律规范，会引起其他相关法律规范甚至部门法发生作用。

最后，法律体系的形成是立法活动和法学研究的共同产物，是制度和思想的抽象结果。立法机关创制出形形色色、种类繁多的规范性文件，而法学研究则对不同规范性文件进行性质上的鉴别和定位，从而将其归类组合为一个法律体系。

我国已经于2010年形成了以宪法为基础和核心的中国特色社会主义法律体系。

（二）法律部门及其划分

1. 法律部门的概念

法律部门，也称法律门类、部门法，是指根据一定的标准和原则划分的同类法律规范的总和。从这个意义上讲，构成法律体系的基本单位是法律部门，即一国所有的法律部门构成该国的法律体系。

理解法律部门的概念时，需要把握两种关系：（1）法律部门与法律规范的关系。法律部门与法律规范实际上是属种关系，即若干具有共同属性和功能的法律规范组合在一起，形成一个法律部门，而非同类的法律规范则不可能组合成一个法律部门。（2）法律部门与法律制度的关系。法律制度是关于某一类问题的法律规定，每一个部门法中往往包含了许多法律制度，比如民法这个法律部门，包括所有权制度、人身权制度、债权制度等。

2. 法律部门的划分

法律部门的划分是指以调整的社会关系领域和调整方法作为标准，对现行法进行的一种分类，凡是调整同一领域社会关系并运用相同的调整方法的法律规范就构成一个法律部门。法律部门及其划分问题，在许多国家也被称为“法的结构和分类”。

一个国家法律部门的划分，并不是由人们的主观意志决定的，归根到底取决于一定的社会生产方式，即由在一定的经济基础上形成的不同社会关系所决定。因此，社会关系是划分法律部门的首要标准。法律调整领域十分广泛，包括经济、政治、文化、民族、家庭等。比如民法部门是调整平等主体间财产与人身关系的法律，据此把所有调整这种社会关系的法律规范组合在一起，就成为民法部门。又如行政法调整行政主体与行政相对人之间的行政管理关系，所以把凡是调整这种社会关系的法律规范组合在一起，就成为行政法部门。

由于社会关系的复杂性和多样性，需要有不同的法律方法进行调整。因此，法律的调整方法是划分法律部门的次要标准。换言之，针对有关社会关系，不同的法律采用不同的调整方法。比如，民法与刑法都涉及调整财产关系和人身关系，但民法是以自愿为主的方式进行调整的，而刑法是以强制为主的方式进行调整的。所以，民法可以要求侵犯财产者进行金钱赔偿，而刑法则可以对侵犯财产者处以限制人身自由的惩罚。不同法律部门之所以采用不同的调整方法，是和该法律部门的功能相关的，因而也就形成了不同的法律部门。

（三）我国的法律部门

关于我国法律部门的划分，不同的学者和教材有不同的划分。其中，划分为宪法及宪法相关法、民法商法、行政法、经济法、社会法、刑法、诉讼与非诉讼程序法七个法律门类最为普遍。本教材也据此划分并分述如下：

1. 宪法及宪法相关法部门

宪法是我国法律体系中具有最高效力的核心法律，是整个法律体系的主导和基础。宪法规定了我国的基本社会制度、国家组织机构、公民基本权利和义务等内容，我国现行宪法是 1982 年制定的，迄今已经经过了五次修改。与宪法相关的法律主要包括：(1) 有关国家机构的法律等；(2) 选举的法律等；(3) 民族区域自治的法律等；(4) 特别行政区的法律等；(5) 立法方面的法律等；(6) 涉及国家主权的法律等。

2. 民法商法部门

民法商法部门由民法和商法两部分构成，民法是调整平等主体的自然人、法人和非法人组织之间的人身关系和财产关系的法律规范的总称。我国于 2020 年制定和通过了《民法典》。商法是调整平等主体之间的商事关系和商事行为的法律规范的总称。

3. 行政法部门

行政法是调整国家行政管理活动的法律规范的总称，包括行政管理主体、行政程序、行政行为、行政监督和国家公务员制度等方面的法律规范。

4. 经济法部门

经济法是调整国家从社会整体利益出发对经济活动实行干预、管理或调控所产生的社会经济关系的法律规范的总称。经济法部门主要包括三部分：一是创造平等竞争环境、维护市场秩序方面的法律，二是国家宏观调控和经济管理方面的法律，三是环境和资源保护方面的法律。

5. 社会法部门

劳动法与社会保障法是调整有关劳动关系、社会保障和社会福利关系的法律规范的总称，其调整对象主要包括：劳动者和用人单位形成的劳动合同关系，工资关系，职业安全卫生、社会保险、社会救济关系等。

6. 刑法部门

刑法是规定犯罪、刑事责任和刑罚的法律规范的总称。在所有法律中，刑法采取的调整方法是最严厉的，犯罪人因其犯罪行为可能受到诸如有期徒刑、无期徒刑乃至死刑等的法律制裁。

7. 诉讼与非诉讼程序法部门

包括诉讼程序法与非诉讼程序法两部分，是调整因诉讼活动和以非诉讼方式解决纠纷的活动而产生的社会关系的法律规范的总称。

总之，中国特色社会主义法律体系，是以宪法为统帅，以法律为主干，以行政法规、地方性法规为重要组成部分，由宪法及宪法相关法、民法商法、行政法、经济法、社会法、刑法、诉讼与非诉讼程序法等多个法律部门组成的有机统一整体。

四、法律渊源

一个国家制定法律而形成该国的法律体系，是通过各种法律渊源体现出来的。

（一）法律渊源的概念

法律渊源是指法律创制的方式和外部表现形式。法律渊源的概念包括四层含义：第一，法律规范创制机关的性质及级别；第二，法律规范的外部表现形式；第三，法律规范的效力等级；第四，法律规范的地域效力。在我国，法律渊源不包括国家机关做出的非规范性文件，如判决书、逮捕证、结婚证等。

（二）法律渊源的分类

依据不同标准，对法律渊源有不同的分类，如分为形式渊源和实质渊源、直接渊源和间接渊源、主要渊源和次要渊源、正式渊源和非正式渊源等。我国法学界综合古今中外不同情况，将法律渊源大致归纳为制定法、判例法、习惯法、政策、学说和法理等几种主要类型。

（三）我国的正式法律渊源

我国的正式法律渊源[①]是指在我国具有效力的法律规范的外部表现形式，主要有：

1. 宪法

宪法是国家的根本法，是国家的总章程。我国宪法规定了国家的各项基本制度、公民的基本权利和义务、国家机关的组成及其活动的基本原则等。我国宪法由全国人民代表大会按特殊程序制定和修改，在国家的法律渊源体系中占首要地位，具有最高的法律效力，是一切立法的基础和根据。一切法律、行政法规、地方性法规和其他规范性文件，都不得与宪法的规定相抵触。

2. 法律

这里是指狭义的法律，即作为国家最高权力机关的全国人民代表大会及其常务委员会制定的规范性文件的总称。其法律效力和地位仅次于宪法，在全国范围内有效。法律可以分为基本法律和法律两种。基本法律由全国人大制定和修改，在全国人大闭会期间，全国人大常委会有权对基本法律进行部分补充和修改，但是不得同该法律的基本原则相抵触。基本法律以外的法律由全国人大常委会制定和修改。

3. 行政法规

行政法规是由作为国家最高行政机关的国务院根据宪法和法律制定的有关国家行政管理活动的规范性文件的总称。其法律效力和地位次于宪法和法律，在全国范围内有效。

4. 监察法规

监察法规是由国家监察委员会根据宪法和法律制定的有关监察工作的规范性文件的总称。

5. 地方性法规

地方性法规是由省、自治区、直辖市、设区的市和自治州的人民代表大会及其常务委员会，根据本行政区域的具体情况和实际需要制定的规范性文件的总称。地方性法规不得与宪法、法律和行政法规相抵触，且仅在创制地方性法规的权力机关所管辖的地区有效。

6. 部门规章

部门规章是由国务院各部、委员会、中国人民银行、审计署和具有管理职能的直属机构，根据法律和国务院的行政法规、决定、命令，在本部门的权限范围内制定的规范

---

① 即我国宪法、立法法和有关法律规定的各种规范性文件。

性文件的总称。部门规章一般在全国范围内有效。

7. 地方政府规章

地方政府规章是由省、自治区、直辖市、设区的市和自治州的人民政府，根据法律、行政法规和本行政区的地方性法规制定的规范性文件的总称。地方政府规章也仅在本地方行政区有效。

8. 自治条例和单行条例

自治条例和单行条例是由民族自治地方的人民代表大会，依照当地民族的政治、经济和文化的特点制定的规范性文件的总称。自治条例和单行条例在民族自治地方的自治机关的管辖区域内有效。

9. 特别行政区的法律

特别行政区的法律是指适用于香港和澳门特别行政区的规范性文件的总称。其分为两类：一是特别行政区基本法，是指由全国人民代表大会制定的法律规范。二是特别行政区的自治法，是指由特别行政区的有关机关制定和认可的法律规范。

10. 军事法规和军事规章

中央军事委员会根据宪法和法律，制定军事法规。中国人民解放军各战区、军兵种和中国人民武装警察部队，可以根据法律和中央军事委员会的军事法规、决定、命令，在其权限范围内，制定军事规章。军事法规、军事规章在武装力量内部实施。

11. 国际条约和国际惯例

国际条约是指国际法主体之间依据国际法原则所缔结的规定相互权利与义务的书面协议。国际惯例是国际法主体之间的默示协议，是各国长期重复类似的行为并默认其有法律约束力的结果。凡我国政府签订和加入的国际条约和我国政府认可的国际惯例，在我国国内也具有约束力，因此也是我国法律的正式渊源之一。但我国政府声明保留的有关条款除外。

五、法律体系和法律渊源的联系与区别

法律体系和法律渊源既存在着密切的联系，也有重大的区别。它们是立法活动中不能彼此割裂的两个法律范畴。

（一）法律体系与法律渊源的联系

第一，二者都是法律的一定内容的表现形式。法律体系揭示的是法律的内在结构系统；法律渊源揭示的是法律的外在表现形式系统。二者分别从不同角度反映了法律的社会政治和专门法律方面的内容。努力使这两个系统从整体上达到基本协调，没有矛盾，是立法的客观要求。

第二，法律体系是形成法律渊源的依据。当人们自觉地按照调整对象和方法对法律体系进行法律部门划分时，才使法律渊源有了相应的分类。在确定各级国家机关的法律的立法权限和立法事项时，必须考虑法律的调整对象和方法的性质及其重要程度，这是形成法律渊源的内在依据。

第三，法律体系需要以法律渊源来表现。任何法律部门，都不可能只由一个规范性文件组成。在我国，一个法律部门通常都是由某一部或几部基本法律或法律对该领域的问题作出比较集中、系统和原则性的规定，由同一层次的其他规范性文件作出必要的补充，再由下几层次不同类别的规范性文件加以具体化或地方化以后，才最终形成的。一个科学的法律体系和部门，必须通过相应的法律渊源去体现，否则人们对其将难以把握，也就无从进行理论抽象。

（二）法律体系和法律渊源的区别

第一，组成的结构单位不同。法律渊源是由划分为不同系统、层次和等级的各种规范性文件组成的，其基本结构单位是诸如宪法、法律、行政法规、地方性法规和规章等等形式的法律文件，组成这些基本结构单位的主要成分是法律条文。法律体系是由划分为不同部门、子部门和制度的法律规范组成的，其基本结构单位是诸如宪法及宪法相关法部门、民法商法部门、刑法部门等法律部门，而组成这些基本结构单位的主要成分是法律规范。

第二，划分组合的标准不同。法律渊源是国家立法的直接结果，它是按照法律的创制机关的等级和隶属关系进行划分的。法律体系是人们的理论抽象和构想，它是按照法律规范所调整的社会关系的性质和与之相适应的调整方法进行划分的。

第三，影响的因素不同。虽然二者最终都受社会关系制约，但是法律渊源是直接受法律创制机关的职权和多样性影响的，而且在它的形成和完善过程中，立法者的主观因素，如法律文化水平、立法技术等，显得更为突出。而法律体系是直接受所调整的社会关系的性质和多样性影响的，在对它的理论抽象和构想中，不以人的意志为转移的社会关系起着决定作用。法律体系的稳定性程度比法律渊源要高。

第四，具体表现形式不同。法律渊源是上层建筑中的“法律设施”，是思想关系的物质法律形式，它是从静态的角度，以人们感官能够感觉的物质形式，即各种规范性文件，去体现一国法律制度的。法律体系及法律部门和具体制度，是人们按照调整对象和方法进行分类的结果，它并不是一目了然的，必须经过一定的抽象思维才能被把握。

总而言之，从理论和实践结合的角度，深入研究法律体系和法律渊源的有关问题，对于完善我国的立法活动具有重要意义。

第五节　法律的实施

一、法律实施的概念和基本形式

法律实施是指法律规范的要求在社会生活中得到贯彻和实现的活动。它包括两种基本形式：一是指国家机关及其工作人员执行法律、适用法律，从而使法律规范的要求得到贯彻的活动；二是指所有的国家机关、武装力量、政党、社会团体、企业事业组织、国家机关工作人员和全体公民遵守法律，从而使法律规范的要求得到实现的活动。前者称为法律适用，后者称为法律遵守。

二、法律适用的概念和特点

1. 法律适用的概念

法律适用有广义和狭义两种含义。从广义上说，法律适用是指一切国家机关及其工作人员依照法定职权和程序，运用法律规范处理具体问题或具体案件的活动，包括一切执法和司法活动。广义的执法与广义的法律适用的概念相同，例如通常所说的“执法必严”。

狭义的法律适用可以专指行政机关及其工作人员依照法定职权和程序，运用法律规范处理具体问题的活动，也称行政执法或行政适用；也可以专指司法机关及其工作人员依照法定职权和程序，运用法律规范处理具体案件的活动，也称司法或司法适用。

2. 法律适用的特点

无论何种意义上的法律适用，都有如下特点：

（1）法律适用的主体主要是国家机关，也包括国家授权的单位，如有关教育法规规定经批准的大专院校和科研单位有权授予学位，也是适用有关法律的主体。

（2）法律适用是国家机关及其工作人员将法律规范的一般规定运用到具体主体或具体场合，作出具有法律效力的个别性决定的活动。法律适用会导致具体的法律后果，即产生、变更或消灭一定的权利和义务或权力和责任关系，并通常以裁决、决定等非规范性文件宣告这种后果。

（3）法律适用必须严格遵守相关实体法和程序法的规定。

三、法律遵守

在我国，法律遵守的重要意义在于，当全体人民成为社会主义法治的忠实崇尚者、自觉遵守者、坚定捍卫者，努力使尊法学法守法用法在全社会蔚然成风时，可以实现法治国家、法治政府、法治社会的一体建设，全面推进国家各方面工作法治化。

四、法律关系

（一）法律关系的概念和特征

法律关系是指法律规范在调整主体行为的过程中所形成的法律上的权利与义务关系，是法律规范在实施过程中产生的一种特殊社会关系。

法律关系具有以下特征：（1）法律关系是思想社会关系，是通过主体的意志形成的社会现象，属于上层建筑范畴。（2）法律关系是根据法律规范产生的社会关系。法律关系的产生必须以存在调整和规定这一社会关系的法律规范为前提。（3）法律关系是体现法律上的权利和义务的社会关系，主要是体现主体根据法律规范而实际应当实现的权利和义务关系。（4）法律关系是由国家强制力保证实现的社会关系。有关主体成为法律上的权利和义务的承担者，国家有责任运用国家强制力支持和保证他们权利的实现、义务的履行。

（二）法律关系主体

法律关系主体是指参加法律关系，即享受权利和承担义务者，享有权利的一方称为权利人，承担义务的一方称为义务人。我国的法律关系主体主要有：(1) 自然人。包括我国公民、外国人和无国籍人。(2) 法人。包括营利法人、非营利法人、特别法人等。(3) 非法人组织。(4) 国家和国家机关。

法律关系主体应当具备两种主体能力：(1) 权利能力，指法律关系主体依法享有权利和承担义务的资格。(2) 行为能力，指法律关系主体能够以自己的行为依法实际行使权利和承担义务的资格。

（三）法律关系客体

法律关系客体是指法律关系主体之间的权利和义务所指向的对象或标的。法律关系客体可以分为：(1) 物。又称标的物，指具有一定价值和使用价值并且能够被主体支配的有形财产。物是有关财产的各种法律关系的客体，包括自然物、人造物等。(2) 行为。行为的方式有两种，一是作为，即主体的积极行为；二是不作为，即主体的消极行为。(3) 与人身相联系的非物质财富，又称精神财富。

（四）法律关系的内容

法律关系的内容是指法律关系主体之间在法律上的权利和义务，这种权利和义务为法律规范所规定，得到国家的确认和保护。

法律权利是指法律赋予法律关系主体的某种利益或行为自由。法律权利的结构为：(1) 权利人有权为或不为一定行为。(2) 权利人有权要求他人为或不为一定行为。(3) 权利人有权要求国家机关对自己的权利予以保护。

法律义务是指法律规定法律关系主体必须履行的某种责任或遵守的行为界限。法律义务的结构为：(1) 为一定行为，即义务人必须按照权利人的要求或法律的规定做出某种积极的行为。(2) 不为一定行为，即义务人不得实施法律禁止的行为。(3) 接受国家的强制措施，即当义务人有违法行为时，有接受国家法律制裁的义务。

五、法律事实

（一）法律事实的概念

法律关系产生的依据是法律规范。但是，法律规范的规定只是主体权利和义务关系的假定模式，还不是现实的法律关系本身。法律关系的产生、变更和消灭，还需要有直接的条件来推动，这些条件就是在社会中发生的一些事件与行为。凡是在社会生活中实际发生，并且为法律所规定，能够引起法律关系的产生、变更、消灭的客观情况或现象，即为法律事实。

（二）法律事实的分类

根据不同的标准可以对法律事实进行多种分类，以下是几种最常见的划分方法：

1. 法律事件和法律行为

这是根据法律事实是否以人的主观意志为转移进行的分类。法律事件是指法律规范规定的，不以人的主观意志为转移，并且能够引起一定法律关系产生、变更和消灭的法律事实。法律事件又可分为两类：第一类是自然事件，又称绝对事件，是指完全由自然原因引起的事件，如人的出生和死亡、时间的流逝、自然灾害的发生等。第二类是社会事件，又称相对事件，是指由人的行为引起的，但是不与人的意志直接相联系的事件，如因凶杀引起某人死亡，其死亡对于其亲属在继承遗产的法律关系中，具有社会事件的意义。

法律行为是指法律关系主体的有意识的活动，包括作为和不作为；又可以分为合法行为和违法行为。法律行为是一种非常重要的法律事实，在实际生活中，能够引起法律关系的产生、变更和消灭的，更经常和大量的是法律行为。

2. 确认式法律事实和排除式法律事实

这是根据法律事实的存在方式进行的分类。确认式法律事实是指只有当该事实得到确认之后，才能引起一定法律后果的法律事实。与之相反的是排除式法律事实，是指只有该事实被排除后，才能引起一定法律后果的法律事实。确认式法律事实是法律事实的正态存在形式。它意味着只有当某一具有法律意义的事实出现时，才能引起相应的法律后果。例如，完成婚姻登记，这是婚姻法律关系形成的确认式法律事实；而没有重婚的现象，则是婚姻法律关系形成的排除式法律事实。

六、违法、法律责任和法律制裁

（一）违法的概念、构成条件和分类

1. 违法的概念

违法是指具有一定资格的法律关系主体由于主观上的过错所实施的具有一定社会危害性、依照法律应当予以追究的行为。广义上的违法是指包括犯罪在内的一切违法的行为；狭义上的违法是指一般违法行为，不包括犯罪。

2. 违法的构成条件

违法需要同时具备以下构成条件：（1）违法必须是违反法律规定的行为，即行为本身的违法性，包括作为和不作为。仅有思想而无行为，不构成违法。（2）违法必须是在不同程度上侵犯法律所保护的社会关系和社会秩序，对社会造成一定危害的行为，即行为结果有社会危害性。否则，不构成违法。（3）违法的主体必须具有法定责任能力和行为能力，如自然人达到法定年龄。（4）违法必须是行为者出于故意或过失，也就是要有主观方面的过错。故意的过错是指行为人明知自己的行为会产生危害社会的结果，并希望或放任这种危害结果的产生，因而构成违法。过失的过错是指违法行为人应当预见到自己的行为可能会产生危害社会的结果，因为疏忽大意而没有预见，或已预见到而轻信能够避免，以致发生危害结果而构成违法。

3. 违法的分类

按照违法行为具体性质、危害程度和所应承担的法律责任的不同，违法可分为：（1）民事违法，指违反民事法律并应承担民事责任、受到民事制裁的行为。（2）行政违法，指违反行政法律并应承担行政责任、受到行政制裁的行为。（3）刑事违法，又叫犯罪，指违反刑事法律并应承担刑事责任、受到刑事处罚的行为。（4）违宪，指违反国家宪法及其他宪法性文件的行为。包括有关国家机关制定的某一法律、法规与宪法相抵触，国家机关的活动违反宪法规定等情况。

（二）法律责任的概念、特点和分类

1. 法律责任的概念

法律责任有广、狭两种含义。广义的法律责任与法律义务同义，如每个公民都有遵守法律的责任（义务），人民法院有责任（义务）保护当事人合法权利等。狭义的法律责任，专指违法者对自己实施的违法行为必须承担的某种法律上带有强制性、惩罚性的责任。这种法律责任同违法行为密切联系，即凡是进行了违法行为的人，都必须对国家和受害者承担相应的法律责任。这是一种追诉性的责任，我们在这里论述的也是这种责任。

2. 法律责任的特点

法律责任不同于其他的社会责任，如政治责任、道义责任等，其具有如下主要特点：（1）法律责任与违法行为相联系，只有对违法者才能追究其法律责任；违法是承担法律责任的根据，不构成违法则不承担惩罚性的责任。由于无过错而不构成违法，但是造成损害的，也可能承担一定的补偿性责任。（2）法律责任主要是一定国家机关代表国家对违法者实行法律制裁的根据，在法律上应有明确具体的规定。对不同的违法行为，法律规定的法律责任不同，违法者只对其违法行为承担法律规定的相应责任。（3）法律责任体现了违法者与国家机关之间的关系，它意味着一定的国家机关要代表国家查清违法行为的性质、特点、情节；它是由国家强制力予以保障的。因此，只能由法律授权的专门机关来追究法律责任，其他任何组织和个人都无此项权力。（4）法律责任还意味着国家对违法行为的否定性反应和谴责。

3. 法律责任的分类

（1）根据违法的性质和危害不同，可以将法律责任分为刑事法律责任、民事法律责任、行政法律责任和违宪法律责任。

（2）根据承担责任者主观上有无过错，可以将法律责任分为过错责任、无过错责任。所谓过错责任是指以承担责任者存在主观过错为必要条件的法律责任。如在刑法中，构成犯罪并承担刑事责任的要件包括犯罪人主观上必须有故意或过失。又如在民法中，在大多数情况下实行过错责任原则。所谓无过错责任是指不以承担责任者存在主观过错为必要条件的法律责任。①

（3）根据行为人实施违法行为时的身份和名义的不同，可以将法律责任分为职务责任和个人责任。所谓职务责任是指行为人以公务的身份或名义进行活动而违法时，由其

---

① 关于过错责任和无过错责任的更具体阐释，还可参见第五章第七节“侵权责任”。

所属的机关和组织来承担的法律责任。如国家机关工作人员在执行公务时所引起的损害赔偿责任。所谓个人责任是指行为人以个人的身份或名义进行活动而违法时，由其个人来承担的法律责任。如国家机关工作人员从事非公务活动时所引起的损害赔偿责任。

（4）根据承担责任的内容的不同，可以将法律责任分为财产责任和非财产责任。所谓财产责任是指以财产性的惩罚为内容的法律责任。例如，民法中的支付违约金。所谓非财产责任是指以人身、人格、行为等惩罚为内容的法律责任。例如，民法中的赔礼道歉。

（三）法律制裁的概念和分类

1. 法律制裁的概念

法律制裁是指法律授权的专门机关对违法者依其所应当承担的法律责任而采取的惩罚措施。法律制裁与法律责任一样，也是基于违法行为才产生的。没有违法，就不能追究法律责任，也谈不上实施法律制裁。因此，法律制裁是以确定违法行为为前提的，又是追究法律责任的实际结果。当然，法律制裁与法律责任也是有区别的。例如，在追究违法者的法律责任时，可视其违法情节、危害程度、主观方面等具体情况，依法免除、从轻或从重、加重制裁。

法律制裁是国家保护和恢复法律秩序的强制性措施，包括恢复权利性制裁和对构成违法、犯罪者实施的惩罚性制裁。恢复权利性的制裁旨在消除违法行为造成的损害，恢复被侵犯的合法权利，保证义务的履行。惩罚性的制裁旨在使违法者承担受惩罚的责任，即追加其承受不利法律后果的新义务。这两种制裁都是国家对违法行为的反应，但有很大不同。前者的侧重点在于保护和恢复已有的权利，保证已有义务的履行；后者的侧重点在于追究违法犯罪者的责任，给其追加新的受惩罚的责任。

2. 法律制裁的分类

根据违法者所应承担的法律责任的性质和实施法律制裁的主体的不同，可以将法律制裁分为：（1）刑事制裁，指国家司法机关对违反刑法的犯罪者依其所应当承担的刑事责任而采取的刑罚措施。刑事制裁是各种法律制裁中最为严厉的惩罚措施。（2）民事制裁，指国家司法机关对违法者依其所应当承担的民事责任而采取的惩罚措施。（3）行政制裁，指国家行政机关对违法者依其所应当承担的行政责任而采取的惩罚措施。（4）违宪制裁，指对违宪行为实施的一种国家强制性惩罚措施。

第六节 法律意识

一、法律意识的概念和分类

法律意识是人们关于法律现象的思想、观点、知识和心理的总称，是社会意识的特殊形式组成部分。法律意识既包括人们对各种法律现象的本质和作用的理论观点，也包括人们对各种法律现象的理解、感觉、愿望、情绪、评价以及关于法律的知识等。

法律意识可按不同标准进行分类。

（一）占统治地位的法律意识和不占统治地位的法律意识

这是根据法律意识的社会政治属性进行的分类。

1. 占统治地位的法律意识

占统治地位的法律意识是统治阶级（在我国社会主义社会是以工人阶级为领导的广大人民群众）的法律意识，是与社会经济基础相适应的法律上层建筑的重要组成部分，与法律制度处于有机联系之中，是法律形成和实现的必不可少的条件。

2. 不占统治地位的法律意识

不占统治地位的法律意识与现行法往往是抵触或对立的，对法律的制定和实施起消极作用。例如，某些故意违法者明知自己的行为会发生危害社会的结果，但是希望或放任这种结果发生的心理，就是这种法律意识的表现。

（二）法律心理和法律思想体系

这是从人的感性认识和理性认识的角度进行的分类。

1. 法律心理

法律心理是人们对法律现象认识的感性阶段，它直接与人们日常的法律生活相联系，是人们对法律现象的表面的、直观的、自发的反映。

2. 法律思想体系

法律思想体系是人们对法律现象认识的理性阶段。它表现为系统化、理论化的法律思想、观点和学说，是人们对法律现象的自觉反映。在法律思想体系形成过程中，法学家的工作起着重要作用。

（三）社会法律意识、群体法律意识和个人法律意识

这是从法律意识主体的角度进行的分类。

1. 社会法律意识

社会法律意识是指社会作为一个整体关于法律现象的意识，是一个社会中个人法律意识、群体法律意识相互交融的产物。因此，社会法律意识往往是一个国家法治状况的总的反映，是一个国家和民族的法律文化、法律传统的集中反映。就此而言，社会法律意识也是占统治地位的法律意识。

2. 群体法律意识

群体法律意识是指家庭、集体、团体、阶级、阶层、民族、政党等不同的社会集合体关于法律现象的意识。群体法律意识是群体内个人法律意识以及和其他群体法律意识相互作用的结果，个人法律意识通常会受到其所属群体的法律意识影响，而群体法律意识也不可能完全脱离群体内其他个人的法律意识。

3. 个人法律意识

个人法律意识是指具体的自然人关于各种法律现象的思想、看法、意见等，它是个

人独特的社会地位和社会经历的反映，个人有关法律实践以及其所接触的社会环境，对个人法律意识的形成有直接的影响。

（四）职业法律意识和大众法律意识

这是从法律意识的专业化、普及化程度进行的分类。

1. 职业法律意识

职业法律意识是法官、检察官、律师、法学研究与教学人员以及其他专门从事法律工作者的群体法律意识。在职业法律意识中积累了职业法律工作者的法律实践经验，包含其从事法律工作的专门知识和技巧等。

2. 大众法律意识

大众法律意识是广大人民群众对法律现象的最一般的理解。在大众法律意识中，法律心理如情感、情绪等因素占有很大成分，缺少专门的法律知识，因此在群众中普及必要的法律基础理论和知识，提高人们遵纪守法的自觉性，具有重要意义。

（五）与法律意识有关的概念

与法律意识有关的概念主要有法治意识、法治观念、法治理念、法治思维和社会主义法治理念等。所以，有必要先理解法治的概念。

法治是内涵丰富的概念，其主要含义有：第一，法治表示一种治国方略，与人治相对立，是指国家以法律为主的手段进行社会控制；第二，法治表示一种理性的办事原则，即依法严格办事；第三，法治表示法律秩序的形成，是指以法律为主导的有序化社会；第四，法治表示一种法律信仰，即社会公众对法律至上的认同；第五，法治表示一种完备的法律制度，指对权利和义务、权力和责任等进行合理分配的一种制度设计和安排。

因此，在我国，法治意识、法治观念、法治理念等是占统治地位的法律意识，也是要通过尊法学法守法用法在全社会蔚然成风的法律意识。法治思维是将法治的诸种要求运用于认识、分析、处理问题的思维方式，是一种以法律规范为基准的逻辑化的理性思考方式，在我国属于职业法律意识。

关于社会主义法治理念的基本内涵，可以概括为依法治国、执法为民、公平正义、服务大局、党的领导五个方面。依法治国是社会主义法治的核心内容，执法为民是社会主义法治的本质要求，公平正义是社会主义法治的价值追求，服务大局是社会主义法治的重要使命，党的领导是社会主义法治的根本保证。这五个方面相辅相成，完整准确地体现了党的领导、人民当家作主和依法治国有机统一。按照法律意识的分类，社会主义法治理念在我国属于占统治地位的法律意识、法律思想体系、社会法律意识和职业法律意识。

二、社会主义法律意识的内容和特点

（一）社会主义法律意识的基本内容

社会主义法律意识是工人阶级领导下的广大人民的法律观、法律感、法律思想的总称。它是在扬弃旧的法律意识的基础上产生和形成的。

在当代中国，社会主义法律意识是占统治地位的法律意识，是在社会主义生产方式的基础上产生的，是我国社会主义上层建筑的重要组成部分，是我国人民在中国共产党的领导下，在长期的社会主义法治建设的实践中，逐步形成和发展起来的。

社会主义法律意识的基本内容包括马克思主义的法律观、工人阶级领导的广大人民群众的法律要求、公民的权利义务观念以及相关的法律理论和知识等。社会主义法律意识是公正、科学、进步的法律意识，符合历史发展的客观要求和规律。习近平法治思想是中国特色社会主义法治理论的最新成果。这一思想与马克思列宁主义、毛泽东思想、邓小平理论、“三个代表”重要思想、科学发展观一脉相承，又结合新时代中国特色社会主义事业发展的需要，有重大的理论和实践创新，提出了一系列新理念新思想新战略，构成了完整的法律思想体系，是指引我国新时代法治建设发展的根本遵循和理论支撑。

（二）社会主义法律意识的主要特点

我国社会主义法律意识的主要特点有：（1）它是以马克思列宁主义、毛泽东思想、邓小平理论、“三个代表”重要思想、科学发展观和习近平新时代中国特色社会主义思想为指导的法律意识。（2）它是工人阶级领导的广大人民群众共同意志的集中反映。（3）它是我国社会主义上层建筑中重要的社会意识形态，为巩固和维护社会主义经济基础服务，为解放和发展社会主义生产力服务。（4）它在社会主义现代化建设和民主法治建设中不断丰富、不断发展和不断完善。

三、社会主义法律意识的作用及培养

（一）社会主义法律意识的作用

社会主义法律意识的重要作用在于它能够直接指导我国的立法、执法、司法和守法的社会实践。

1. 社会主义法律意识指导法律制定

一个国家的法的形成、法律制度的完善，归根结底取决于经济和社会发展的客观需要，任何立法者都不能不顾客观条件和规律的制约去任意制定法律。但是人的主观能动性和法律意识在法律的形成中，仍然具有重要的作用。能否及时正确地制定法律，从一定意义上讲，取决于立法者的法律意识水平。人们必须先形成法律意识，然后才能以法律意识去指导立法。人们对现行法律的评价，并由此而决定的对现行法律的废除、修改或补充活动，也都是在法律意识的指导下进行的。

2. 社会主义法律意识指导法律适用

国家机关及其工作人员的法律意识水平的高低，决定着他们对法律的精神实质和规定的理解程度，从而也直接关系到他们所处理的案件或问题的正确、合法、公正与否。所以对于司法和执法人员来说，一方面应当努力提高政治素质，做到全心全意为人民谋利益，秉公执法；另一方面又要不断提高业务素质，提高法律意识水平。

3. 社会主义法律意识指导法律遵守

我国法律是工人阶级领导的广大人民共同意志和利益的反映，需要人们自觉遵守和维护。所以，广大人民在社会生活中要了解法律的规定，更重要的是要具备正确的法律意识。人们的法律意识水平高，对法律有正确认识，法制观念强，就能自觉遵守法律，运用法律保护自己的正当权益，并且能够同一切违法犯罪行为作坚决斗争。

（二）社会主义法律意识的培养

作为一种特殊的社会意识，法律意识不同于一般的思想观念，社会主义法律意识，特别是体现时代精神的法律思想体系，需要有目的地进行培养。在我国，对大学生法律意识的培养至少包括两方面的内容：一是马克思列宁主义、毛泽东思想、邓小平理论和“三个代表”重要思想、科学发展观中的法律观和习近平法治思想的宣传教育，二是普及法律知识。

马克思列宁主义的法律观科学地解决和回答了关于法律的起源、本质、发展和作用等一系列基本问题。毛泽东思想、邓小平理论和“三个代表”重要思想、科学发展观中的法律观和习近平法治思想是当代中国的马克思主义法律观，是根据我国社会主义初级阶段国情，根据社会主义现代化建设和全面建设小康社会的目标和任务的实践而形成和发展起来的，科学地解决和回答了我国“依法治国，建设社会主义法治国家”的一系列基本问题。所以，正确地进行有关的宣传教育，是我国社会主义政治文明和精神文明建设中的一项长期重要任务。

在大学生中普及法律常识，是提高国民法律素质的重要内容，是实践依法治国基本方略的基础性工作。建设社会主义法治国家，应逐步实现从提高公民的法律意识向提高全民族法律素质的转变。大学生的法律素质要求具有知法、懂法、守法、护法的法律知识，因为法律知识是人类法治文明的基础，是法治社会的土壤，是现代法治社会广大公民整体素质的一个重要组成部分。只有具备一定的法律知识，才可能转化为自觉的依法行使权利和履行义务的法律行为。

练习与思考

内容提要

1. 法律是一种特殊的社会规范，是国家制定或者认可的，规定了人们的权利和义务，由国家强制力保证实施，具有普遍约束力。

2. 我国法律是阶级性和人民性的统一、规范性和社会性的统一、科学性和公正性的统一、权利和义务的统一、国家强制力和人民自觉遵守的统一、党的主张和人民意志的统一。确认、保护和发展有利于生产力解放和发展、人民生活水平提高、综合国力增强的社会主义社会关系和社会秩序，是实现中国式现代化的重要保障。

3. 我国法律在推动物质文明、政治文明、精神文明、社会文明、生态文明协调发展中具有促进和保障作用。

4. 在法学基础理论中，通常将法律规范、法律原则和法律概念视为通过各种规范性文件的不同法律条文体现出来的法律的三个要素。

5. 我国《立法法》第 3 条和第 4 条规定了我国立法的指导思想，第 5 条、第 6 条、

第 7 条、第 8 条、第 9 条分别规定了我国立法的国家法制统一、民主、科学、价值和改革与法治相统一等原则。

6. 法律体系是指一个国家全部现行法律规范在分类组合为不同的法律部门的基础上构成的有机联系的统一整体。法律部门是指根据一定的标准和原则划分的同类法律规范的总和。法律部门的划分是指以调整的社会关系领域和调整方法作为标准，对现行法进行的一种分类，凡是调整同一领域社会关系并运用相同的调整方法的法律规范就构成一个法律部门。

7. 法律实施是指法律规范的要求在社会生活中得到贯彻和实现的活动，法律实施的基本方式是法律适用和法律遵守。广义的法律适用与广义的执法相同。

8. 法律规范的规定只是主体权利和义务关系的假定模式，还不是现实的法律关系本身。法律关系的产生、变更和消灭，还需要有直接的条件来推动，这些条件就是在社会中发生的一些事件与行为，即法律事实。

9. 违法的构成条件是：(1) 必须是违反法律规定的行为；(2) 必须是在不同程度上侵犯法律所保护的社会关系和社会秩序；(3) 违法的主体必须具有法定责任能力和行为能力；(4) 违法必须是行为者出于故意或过失。

10. 法治意识、法治观念、法治理念，在我国是占统治地位的法律意识，也是要通过尊法学法守法用法在全社会蔚然成风的社会法律意识。社会主义法治理念完整准确地体现了党的领导、人民当家作主和依法治国有机统一。

11. 社会主义法律意识，特别是体现时代精神的法律思想体系，需要有目的地进行培养。

关键术语

法律的规范作用	法律的社会作用	法律规范	法律原则
法律概念	法律体系	法律部门	法律渊源
法律适用	法律遵守	法律关系	法律事实
违法	法律责任	法律制裁	法律意识

辨析题

1. 凡具有强制力的行为规则就是法律。

2. 授权性规范属于任意性规范。

3. 我国宪法规定的“国家推行计划生育、使人口的增长同经济和社会发展计划相适应”是一项公理性原则。

4. 法律渊源是指法律的起源问题。

5. 房屋是法律关系的主体。

6. 仅有思想而无行为不构成违法。

7. 只要违法，就必须承担法律责任，必然受到法律制裁。

案例分析

2023 年 6 月 15 日晚，在北京工人体育场举办的一场足球比赛中，一位球迷从看台跳下，冲入球场，拥抱自己喜爱的著名国际球星，并在球场中奔跑，后被工作人员带离。这位球迷的举动导致比赛一度中断。

北京朝阳公安分局依法对冲入球场的球迷（男，18 岁）予以行政拘留的处罚，同时责令其十二个月内不得进入体育场馆观看同类比赛。兴奋过后的该球迷也对自己的行为表达了歉意，接受公安机关处罚，并希望广大球迷引以为戒，遵规守纪，共同维护好赛场内外秩序[①]。

请运用本章所学知识，具体分析该球迷的行为和公安机关的处罚。

① https：//www.thepaper.cn/newsDetail_forward_23536489.

第三章

宪 法

“宪法是国家的根本法，是党和人民意志的集中体现，具有最高的法律地位、法律权威、法律效力。”[①] 在一个国家的法律体系中，宪法处于基础与核心地位，反映着一个国家的政治、经济、文化与社会制度的基本内容。在法治社会中，各种法律规范是以宪法为基础而制定的，是宪法原则与精神的具体化。由于宪法体现了国家基本制度的基本原则与精神，所以学习、掌握宪法基本知识与理论是全面了解我国法律体系的基础，同时也可以为进一步学习与研究其他法律制度提供基本的知识和必要的研究方法。

重点问题

- 宪法的概念与基本特征。
- 宪法结构与宪法规范的特点。
- 宪法修改与宪法发展模式。
- 人民代表大会制度的发展与基本特征。
- 选举制度的原则与民主程序。
- 国家机构的体系与运行原则。
- 公民的基本权利的性质与基本特点。
- 公民的基本义务的概念与性质。

第一节 宪法基本原理

一、宪法的概念与分类

在日常生活中，一谈到法律问题，有些人往往想到刑法、民法、经济法等法律部门，认为宪法是政治原则或过于抽象的规范，不像刑法、民法那样实际有用；也有一些人认为，宪法离人们的实际生活太远，在日常生活中感觉不到宪法的存在。此外，还有其他对宪法的不正确认识。所以，在理解宪法概念时我们需要把宪法置于我国整个法律体系

① 习近平．在中央人大工作会议上的讲话．求是，2022（5）．

之中，既要分析宪法具有的法律属性，同时也需要分析宪法作为根本法的特点。

（一）宪法具有法的属性

在理解宪法概念时我们首先要树立宪法是法的基本观念，从法的性质与特征出发认识宪法现象与问题。法是调整社会关系的各种法律规范的总和，具有不同的规范体系与表现形式。宪法作为调整宪法关系的法律规范，在性质、功能与调整方式等方面具有法的共同特征。宪法和其他法律一样反映统治阶级的共同意志和要求，并以国家强制力为后盾，在调整具体社会关系中体现其特殊的制裁功能。从宪法与法的共性出发理解宪法的概念有助于我们正确地理解宪法的法的属性，澄清在宪法概念问题上存在的不正确的认识。

（二）宪法是国家根本法

从性质上讲，宪法首先是法，宪法及宪法相关法是一国法律体系中的一个独立法律部门。一国的法律体系是以宪法为基础建立起来的，宪法在整个法律体系中处于基础与核心的地位。从这种意义上讲，宪法是国家的根本法。我们可以从三个方面进行分析。

1. 宪法规定国家的基本制度

宪法规定国家生活中最根本、最重要的问题，调整广泛的社会领域。宪法规定国家政权的组织原则与活动程序、国家与公民的关系、国家机构的体系与各自的权限、国家标志等，而普通法律只规定国家生活中的具体制度与具体问题。

2. 宪法具有最高的法律效力

宪法作为国家根本法，在法律效力上具有最高的效力，任何法律法规都不得同宪法相抵触。具体表现在：宪法是国家立法的基础与依据，一切法律法规都是以宪法为依据制定的，宪法为国家立法的统一提供了合宪性基础；宪法是一切国家机关、社会团体、政党、公民与企事业单位行为的最高准则；任何法律法规不得同宪法相抵触，违宪的法律法规是无效的。我国宪法对宪法的最高法律效力进行了明确的规定：本宪法以法律的形式确认了中国各族人民奋斗的成果，规定了国家的根本制度和根本任务，是国家的根本法，具有最高的法律效力。全国各族人民、一切国家机关和武装力量、各政党和各社会团体、各企业事业组织，都必须以宪法为根本的活动准则，并且负有维护宪法尊严、保证宪法实施的职责。

3. 宪法具有特殊的制定和修改程序

由于宪法具有内容的根本性与效力最高性等特点，各国在制定和修改宪法时往往采取特殊的程序。如有的国家制定宪法时成立专门的制宪机构，具体从事制宪工作。在修改程序方面，一般法律的修改是过半数即可通过，但宪法规定的是国家根本制度与原则，不能随意改变，应保持长期稳定。为此，各国宪法普遍规定了比一般法律修改更严格的程序。如我国《宪法》第 64 条规定：宪法的修改，由全国人民代表大会常务委员会或者 1/5 以上的全国人民代表大会代表提议，并由全国人民代表大会以全体代表的 2/3 以上的多数通过；而基本法律和其他议案由全国人民代表大会以全体代表的过半数通过即可。修宪程序的严格性一方面有助于保障宪法的稳定，另一方面有利于维护现代民主政治下少数人的利益不受侵犯。

（三）宪法是民主制度法律化的基本形式

宪法作为国家根本法是法律形式上的特征，就其实质而言，宪法是民主制度法律化的基本形式。从历史发展看，宪法与民主是密不可分的，宪法产生与存在的前提之一是民主事实的存在。因此，我们说近代意义的宪法是资产阶级革命取得胜利，有了民主事实以后才出现的。当然，不同性质的宪法确认不同性质的民主制度。我国宪法规定的人民民主专政制度、人民代表大会制度、选举制度及公民的基本权利和义务等，实际上是对我国社会主义民主事实的确认。

（四）宪法分类

宪法概念是对世界各国宪法存在形式的概括，由于各国的政治、经济与文化发展水平不同，各国宪法存在形式也是多样化的。为了理解宪法概念的多样性，我们需要进一步分析宪法分类的标准与具体内容。

传统的分类方法主要从形式上认识宪法，提出了分类的具体标准。按照宪法的表现形式，可把宪法分为成文宪法和不成文宪法。成文宪法是指具有统一宪法典表现形式的宪法，没有统一宪法典表现形式的宪法称为不成文宪法。按照宪法制定主体可分为钦定宪法、协定宪法和民定宪法。根据宪法修改程序，可分为柔性宪法和刚性宪法等。随着宪法实践的发展，宪法分类方法本身也在不断发展和完善。

（五）宪法相关法

宪法相关法是指与宪法相配套、直接保障宪法实施和国家政权运作等方面的法律规范，调整国家政治关系，主要包括：国家机构的产生、组织、职权和基本工作原则方面的法律，如《中华人民共和国选举法》；民族区域自治制度、特别行政区制度、基层群众自治制度方面的法律，如《中华人民共和国香港特别行政区基本法》；维护国家主权、领土完整、国家安全、国家标志象征方面的法律，如《中华人民共和国国旗法》。

二、宪法的历史发展

宪法是人类文明发展的产物。人类在长期的实践经验中发现了通过宪法治理国家的基本途径与经验，向往在宪法治理下和平生活。近代宪法最早产生于资本主义国家，英国宪法、美国宪法与法国宪法反映了西方国家宪法产生与发展的基本特点。在古代中国，尽管古文献中曾出现过“宪法”一词，但其含义不同于近代宪法的内容。自 19 世纪末叶开始，古老的中国大地上出现了所谓“宪政”运动，出现过不同形式的宪法性文件与宪法，但 1949 年以前的中国宪法的制定未能获得社会的广泛支持，缺乏得到实施的正当性。中华人民共和国成立后，宪法人民性的实现才有了可靠的保障。

（一）1949 年的《中国人民政治协商会议共同纲领》

1949 年 9 月召开的中国人民政治协商会议第一届全体会议通过了起临时宪法作用的

《中国人民政治协商会议共同纲领》。由于当时没有条件制定正式的宪法，根据国家面临的实际情况，我国通过《中国人民政治协商会议共同纲领》具体规定了新中国的国体、政体、经济制度以及文化、教育、民族、外交等政策。

（二）1954 年宪法

在中国历史上，1954 年宪法是第一部社会主义类型的宪法。这部宪法的基本精神是民主原则和社会主义原则。如在该宪法草案的讨论中，全国约 1.5 亿人提出了 100 多万条意见，经过了几次讨论。宪法确认了我国的人民民主专政制度、人民代表大会制度，并确认了过渡时期的四种所有制形式，规定了公民的基本权利与义务等。

（三）1975 年宪法

1975 年宪法是在特定历史条件下修改的，其指导思想存在着严重的错误，在实际生活中并没有得到实施。

（四）1978 年宪法

1978 年 3 月，第五届全国人民代表大会第一次会议通过了修改过的宪法。该《宪法》除“序言”外，共有 4 章 60 条，规定了新时期的总任务，强调了社会主义法制的作用，但在指导思想上仍然“坚持无产阶级专政下的继续革命”和“以阶级斗争为纲”，存在历史的局限性。1979 年 7 月和 1980 年 9 月，全国人大对宪法的部分条文进行了修改，在一定程度上纠正了 1978 年宪法中存在的一些错误。

（五）1982 年宪法

1982 年 12 月 4 日，第五届全国人民代表大会第五次会议通过了全面修改后的宪法，即现行宪法。1982 年宪法是 1954 年宪法的继承与发展，其主要特点是：以四项基本原则作为宪法的指导思想；体现了改革开放的基本路线；进一步完善了国家机构体系；扩大了公民基本权利的范围，强化了对基本权利的保障；在总结历史经验的基础上进一步完善了宪法保障制度；等等。宪法体现的基本原则有：一切国家权力属于人民的原则、尊重和保障人权原则、社会主义法制原则、民主集中制原则等。这部宪法在中国的改革开放进程中发挥了重要作用，提供了有效的宪法基础。以社会为基础，与社会发展保持协调是宪法发展的动力，也是宪法保持其生命力的基础。处于社会转型时期的中国正面临许多新的挑战。为了及时地解决社会发展中出现的宪法与社会现实之间的冲突，从 1988 年开始全国人大还以宪法修正案的方式对现行宪法的某些内容进行了部分修改。

1988 年 4 月 12 日，第七届全国人民代表大会第一次会议通过了宪法修正案，共 2 条，其内容涉及私营经济的宪法地位与土地使用权转让制度。

1993 年 3 月 29 日，第八届全国人民代表大会第一次会议通过了宪法修正案，共 9 条，主要内容是：在“序言”中规定“中国共产党领导的多党合作和政治协商制度将长期存在和发展”，规定我国正处于社会主义初级阶段；在宪法中把家庭联产承包责任制作为农村集体经济组织的基本形式，确立社会主义市场经济的宪法地位，把县级人大的任期由三年改为五年。

1999 年 3 月 15 日，第九届全国人民代表大会第二次会议通过了宪法修正案，共 6 条，主要内容是：在“序言”中明确规定“我国将长期处于社会主义初级阶段”；将邓小平理论写进宪法，作为国家的指导思想；规定“中华人民共和国实行依法治国，建设社会主义法治国家”；规定“坚持公有制为主体、多种所有制经济共同发展的基本经济制度，坚持按劳分配为主体、多种分配方式并存的分配制度”；规定“农村集体经济组织实行家庭承包经营为基础、统分结合的双层经营体制”；规定“在法律规定范围内的个体经济、私营经济等非公有制经济，是社会主义市场经济的重要组成部分”；将镇压“反革命的活动”修改为镇压“危害国家安全的犯罪活动”。

2004 年 3 月 14 日，第十届全国人民代表大会第二次会议通过了宪法修正案，共 14 条，主要内容是：把“三个代表”重要思想写进“序言”中，作为国家的指导思想；在“序言”中增加“推动物质文明、政治文明和精神文明协调发展”；增加规定“社会主义事业的建设者”。在正文中，规定合法的私有财产不受侵犯原则，完善了征收、征用制度；增加规定“国家建立健全同经济发展水平相适应的社会保障制度”；规定“国家尊重和保障人权”；把“戒严”改为“紧急状态”；扩大国家主席的职权，规定“中华人民共和国主席代表中华人民共和国，进行国事活动”；把乡镇人大的任期由三年改为五年；增加规定国歌等。

2018 年 3 月 11 日，第十三届全国人民代表大会第一次会议通过了宪法修正案，共 21 条，主要内容是：在“序言”部分增加“科学发展观、习近平新时代中国特色社会主义思想”，作为国家的指导思想；将“健全社会主义法制”修改为“健全社会主义法治”；增写“贯彻新发展理念”和“推动物质文明、政治文明、精神文明、社会文明、生态文明协调发展，把我国建设成为富强民主文明和谐美丽的社会主义现代化强国，实现中华民族伟大复兴”；在爱国统一战线中增加“致力于中华民族伟大复兴的爱国者”；将民族关系修改为“平等团结互助和谐的社会主义民族关系已经确立，并将继续加强”；在对外关系中增加“坚持和平发展道路，坚持互利共赢开放战略”，“构建人类命运共同体”。在总纲中增加“中国共产党领导是中国特色社会主义最本质的特征”的规定；增加“国家倡导社会主义核心价值观”的规定；将“法律委员会”更名为“宪法和法律委员会”；在国家主席、副主席的规定中删除“连续任职不得超过两届”；将国务院的第六项职权修改为“领导和管理经济工作和城乡建设、生态文明建设”，第八项职权修改为“领导和管理民政、公安、司法行政等工作”；增加设区的市制定地方性法规的规定；增加有关监察委员会的各项规定；增加“国家工作人员就职时应当依照法律规定公开进行宪法宣誓”的规定；等等①。

五次宪法修改，进一步协调了宪法与社会生活的关系，推动了改革开放的发展。

---

① 此次宪法修改的具体内容，还可以参见 2018 年 3 月 11 日第十三届全国人民代表大会第一次会议通过的《中华人民共和国宪法修正案》。本教材下面引述的宪法条文，也是此次修改后的。

三、宪法结构与宪法规范

（一）宪法结构

宪法结构是指宪法内容的具体组织和排列形式。宪法结构的确定，既涉及宪法的实体性内容，还涉及宪法的程序性内容。由于各国的政治、经济、文化和社会发展的水平不同，在具体宪法结构内容的安排上呈现出各自的特点，没有宪法结构上的统一模式。宪法结构一般由宪法序言、宪法正文和附则组成。

宪法序言以不同的形式叙述了一个国家的历史发展过程、发展目标、宪法的地位与基本原则等。我国的宪法序言包括的主要内容是：以叙述性的语言回顾了中国社会发展的历程，规定了国家发展的根本任务是集中力量进行社会主义现代化建设，规定了国家的基本国策，明确了宪法的根本法地位与最高效力。宪法序言是整个宪法规范的组成部分，体现立宪宗旨与宪法基本精神，对宪法的实施起着指导作用。

宪法正文是宪法文本的主要部分，体现宪法的基本制度和基本原则。总纲部分规定了国家制度的基本原则和基本国策，在整个宪法结构中起着指导性、原则性与统一性的作用。公民的基本权利与义务是宪法的重要内容之一，集中体现了宪法的价值和存在目的。宪法首先是人权的保障书，公民权利与自由的保障是现代宪法的核心。国家机构是宪法调整的重要内容，各国宪法普遍规定国家机构的组织体系与活动原则。一般是先规定国家机构运作的基本原则，并依国家机构的性质具体规定机构的产生、职权与活动程序。国家标志是一个国家的象征。我国宪法第四章规定了国旗、国歌、国徽与首都。

（二）宪法规范

宪法是由不同规则组成的，不同的规则以不同的形式体现宪法的原则与精神。宪法规范是指调整宪法关系的各种法律规范的总和。宪法关系涉及社会生活的各个不同的方面，其重要特点是国家或国家机关始终是宪法关系的重要参与者。

宪法规范是一种根本性的法律规范，与其他法律规范相比具有如下特点：

1. 宪法规范的政治性

宪法规范作为调整国家权力运行与保障人权的法律规范，在制定和实施宪法的过程中要受政治利益的影响。宪法是在一定政治力量的推动下产生和发展的，但政治利益一旦被规定为宪法规范后，就受到宪法规范的约束。

2. 宪法规范的限制性

宪法规范是一种组织国家权力的规范，国家权力通过宪法规范的运用得到合理的组织和分配。我国宪法规定了国家主席、副主席，全国人大常务委员会委员长、副委员长，国务院总理、副总理、国务委员，国家监察委员会主任，最高人民法院院长，最高人民检察院检察长等国家领导职位的产生、职权及其行使程序。

3. 宪法规范的最高性

宪法规范作为一种法律规范，在法律体系中处于最高的地位，制约着其他规范的产生与发展。宪法规范的最高性特征是宪法价值体系的反映，要求社会生活的各个领域必须体现宪法原则，使宪法成为确认各种行为是否合法，判断是非曲直的最高依据。

4. 宪法规范的稳定性、适应性

宪法规范构成宪法秩序的基础，需要在社会生活中保持长期稳定，不得轻易变动。宪法规范的稳定性是在宪法实践中形成的客观状态，需要一定的客观条件。但这种稳定性是相对的，并不是固定不变的，随着社会生活的变化，宪法规范也需要根据社会实践的变化得到发展，并在实践中不断完善。

5. 宪法规范的制裁性

宪法规范作为法律规范的一种，具有特殊的制裁形式，并通过制裁功能发挥宪法的调整作用。从本质上讲，宪法规范的制裁与刑事制裁、民事制裁、行政制裁一样，其规范的效力得到社会的普遍承认，具有内在的制裁结构与形式。

四、宪法与民主政治建设

宪法在民主政治建设中发挥重要作用。从总体上讲，宪法是保护公民的基本权利与自由，限制和规范国家权力活动的规范体系。其基本功能具体表现在：

（一）确认功能

宪法的确认功能主要表现在：宪法的性质和内容取决于经济基础的性质；确认国家权力的归属，使政权基础合法化；确认法制的统一基础，为法律体系的统一提供合宪性基础。

（二）保障功能

宪法对民主制度与人权起到保障作用。宪法是民主制度法律化的基本形式，宪法不仅规定各种民主制度，同时为民主制度的实现提供宪法基础。在宪法的保障功能中，人权保障是一个核心的内容，各国宪法均以不同的形式规定基本权利的内容、基本权利体系与限制基本权利的标准，从宪法层次上确立公民与国家的关系，明确公民的宪法地位。

（三）限制功能

宪法限制国家权力是为了更好地保障人权，因为国家权力的滥用必然带来对人权的侵害。各国宪法对各类国家机构的产生、职权与活动方式进行了明确的规定，其目的就是防止国家权力可能给公民权利与自由所带来的损害。在这种意义上，宪法就是限权法。

（四）协调功能

在制定和实施宪法的过程中，由于利益分配的不平衡和主体价值观的不同，人们可能形成不同的利益关系。宪法在不同利益的协调过程中发挥着重要作用，能够以合理的机制平衡利益，寻求多数社会成员普遍认可的规则。民主政治体制下少数人的利益也可通过宪法制度得到保护。如宪法诉讼制度、宪法诉愿制度的建立，有助于在各种利益关系中保护少数人的利益。

五、宪法监督制度与实施宪法

习近平强调："必须坚持宪法实施与监督制度化法规化。宪法的生命在于实施，宪法的权威也在于实施。必须用科学有效、系统完备的制度法规体系保证宪法实施，形成完备的法律规范体系、高效的法治实施体系、严密的法治监督体系、有力的法治保障体系，形成完善的党内法规体系，加强宪法监督，确保在法治轨道上推进国家治理体系和治理能力现代化、建设社会主义现代化国家。"① 宪法的生命力既表现为内容的科学性，也表现为实施的过程与效果。制定宪法是为了实施宪法，使宪法的原则和内容在社会生活中得到实现。从某种意义上讲，宪法实施是宪法保持生命力的关键。党的十九大报告明确指出：加强宪法实施和监督，推进合宪性审查工作，维护宪法权威。这一要求，目的在于通过合宪性审查来发现和纠正违宪的法律法规和行为，确保宪法作为国家根本法的法律权威。只有宪法得到实施，才有可能出现统一的法制状态，才有可能建设成为社会主义法治国家。

（一）宪法监督的概念与意义

宪法监督是指一定的主体依据宪法程序监督宪法实施的各项制度的总和。宪法监督通常分为广义的宪法监督和狭义的宪法监督。广义的宪法监督的主体是非常广泛的，既包括国家机关、社会团体，也包括政党和公民。狭义的宪法监督是指特定的国家机关依据法定程序监督宪法实施的制度。

宪法监督制度的完善与否直接关系到法治的发展和社会稳定。建立和加强宪法监督的理论和实践意义主要在于：有助于发挥宪法调整社会生活的功能，确立宪法在国家生活中的根本法地位；有助于稳定宪法秩序，维护以宪法为核心的法制的统一性；有利于保障公民的权利与自由，使宪法规定的基本权利得到实现。

（二）宪法监督的基本内容

在各国的宪法实践中，宪法监督的形式是多种多样的，但其基本内容包括如下两个方面：

1. 规范性文件的合宪性审查

为立法提供合宪性基础是维护法制统一的基础。宪法监督的基本功能是对所有法律、法规等规范性文件进行合宪性审查，宣布违宪的法律法规等规范性文件无效。我国宪法对规范性文件确立了统一的监督体系，如规定全国人大有权改变或撤销全国人大常委会不适当的决定；全国人大常委会有权撤销国务院制定的同宪法、法律相抵触的行政法规、决定和命令，有权撤销省、自治区、直辖市国家权力机关制定的同宪法、法律和行政法规相抵触的地方性法规和决定等。

2. 行为的合宪性审查

国家机关、社会团体、政党和公务员的行为必须符合宪法，公民也要遵守宪法，以

① 习近平．谱写新时代中国宪法实践新篇章：纪念现行宪法公布施行40周年．光明日报，2022-12-20.

宪法作为活动的准则。当然，宪法监督需要解决的主要问题是审查国家机关及其公务员行为的合宪性。

（三）我国宪法监督体制的基本特点

目前，世界上具有代表性的宪法监督体制主要有三种形式，即立法机关监督制、司法机关监督制与专门机关监督制。立法机关监督制是指由立法机关负责监督宪法实施的体制，强调议会的民意代表机关的功能。司法机关监督制是指普通法院通过司法程序对正在审理的各类案件涉及的法律、法规等规范性文件的合宪性进行判断，如认为违宪则可以宣布该规范在本案中无效。美国、日本等国家实行这一制度。专门机关监督制是指由特设机关依据一定程序审查法律、法规及命令等规范性文件。如德国的宪法法院、法国的宪法委员会等属于这种类型。

我国根据国家政治、经济与文化制度的特点，以人民代表大会制度为基础，建立了具有中国特色的宪法监督制度。根据宪法的规定，由全国人大及其常务委员会行使监督宪法实施的职权。宪法“序言”明确规定宪法作为根本法的地位，为宪法监督体制的运作提供了统一的基础。在规定统一的规范性文件监督体系的同时，宪法强调了“党必须在宪法和法律范围内活动的原则”，要求党组织和党员模范地遵守宪法，使宪法实施具有稳定的政治基础。中国共产党作为执政党领导人民制定宪法，同时也负有遵守宪法的义务。另外，在宪法实施过程中，培养公民的宪法意识是十分重要的。公民对宪法的认识与信任直接影响宪法实施的社会效果，只有公民在实际生活中感受到宪法的存在，能够通过宪法程序解决实际问题时，宪法才能发挥其规范的作用。进一步扩大宪法实施的社会基础，提高公民的宪法意识是完善我国宪法监督的重要课题。

第二节　国家基本制度

宪法作为国家的根本法，规定了国家的基本制度，明确了各种基本制度的宪法地位。我国宪法规定的基本制度包括人民民主专政制度、人民代表大会制度、选举制度、民族区域自治制度、特别行政区制度等。

一、人民民主专政制度

《宪法》第1条第1款规定：中华人民共和国是工人阶级领导的、以工农联盟为基础的人民民主专政的社会主义国家。这规定了我国的国家性质，即社会主义制度是我国的根本制度，人民民主专政是我国国家性质的具体表现。

（一）人民民主专政的概念

人民民主专政是指对人民实行民主和对敌人实行专政有机结合的一种制度。

对人民实行民主是人民民主专政的本质，体现了国家政权的人民性。人民是政治概念，在不同的历史发展时期具有不同的内涵。现阶段我国人民的范围十分广泛，以工人、农民、知识分子为主体的全体社会主义劳动者，社会主义事业的建设者，拥护社会主义的爱国者，拥护祖国统一和致力于中华民族伟大复兴的爱国者，都属于人民的范围。对人民实行民主就是指通过各种途径，保证人民享有管理国家和社会的一切权力，实现人民当家作主的地位。《宪法》第 2 条规定：中华人民共和国的一切权力属于人民，人民行使国家权力的机关是全国人民代表大会和地方各级人民代表大会。

对敌人实行专政，就是指人民对极少数敌对分子进行镇压，以维护国家政权的人民性。在现阶段，剥削阶级作为阶级在我国已经消灭，阶级斗争已不是社会的主要矛盾，但由于国际国内因素的影响，阶级斗争将在一定范围内长期存在。因此，人民民主专政的对敌对分子进行镇压的功能是不能削弱的。《宪法》“序言”规定：中国人民对敌视和破坏我国社会主义制度的国内外的敌对势力和敌对分子，必须进行斗争。同时《宪法》第 28 条规定：国家维护社会秩序，镇压叛国和其他危害国家安全的犯罪活动，……惩办和改造犯罪分子。

民主与专政是辩证统一关系，两者既互相联系，又有区别，对人民实行广泛的民主是人民民主专政的基础，而对敌对分子实行专政的目的是保障人民民主。

（二）人民民主专政实质上是无产阶级专政

我国《宪法》“序言”规定：工人阶级领导的、以工农联盟为基础的人民民主专政，实质即无产阶级专政。人民民主专政是无产阶级专政的一种形式，二者没有实质的区别。首先，二者的领导力量是一致的。无产阶级专政和人民民主专政都是工人阶级（通过共产党）来领导的。其次，二者的阶级基础是一致的。无产阶级专政和人民民主专政都以工农联盟为基础，具有共同的历史使命。最后，二者的专政职能是一致的。现行宪法之所以把无产阶级专政的提法改为人民民主专政，是因为人民民主专政的提法更能充分体现我国的阶级结构，有利于准确理解人民民主专政的性质，也有利于人民群众理解和掌握。

（三）人民民主专政制度的阶级结构

我国的人民民主专政是工人阶级领导的，并以工农联盟为基础。工人阶级领导是人民民主专政的根本标志。工人阶级成为人民民主专政的领导力量是由工人阶级的特点和性质所决定的。随着社会的发展，我国工人阶级队伍不断壮大，包括知识分子在内的工人阶级、广大农民始终是先进生产力的代表和推动社会全面进步的基本力量。在社会变革中出现的民营科技企业的创业人员和技术人员、个体户、私营企业主、中介组织的从业人员、自由职业人员等社会阶层，都是中国特色社会主义事业的建设者。

（四）爱国统一战线是人民民主专政的重要特点

1. 爱国统一战线的性质与任务

新时代爱国统一战线是由中国共产党领导的，有各民主党派和各人民团体参加的，包括全体社会主义劳动者、拥护社会主义的爱国者、拥护祖国统一和致力于中华民族伟大复兴的爱国者的广泛的爱国统一战线。新时代爱国统一战线的任务是调动一切积极因素，团结一切可以团结的力量，维护和发展安定团结的政治局面，完成统一祖国的大业。

2. 中国人民政治协商会议

中国人民政治协商会议是中国人民爱国统一战线的组织，是中国共产党领导的多党合作和政治协商的重要机构，是发展社会主义民主政治的重要形式。它体现了我国政治体制的特点和优势。

中国人民政治协商会议的主要职能是政治协商、民主监督和参政议政。政治协商主要指对国家和地方的大政方针以及政治、经济、文化和社会生活中的重要问题在决策以前进行协商。民主监督是指对国家宪法、法律和法规的实施，重大方针政策的贯彻执行，国家机关工作人员的工作，通过建议和批评的形式进行监督。参政议政是政治协商和民主监督的拓展，各民主党派不仅参与国家政权活动，而且可以对重大问题发表意见。

3. 中国共产党领导的多党合作制度

政党制度是一个国家政治制度的重要组成部分，反映国家政治制度的性质。由于各国的国家性质、历史传统与文化等不同，各国政党体制的模式也不尽相同。我国《宪法》第 1 条第 2 款规定：中国共产党领导是中国特色社会主义最本质的特征。我国实行中国共产党领导的多党合作制度，是中国新型政党制度。

各民主党派是各自联系的一部分社会主义劳动者和一部分拥护社会主义爱国者的政治联盟，是接受中国共产党领导的，同中国共产党通力合作，共同致力于社会主义事业的亲密友党、参政党。中国共产党领导的多党合作制度中，除中国共产党外还有八个民主党派，即中国国民党革命委员会、中国民主同盟、中国民主建国会、中国民主促进会、中国农工民主党、中国致公党、九三学社、台湾民主自治同盟。在现阶段，中国共产党对民主党派的基本方针是“长期共存，互相监督，肝胆相照，荣辱与共”。

（五）以公有制为主体，多种所有制经济共同发展的基本经济制度

宪法与经济制度有着密切关系，经济制度是宪法的基础，宪法的基本功能之一是确认和保护经济制度。我国《宪法》第 6 条规定：中华人民共和国的社会主义经济制度的基础是生产资料的社会主义公有制，即全民所有制和劳动群众集体所有制。社会主义公有制消灭人剥削人的制度，实行各尽所能、按劳分配的原则。国家在社会主义初级阶段，坚持公有制为主体、多种所有制经济共同发展的基本经济制度，坚持按劳分配为主体、多种分配方式并存的分配制度。根据宪法的规定，国有经济是社会主义经济基础的重要组成部分，掌握和控制国家的经济命脉，对关系国民经济命脉的重要行业和关键领域占支配地位。集体经济也是公有制经济的重要组成部分，对实现共同富裕具有重要意义。

在我国经济制度中除公有制经济外，还包括非公有制经济。个体、私营等各种形式的非公有制经济是社会主义市场经济的重要组成部分，对充分调动社会各方面的积极性、加快生产力发展起着重要作用。《宪法》第 11 条规定：国家保护个体经济、私营经济等非公有制经济的合法的权利和利益，国家鼓励、支持和引导非公有制经济的发展，并对非公有制经济依法实行监督和管理。

在分配制度上，根据我国所处的社会主义初级阶段的特点，实行按劳分配为主体、

多种分配方式并存的制度。该规定的意义在于：有利于把按劳分配与按生产要素分配结合起来；依法保护合法的私有财产，允许和鼓励资本、技术等生产要素参与收益分配；有利于调动社会成员发展经济的积极性。

二、人民代表大会制度

人民代表大会制度是我国的政体，是人民民主专政的表现形式。1982年宪法制定和实施后，党的历次代表大会报告都强调，要坚持和完善人民代表大会制度，保证人民代表大会及其常务委员会依法履行职能，保证立法和决策更好地体现人民的意志。例如，党的二十大报告指出："支持和保证人民通过人民代表大会行使国家权力，保证各级人大都由民主选举产生、对人民负责、受人民监督。支持和保证人大及其常委会依法行使立法权、监督权、决定权、任免权，健全人大对行政机关、监察机关、审判机关、检察机关监督制度，维护国家法治统一、尊严、权威。"

（一）人民代表大会制度的概念与基本内容

人民代表大会制度是指我国人民在中国共产党的领导下，按照民主集中制原则组织各级人民代表大会，并以人民代表大会为基础建立全部国家机构，实现人民当家作主的一种制度。其基本内容包括：（1）中华人民共和国一切权力属于人民是人民代表大会制度的核心与基本出发点。人民依照法律规定，通过各种途径和形式，管理国家事务，管理经济和文化事业，管理社会事务。（2）全国人民代表大会和地方各级人民代表大会都由民主选举产生，对人民负责，受人民监督。（3）国家行政机关、审判机关、检察机关、监察机关和军事机关由人民代表大会选举产生，对它负责，受它监督。（4）各级人民代表大会及其常委会实行民主集中制原则。

（二）人民代表大会制度的功能与基本特点

人民代表大会制度作为国家的根本政治制度，在国家生活中发挥重要作用，其功能与基本特点主要表现在：

（1）人民代表大会制度直接而全面地反映了人民民主专政的国家性质，集中体现了我国的阶级结构。在我国，人民当家作主并不意味着每一个公民都直接行使国家权力，而需要通过自己选出的人民代表行使国家权力，即人民通过代议政体行使国家权力。

（2）人民代表大会制度全面地体现了我国政治生活的全貌，是国家的根本政治制度。我国有各种不同的具体制度，每一制度都有相应的调整领域。这些制度都决定于人民代表大会制度，是人民代表大会制度基本精神的具体体现。在宪法建立的各种制度体系中，人民代表大会制度居于主导和根本的地位，制约其他制度的存在和发展。

（3）人民代表大会制度具有广泛的群众基础。人民代表大会制度是以各级人民代表大会为主体的，而人民代表大会是由民主选举产生的，反映了广大人民群众的意志和要求。作为民意的代表机关，人民代表大会在反映民意、协调不同主体的利益关系方面起着重要的作用。

（4）人民代表大会制度是实现社会主义民主政治的基本形式。社会主义民主政治的核心是人民当家作主，通过人民代表大会制度的实践，实现一切权力属于人民的宪法原则。

（三）坚持和完善人民代表大会制度

党的十六大根据人民代表大会制度的实际提出：坚持和完善人民代表大会制度要借鉴人类政治文明的有益成果，但不能照搬西方政治制度的模式。我国的人民代表大会制度与西方政治制度在性质、基本原则与运行等方面是根本不同的。我国的人民代表大会制度在理论和实践上具有优越性，能够充分体现民主政治的要求。当然，这并不是说人民代表大会制度在实践中完美无缺，实际生活中人民代表大会制度的原则与实践之间存在一定的差距。例如，党的二十大对进一步坚持和完善人民代表大会制度提出了新的要求："加强人大代表工作能力建设，密切人大代表同人民群众的联系。健全吸纳民意、汇集民智工作机制，建设好基层立法联系点。深化工会、共青团、妇联等群团组织改革和建设，有效发挥桥梁纽带作用。坚持走中国人权发展道路，积极参与全球人权治理，推动人权事业全面发展。"今后进一步发展和完善人民代表大会制度的基本方向是：提高权力机关的权威，扩大权力机关的民意基础，切实落实宪法和法律赋予的职权，使人民代表大会真正成为反映民意的代表机关。

三、选举制度

选举制度是国家制度的重要组成部分，是建立、健全人民代表大会制度的基础。

（一）选举制度的概念与基本原则

1. 选举制度的概念

选举制度是指选举全国人大和地方人大代表的原则、方法、组织和程序的总和。选举制度的具体内容由《选举法》规定。

2. 选举制度的基本原则

我国选举制度体现了社会主义民主政治的基本要求。选举制度的基本原则包括选举权的普遍性原则、选举权的平等性原则、直接选举与间接选举并用原则与无记名投票原则。

（二）我国选举的民主程序

我国选举的民主程序主要包括确定选举组织、选区划分和选民登记、提出候选人、投票程序、代表的罢免与补选等。其中核心程序是候选人的提名与投票程序。因为选举制度是否民主，很大程度上取决于候选人制度的完善程度。

四、民族区域自治制度

我国《宪法》"序言"规定：中华人民共和国是全国各族人民共同缔造的统一的多民

族国家。在我国，实行单一制的国家结构形式是由民族关系的特点和民族分布等情况所决定的，有利于各族人民之间的团结和互相帮助。民族区域自治制度是解决民族问题的基本政治制度，在实践中发挥了重要作用。

（一）民族区域自治制度的概念与特点

民族区域自治制度是指在统一的国家内，在国家的统一领导下，以少数民族聚居区为基础，建立相应的自治地方，设立自治机关，行使自治权，使实行区域自治的民族实现当家作主，管理本民族内部地方性事务。

民族区域自治制度的基本特点表现在：各民族自治地方都是中华人民共和国不可分离的组成部分，各民族自治地方的自治机关是国家政权机关体系的一部分；民族区域自治是以少数民族聚居区为基础建立的，它是民族自治和区域自治的结合；通过宪法和法律切实保障民族自治地方的自治机关充分行使自治权。

（二）民族自治地方

民族自治地方是实行民族区域自治的行政区域，分为自治区、自治州、自治县。

（三）民族自治地方的自治机关

民族自治地方的自治机关是自治区、自治州、自治县的人民代表大会和人民政府，它是国家的一级地方政权机关。民族自治地方的自治机关除行使一般地方国家机关的职权外，还可以行使如下自治权，主要有：有权制定自治条例和单行条例，有权管理本自治地方的财政，经济建设方面的自治权，自主地管理本地方的教育、科学、文化、卫生等事业，可以组织本地方维护社会治安的公安部队等。

五、特别行政区制度

特别行政区制度是根据我国《宪法》第 31 条建立的，体现了“一个国家、两种制度”方针。

（一）特别行政区的概念与基本特点

特别行政区是指依据我国宪法的规定而设立的具有特殊法律地位，实行特殊的社会、经济制度，直辖于中央人民政府的行政区域。《宪法》第 31 条规定：国家在必要时得设立特别行政区。在特别行政区内实行的制度按照具体情况由全国人民代表大会以法律规定。根据《宪法》的规定，1997 年 7 月 1 日和 1999 年 12 月 20 日分别设立了香港特别行政区和澳门特别行政区，创造了新型的自治形式。

特别行政区的基本特点是：特别行政区是我国行政区域内设置的一种新的区域类型；特别行政区保留原有的资本主义社会制度、经济制度和生活方式；特别行政区实行高度自治，依照法律的规定享有行政管理权、立法权、独立的司法权和终审权。

（二）特别行政区的法律地位

特别行政区的法律地位主要表现在三个方面：

（1）特别行政区是中华人民共和国不可分离的部分，是中华人民共和国的一级地方行政区域，并不改变单一制国家的基本结构。

（2）特别行政区直辖于中央人民政府。特别行政区与中央人民政府的关系是一个主权国家内地方与中央的关系，具有直接的从属性。

（3）特别行政区享有高度自治权。

（三）特别行政区适用的法律

在特别行政区适用的法律具体包括：特别行政区基本法、被继续采用的原有法律、特别行政区立法机关制定的法律、在特别行政区实施的全国性法律。

（四）设立特别行政区的意义

设立特别行政区，实行高度自治，体现了“一国两制”的科学构想，对于实现国家的统一，维护国家主权有着重要意义。特别行政区的设立体现了原则性与灵活性的高度统一，为国际上解决类似问题提供了建设性的范例，具有一定的国际意义。

第三节　公民的基本权利和义务

公民的基本权利和义务是我国宪法的重要内容，反映了宪法的性质和基本价值取向。基本权利和义务的设定和具体内容关系到每一个公民的切身利益，具体表现了宪法作为根本规范的特点。因此，正确地理解和掌握宪法规定的基本权利和义务对于学习宪法具有重要的意义。

（一）基本权利的概念与特征

基本权利源于人权，但两者的性质是不同的。从一般意义上讲，基本权利是实定法上的权利，而人权一般也可以表现为自然权利。人权在宪法上既表现为基本原则，同时表现为独立的价值规范。2004 年修宪把“国家尊重和保障人权”写进宪法第二章，有利于强化人权规范的作用，推动国家价值观的转变。

基本权利是指宪法赋予的、表明权利主体在权利体系中重要地位的权利。基本权利作为宪法规定的权利，具有如下特点：基本权利的行使与基本义务的履行构成公民在一国中的宪法地位，确立了公民的宪法地位；基本权利是一国权利体系的基础；基本权利对于公民来说是最重要、最根本的权利，同时也是社会生活中应具有的最低限度的权利，是一种稳定的权利体系；基本权利是一种综合的权利体系，概括了公民在社会生活中需要行使的根本性的权利。

（二）基本权利的主体与分类

基本权利主体是指依据宪法规定享有基本权利的主体，公民是基本权利的一般的、经常性的主体。所谓公民是指具有一国国籍的人。《宪法》第33条规定：凡具有中华人民共和国国籍的人都是中华人民共和国公民。我国根据出生地主义与血统主义相结合的原则确定国籍，不承认双重国籍。

作为基本权利主体的公民不同于人民的概念。主要区别是：（1）公民是法律概念，人民是政治概念；（2）公民是稳定的法律概念，而人民在不同时期有不同的内涵；（3）公民是个体概念，人民是整体概念。

我国宪法根据基本权利的内容对基本权利进行了如下分类：平等权、政治权利、人身自由、宗教信仰自由、文化教育权利、社会经济权利、监督权与请求权和特定主体权利。

（三）公民的基本权利

1. 平等权

平等权是我国宪法规定的基本权利体系中的重要组成部分，是权利主体参与国家和社会生活的前提与条件。平等权是通过宪法和法律规定的实体性的权利，同时也是现实中实际运作的权利。所谓平等权是指公民平等地享有权利，不受任何差别对待，要求国家给予同等保护的权利。从平等权的概念中可以看出，平等权具有如下特点：平等权具有主观权利与客观秩序的两重性；从国家与公民的关系看，公民有权要求国家平等的保护，国家有义务无差别地保护每一个公民的权利。平等权意味着公民平等地行使权利，平等地履行义务。

平等权的基本内容包括：法律面前人人平等，禁止任何差别对待。在实际生活中我们经常遇到有关平等权的问题，侵害平等权的现象时有发生。当在生活中遇到某些不平等现象时，我们首先需要分析是否属于宪法规定的平等权，并选择合理的救济程序。在理解平等权时值得我们注意的是，平等权既是宪法规定的公民基本权利，同时也是法治国家必须遵循的宪法原则。保护平等权的理论与实践意义主要在于：有利于实现“一切权力属于人民”的宪法原则，保护公民的宪法地位与合法权益；有助于保障公民平等地行使权利与平等地履行义务；有助于合理地协调国家权力与公民权利之间的相互关系。

2. 政治权利

政治权利是指公民依据宪法和法律的规定，参与国家政治生活的行为可能性，其内容包括两个方面：选举权与被选举权，言论、出版、结社、集会、游行与示威自由。

选举权是选民依法选举代议机关代表和国家机关公职人员的权利。被选举权是指选民依法被选举为代议机关代表和国家机关公职人员的权利。

言论、出版、集会、结社、游行与示威自由是宪法规定的政治自由。言论自由是公民有权通过各种语言形式宣传自己的思想和观点的自由；出版自由是公民有权依照法律规定的形式，通过公开发行的出版物自由地表达对公共事务的看法；结社自由是指公民为了达到一定目的，依照法律规定程序而结成某种社会团体的自由。《中华人民共和国集会游行示威法》对公民行使集会、游行与示威自由规定了具体的形式与程序。

3. 宗教信仰自由

我国宪法规定，中华人民共和国公民有宗教信仰自由。宗教信仰自由的内容主要包括：公民既有信仰宗教的自由，也有不信仰宗教的自由；有信仰这种宗教的自由，也有信仰那种宗教的自由；在同一宗教里面，有信仰这种教派的自由，也有信仰那种教派的自由；有过去不信教现在信教的自由，也有过去信教而现在不信教的自由。在我国，公民的宗教信仰自由受宪法和法律的保障，国家保护正常的宗教活动和宗教团体的合法权益。任何人不得利用宗教进行破坏社会秩序，损害公民身体健康，妨碍国家教育制度的活动。这就说明，公民既有权享受宪法规定的宗教信仰自由，也要承担宪法和法律规定的义务。在理解宗教信仰自由时需要区分宗教与邪教。邪教具有反社会、反政府的特征，其歪理邪说与宗教教义是相对立的。邪教组织打着宗教的幌子破坏宗教秩序和宗教信仰自由，危害公民的身心健康和财产安全。我国宗教信仰自由政策的实质是使宗教信仰问题成为公民个人自由选择的问题，不允许宗教干预国家行政、司法、学校教育和社会公共教育，绝不允许强迫任何人特别是 18 岁以下少年儿童入教、出家等。

4. 人身自由和人格尊严

人身自由是指公民的人身自由不受非法侵犯的自由。人格尊严是指公民受人尊敬的且不容侵犯的身份或地位。人身自由和人格尊严是公民参加国家政治生活、社会生活的基础，是以人身保障为核心的权利体系。《宪法》第 37 条规定：中华人民共和国公民的人身自由不受侵犯。任何公民，非经人民检察院批准或者决定或者人民法院决定，并由公安机关执行，不受逮捕。禁止非法拘禁和以其他方法非法剥夺或者限制公民的人身自由，禁止非法搜查公民的身体。《宪法》第 38 条规定：中华人民共和国公民的人格尊严不受侵犯。禁止用任何方法对公民进行侮辱、诽谤和诬告陷害。

宪法规定的人身自由和人格尊严包括四个方面的内容：公民的人身自由不受侵犯，公民的人格尊严不受侵犯，住宅安全权，公民的通信自由和通信秘密受法律保护。人身自由不受侵犯的意义主要在于：人身自由是公民宪法地位的直接体现；任何组织或个人不得非法剥夺或限制公民的人身自由；剥夺或限制公民的人身自由，必须按照法定程序进行。人格尊严是与人身有密切联系的名誉、姓名、肖像等不容侵犯的权利，它是公民作为权利主体维护其尊严的重要方面。住宅是公民生活、学习的处所，其住宅是否受到保障直接关系到公民其他权利的实现。《宪法》第 39 条明确规定：中华人民共和国公民的住宅不受侵犯。禁止非法搜查或者非法侵入公民的住宅。住宅的安全权是对公民私生活的空间保护，其范围不仅仅限于公民生活用的住宅，实际上住宅的范围不断得到扩大。凡是不经宅主同意或者没有法定理由随意侵入公民住宅的行为都构成对住宅安全的侵犯。通信自由是指公民通过书信、电话、电报等手段，根据自己的意愿进行通信，不受他人干涉的自由，它是公民参与社会生活、进行社会交流的必要手段。

5. 社会经济权利

社会经济权利是指公民依照宪法规定享有的具有物质利益的权利，是公民实现其他权利的物质上的保障。社会经济权利的基本特点是：社会经济权利是一种综合性的权利，表现人们在物质生活方面的需求；社会经济权利以国家权力的积极而适度的干预为条件，是宪法遵循社会正义的具体体现。由于各国经济发展水平与宪法文化的不同，社会经济权利的具体内容的规定也不尽相同。社会经济权利具体包括私人财产权、劳动权、休息权与物质帮助权等。

6. 文化教育权利

文化教育权利是公民在教育与文化领域享有的权利与自由。文化教育权利作为公民的基本权利，主要包括有关教育方面的权利和文化活动方面的权利，主要表现为受教育权、科学研究自由与文艺创作自由等权利。按照宪法和法律的规定，受教育权的内容主要包括：按照能力受教育的权利、平等接受教育机会的权利。受教育权通过不同阶段和不同形式得到实现。

7. 监督权与请求权

监督权是指公民监督国家机关及其工作人员活动的权利，其基本特点是：监督权是人民主权的具体体现；监督权的客体是国家机关及其工作人员的活动；监督权是一种综合性的权利体系，由不同形式的具体监督权组成，公民根据监督权客体的实际情况，自行选择合适的方式行使监督权。《宪法》第 41 条规定：中华人民共和国公民对于任何国家机关和国家工作人员，有提出批评和建议的权利；对于任何国家机关和国家工作人员的违法失职行为，有向有关国家机关提出申诉、控告或者检举的权利，但不得捏造或者歪曲事实进行诬告陷害。

除上述公民的基本权利外，我国宪法还对特定主体的权利保护问题进行了特殊规定，主要包括妇女、儿童、老人、残疾人、华侨、侨眷与外国人等。

（四）公民的基本义务

1. 基本义务的概念

基本义务是指宪法规定公民必须履行的责任。基本义务表明了公民的宪法地位，具有制度保障的性质，在宪法实践中基本权利与基本义务具有同等的意义。

2. 基本义务的内容

我国宪法规定的公民的基本义务包括如下内容：

（1）维护国家统一的义务。国家统一是公民享有基本权利的基本前提。每一个公民都有义务自觉地维护国家统一。其意义在于：国家统一是公民实现基本权利与自由的前提，没有国家的统一，任何权利与自由的实现都是没有基础的；国家统一是我国社会主义法制统一性的客观要求。

（2）维护民族团结的义务。我国是统一的多民族国家，能否正确处理民族关系对于国家的统一与稳定具有重要意义。《宪法》第 4 条规定：中华人民共和国各民族一律平等。国家保障各少数民族的合法的权利和利益，维护和发展各民族的平等团结互助和谐关系。禁止对任何民族的歧视和压迫，禁止破坏民族团结和制造民族分裂的行为。

（3）遵守宪法和法律的义务。遵守宪法和法律的义务是指忠于宪法，维护宪法的尊严，负有保障宪法和法律实施的义务。这一义务是基于宪法规范的最高性而产生的，是宪法保障制度正常运行的重要条件。其基本内容包括：宪法规范是公民进行活动的最高行为规范；公民有义务同一切违宪现象进行斗争；遵守宪法义务的内容既包括我国的宪法典，同时也包括宪法的基本原则和基本价值体系涉及的义务。《宪法》第 53 条规定的保守国家秘密、爱护公共财产、遵守劳动纪律、遵守公共秩序、尊重社会公德的义务，是遵守宪法和法律义务的具体化。

（4）维护祖国安全、荣誉与利益的义务。《宪法》第 54 条规定了公民维护祖国安全、荣誉和利益的义务，并规定公民不得有危害祖国安全、荣誉和利益的行为。祖国安全是国家政权稳定和公民实现基本权利的基础。只有在祖国安全得到保障的前提下，公民才有可能实现权利与自由，国家政权才能得到稳定。因此，每一个公民必须树立祖国安全高于一切的观念，同一切损害祖国利益、危害国家安全的行为进行斗争。公民如果发现危害国家安全的行为，应当直接或者通过所在组织及时地向国家安全机关或者公安机关报告。祖国的荣誉关系到国家和民族的尊严，公民应对祖国有自己的自尊心与自豪感，把维护祖国荣誉作为自己神圣的职责。

（5）依法服兵役的义务。《宪法》第 55 条规定：保卫祖国，抵抗侵略是中华人民共和国每一个公民的神圣职责。依照法律服兵役和参加民兵组织是中华人民共和国公民的光荣义务。国防是国家生存与发展的安全保障，没有巩固的国防就不能维护稳定的国家政权，公民权利与自由就无法得到保障。

（6）依法纳税的义务。纳税义务是指纳税义务人依法向税收部门按一定比例缴纳税款的义务。纳税是公民必须履行的一项义务，是法治社会的重要标志。税收是政府的主要财政来源，是国家进行宏观调控的重要经济杠杆。纳税义务的履行实际上给纳税人带来相应的权利。如纳税者有权享受政府用税收提供的服务和公共设施，包括医疗、教育、社会安全与交通等。同时，纳税人有权了解和监督税款的使用情况。

第四节　国家机构

一、国家机构的体系与组织原则

国家机构是国家机关体系的总和。我国的国家机构分为中央国家机构和地方国家机构。中央国家机构包括全国人民代表大会及其常务委员会、国家主席、国务院、中央军事委员会、国家监察委员会、最高人民法院和最高人民检察院。地方国家机构包括地方各级人民代表大会及其常务委员会、地方各级人民政府、地方各级监察委员会、地方各级人民法院、地方各级人民检察院、民族自治地方的自治机关和特别行政区的国家机关等。

我国的国家机构在组织和运作体系上遵循民主集中制原则、法治原则、责任制与效率原则。民主集中制是国家机构活动的总体原则，体现了国家权力来自人民，由人民依法组织国家机构的精神。在制定法律和决定重大问题上，由权力机关充分讨论，民主决定。在整个国家机构活动中，国家权力机关处于核心的地位。法治原则是国家机构活动的基础和保障，其内容具体包括：依法组织和建立国家机关及其职能部门；所有国家机关的职权都有明确的法律依据；国家权力机关要加强法律监督，保证同级其他国家机关在宪法和法律范围内活动。责任制与效率原则是指根据宪法的规定，一切国家机关都实行精简的原则，实行工作责任制，实行工作人员的培训和考核制度，不断提高工作质量和工作效率，反对官僚主义。责任制的形式有集体责任制与个人责任制。

二、中央国家机关

（一）全国人民代表大会及其常务委员会

1. 全国人民代表大会

我国《宪法》第 2 条规定，中华人民共和国的一切权力属于人民。人民行使国家权力的机关是全国人民代表大会和地方各级人民代表大会。全国人民代表大会是最高国家权力机关，统一行使国家权力，对全国人民负责，受全国人民监督。国家最高行政机关、最高监察机关、最高审判机关、最高检察机关都由它产生，对它负责。全国人民代表大会由省、自治区、直辖市、军队和特别行政区选出的代表组成。全国人民代表大会行使的职权有：宪法修改与监督宪法实施，制定和修改国家基本法律，行使人事任免权，决定国家的重大事项，行使监督权。

2. 全国人民代表大会常务委员会

全国人民代表大会常务委员会是全国人民代表大会的常设机构，是最高国家权力机关的组成部分，是全国人民代表大会闭会期间经常行使最高国家权力的机关，是国家的立法机关。全国人大常委会由委员长、副委员长若干人、秘书长、委员若干人组成。按照宪法和有关法律的规定，全国人大常委会的职权可以归纳为五个方面：立法权，宪法和法律的解释权，监督权，重大事项决定权，人事任免权。

（二）国家主席

中华人民共和国主席、副主席由全国人民代表大会选举产生。被选为主席、副主席的基本条件是：具有中华人民共和国国籍的中国公民；有选举权和被选举权；年满 45 周岁。国家主席根据全国人大和全国人大常委会的决定公布法律，任免国务院总理、副总理、国务委员、各部部长、各委员会主任等。在外交方面，国家主席代表中华人民共和国，进行国事活动，接受外国使节，派遣和召回驻外全权代表，批准和废除同外国缔结的条约和重要协定。

（三）国务院

中华人民共和国国务院，即中央人民政府，是最高国家权力机关的执行机关，是最高国家行政机关。国务院对全国人大负责并报告工作。在全国人大闭会期间，对全国人大常委会负责并报告工作。国务院实行总理负责制，总理领导国务院的工作。根据《宪法》第 89 条的规定，国务院行使广泛的职权，主要有：行政立法权，国务院有权制定行政法规，发布决定和命令；行政管理权；监督权；提出议案权；等等。

（四）中央军事委员会

中央军事委员会是我国最高军事领导机关，是我国国家机构的重要组成部分，领导全国武装力量。中央军事委员会主席由全国人民代表大会产生并对它负责。其主要职权包括：统一指挥全国武装力量、向全国人大或全国人大常委会提出议案等。

（五）国家监察委员会

中华人民共和国国家监察委员会是我国最高监察机关，由全国人民代表大会产生，对它负责，并接受其监督。国家监察委员会领导地方各级监察委员会的工作。

（六）最高人民法院和最高人民检察院

最高人民法院是最高国家审判机关，由全国人民代表大会产生，对它负责并报告工作，受它监督。最高人民法院监督地方各级人民法院和专门人民法院的审判工作。

最高人民检察院是最高国家检察机关，是国家的法律监督机关，由全国人民代表大会产生，对它负责并报告工作，受它监督。最高人民检察院领导地方各级人民检察院和专门人民检察院的工作。

三、地方国家机关

（一）地方各级人民代表大会

地方各级人民代表大会是地方国家权力机关。地方国家行政机关、监察机关、审判机关和检察机关由本级人民代表大会选举产生，在本行政区域内对它负责，受它监督。地方各级人民代表大会由人民代表组成，其主要职权是：在本行政区域内保证宪法和法律的实施，选举和罢免本级地方国家机关组成人员，决定重大的地方性事务，监督其他地方国家机关的工作。

（二）县级以上地方各级人民代表大会常务委员会

县级以上地方各级人大常委会是本级人民代表大会的常设机关，它从属于本级人大，对它负责并报告工作。其主要职权是：在本行政区域内，保证宪法和法律、行政法规的遵守和执行；主持选举和召集会议；决定重大的地方性事务；人事任免权；监督其他国家机关的工作等。

（三）地方各级人民政府

地方各级人民政府是地方各级国家权力机关的执行机关，是地方各级国家行政机关。作为地方各级人大的执行机关，地方各级人民政府要执行本级人大及其常委会通过的决议，执行经本级人大及其常委会审查和批准的本行政区域内的国民经济和社会发展计划、预算；地方各级人民政府作为地方国家行政机关，对上一级国家行政机关负责并报告工作。全国地方各级人民政府都是国务院统一领导下的国家行政机关，都服从国务院。

（四）地方各级监察委员会

地方各级监察委员会包括省级监察委员会、市（地）级监察委员会、县级监察委员会。监察机关依法对所有行使公权力的公职人员进行监察，调查职务违法和职务犯罪，开展廉政建设和反腐败工作，维护宪法和法律的尊严。监察委员会与审判机关、检察机关、执法部门互相配合，互相制约。

（五）地方各级人民法院和地方各级人民检察院

地方各级人民法院是国家的审判机关，依法独立行使审判权。地方各级人民法院包括基层人民法院、中级人民法院和高级人民法院。专门人民法院是为专门审理特种类型案件而设立的，如军事法院、知识产权法院等。各级人民法院实行四级两审终审制。

地方各级人民检察院分为省、自治区、直辖市人民检察院；省、自治区、直辖市人民检察院分院，自治州和省辖市人民检察院；县、市、自治县和市辖区人民检察院。人民检察院的职权主要包括法纪监督、侦查监督、支持公诉与审判监督等。

练习与思考

内容提要

1. 宪法是现代政治文明的产物，是国家的根本法，是民主制度的法律化，是公民权利与自由的保障书。在理解宪法问题时，首先要认识宪法与其他法律的共性，同时也要注意分析宪法作为根本法的特性。

2. 宪法的指导思想体现了一部宪法的基本内容与价值取向，贯穿在宪法制度与具体运行过程的始终。1982 年宪法的指导思想是四项基本原则，并在改革实践中得到了进一步的发展与完善。1999 年和 2004 年宪法修改确定了邓小平理论和“三个代表”重要思想的宪法地位。2018 年宪法修改确定了科学发展观和习近平新时代中国特色社会主义思想的宪法地位。

3. 宪法结构是宪法内容的具体组织和排列形式，通常由宪法序言、宪法正文和附则组成。宪法规范是调整宪法关系的各种规范的总称，与其他法律规范相比，宪法规范具有政治性、限制性、最高性、适应性、制裁性等特点。

4. 宪法功能是宪法规定和原则在现实生活中的实现，具体表现为确认功能、保障功能、限制功能与协调功能。为了保证宪法的实现，必须建立宪法监督制度。目前，世界各国的宪法监督体制主要分为三种模式，即立法机关监督制、司法机关监督制与专门机关监督制。我国实行最高权力机关监督宪法实施的制度，由全国人大及其常委会行使监督宪法实施的职权。

5. 宪法作为国家的根本法，规定了国家的性质和政权组织形式。我国的国家性质是人民民主专政的社会主义国家，人民代表大会是国家的政权组织形式。

6. 公民的基本权利与义务体现了宪法的基本价值取向。我国宪法根据国家政治、经济与文化发展的实际情况，比较系统地规定了公民的基本权利。如平等权、政治权利、宗教信仰自由、人身自由、社会经济权利、监督权与请求权等。保护特定主体的权利与自由是基本权利的重要特点。权利与义务是辩证统一的，没有无义务的权利，也没有无权利的义务。公民在行使基本权利的同时也要自觉地履行义务。

7. 国家机构是国家机关体系的总和。根据宪法的规定，我国的国家机构遵循民主集中制原则、法治原则、责任制与效率原则。

关键术语

宪法结构	宪法规范	宪法监督	公有制经济
人民代表大会制度	多党合作制	民族区域自治制度	特别行政区
平等权	政治权利	人身自由	人格尊严
基本义务	选举制度	国家机构	宗教信仰自由
国家主席	中央军事委员会		

辨析题

1. 在我国，宪法解释权和宪法修改权由全国人大常委会行使。
2. 宪法规范不是法律规范。
3. 公民与人民是同一概念。
4. 全国人大和地方人大之间的关系是领导与被领导关系。
5. 新中国成立后我国已制定了四部宪法。

案例分析

某国家机关在录用公务员的启事中规定“男性身高 170 厘米、女性身高 165 厘米以上”。某大学毕业生姜某认为，上述规定是对包括自己在内的因身高不符合上述条件的报名者的身高歧视，侵犯了宪法规定的担任国家公职的平等权，于是向法院提起了诉讼。

问：

（1）什么是宪法规定的平等权？

（2）在该案中原告的平等权是否受到了侵害？

（3）如认为侵害了原告的平等权，请谈一谈这种现象存在的原因和解决这种问题的具体途径。

第四章

行政法

行政法是重要的法律部门之一，是调整行政关系、规范行政权力的法律法规，既具有管理性，又具有公益性。行政法包罗万象，涉及社会管理和日常生活，我国尚未形成一部统一的行政法典。本章从行政法概述、行政主体、行政行为、监督行政、行政责任和行政救济等方面，对行政法理论与实践问题作了比较系统、突出重点、与时俱进、切合现实的论述，力图使读者把握行政法的概念、特征与基本原则；了解行政机关、被授权组织以及受委托组织、行政公务人员等方面的知识；掌握行政主体的抽象行为和具体行为，包括行政立法行为和制定其他规范性文件等抽象行政行为，行政许可、行政处罚、行政强制等具体行政行为，以及行政裁决和行政仲裁等行政司法行为，知道如何对行政权力进行监督制约和有关的法律救济，包括监督行政法制、行政复议、司法审查、行政赔偿等。

重点问题

- 行政法的概念、特征与基本原则。
- 行政主体。
- 行政行为。
- 监督行政法制。
- 行政责任。
- 行政救济。

第一节　行政法概述

一、行政法的概念

（一）行政的概念

所谓“行政”是认识和学习行政法相关问题的起点。从历史的角度考察，“行政”一词源于拉丁文，最早可以追溯到古希腊学者亚里士多德，他将“行政”界定为与议事、审判并列的政体要素，具体涉及官职的数目、任期、选任和他们所管理的事务①。发展至今，“行政”这一范畴的内涵日益丰富，时常与“管理”“行政管理”“执行”等词替换使用，广泛应用于社会生活的多个方面，但是至今没有形成一个权威的、统一的学理认定。归纳起来，主要有以下几种具有代表性的观点：

（1）静态意义上的机关组织说。在国家垄断公权力的时期，行政的主体仅为单一的国家，静态意义上的行政组织也即政府机关。但随着非政府组织（non-governmental organizations，NGO）、非营利组织（non-profit organization，NPO）以及“私法机构”的出现，行政组织的范围和类型都有了相应的调整，呈现出日益多样化的趋势。因此，现代行政的发展，使单纯依赖静态意义上的组织形态已无法全面、准确表达“行政”。

（2）动态意义上的组织管理说。美国《社会科学辞典》中将“行政”解释为国家事务的管理。该观点更偏向于从过程出发，把行政归为一种积极的国家活动，表现为国家行政机关对国家和公共事务的决策、组织管理和调控②。用“管理”来说明和表达“行政”，更易于理解、接受，但没有揭示出国家职能的区分，容易造成行政、立法、司法的混同，不利于正确理解现代行政的本质。

（3）实质意义上的国家意志执行说。该观点源于美国学者古德诺在《政治与行政》一书中对政治与行政的区分，强调行政是国家意志的执行而非表达，是政策的执行而非政策的制定③。日本学者田中二郎也认为，“近代行政可理解为于法之下、受法之规则，并以现实具体的积极实现国家目的为目标，所为之整体上具有统一性之继续的形成性国家活动”④。在议会至上的时代，积极区分行政与政治，更有利于帮助议会控制行政。但是，进入现代社会，国家机关的职能日益扩展，国家意志的表达与执行愈发难以严格区分开来。行政在其职权范围内，既可以制定政策，也负责执行政策，既有着国家意志的表达，也承担着国家意志的执行，仍然沿用“国家意志执行说”显然已经不符合实际。

（4）形式意义上的排除说。持这种观点的学者普遍认为，通过与立法、司法相比较来对行政下定义更为合适，“行政者，乃包含立法、司法以外之一切国家作用也”⑤。显然，该观点是依据国家机关职能范围的划分所作的界定。但是，随着现代行政的发展，出现了大量诸如行政裁判所、委任立法等立法、司法、行政职权交叉混合的现象，行政除指向行政职能外，还可能涉及准司法职能、准立法职能，而不再限于立法、司法之外的国家作用。

可见，以上主张分别从不同的角度对“行政”一词加以阐释，在不同的语境下具有相对合理性，同时也存在着一定的局限性。“行政”是历史演变的产物，也是随着时代发展不断调整变化的动态过程。在我国，计划经济体制下的传统行政更多指向管理或管制，转型为社会主义市场经济体制之后，在政府转变职能的过程中，“行政”的内涵也随之发

① 亚里士多德．政治学．北京：商务印书馆，1965：330.
② 罗豪才．行政法学．北京：北京大学出版社，2001：2.
③ 古德诺．政治与行政．北京：华夏出版社，1987：5-13.
④ 田中二郎．行政法．东京：弘文堂，1974：5.
⑤ 方世荣，石佑启．行政法与行政诉讼法．北京：北京大学出版社，2005：4.

生变化，衍生出“治理”“服务”等新理念。

（二）行政法的概念

行政法是一国法律体系中的独立法律部门，也是国家重要的部门法之一。我国行政法学者从不同的角度对行政法进行了概括和总结，尚未形成一个统一的权威概念。概括而言，目前比较通行的观点均强调了现代行政法应包含“如何行政”和“如何监督行政”这两个方面。据此，本书认为行政法是有关规范行政组织，调整监督行政行为、实施行政救济活动的法律规范的总和。

相较于其他部门法，行政法具有如下特征：

（1）对象的确定性。行政法始终以行政关系为其调整对象，这使其区别于其他法律、法规，成为一个独立的法律部门。

（2）内容的广泛性。作为行政法调整对象的行政关系既立足于国家管理，也涉及社会管理，内容极其广泛，且容易发生变化。

（3）形式的多样性。为了实现有效的行政管理，需要因时、因地、因事制定和修改相应的法律规范。因此，很难制定一部统一的行政法典予以全面规定。目前，包括中国在内的绝大多数国家都是通过散见在不同领域的行政法律、法规来指导、规范行政关系的。

二、行政法的基本原则

行政法的基本原则是贯穿于行政立法、行政执法、行政争议解决全过程的基本准则，是依法行政精神的具体表达，具有指导性、普遍性价值。随着现代国家治理能力的发展，我国行政法律规范的数量激增，正是依靠行政法的基本原则将这些复杂多样的法律规范有机统一起来，形成独立的行政法部门。

过去，受计划管理体制的影响，我国对于行政法基本原则的认知更偏向于行政管理或政治管理，一定程度上混淆了行政与政治、行政法与行政管理。随着国家职能与角色的调整，人们对行政法基本原则的认识不断深化，既借鉴吸收了具有全球普适性的基本准则，也形成了符合我国国情的特色内容。具体而言，我国行政法的基本原则主要为行政合法性原则、行政合理性原则。

（一）行政合法性原则

行政合法性原则是指行政主体实施行政行为必须严格符合法律规范的要求，不得与法律规范相抵触。合法行政是行政法治化的必然要求，也是行政法治化的具体体现。要达成合法行政，则要求行政活动的全过程都应当遵循法律，既包括行政主体合法、行政职权法定等实体合法要求，也包括步骤、时限等程序合法要求。

具体而言，可以从以下两个层面来理解行政合法性原则：

第一，法律优先。所有行政活动不得违背现行法律，不得与之相抵触。行政机关应当严格按照法定程序，在法定的范围内行使职权，不得享有超越法律的特权。

第二，法律保留。所有行政活动只能在法律授权的范围内进行，否则不得为之。基于“依法而治”的要求，凡是宪法和法律规定只能由立法机关规定的事项，非经授权，行政机关不得制定任何规范性文件。

（二）行政合理性原则

行政合理性原则是在合法的前提下，尽可能合理、适当地处理行政事务。行政合理性原则是对行政裁量权的回应和要求。面对多变的社会生活，既有行政法律规范难以准确、及时地予以事先规定，必须给予行政机关相对灵活的裁量空间。但一旦行政主体不正当地行使裁量权，可能会损害公民个人或组织的合法权益，这就需要以行政合理性原则限制行政主体的行为，以达到行政活动的适度、合理。

第一，行政行为的动机应当符合立法目的。国家总是出于一定的社会需要而制定相应的法律，而法律授予行政主体一定的职权正是为了实现该立法目的。因此，行政主体的行为必须紧紧围绕立法目的，不得违反、超越立法目的。凡是与立法目的相违背的行政行为都违背了行政合理性原则，是不合理的行为。

第二，行政行为的内容应当合乎理性。行政行为的结果关乎公民个人或组织的合法权益，应当符合人们普遍接受的常识常理，如事物发展的普遍规律、日常生活中的常识、普适性价值观念等。

第三，行政行为的结果应当符合适当的比例。例如，行政活动中应全面权衡其中所涉公共利益与个人利益，尽可能选择损害较小、最为妥当的方法来实现立法目的。反之，如果成本巨大，实现的立法目的较小，则该行政行为就违反了行政合理性原则。

值得注意的是，行政合法性原则与行政合理性原则既相互区别，又相互联系。其中，行政合法性原则是前提和基础，行政合理性原则是对行政合法性原则的有益补充。我们既否认违法的“合理”，也不认可合法的所谓“明显不当”。

三、行政法律关系

（一）行政法律关系的概念

行政法律关系是指根据行政法律规范产生、以行政法上主体之间的权利与义务关系的形式表现出来的各种社会关系。要正确理解这一概念，需要把握以下几个方面：

第一，行政法律关系不同于行政关系。所谓行政关系泛指行政活动中所产生的各类社会关系，既可以表现为法律关系，还可能涉及政治关系、经济关系或其他关系。作为行政法的调整对象，行政关系的内容多样，涉及行政权力取得、行使、监督的全过程。只有依据法律规范产生、受到法律规范调整的行政关系才是行政法律关系。

第二，行政法律关系的产生以行政法律规范的存在为前提。行政法律关系属于法律关系，表现为主体之间由行政法律规范预先规定的权利与义务关系。

第三，行政法律关系的当事人一方必为行政主体。行政主体是行政职权的行使者，是产生、变更、消灭行政法律关系的必要条件。

第四，行政法律关系具有不对等性。行政主体以国家名义代表国家参与行政法律关系，依法享有行政职权，并积极履行职责以实现国家意志。所以，行政主体与行政相对人的权利义务不仅内容不相同，而且无法对等，有别于民事法律关系中当事人之间平等、对应的权利义务关系。

（二）行政法律关系的构成要素

行政法律关系由主体、客体、内容三要素构成。

第一，行政法律关系的主体。行政法律关系的主体也就是行政法律关系当事人，包括行政法律关系中的权利享有者和义务承担者。具体而言，行政法律关系的当事人一方为依法享有职权、承担职责的行政机关和被授权的组织，即行政主体；另一方为与行政主体相对应的公民、法人或其他组织，即行政相对人。

第二，行政法律关系的客体。行政法律关系的客体是行政法律关系主体的权利、义务所共同指向的对象，是行政法律关系中所涉利益的载体，具体包括物、行为、精神财富等。

第三，行政法律关系的内容。行政法律关系的内容是指行政法律关系双方所享有的权利和承担的义务。不同的行政法律关系中，不同的当事人享有不同的权利，承担不同的义务。行政主体享有与其地位相适应的职权，同时也必须承担相应的职责，不能选择、转让和放弃。同样地，行政相对人也不限于履行义务，在行政法律关系中也依法享有相应的权利。我们既不能夸大行政主体的职权而无视其职责，也不能过分强调行政相对人的义务而忽略其权利。

（三）行政法律关系的产生、变更与消灭

依据行政法，一定的法律事实能够引起行政法律关系的产生、变更、消灭。如公民的出生或死亡将引起户籍管理机关与行政相对人之间行政法律关系的产生或消灭。

行政法律关系的产生是指行政主体与行政相对人之间基于一定的法律事实形成具体的权利义务关系。

行政法律关系的变更是指在行政法律关系存续期间所发生的要素变更，包括主体变更、客体变更和内容变更。

行政法律关系的消灭是指行政法律关系主体之间已经形成的权利义务关系归于终结。导致行政法律关系消灭的原因主要包括主体消灭、客体消灭和内容消灭。

第二节　行政主体

行政主体是依法享有行政权，能以自己的名义从事行政活动，并且独立承担法律后果的行政机关和被授权或受委托的组织。行政机关是最主要的行政主体，但并非唯一的行政主体，随着公共行政的发展，行政管理事务范围的扩张势必带来行政主体的多元化，更多的组织如社会公共行政主体也将会被纳入行政主体的范畴。

一、行政机关

（一）行政机关的概念

行政机关是最主要、最常见的行政主体。它是指依照宪法和有关法律设立、通过行使行政职权来组织和管理国家行政事务的国家机关。广义上的行政机关包括从中央到地方的各级人民政府及其职能部门。狭义上的行政机关仅指各级人民政府。

行政机关具有如下特征：

（1）行政机关属于国家机关，具有高度的权威性。不同于社会组织与社会团体，行政机关是依法设立的专门国家机关，是国家机关的组成部分，代表国家组织和管理行政事务，具有鲜明的国家意志性。

（2）行政机关是依法设立的国家机关，具有严格的法定性。不同于法律、法规授权的组织，行政机关设立的依据是宪法和有关组织法，其权力直接来源于宪法和法律，不需要另行授权，从设立之日起即享有法定行政职权。同时，行政机关只能在宪法和法律的范围内活动，不得享有超越法律之外的特权。

（3）行政机关是依法行使国家行政职权的国家机关，具有明确的执行性。不同于立法机关、监察机关、司法机关，行政机关的职责在于执行法律和有关决议、组织和管理国家行政事务以及社会公共事务。按照我国宪法的规定，行政机关由权力机关产生，并向本级权力机关负责，是国家权力机关的执行机关。

（二）行政机关的职权与职责

（1）行政职权。行政职权是行政机关实施国家行政管理活动的基础和保障，是行政权的具体表现。不同层级、不同类型的行政机关的职权不尽相同，主要包括行政立法权、行政命令权、行政处置权、行政决定权、行政执行权、行政强制权、行政司法权、行政救济权、行政监督权等。

（2）行政职责。行政职责是行政机关依法需要承担的义务和责任，与行政职权密不可分。行政机关不能放弃行政职责，否则就是失职。

（三）我国行政机关的设置

作为最主要的行政主体，行政机关的职能涉及政治、经济、文化、社会和生态环境等各个领域，其设置形成了以国家最高行政机关为领导、分工负责的有机统一系统。具体包括：

1. 中央行政机关

中央行政机关是一国行政机关体系的核心，负责领导全国行政工作。我国中央行政机关由国务院及其工作部门组成。

国务院即中央人民政府，是最高国家权力机构的执行机关，是最高国家行政机关。国务院由全国人民代表大会产生，对全国人民代表大会负责，受全国人民代表大会及其常委会监督。国务院由总理一人、副总理若干人、国务委员若干人、各部部长、各委员会主任、审计长、秘书长组成，实行总理负责制。

国务院工作部门包括国务院所属各部、委、行、署以及直属机构、办事机构、议事协调机构等，依法管理某一方面、某一领域的行政事务，执行国务院的行政法规、决定和命令。面对新时代新征程提出的新任务，我国不断适时调整和完善国家机构的设置和职责，力求构建系统完备、科学规范、运行高效的国家机构职能体系，推进国家治理体系和治理能力现代化。例如，2023 年第十四届全国人民代表大会第一次会议通过《关于国务院机构改革方案》，决定组建科学技术部、国家金融监督管理总局、国家数据局，优化、调整国家知识产权局、中国老龄协会、农业农村部、中国证券监督管理委员会、国家信访局等机构设置和职责划分。此轮改革后，除国务院办公厅外，国务院设置组成部门共计 26 个。

2. 地方行政机关

地方行政机关隶属于中央行政机关，负责组织管理本行政区域范围内的行政工作。我国地方行政机关包括一般地方行政机关、民族自治地方行政机关、特别行政区行政机关。

地方各级人民政府是地方行政机关，从属于上一级国家行政机关；同时是地方各级人民代表大会的执行机关，由本级人民代表大会产生，对本级人民代表大会负责。地方各级人民政府负责组织和管理本区域内的行政事务，根据实际工作需要设立若干职能部门和派出机关。

民族自治地方行政机关是在国家统一领导下，设置在自治区、自治州、自治县的人民政府及其工作部门。民族自治地方行政机关根据本地方实际情况贯彻执行国家的法律和政策，依法组织和管理本区域内的行政事务。

特别行政区政府是我国在香港和澳门特别行政区设置的行政机关，对特别行政区立法会负责，执行立法会通过并生效的法律，定期向立法会作施政报告，答复立法会的质询。特别行政区政府在国家的统一领导下，依法处理特别行政区的行政事务，根据实际工作需要设立若干司、局、厅、处、署，作为其工作部门。

二、被授权的组织

（一）被授权组织的概念

由于行政事务的广泛性、复杂性，常常需要把某项行政事务授予某些组织承担。依法接受授权、在授权范围内以自己的名义行使行政职权、从事行政管理，并独立承担法律责任的组织，即被授权行政主体。

（二）被授权组织的范围

被授权组织的范围比较广泛，在我国主要包括行政机构和非行政机构两大类。其中，被授权的行政机构主要包括专门行政机构、行政机关的内设机构等，被授权的非行政机构主要包括企业、事业单位、基层群众自治组织、社会团体、行业组织等。

（三）被授权组织的法律地位

被授权组织在授权范围内，以自己的名义行使行政职能，并且独立承担法律责任，也属于行政主体，可作为行政诉讼被告独立应诉。

三、受委托的组织

（一）受委托组织的概念

行政主体出于管理的需要，常常将部分职权或全部职权委托给有关组织行使。这些接受委托、在委托范围内以委托主体的名义行使行政职权、从事行政管理的组织，即为受委托行政主体。

（二）受委托组织的范围

在我国行政实践中，行政机关、事业单位、企业组织、社会团体，甚至某些私人组织，都可以依法接受委托行使行政职权。

（三）受委托组织的法律地位

受委托组织不能以自己的名义行使职权，其行为后果必须由委托它的行政主体承担，不可作为行政诉讼被告。

四、公务员

行政主体的行政行为需要通过个人来进行。通常，我们把这种依法代表行政主体行使行政职权、实施行政管理的个人称为行政人①。在从统治到管理、从管理到服务的国家职能调整过程中，“公务私化”的现象日趋增多，除了公务员外，越来越多的非公务人员也被授予实施行政管理活动的资格，如我国许多地方正在推行的政府雇员制。然而，从我国目前的行政实践看，公务员仍然是代表行政主体行使其职权的主要人员。

（一）公务员的概念

按照《公务员法》的规定，公务员是指依法履行公职、纳入国家行政编制、由国家财政负担工资福利的工作人员。由此可知，公务员具有以下特征：

（1）公务员是依法履行公职的人员。承担公务、履行公职是认定公务员的基本要素之一。公务是指公法上之事务，表现为管理国家和社会公共事务。只有在公共岗位上具有公职身份、代表国家履行公务的人员，才能被认定为公务员。这种公职身份必须通过法定的方式和法定的程序赋予。

---

① 胡建淼，金伟峰．行政法与行政诉讼法．北京：高等教育出版社，2012：66.

（2）公务员是纳入国家行政编制的工作人员。编制是指一个组织的机构设置、职位设置、人员结构和定额等。依据编制设置的组织机构的性质，可以划分为行政编制、事业编制、企业编制和军事编制。只有依法纳入行政编制的人员，才是公务员。隶属其他编制的人员，即使履行公职，也不属于公务员。

同时，还需要注意的是，行政编制并非行政机关编制。除了行政机关之外，各级人大常委会及其办事机构、各级监察机关和司法机关、各党派和人民团体等也被列入行政编制的适用范围。所以，作为行政主体的国家公务员仅指隶属行政机关编制的工作人员。

（3）公务员是由国家财政负担工资福利的工作人员。行政编制的活动开支来源于行政经费，在人员工资待遇方面表现为由国家财政负担工资福利。但是，并不是所有的由国家财政负担工资福利的工作人员都是公务员，如有些科研院所的人员就不属于公务员。

（二）公务员的分类

按照《公务员法》的规定，国家对公务员实行职位分类管理和职级序列管理，以提高管理效能和科学化水平。

1. 专业技术类、行政执法类、综合管理类和其他类公务员

按照公务员职位的性质、特点和管理需要，可以将公务员划分为专业技术类、行政执法类、综合管理类和其他类。

专业技术类公务员是指专门从事专业技术工作，为行政机关履行职责提供技术支持和保障的公务员，其职责具有纯技术性，并非一般人员可以胜任，可替代性低。同时，专业技术类公务员仅对本单位的技术业务负责，通常没有决策权以及执法权。

行政执法类公务员是指依照法律、法规对行政相对人直接履行行政处罚、监管、稽查等执法活动的公务员，其职责具有执行性、强制性。行政执法类公务员对法律规定的内容只有执行权，没有解释权。

综合管理类公务员是指从事决策、指挥、监督等事务管理和机关内部管理的公务员，其职责不直接涉及专业技术及具体执法，是行政机关中职位和人员数量最多的公务员。

其他类公务员是指对于具有职位特殊性且需要单独管理，在专业技术类、行政执法类、综合管理类之外增设的职位类别。

2. 领导职务公务员和非领导职务公务员

根据公务员职位类别和职责的设置，有领导职务公务员和非领导职务公务员。

领导职务公务员是指具有组织、管理、决策、指挥职能的公务员。领导职务层次分为：国家级正职、国家级副职、省部级正职、省部级副职、厅局级正职、厅局级副职、县处级正职、县处级副职、乡科级正职、乡科级副职。领导职务公务员根据宪法、有关法律和机构规格进行具体设置。

非领导职务公务员是领导职务之外，不具有组织、管理、决策、指挥职能的公务员。其中，非领导职务的综合管理类公务员职级序列包括巡视员、调研员、主任科员、科员。

第三节　行政行为

一、行政行为概述

（一）行政行为的概念

行政行为是行政法学的重要概念，源于法文“acte administratif”，是一个内涵极其丰富的词语。所谓行政行为就是行政主体的法律行为，具体指行政主体依法行使行政职权、实施行政管理所作出的能够产生行政法律效果的行为。

（1）行政行为是行政主体实施的行为。这是行政行为的主体要素。由于法律规定的行政主体是拟人化的，而其行为必须通过具体的个人加以实施，因此，公务员以及法律法规授权组织的工作人员、依法受委托组织的工作人员，代表行政主体、以行政主体的名义作出的行为，被视为行政主体的行为。

（2）行政行为的内容是行使职权、实施行政管理。这是行政行为的内容要素。并非行政机关所作出的任何行为都可以被认定为行政行为。例如，行政主体以民事主体的身份参加购买办公用品、租用办公场地等民事活动，便不属于行政行为。只有出于行政管理需要、行使行政职权、履行行政职责的行为，才是行政行为。

（3）行政行为是法律行为。这是行政行为的法律要素。法律行为是依照行政主体意思表示而产生法律效果的行为，反之则称为事实行为。行政行为能够产生、变更、消灭行政法律关系，影响行政相对人的权利、义务，属于法律行为。单纯的行政事实行为不属于行政行为，如内部的工作汇报。

（二）行政行为的分类

行政行为内容广泛、种类繁多。对行政行为加以分类，既是理论研究的需要，也有助于更准确地指导行政实践。

1. 行政立法行为、行政执法行为与行政司法行为

根据实施行政行为所形成的法律关系的不同，可以将行政行为分为行政立法行为、行政执法行为与行政司法行为。

行政立法行为是行政主体依法定职权和法定程序制定、修改、废止有法律效力的规范性文件的行为。通过行政立法行为，形成以行政主体为一方、以不特定的行政相对人为另一方的普遍性法律关系。

行政执法行为是行政主体执行或适用规范性文件的行为。行政执法行为以特定行政相对人为对象，直接影响双方的权利和义务。因此，其所形成的法律关系属于双方法律关系，一方为行政主体，另一方为特定行政相对人。

行政司法行为是行政机关作为第三方审理有关争议并作出相应裁决的行为。行政司法行为形成的法律关系表现为以行政机关为一方、双方当事人各为一方的三方法律关系。

2. 抽象行政行为与具体行政行为

根据行政行为实施的对象是否特定，可以将行政行为分为抽象行政行为与具体行政行为。

抽象行政行为是针对不特定的行政相对人作出、具有普遍约束力的行为，主要包括行政立法行为和制定其他行政规范性文件的行为。

具体行政行为是行政主体就特定的具体事项对特定行政相对人作出能够产生行政法律效果的单方行为，不具有普遍约束力。

3. 授益行政行为与负担行政行为

根据行为对行政相对人的法律效果不同，可以将行政行为分为授益行政行为与负担行政行为。

授益行政行为是对行政相对人的权益产生有利法律后果的行为，通常表现为对行政相对人赋予权益或免除义务。

负担行政行为是对行政相对人的权益产生不利法律后果的行为，通常表现为对行政相对人限制、剥夺权益或设定义务。

4. 羁束行政行为与裁量行政行为

根据行政行为受法律约束的程度以及行政主体的自由裁量范围不同，可以将行政行为分为羁束行政行为与裁量行政行为。

羁束行政行为是指行政主体严格依法律、法规或规章的规定而为的行为。在羁束行政行为中，由于法律、法规或规章对行政行为的适用范围、条件、手段、方式、程序等均进行了明确、详细的规定，行政主体没有自行选择的余地，一旦行政主体违反羁束要求，即构成违法。

裁量行政行为是指行政主体依法可以根据实际情况作出一定裁量的行为。在裁量行政行为中，由于有关法律规范仅对行为的目的、精神、范围等作出原则性的规定，留出一定的自由裁量权给予行政主体，所以只要其行为在法定幅度内作出，即为合法。

除了上述分类外，学界还存在要式行政行为与不要式行政行为、单方行政行为与多方行政行为、依职权行政行为与依申请行政行为、作为行政行为与不作为行政行为、内部行政行为与外部行政行为、积极行政行为与消极行政行为、实体行政行为与程序行政行为等多种分类。

（三）行政行为的内容

行政行为对行政相对人的权利、义务所产生的影响，即为行政行为的内容。具体包括：

（1）设定权利或义务。具体表现为赋予行政相对人法律权能和利益，或者科以行政相对人某种义务。如颁发许可证、行政拘留。

（2）变更权利或义务。具体表现为扩大或缩小行政相对人原有的权利义务范围。如提高税率或变更税种。

（3）消灭权利或义务。具体表现为剥夺行政相对人已有权益或免除其已有义务。如吊销执照、取消某项收费。

（4）确认权利或义务。具体表现为依法认定与行政相对人权利或义务相关的法律关系或法律事实的存在。如交通事故责任认定、土地管理部门对土地所有权的确认。

二、行政立法

（一）行政立法的概念

面对繁杂的行政事务，立法机关难以及时给予面面俱到的回应，尤其是关涉技术性的事项时，不得不将一部分立法事宜交予行政机关。伴随着行政权力的扩张，行政立法在现代社会扮演着越来越重要的角色。狭义的行政立法是指国家行政机关依法定权限和法定程序制定和发布行政法规、规章的活动，是一种抽象行政行为。

（1）行政立法的主体是国家行政机关。作为一种行政行为，行政立法的主体仅限于行政机关，立法机关、司法机关和其他组织均不进行狭义的行政立法。

（2）行政立法是制定行政法规、规章的行为。从行为的结果来看，通过行政立法产生具有普遍约束力的规范性文件，是抽象行政行为。同时，这种规范性文件具体表现为从属于宪法、法律的行政法规和行政规章。

（3）行政立法必须依法进行。首先，行政立法的主体法定。并非所有的行政机关都可以成为行政立法的主体，只有宪法和有关法律明确规定的行政机关才享有行政立法权。其次，行政立法的权限法定。行政立法并非行政机关固有的权力，行政机关必须依据宪法和有关法律的授权进行行政立法，不能超越法律规定的权限范围。最后，行政立法的程序法定。与其他行政行为相比较，行政立法所要遵守的程序更加严格，必须经历立项、起草、征求意见、会议审查、通过、决定、公布、备案等一系列法定程序。

（二）行政立法的主体及权限

行政立法主体是指依法取得行政立法权、可以制定行政法规和行政规章的行政机关。

行政立法的权限是指行政机关行使立法权的范围和程度，既涉及行政机关与权力机关在立法上的分工，也涉及行政机关之间在行政立法上的分工。根据宪法、组织法、立法法以及有关法律、法规的规定，我国行政立法权限基本划分如下：

1. 中央行政机关的立法权限

（1）国务院根据宪法和法律制定行政法规。具体包括：为执行法律的规定需要制定行政法规的事项；《宪法》第 89 条规定的国务院行政管理职权的事项；授权立法事项，即应当由全国人民代表大会及其常务委员会制定法律的事项，国务院根据全国人民代表大会及其常务委员会的授权决定制定行政法规。

（2）国务院各部、委员会、中国人民银行、审计署和具有行政管理职能的直属机构以及法律规定的机构，可以根据法律和国务院的行政法规、决定、命令，在本部门的权限范围内，制定规章。部门规章规定的事项应当属于执行法律或者国务院的行政法规、决定、命令的事项。没有法律或者国务院的行政法规、决定、命令的依据，部门规章不得设定减损公民、法人和其他组织权利或者增加其义务的规范，不得增加本部门的权力或者减少本部门的法定职责。

2. 地方行政机关的立法权限

省、自治区、直辖市、设区的市和自治州的人民政府，可以根据法律、行政法规和本行政区的地方性法规，制定地方政府规章。具体包括：为执行法律、行政法规、地方性法规的规定需要制定规章的事项，属于本行政区域的具体行政管理事项。但需要注意的是，设区的市、自治州的人民政府仅限于对城乡建设与管理、生态文明建设、历史文化保护、基层治理等事项制定地方政府规章。

三、行政许可、行政处罚、行政强制

如前所述，行政主要是指政府依据立法机关制定的法律来管理国家和社会事务的活动，其中最基本、最常见的表现就是行政执法。行政执法是行政机关按照法定职权实施的、直接影响行政相对人权利义务的各种管理行为。不同于制定行政法规和规章的行政立法行为，行政执法适用于具体的行政相对人，属于具体行政行为。同时，区别于形成三方法律关系的行政司法行为，行政执法发生在行政机关与特定行政相对人之间，是一种双方法律关系。行政执法是行政实务中最广泛、最丰富的具体行政行为，包括行政调查、行政许可、行政确认、行政检查、行政处罚、行政强制、行政征收、行政征用、行政紧急处置等。以下着重讨论其中最常见的三类行政执法行为。

（一）行政许可

1. 行政许可的概念

许可是对能力、条件或资格的授予。行政许可就是指行政机关根据公民、法人或者其他组织的申请，经依法审查，准予其从事特定活动的行为。它具有如下特点：

（1）行政许可是行政主体实施的行政行为。除了行政许可，其他部门法中也有许可制度，如民法中监护人对被监护人行为的许可、著作权人对他人使用其作品的许可。只有行政主体依职权实施的许可，才是行政许可。除此之外的其他国家机关、公民、法人和其他组织向个人或组织颁发许可性文件的行为，均不是行政许可。

（2）行政许可是依申请的行政行为。行政许可的发生，必须以相对人的申请为前提。没有相对人的申请，即便符合法定许可条件，行政主体也不得主动作出许可决定。

（3）行政许可的内容是赋予相对人从事特定活动的资格、权利。行政许可准许相对人从事特定活动，相对人从而获得某种法律资格或法律权能，通过行使许可的权利获得一定利益。人们常常将其简称为发证、发照、审批。如法律执业证、执业医师证等的颁发，授予了相对人从事某种职业的资格；生产经营许可证、出入境许可证的发放，赋予相对人作出一定行为的权利。

2. 行政许可的原则

根据我国《行政许可法》的规定，在许可制度实践中应当坚持以下原则：

（1）许可法定原则。无论是行政许可的设定还是行政许可的实施，都应当遵循法定的权限、范围、条件和程序。

（2）公开、公平、公正、非歧视原则。首先，有关行政许可的规定应当公布。未经公布的，不得作为实施行政许可的依据。其次，行政许可的实施和结果，除非涉及国家秘密、商业秘密或者个人隐私，否则应当公开。未经申请人同意，行政机关及其工作人员、参与专家评审等的人员不得披露申请人提交的商业秘密、未披露信息或者保密商务信息，法律另有规定或者涉及国家安全、重大社会公共利益的除外；行政机关依法公开申请人前述信息的，允许申请人在合理期限内提出异议。另外，行政许可应当公平、公正，不得歧视。凡符合法定条件、标准的，申请人有依法取得行政许可的平等权利，行政机关不得歧视任何人员或组织。

（3）便民、高效与服务原则。行政机关应从人民的需要出发，将便民原则贯穿于行政许可的全过程，提高办事效率，提供优质服务。

（4）权利救济原则。公民、法人或者其他组织对行政机关实施行政许可，享有陈述权、申辩权；有权依法申请行政复议或者提起行政诉讼；其合法权益因行政机关违法实施行政许可受到损害的，有权依法要求赔偿。

（5）信赖利益保护原则。该原则是诚实信用理念在行政法领域的具体运用，对于规范行政许可行为、保护相对人的合法权益、建设诚信社会具有重要意义。公民、法人或者其他组织依法取得的行政许可受法律保护，行政机关不得擅自改变已经生效的行政许可。行政许可所依据的法律、法规、规章修改或废止，或者准予行政许可所依据的客观情况发生重大变化的，为了公共利益的需要，行政机关可以依法变更或者撤回已经生效的行政许可。由此给公民、法人或者其他组织造成财产损失的，行政机关应当依法给予补偿。

3. 行政许可的设定

行政许可设定是有关国家机关依照法定权限、范围创设行政许可的行为。它直接影响行政相对人的权利、义务，关乎人民群众的生产和生活，应当严格依法进行。

《行政许可法》规定，可以设定行政许可的事项为 6 项：一是直接涉及国家安全、公共安全、经济宏观调控、生态环境保护以及直接关系人身健康、生命财产安全等特定活动，需要按照法定条件予以批准的事项，如游行示威许可、药品经营许可等。二是有限自然资源开发利用、公共资源配置以及直接关系公共利益的特定行业的市场准入等，需要赋予特定权利的事项，如通信、电力等行业经营许可。三是提供公众服务并且直接关系公共利益的职业、行业，需要确定具备特殊信誉、特殊条件或者特殊技能等资格、资质的事项，如会计师资格、律师资格等的许可。四是直接关系公共安全、人身健康、生命财产安全的重要设备、设施、产品、物品，需要按照技术标准、技术规范，通过检验、检测、检疫等方式进行审定的事项，如动植物检验检疫的许可。五是企业或者其他组织的设立等，需要确定主体资格的事项，如公司登记、社团登记。六是法律、行政法规规定可以设定行政许可的其他事项。

同时，为了放宽市场准入，减少政府干预，《行政许可法》还规定凡公民、法人或者其他组织能够自主决定的、市场竞争机制能够有效调节的、行业组织或者中介机构能够自律管理的、行政机关采用事后监督等其他行政管理方式能够解决的事项，可以不设行政许可。

为了防止行政许可权的滥用，《行政许可法》还明确界定了行政许可的权限划分。其中，全国人大及其常委会可以通过制定法律设定行政许可；国务院可以以行政法规或决定设定部分行政许可；尚未制定法律、行政法规的，地方性法规可以设定行政许可；尚未制定法律、行政法规和地方性法规的，因行政管理的需要，确需立即实施行政许可的，省、自治区、直辖市人民政府规章可以设定临时性的行政许可。临时性的行政许可实施满一年需要继续实施的，应当提请本级人民代表大会及其常务委员会制定地方性法规。地方性法规和省、自治区、直辖市人民政府规章，不得设定应当由国家统一确定的公民、法人或者其他组织的资格、资质的行政许可；不得设定企业或者其他组织的设立登记及其前置性行政许可。其设定的行政许可，不得限制其他地区的个人或者企业到本地区从事生产经营和提供服务，不得限制其他地区的商品进入本地区市场。

行政法规可以在法律设定的行政许可事项范围内，对实施该行政许可作出具体规定。地方性法规可以在法律、行政法规设定的行政许可事项范围内，对实施该行政许可作出具体规定。规章可以在上位法设定的行政许可事项范围内，对实施该行政许可作出具体规定。法规、规章对实施上位法设定的行政许可作出的具体规定，不得增设行政许可；对行政许可条件作出的具体规定，不得增设违反上位法的其他条件。

4. 行政许可的实施

行政许可的实施是国家行政机关和有关组织依照法定权限和法定程序为行政相对人办理行政许可的行为。

从主体上看，行政许可原则上由具有法定职权的行政机关来实施。行政机关在其法定职权范围内，依照法律、法规、规章的规定，可以委托其他行政机关实施行政许可。除此之外，法律、法规授权的具有管理公共事务职能的组织，在法定授权范围内，可以以自己的名义实施行政许可。

从方式上看，行政许可可以直接实施、授权实施、委托实施或者集中实施。为了提高许可效率、优化许可质量，各地在行政实践中积极探索办公方式改革，包括相对集中行政许可、“审管对外”“一个窗口”对外、统一办理、联合许可等。

从程序上看，行政许可包括申请、受理、审查、听证、决定等环节。公民、法人或者其他组织可以通过信函、电报、电传、传真、电子数据交换和电子邮件等方式提出许可申请。申请事项属于本行政机关职权范围，申请材料齐全、符合法定形式，或者申请人按照本行政机关的要求提交全部补正申请材料的，应当受理行政许可申请。申请人提交的申请材料齐全、符合法定形式，行政机关能够当场作出决定的，应当当场作出书面的行政许可决定。行政机关对行政许可申请进行审查时，发现行政许可事项直接关系他人重大利益的，应当告知该利害关系人。申请人、利害关系人有权进行陈述和申辩。行政机关应当听取申请人、利害关系人的意见。除可以当场作出行政许可决定的外，行政机关应当自受理行政许可申请之日起 20 日内作出行政许可决定。20 日内不能作出决定的，经本行政机关负责人批准，可以延长 10 日，并应当将延长期限的理由告知申请人。但是，法律、法规另有规定的，依照其规定。行政机关作出的行政许可决定，应当予以公开，公众有权查阅。

（二）行政处罚

1. 行政处罚的概念

行政处罚是一种存在已久的行政管理手段，是以国家强制力为后盾的法律制裁，表现为行政机关依法对违反行政管理秩序的公民、法人或者其他组织，以减损权益或者增加义务的方式予以惩戒。

（1）行政处罚由特定的主体，即依法享有行政处罚权的行政机关、法律法规授权的组织或受委托组织作出。

（2）行政处罚的对象既包括个人，也包括组织。

（3）行政处罚是针对行政违法的制裁。行政处罚是国家行政权力的运用，适用于尚未构成犯罪的一般行政违法行为。

2. 行政处罚的原则

根据《行政处罚法》的规定，在行政处罚的设定和实施中应坚持如下基本原则：

（1）法定原则。首先，行政处罚的主体法定。行政处罚只能由依法享有行政处罚权的行政机关、法律法规的授权组织或受委托组织作出。其次，行政处罚的依据法定。行政主体应该根据法律、法规和规章规定的处罚条件、处罚种类、处罚范围等作出处罚。最后，行政处罚的程序法定。无论是行政处罚的决定，还是行政处罚的实施，都应当严格遵循法定程序。

（2）公正、公开原则。首先，行政处罚应保证公正，体现过罚相当。设定和实施行政处罚必须以事实为依据，与违法行为的事实、性质、情节以及社会危害程度相当。其次，行政处罚应当做到处罚依据公开、处罚过程公开、处罚结果公开。对违法行为给予行政处罚的规定必须公布；未经公布的，不得作为行政处罚的依据。

（3）处罚与教育相结合原则。作为一种惩戒措施，行政处罚具有鲜明的惩罚性，但这种惩罚的目的在于纠正错误、帮助教育被处罚人改正错误、自觉守法。

（4）保障行政相对人合法权利原则。公民、法人或者其他组织对行政机关所给予的行政处罚，享有陈述权、申辩权；对行政处罚不服的，有权依法申请行政复议或者提起行政诉讼。公民、法人或者其他组织因行政机关违法给予行政处罚受到损害的，有权依法提出赔偿要求。

3. 行政处罚的设定

作为国家行政管理的重要手段之一，行政处罚直接减损或增加相对人权益，必须依法加以设定。

根据我国《行政处罚法》的规定，行政处罚主要有五种类型：一是申诫罚，包括警告、通报批评；二是财产罚，包括罚款、没收违法所得、没收非法财物；三是资格罚，包括暂扣许可证件、降低资质等级、吊销许可证件；四是行为罚，包括限制开展生产经营活动、责令停产停业、责令关闭、限制从业；五是人身罚，即行政拘留。

上述类型的行政处罚分别由法律、行政法规、地方性法规和行政规章设定，其他规范性文件一律不得设定行政处罚。其中，法律可以设定各种行政处罚；行政法规可以设定除限制人身自由以外的行政处罚，且法律对违法行为未作出行政处罚规定的，行政法规为实施法律，可以补充设定行政处罚；地方性法规可以设定除限制人身自由、吊销营业执照以外的行政处罚，且法律、行政法规对违法行为未作出行政处罚规定的，地方性法规为实施法律、行政法规，可以补充设定行政处罚；尚未制定法律、行政法规的，国务院部门规章对违反行政管理秩序的行为，可以设定警告、通报批评或者一定数额罚款的行政处罚，罚款的限额由国务院规定；尚未制定法律、法规的，地方政府规章对违反行政管理秩序的行为，可以设定警告、通报批评或者一定数额罚款的行政处罚。罚款的限额由省、自治区、直辖市人民代表大会常务委员会规定。

4. 行政处罚的实施

行政处罚的实施是行政主体在认定行政相对人违法的基础上，依法决定是否给予行政处罚以及给予何种行政处罚的活动，包括行政处罚的决定和行政处罚的执行。

行政处罚的决定是整个行政处罚程序的开端，也是关键环节。行政机关应该综合考虑具体情节分别作出处罚决定。其中，不予处罚的情形包括违法行为轻微并及时改正，没有造成危害后果的；初次违法且危害后果轻微并及时改正的；当事人有证据足以证明没有主观过错的。行政主体作出行政处罚的决定，一般适用普通程序，如果拟作出较大数额罚款、没收较大数额违法所得、没收较大价值非法财物、降低资质等级、吊销许可证件、责令停产停业、责令关闭、限制从业以及其他较重的行政处罚，当事人要求听证的，行政机关应当组织听证。违法事实确凿并有法定依据，对公民处以二百元以下、对法人或者其他组织处以三千元以下罚款或者警告的行政处罚的，可以适用简易程序，当场作出行政处罚决定。

行政处罚决定依法作出后，当事人应当在行政处罚决定书载明的期限内予以履行。当事人逾期不履行行政处罚决定的，作出行政处罚决定的行政机关可以采取其他行政强制执行方式或者依法申请人民法院强制执行。

（三）行政强制

1. 行政强制的概念

行政强制是为了保障行政管理的顺利进行，依法对不履行行政法义务的相对人人身、财产或行为采取暂时性、强制性限制的行政行为，包括行政强制措施和行政强制执行。

行政强制措施，是指行政机关在行政管理过程中，为制止违法行为、防止证据损毁、避免危害发生、控制危险扩大等情形，依法对公民的人身自由实施暂时性限制，或者对公民、法人或者其他组织的财物实施暂时性控制的行为。

行政强制执行，是指行政机关或者行政机关申请人民法院，依法强制不履行行政决定的公民、法人或者其他组织履行义务的行为。

2. 行政强制的原则

根据我国《行政强制法》的规定，在行政强制的设定和实施中应坚持如下基本原则：

（1）法定原则。行政强制的设定和实施，应当依照法定的权限、范围、条件和程序。

（2）适当原则。行政强制的设定和实施不仅要合法，还要合理，应当综合考虑事实、性质、情节以及社会危害程度，尽可能选择以最小损害行政相对人权益的方式进行。凡采用非强制手段可以达到行政管理目的的，不得设定和实施行政强制。

（3）教育与强制相结合原则。强制实质上也是一种特殊的教育方式。行政机关应当在执行行政强制的同时开展必要的说服教育工作，给当事人依法自觉履行法定义务的机会。

（4）权利救济原则。公民、法人或者其他组织对行政机关实施行政强制，享有陈述权、申辩权；有权依法申请行政复议或者提起行政诉讼；因行政机关违法实施行政强制受到损害的，有权依法要求赔偿。公民、法人或者其他组织因人民法院在强制执行中有违法行为或者扩大强制执行范围受到损害的，有权依法要求赔偿。

3. 行政强制措施

《行政强制法》规定了5种行政强制措施：（1）限制公民人身自由；（2）查封场所、设施或者财物；（3）扣押财物；（4）冻结存款、汇款；（5）其他行政强制措施。

上述行政强制措施分别由法律、行政法规、地方性法规设定，法律、法规以外的其他规范性文件不得设定行政强制措施。其中，法律可以设定任何形式的行政强制措施；尚未制定法律，且属于国务院行政管理职权事项的，行政法规可以设定除限制公民人身自由，冻结存款、汇款和应当由法律规定的行政强制措施以外的其他行政强制措施；尚未制定法律、行政法规，且属于地方性事务的，地方性法规可以设定查封场所、设施或者财物，扣押财物的行政强制措施。

行政强制措施由法律、法规规定的行政机关在法定职权范围内依照法定程序实施，不得委托。

4. 行政强制执行

行政强制执行只能由法律设定。根据《行政强制法》的规定，行政强制执行的方式有6种：（1）加处罚款或者滞纳金；（2）划拨存款、汇款；（3）拍卖或者依法处理查封、扣押的场所、设施或者财物；（4）排除妨碍、恢复原状；（5）代履行；（6）其他强制执行方式。

行政强制执行包括行政机关自己强制执行和申请人民法院强制执行。行政机关强制执行的一般程序包括催告、陈述申辩、决定、送达。申请人民法院强制执行的一般程序包括申请、受理、审查、裁定、送达、告诫、限期履行等。

四、行政裁决、行政仲裁、行政调解

行政裁决、行政仲裁、行政调解是指由行政机关作为争议双方之外的第三方适用法律法规规章，处理有关争议的行为。其特点表现为行政机关为一方、争议双方各为一方，其目的在于定分止争。现代社会中，伴随着人们交往的频繁与复杂，利益纷争日益增多，参与解纷的主体类型也随之丰富。行政机关作为国家的代表，积极参与有关争议解决，在及时裁断争议、实施权利救济、减轻司法重负等方面发挥了积极作用。

（一）行政裁决

1. 行政裁决的概念

行政裁决是行政机关依照法律审查并决定平等主体之间的、与行政管理有关的特定民事纠纷的行为，如损害赔偿裁决、权属纠纷裁决等。

行政裁决不同于司法裁决，也不同于行政仲裁、行政复议，其具有如下特征：

（1）行政裁决的主体是有权的行政机关。不同于人民法院的司法裁决，行政裁决由行政机关作出。出于处理有关争议的需要，部分法律授权有关行政机关可以通过裁决的方式参与解纷，如我国《治安管理处罚法》《土地管理法》《食品安全法》等。

（2）行政裁决的对象是与行政管理活动有关的特定民事纠纷。首先，不同于审查行政争议的行政复议，行政裁决是处理平等主体之间的民事争议的活动。其次，并非所有的民事纠纷都能由行政机关裁决，行政机关只能依法裁决法律法规规定的、与行政管理活动相关的民事纠纷。

2. 行政裁决的程序

目前，我国尚无有关行政裁决的统一立法，只是在部分法律、法规中确认了行政裁决权，也缺乏行政裁决程序的明确规定。从行政实践来看，行政裁决的基本程序包括：（1）提出裁决申请；（2）受理案件；（3）调查、审理；（4）作出裁决并宣告结果。

（二）行政仲裁

1. 行政仲裁的概念

行政仲裁是行政机关以第三者身份、按照仲裁程序裁决双方当事人之间民事纠纷的行为。我国行政仲裁制度在1995年《仲裁法》实施之后发生了大幅度的调整，经济合同纠纷、产品质量纠纷、房产纠纷等的行政仲裁都被取消，大部分行政仲裁改为民间仲裁，仅保留劳动争议纠纷、人事争议纠纷、农村土地承包经营纠纷等的行政仲裁。

2. 行政仲裁的程序

行政仲裁的程序主要包括：（1）仲裁申请；（2）仲裁受理；（3）仲裁机构调查、审理；（4）调解；（5）仲裁机构合议、裁决；（6）送达。

（三）行政调解

1. 行政调解的概念

行政调解是行政机关针对与职权相关的民事纠纷或特定行政纠纷，以自愿为原则，通过说服疏导的方式，依法促使当事人在平等协商基础上达成调解协议的行为。行政调解、人民调解、司法调解是我国的三大调解制度，体现了“和为贵”的传统司法理念，在分流司法压力、高效解决纠纷、维护社会稳定等方面发挥了积极作用。

2. 行政调解的原则

（1）自愿原则。行政机关在调解全过程应当始终尊重当事人的意愿，包括是否接受调解、能否达成协议、达成什么协议、是否履行协议等。

（2）合法原则。遵循法律、法规是行政调解有效的前提，包括权限合法、依据合法、内容合法等。

（3）公正原则。在行政调解过程中，双方当事人地位完全平等，都有自愿、充分、真实表达意见的权利。行政机关应公正对待各方当事人，不得有所偏袒或歧视。

（4）如实原则。行政调解应当以事实为依据，在收集掌握证据、充分查明事实的基础上圆满解决纠纷。

（5）及时原则。便捷、及时是调解的特征之一。行政调解应当就地进行，及时处理，防止矛盾激化。

第四节 监督行政、行政责任与行政救济

现代民主和法治要求有权力必有监督。行政权在行使过程中容易产生扩张和滥用的倾向，造成对公民、法人和其他组织权益的损害。因此，要保障行政权力的合法、正当、有序运行，必须依法实行有效监督，依法认定、追究行政责任，及时公正地予以救济。

一、监督行政

（一）监督行政的概念

对行政权力的监督是实现依法行政，建立公开透明、廉洁诚信政府的需要。对行政权力的监督，也称为监督行政，是各类有权主体对行政主体及其工作人员行使职权、履行职责的全过程的监督，不仅包括具有监督权的国家机关实施的监督，还包括各类社会组织、人民群众依法对行政活动进行的监督。

（二）监督行政的构成

现代政治的发展既表现为行政权力的扩张和延伸，也表现为对权力监督的加强与完善。现在对行政权力的监督已经形成一个多层次、多元化、全方位的有机体系，既相互分工，又相互联系。

按照不同的角度可以对监察行政的构成进行不同的分类：

（1）按照监督的主体可以分为国家权力性监督和非国家权力性监督。国家权力性监督是各类国家机关依法实施的监督，包括权力机关、行政机关、监察机关和司法机关的监督。包括政党在内的各社会组织、人民群众的监督则属于非国家权力性监督。

（2）按照监督的对象可以分为对行政机关的监督和对行政公务人员的监督。

（3）按照监督的时间可以分为事前监督、事后监督和全过程监督。

（三）监察监督

监察制度在我国源远流长，自秦汉至今，已有两千多年的历史。我国于 1986 年恢复和建立行政监察制度，从 1990 年的《中华人民共和国行政监察条例》、1997 年的《中华人民共和国行政监察法》到 2018 年的《中华人民共和国监察法》，监察制度在保证国家的行政法律、法规、政策的实施，促进行政机关廉政与效能等方面发挥了重要作用。

1. 监察的概念

监察是指国家监察机关依法对国家机关以及行使公权力的公职人员进行监督、检查的活动，既是一种预防制度，也是一种惩戒措施。其中，对国家行政机关及其公务员和国家行政机关任命的其他人员实施的监察为行政监察。

2. 监察机关

《宪法》第 123 条规定，中华人民共和国各级监察委员会是国家的监察机关。《监察

法》第3条规定，各级监察委员会是行使国家监察职能的专责机关。具体包括：

（1）国家监察委员会。作为中央一级的最高监察机关，国家监察委员负责全国监察工作。

（2）地方各级监察委员会。省、自治区、直辖市、自治州、县、自治县、市、市辖区设立监察委员会，负责本行政区域内的监察工作。乡一级不设立监察委员会，但可以派驻监察机构、监察专员。

国家监察委员会领导地方各级监察委员会的工作，上级监察委员会领导下级监察委员会的工作。

3. 监察官

为了推进高素质专业化监察官队伍建设、提高监察工作的质量和水平，2021年第十三届全国人民代表大会常务委员会第三十次会议通过《中华人民共和国监察官法》。根据《监察官法》的规定，监察官包括下列人员：

（1）各级监察委员会的主任、副主任、委员；

（2）各级监察委员会机关中的监察人员；

（3）各级监察委员会派驻或者派出到中国共产党机关、国家机关、法律法规授权或者委托管理公共事务的组织和单位以及所管辖的行政区域等的监察机构中的监察人员、监察专员；

（4）其他依法行使监察权的监察机构中的监察人员。

监察官的选用、任免均应当依照法律和国家有关规定实施。其中，国家监察委员会主任由全国人民代表大会选举和罢免，副主任、委员由国家监察委员会主任提请全国人民代表大会常务委员会任免；地方各级监察委员会主任由本级人民代表大会选举和罢免，副主任、委员由监察委员会主任提请本级人民代表大会常务委员会任免；新疆生产建设兵团各级监察委员会主任、副主任、委员，由新疆维吾尔自治区监察委员会主任提请自治区人民代表大会常务委员会任免。

4. 监察机关的职责

监察委员会对监察对象的职务违法和职务犯罪进行监察，依法履行如下监督、调查、处置职责：

（1）对公职人员开展廉政教育，对其依法履职、秉公用权、廉洁从政从业以及道德操守情况进行监督检查；

（2）对涉嫌贪污贿赂、滥用职权、玩忽职守、权力寻租、利益输送、徇私舞弊以及浪费国家资财等职务违法和职务犯罪进行调查；

（3）对违法的公职人员依法作出政务处分决定；对履行职责不力、失职失责的领导人员进行问责；对涉嫌职务犯罪的，将调查结果移送人民检察院依法审查、提起公诉；向监察对象所在单位提出监察建议。

5. 监察的范围

监察机关依法对下列公职人员和有关人员进行监察：

（1）中国共产党机关、人民代表大会及其常务委员会机关、人民政府、监察委员会、人民法院、人民检察院、中国人民政治协商会议各级委员会机关、民主党派机关和工商业联合会机关的公务员，以及参照《中华人民共和国公务员法》管理的人员；

（2）法律、法规授权或者受国家机关依法委托管理公共事务的组织中从事公务的人员；

（3）国有企业管理人员；

（4）公办的教育、科研、文化、医疗卫生、体育等单位中从事管理的人员；

（5）基层群众性自治组织中从事管理的人员；

（6）其他依法履行公职的人员。

6. 监察的程序

监察机关应当严格按照程序开展工作，建立问题线索处置、调查、审理各部门相互协调、相互制约的工作机制。

监察程序主要包括：（1）收集和核查线索材料；（2）提出处置意见；（3）对监察对象涉嫌职务违法犯罪，需要追究法律责任的，依法予以立案；（4）调查；（5）作出处置决定。

（四）司法审查

对行政行为的司法审查是国家通过司法机关对行政主体及其工作人员行使行政权力活动进行监督的活动，也是行政相对人依法对行政争议提起诉讼以救济其合法权益的活动。司法审查是对行政权力的外部监督，也是一种重要的行政救济制度，对于及时纠正行政违法现象、恢复或补救行政相对人合法权益、提高政务活动的公开透明化等具有重要的积极意义。关于司法审查（行政诉讼）的具体内容，请参见本书第十一章第四节的系统介绍。

二、行政违法、行政责任

如本书前述，法律责任是指因违法行为、违约行为或由于法律规定而应承担的某种对行为人不利的法律后果。行政责任正是行政违法所引起的法律后果，行政违法是追究行政责任的前提，行政责任是承担行政违法的结果。

（一）行政违法

1. 行政违法的概念

行政违法有广义和狭义上的不同理解。广义上的行政违法既包括行政主体的违法，也包括行政相对人的违法。狭义上的行政违法仅仅指行政主体违反行政法律规范但尚未构成犯罪、依法应承担行政法律责任的行为。

行政违法不同于民事违法、刑事违法，具有如下特征：

（1）行政违法是行政法律关系主体作出的。不同于民事违法、刑事违法，行政违法是行政法上的法律责任。只有以行政主体或行政相对人身份作出的违法行为，才是行政违法。

（2）行政违法是违反行政法律规范但尚未构成犯罪的行为。行政违法是违反行政合法性原则的行为，与行政法律规范的要求不一致，具有违法性。同时，行政违法虽然具有一定的社会危害性，但其社会危害性较小，尚未构成刑事犯罪，属于一般违法。

（3）行政违法是依法必须承担行政责任的行为。这是“有法必依、违法必究”的法治精神在我国的体现。任何法律上的行为都会发生一定法律后果。行政违法具有有责性，表明其行为应受谴责，必须接受相应的不利法律负担。

2. 行政违法的种类

随着行政行为的数量增加，行政违法的现象逐渐受到国家和社会的关注。从不同角度区分行政违法，可以帮助我们更准确地把握行政违法的特征，对及时、有效地预防、遏制行政违法行为，具有重要意义。

（1）按照违法的主体，行政违法可以分为行政主体的违法和行政相对人的违法。行政主体的违法是指国家行政机关、法律法规授权组织及其工作人员的违法，也称为违法行政。

（2）按照违法的内容，行政违法可以分为实体违法和程序违法。不具备行政行为实体要件的行政违法即实体违法，如主体不合法、内容不合法等。不符合行政行为程序要求的行政违法即程序违法，如不符合法定要式要求的。

（3）按照违法的形式，行政违法可以分为作为违法和不作为违法。前者表现为积极作出行政法律规范所禁止的行为，如违法行政征收；后者表现为消极地不履行行政法律规范所要求的义务，如超过法定期限不予答复。

3. 行政违法的构成

行政违法的构成是认定行政行为违法、追究行政责任的依据，具体包括：

（1）主体要件。行政违法必须是行政法律关系主体作出的行为。具备行政法律关系主体资格，是构成行政违法的首要要素。

（2）义务要件。行政违法是以作为或不作为方式对法定义务的违反。主体负有相关法定义务，是行政违法成立的前提。

（3）客观要件。行政违法是对客观行为的法律评价。只有主体实施了违反行政法律规范的行为，具有了社会危害性，才能构成行政违法。

（4）主观要件。行政违法主体对其违法行为应当有故意或过失的主观过错。仅仅由于不可抗拒或不能预见的原因引起的，不能认定为行政违法。

（二）行政责任

1. 行政责任的概念

行政责任是相对于刑事责任、民事责任之外的一种法律责任。行政责任广义上指行政法律关系主体因违反行政法律规范而应当承担的法律责任，狭义上仅指行政主体因违反行政法律规范而须承担的法律责任。

2. 行政责任的种类

按照不同的标准，可以对行政责任作出不同的分类。

（1）根据责任的范围，可以分为内部行政责任和外部行政责任。内部行政责任由内部行政违法引起，由内部主体承担，如行政处分；外部行政责任由外部行政违法引起，由外部主体承担，如行政赔偿。

（2）根据责任的功能，可以分为惩罚性行政责任和补救性行政责任。前者偏重于给予违法主体相应的惩戒，后者则侧重于纠正错误、挽回损失、恢复权益。

3. 行政责任的构成

行政责任的确定，至少应符合以下要件：

（1）已构成行政违法的行为。行政违法是行政责任的前提。未构成违法的行政行为，则不可能发生行政责任。

（2）存在承担行政责任的法律依据。“违法必究”的前提是“有法可依、有法必依”。不仅责任承担的内容是法定的，而且责任承担的方式也是法定的。

除了上述基本要件之外，行政责任的构成依据具体行为的不同而有所区别，包括责任能力、主观过错、损害结果、因果关系等。

4. 行政责任的承担方式

行政责任的承担方式因主体不同而有所区别。

行政主体承担行政责任的形式主要包括：通报批评、承认错误、赔礼道歉、恢复名誉、消除影响、恢复原状、返还权益、停止违法行为、履行职责、撤销违法行为、纠正不当行为、行政赔偿等。

对于行政公务人员而言，在行政主体承担行政责任的基础上，其承担责任的形式主要包括：通报批评、行政处分、追偿所致损失等。

行政相对人承担行政责任的方式主要包括：承认错误、赔礼道歉、履行法定义务、恢复原状、返还原物、通报批评、行政处罚、行政拘留、赔偿损失等。

三、行政救济

行政救济是有权机关（不限于行政机关）对行政权力行使偏差而造成行政相对人合法权益损害的恢复和补救，侧重事后救济。行政救济法律制度主要包括行政复议、行政诉讼（司法审查）、行政赔偿等。

（一）行政复议

1. 行政复议的概念

行政复议是行政相对人认为行政机关的行政行为侵犯其合法权益，依法向行政复议机关提出申请，由行政复议机关对原行政行为进行审查并作出决定的活动。行政复议既是一种行政机关内部的自我监督，也是行政相对人依法享有的救济措施，对于保障依法行政、保护行政相对人合法权益具有重要作用。1999 年我国通过《行政复议法》，并分别于 2009 年、2017 年、2023 年进行了修订。

（1）行政复议是依申请的行政行为。只有作为行政相对人的公民、法人或其他组织提出申请，行政复议才能启动。

（2）行政复议必须向特定的行政机关提出。并非所有的行政机关都是合适的行政复议主体，只有法律法规赋予行政复议权限的机关才能作出行政复议决定，通常为与作出原行政行为的行政机关之间有领导或指导关系的上一级行政机关。因此，行政复议也是上级行政机关对下级行政机关的行政活动的监督，属于内部监督。

（3）行政复议的对象是行政争议。行政复议是化解争议的重要法律制度，其目的在于及时纠正行政主体的违法或不当行政行为，限于解决行政主体与行政相对人之间的行政争议。

2. 行政复议的范围

为了加强吸纳行政争议的能力，2023年《行政复议法》修订中适当扩大了行政复议范围，具体包括：

（1）可申请复议的具体行政行为包括：对行政机关作出的行政处罚决定不服；对行政机关作出的行政强制措施、行政强制执行决定不服；申请行政许可，行政机关拒绝或者在法定期限内不予答复，或者对行政机关作出的有关行政许可的其他决定不服；对行政机关作出的确认自然资源的所有权或者使用权的决定不服；对行政机关作出的征收征用决定及其补偿决定不服；对行政机关作出的赔偿决定或者不予赔偿决定不服；对行政机关作出的不予受理工伤认定申请的决定或者工伤认定结论不服；认为行政机关侵犯其经营自主权或者农村土地承包经营权、农村土地经营权；认为行政机关滥用行政权力排除或者限制竞争；认为行政机关违法集资、摊派费用或者违法要求履行其他义务；申请行政机关履行保护人身权利、财产权利、受教育权利等合法权益的法定职责，行政机关拒绝履行、未依法履行或者不予答复；申请行政机关依法给付抚恤金、社会保险待遇或者最低生活保障等社会保障，行政机关没有依法给付；认为行政机关不依法订立、不依法履行、未按照约定履行或者违法变更、解除政府特许经营协议、土地房屋征收补偿协议等行政协议；认为行政机关在政府信息公开工作中侵犯其合法权益；认为行政机关的其他行政行为侵犯其合法权益。

（2）可申请附带复议的抽象行政行为包括：国务院部门的规范性文件，县级以上地方各级人民政府及其工作部门的规范性文件，乡、镇人民政府的规范性文件，法律、法规、规章授权的组织的规范性文件。

（3）不能申请行政复议的事项包括：国防、外交等国家行为，行政法规、规章或者行政机关制定、发布的具有普遍约束力的决定、命令等规范性文件，行政机关对行政机关工作人员的奖惩、任免等决定，行政机关对民事纠纷作出的调解。

3. 行政复议的参加人

行政复议的主要参加人除当事人以外，还包括第三人。

（1）行政复议申请人，即不服行政行为，认为该行为侵犯其合法权益，并依法提出行政复议申请的公民、法人或其他组织。

（2）行政复议被申请人，即与行政相对人处于争议相对地位，作出行政相对人主张侵犯其合法权益之行为的行政主体。

（3）行政复议第三人，即与被申请复议的行政行为有利害关系而参加到行政复议活动中的公民、法人或其他组织。第三人可以主动提出申请加入行政复议活动，也可以经由行政复议机关通知而参加行政复议活动。

4. 行政复议的程序

行政复议是救济制度的重要组成部分，具有准司法性。行政复议程序属于行政程序，但较之一般行政程序更为明确、严格。根据《行政复议法》的规定，行政复议程序包括：

（1）申请；（2）受理；（3）停止执行；（4）审理；（5）决定；（6）执行。

同时，为了方便人民群众及时便捷申请、参加行政复议，《行政复议法》增加规定了多项便民举措，如申请人、第三人可以委托一至二名律师、基层法律服务工作者或者其他代理人代为参加行政复议；符合法律援助条件的行政复议申请人申请法律援助的，法律援助机构应当依法为其提供法律援助；行政机关通过互联网渠道送达行政行为决定的，应当同时提供提交行政复议申请书的互联网渠道；等等。

（二）行政赔偿

1. 行政赔偿的概念

行政赔偿是行政主体及其工作人员违法行使行政职权，损害行政相对人合法权益，依法应当承担赔偿责任的法律制度，是国家赔偿的重要形式，也是行政救济法律制度的基本组成。对于行政赔偿的概念，需要把握以下几点：

（1）行政赔偿是由行政主体及其工作人员违法行使职权引起的。不同于司法赔偿，行政赔偿以行政违法为起因，是行政主体及其工作人员违法行使职权所引起的法律后果。

（2）行政赔偿以损害行政相对人合法权益为前提。并非所有的行政违法都能引起行政赔偿责任，没有损害合法权益事实的行政违法不能产生赔偿责任。

（3）行政赔偿是一种国家责任。不同于普通的民事责任，行政赔偿的责任主体是国家，属于国家赔偿。作为一种国家权力，行政主体是以国家的名义、代表国家行使行政权力，其法律后果归属国家。

2. 行政赔偿的范围

根据我国《国家赔偿法》的规定，行政赔偿的范围主要包括侵犯人身权的行为和侵犯财产权的行为。

（1）侵犯人身权的赔偿范围包括：违法拘留或者违法采取限制公民人身自由的行政强制措施的，非法拘禁或者以其他方法非法剥夺公民人身自由的，以殴打、虐待等行为或者唆使、放纵他人以殴打、虐待等行为造成公民身体伤害或者死亡的，违法使用武器、警械造成公民身体伤害或者死亡的，造成公民身体伤害或者死亡的其他违法行为。

（2）侵犯财产权的赔偿范围包括：违法实施罚款、吊销许可证和执照、责令停产停业、没收财物等行政处罚的，违法对财产采取查封、扣押、冻结等行政强制措施的，违法征收、征用财产的，造成财产损害的其他违法行为。

行政机关工作人员与行使职权无关的个人行为以及因公民、法人和其他组织自己的行为致使损害发生的，国家不承担行政赔偿责任。

3. 行政赔偿义务机关

行政赔偿是一种国家责任，但由于国家是一个抽象主体，其所承担的责任必须通过作出行政行为的具体行政主体来承担。因此，在行政赔偿中，赔偿责任主体与赔偿义务机关可能不相一致。赔偿义务机关是代表国家处理赔偿请求、直接履行赔偿义务的机关。《国家赔偿法》规定了四种赔偿义务机关：

（1）行政机关及其工作人员行使行政职权侵犯公民、法人和其他组织的合法权益造成损害的，该行政机关为赔偿义务机关。赔偿义务机关被撤销的，继续行使其职权的行政机关为赔偿义务机关；没有继续行使其职权的行政机关的，撤销该赔偿义务机关的行政机关为赔偿义务机关。

（2）两个以上行政机关共同行使行政职权时侵犯公民、法人和其他组织的合法权益造成损害的，共同行使行政职权的行政机关为共同赔偿义务机关。

（3）法律、法规授权的组织在行使授予的行政权力时侵犯公民、法人和其他组织的合法权益造成损害的，被授权的组织为赔偿义务机关。

（4）受行政机关委托的组织或者个人在行使受委托的行政权力时侵犯公民、法人和其他组织的合法权益造成损害的，委托的行政机关为赔偿义务机关。

需要注意的是，经复议机关复议的，最初造成侵权行为的行政机关为赔偿义务机关，但复议机关的复议决定加重损害的，复议机关对加重的部分履行赔偿义务。

4. 行政赔偿程序

行政赔偿程序由非诉讼程序与诉讼程序两个部分组成。我国实行旨在便民的行政先行处理原则，即在赔偿请求人向人民法院提起行政赔偿诉讼之前，应当先行向行政赔偿义务机关要求赔偿，由该行政机关依法进行处理；只有当行政赔偿义务机关不予受理、逾期不处理或者赔偿请求人对处理的结果持有异议时，才可提起赔偿诉讼。但若合法权益受到行政侵害的行政相对人在针对违法侵权的行政行为提起行政诉讼一并提出损害赔偿请求时，则不受此限制。

赔偿义务机关应当自收到申请之日起 2 个月内，作出是否赔偿的决定。赔偿义务机关决定赔偿的，应当制作赔偿决定书，并自作出决定之日起 10 日内送达赔偿请求人。赔偿义务机关决定不予赔偿的，应当自作出决定之日起 10 日内书面通知赔偿请求人，并说明不予赔偿的理由。赔偿义务机关赔偿损失后，应当向有故意或重大过失的行政公务人员和受委托组织追偿部分或全部赔偿费用。

练习与思考

内容提要

1. 行政法是有关规范行政组织、调整监督行政行为、实施行政救济活动的法律规范的总和。其基本原则主要有行政合法性原则、行政合理性原则等。

2. 行政主体是依法享有行政权，能以自己的名义从事行政活动，并且独立承担法律后果的组织。其范围包括行政机关和被授权或受委托的组织。行政机关指依照宪法和有关法律设立、通过行使行政职权来组织和管理国家行政事务的国家机关。广义上，行政机关包括从中央到地方的各级人民政府及其职能部门。狭义上的行政机关仅指各级人民政府。被授权组织是依法接受授权、在授权范围内以自己的名义行使行政职权、从事行政管理，并独立承担法律责任的组织。

3. 行政行为是指行政主体的法律行为，具体指行政主体依法行使行政职权、实施行政管理所作出的能够产生行政法律效果的行为，包括行政立法（含其他抽象行政行为）、行政执法、行政司法等行政行为。这些行为方式构成行政主体的基本行为方式体系。

4. 行政立法是国家行政机关依法定权限和法定程序制定和发布行政法规、规章的活动，是一种抽象行政行为。

5. 监督行政也称为行政监督，是各类有权主体对行政主体及其工作人员行使职权、履行职责的全过程的监督。按照监督的主体，分为国家权力性监督和非国家权力性监督两大类。

6. 行政责任广义上指行政法律关系主体因违反行政法律规范而应当承担的法律责任，狭义上仅指行政主体因违反行政法律规范而须承担的法律责任，是监督行政的功能目标和构成要素。

7. 广义的行政救济是指有权机关对行政权力行使偏差造成行政相对人合法权益损害的恢复和补救。行政救济法律制度主要包括行政复议、司法审查（行政诉讼）、行政赔偿等。

关键术语

行政法	行政法的基本原则	行政主体	行政机关
被授权组织	受委托组织	公务员	行政行为
行政立法	行政执法	行政司法	监督行政
行政违法	行政责任	行政救济	行政复议
行政赔偿			

辨析题

1. 人民法院的行政诉讼判例是我国行政法的渊源。

2. 被授权组织与受委托组织都属于行政主体，均可以成为行政诉讼被告。

3. 下级行政机关基于法定职责向上级行政机关作出的工作汇报，属于行政行为。

4. 2018 年 3 月 20 日第十三届全国人民代表大会第一次会议通过《中华人民共和国监察法》，属于行政立法。

5. 公安部可以根据履行职责需要，制定相关规范性文件设定行政拘留。

6. 王某在路边无证摆摊，城管部门予以罚款 200 元，市场监管部门予以罚款 500 元，二者处罚的依据不同，不违反一事不再罚原则。

案例分析

张某在某风景区游玩时刻划损害了国家保护的文物，派出所接警后派出警察到现场处理。经口头传唤和调查后，该派出所对张某处以罚款 500 元、拘留 5 日。张某不服，认为处罚过重。

问：

（1）该派出所的行政处罚行为是否违法、是否适当？

（2）本案中的受处罚人应当向谁提出行政复议申请？

（3）张某可以委托哪些类型的人员代为参加行政复议？

第五章

民　法

民法是我国重要的法律部门之一，是调整平等主体的自然人、法人、非法人组织之间的财产关系和人身关系的法律规范的总称。民法是保护民事主体的合法权益、为受侵害的权利和利益提供救济的私领域基本法。我国《民法典》包括总则、物权、合同、人格权、婚姻家庭、继承、侵权责任七个部分。民事主体是确立民事法律关系当事人的资格，物权是确定财产的归属，合同是确立交易的规则，人格权可以保障、促进人的基本自由与尊严，婚姻家庭旨在调整因婚姻家庭产生的民事关系，继承调整对死者生前财产权利义务的承受，侵权责任规定当事人违反约定或法定义务所应承担的法律上的不利后果。学习民法，有助于正确行使民事权利，自觉履行民事义务。

重点问题

- 民法的调整对象及基本原则。
- 民事法律关系主体、民事法律行为。
- 物权法律规范。
- 合同法律规范。
- 人格权法律规范。
- 婚姻家庭法律规范。
- 继承法律规范。
- 侵权责任法律规范。

第一节　总论

一、民法概述

民法调整平等主体之间的财产关系和人身关系，在各国法律体系中都具有重要作用。财产关系指人们在生产、分配、交换和消费过程中形成的具有经济内容的关系；人身关系指基于一定的人格和身份产生的，没有直接的财产内容但具有人身属性的社会关系。民法调整社会关系的最大特点在于，民事主体在调整的社会关系上地位平等、意思自治。

经济生活、家庭生活、社会生活中一切民事权利义务关系的设立、变更和消灭，均由平等的民事主体通过协商确定。民法的概念有实质与形式之别。形式上的民法，专指系统编纂的以民法命名的民事立法。实质上的民法，指所有调整平等主体之间的财产关系和人身关系的民事法律规范，包括民法典、其他民事法律法规、判例和习惯等。

我国古代采取"诸法合一、民刑不分"的立法体例，并没有近代意义的民法。受到日本民法概念和民事立法影响，清政府于1911年第一次制定了民律草案。新中国成立以后，我国于1950年颁布《婚姻法》，还分别于1954年、1962年、1979年、2001年四次启动民法制定工作，但仅于1986年颁布了《民法通则》。后来决定采取先分别制定分则，再汇集成民法典的立法策略。1999年颁行了《合同法》、2007年颁行了《物权法》、2009年颁行了《侵权责任法》、2017年颁行了《民法总则》，最终于2020年5月28日通过了我国第一部《民法典》，于2021年1月1日施行。

二、民法的基本原则

民法的基本原则，是贯穿民法规范从制定到实施全过程的基本准则。民法的基本原则既是立法的准则，也是司法机关适用、解释民法规范的重要依据。法官在审判实践中可以基于基本原则具有一定的自由裁判权，克服审判的机械性。通常具体规则的适用优先于基本原则，但是不能违反基本原则，且主要适用于填补法律漏洞、明晰法律解释。

我国民法的基本原则主要包括：（1）权利保护原则；（2）平等原则；（3）自愿原则；（4）公平原则；（5）诚实信用原则；（6）公序良俗原则；（7）绿色原则。

权利保护原则是民法的首要原则，民事主体的人身权利、财产权利以及其他合法权益受法律保护，任何组织或者个人不得侵犯。民法的核心就是确认和保护公民的人格尊严和各项民事权利。平等原则指民事主体在民事活动中的法律地位一律平等，体现了民法调整对象和调整方法的特殊性。平等原则还体现了人格的平等、民事主体的法律地位的平等以及对民事主体的平等对待。自愿原则体现为意思自治，即民事主体从事民事活动，应当遵循自愿原则，按照自己的意思设立、变更、终止民事法律关系。自愿原则认可基于人的自由意志而在法律范围内的广泛自由，即民事主体基于法律自由处分和利用民事权益，并处理与他人之间的关系。但意思自治应受到一定限制，是法律之内的自治。公平原则指民事主体基于公平观念实施民事行为，即民事主体从事民事活动，应当遵循公平原则，合理确定各方的权利和义务。诚实信用原则贯穿于民事主体行使民事权利、履行民事义务的所有过程中，即民事主体从事民事活动，应当遵循诚信，秉持诚实，恪守承诺。诚实信用原则有填补法律漏洞的衡平功能。公序良俗包括公共秩序和善良风俗，公序良俗原则指民事主体从事民事活动，不得违背公序良俗。绿色原则指民事主体从事民事活动时，应当节约资源、保护生态环境。

三、民事主体

民事法律关系指民法规范调整所形成的人与人之间的社会关系，主要体现为民事上的权利义务关系。民事法律关系包括民事主体、客体、内容三个要素。民事法律关系主体制度指民事法律关系参加者所必须具备的法律资格，民事主体指享有民事权利并承担民事义务的人，包括自然人、法人和非法人组织，特定情形下国家也可以成为民事法律关系的特殊主体。

（一）自然人

自然人是民事法律对作为生物的人的认定，确定了民事主体享有民事权利、承担民事责任的资格和能力。自然人的民事法律地位，体现在自然人的民事权利能力和民事行为能力的相关法律规定上。

自然人的民事权利能力，指法律赋予公民享有民事权利、承担民事义务的资格。我国自然人的民事权利能力始于出生，终于死亡。自然人的民事行为能力，指公民自己行使民事权利和履行民事义务，并且能够对自己的行为承担民事责任的能力和资格。《民法典》根据年龄、认知能力将自然人的民事行为能力分为三类：

（1）完全民事行为能力。完全民事行为能力，指能够以自己独立的行为取得民事权利和承担民事义务的资格。《民法典》规定，18 周岁以上的自然人是成年人，具有完全民事行为能力，可以独立进行民事活动，是完全民事行为能力人。此外，16 周岁以上不满 18 周岁的自然人，以自己的劳动收入为主要生活来源的，视为完全民事行为能力人。

（2）限制民事行为能力。限制民事行为能力，又称为不完全民事行为能力，指只具有部分的民事行为能力，享有民事权利和承担民事义务的资格受到一定限制。《民法典》规定，8 周岁以上的未成年人是限制民事行为能力人，可以进行与其年龄、智力相适应的民事活动；其他民事活动由其法定代理人代理，或者征得其法定代理人同意、追认。不能完全辨认自己行为的成年人也是限制民事行为能力人，只能进行与其智力、精神健康状况相适应的民事法律行为。

（3）无民事行为能力。无民事行为能力，指不具有以自己行为取得民事权利、承担民事义务的资格。《民法典》规定，不满 8 周岁的未成年人是无民事行为能力人，由其法定代理人代理进行民事活动。不能辨认自己行为的成年人是无民事行为能力人，也由其法定代理人代理进行民事法律活动。

民法为限制民事行为能力人和无民事行为能力人进行民事活动设立了监护制度，以对其人身、财产及其他合法权益进行监督与保护。未成年人的父母是未成年人的监护人。父母已经死亡或者没有监护能力的，由祖父母、外祖父母、兄、姐，以及其他愿意担任监护人的个人或组织担任。无民事行为能力或者限制民事行为能力的成年人，由其配偶、父母、子女、其他近亲属、其他愿意担任监护人的个人或组织等担任监护人。监护人应当履行监护职责，保护被监护人的人身、财产及其他合法权益，除为被监护人的利益外，不得擅自处分被监护人的财产，尊重被监护人的真实意愿。监护人依法履行监护职责产生的权利，受法律保护；不履行监护职责或者侵害被监护人的合法权益的，应当承担法律责任；给被监护人造成财产损失的，应当赔偿损失。

个体工商户和农村承包经营户也是民法认可的民事主体。个体工商户指经依法登记、从事工商业经营的自然人。农村承包经营户是依法取得农村土地承包经营权，从事家庭承包经营的农户。

（二）法人

法人是除自然人之外的另一类重要的民事主体。《民法典》第57条规定："法人是具有民事权利能力和民事行为能力，依法独立享有民事权利和承担民事义务的组织。"与自然人不同，法人是一种组织，是法律所拟制的人格，是社会组织在法律上的人格化。法人应当依法成立，有自己的名称、组织机构、住所、财产或经费。法人能够以自己的财产独立承担民事责任。独立承担有限责任，是法人的实质所在。法人财产的有限责任，是债务与责任相分离的一种现象，其主要特征在于：（1）法人独立以自己名义承担责任。（2）法人仅以自己所有或经营管理的财产为限，对外承担债务的清偿责任；如果法人的独立财产是由其成员出资形成的，法人的成员也仅以其出资的财产承担清偿法人债务的责任。由于法人的债权人不得请求法人的创立人和其成员清偿法人的债务，就会出现法人以自己的独立财产承担的责任与其实际负担的债务在范围上的不一致。我国一般将法人分为营利法人、非营利法人和特别法人。大陆法系将法人分为公法人和私法人。依据成立的基础、目的、设立程序、设立人的地位不同，也可将法人分为社团法人和财团法人。

（三）非法人组织

非法人组织指不具有法人资格，但能够以自己名义从事民事活动的组织。《民法通则》并未对非法人组织进行规定，《民法典》单设一章规定了非法人组织，在自然人、法人之外，承认了非法人组织的民事主体地位。非法人组织依法设立，以自己名义从事民事活动，拥有自己的财产但承担无限责任。我国的非法人组织包括个人独资企业、合伙企业、不具有法人资格的专业服务机构和其他非法人组织。

四、民事权利

民法的核心就是民事权利。民事权利是民法所认可和保护的权利，民事权利的核心是法律所保护的利益。

我国民事权利包括人身权、物权、债权、知识产权、继承权、股权等投资性权利以及其他合法利益。人身权包括人格权和身份权。人格权包括一般人格权和具体人格权。物权是权利人依法对特定的物享有直接支配和排他的权利，包括所有权和他物权，他物权包括用益物权和担保物权。债权包括合同之债、侵权之债、无因管理之债、不当得利之债等。知识产权指权利人对工商业标志、智力成果所享有的权利，即对作品、发明、实用新型、外观设计、商标、地理标志、商业秘密、集成电路布图设计、植物新品种等享有的权利[①]。继承权指依据法律或遗嘱而取得被继承人财产的权利。随着社会发展，一些新型权益不断涌现，《民法典》采用"民事主体享有法律规定的其他民事权利和利益"

① 关于知识产权，本教材将在第七章专门阐释。

作为兜底条款，对其进行了开放性、概括性保护。

对于民事权利，还可以从不同角度、依据不同标准进行分类。根据权利内容，可分为人身权、财产权等。根据作用，可分为支配权、请求权、抗辩权和形成权等。根据义务主体的特定性，可以分为绝对权和相对权。民事权利可以依据民事法律行为、事实行为、法律规定的事件或者法律规定的其他方式取得。

五、民事法律行为

法律是一种行为规则。这种规则可以通过两种方式确立：一种是借助法定主义方式，即由法律直接明确规定法律关系中权利义务的内容。法定主义方式的最典型形式就是法典。另一种是通过法律行为制度完成。民法以私法自治或意思自治为原则，法律基于主体法律地位的平等性，允许当事人个人自由创设法律关系。一般说来，只要不违反法律的基本精神或强制性规定，个人之间的法律关系均可依其自己的意思自由创设。个人创设法律关系的最主要方式就是进行民事法律行为。民事法律行为，是法律事实的一种，指民事主体以产生、变更或终止民事法律关系为目的，以意思表示为要素，产生民事法律效力的行为。

民事法律行为应具备以下生效要件：一是行为人具有相应的民事行为能力。二是意思表示真实。要求行为人的内心意愿为行为人自觉自愿产生，与其所表达的意思相一致。三是不违反法律的强制性规定和社会公共利益。即意思表示的内容不得与法律的强制性或禁止性规范相抵触，也不得滥用法律的授权性或任意性规范以规避法律。民事法律行为还应符合法定形式。

不具备生效要件的民事法律行为分为无效、可撤销、效力待定几种类型。一是无效民事法律行为，指因欠缺民事法律行为的有效条件，因而当然不发生法律效力的民事法律行为，包括无民事行为能力人实施的法律行为，虚假的民事法律行为，违反法律强制性规定、违反公序良俗的民事法律行为等。二是可撤销的民事法律行为，指依照法律的规定，可由当事人请求法院或仲裁机构予以撤销的民事法律行为。可撤销民事法律行为在撤销前已经发生法律效力，在被撤销以前可以对抗除撤销权人以外的任何人。可撤销民事法律行为效力的消灭，以撤销行为为条件。可撤销民事法律行为包括：(1) 重大误解的民事法律行为。行为人因对行为的性质，标的物的品种、质量、规格和数量等的错误认识，使行为的后果与自己的意思相悖，并造成较大损失的，属于重大误解的民事法律行为。(2) 显失公平的民事法律行为，指一方当事人利用优势或者利用对方没有经验，致使双方的权利义务明显违反公平、等价有偿原则。(3) 因欺诈实施的民事法律行为。一方以欺诈手段，使对方在违背真实意思的情况下实施的民事法律行为，受欺诈方有权请求予以撤销。(4) 受胁迫实施的民事法律行为。三是效力待定的民事法律行为，指法律行为成立之后，尚不能确定是否发生效力，有待于其他事实或行为予以确定的行为。主要指限制民事行为能力人实施的行为、无代理权人实施的法律行为，需法定代理人、被代理人行使追认权或者善意相对人行使撤销权。

六、代理

民事主体在授权范围内，可以让他人以自己的名义与第三人为民事行为，由此产生的法律效果直接或间接归属于本人。这就是代理法律制度。在代理法律制度中，以他人名义或自己名义为他人实施民事行为的人，称为代理人。由他人代为实施民事行为的人，称为被代理人，也称本人。与代理人实施民事行为的人，称为第三人。

代理人应当在被代理人的授权范围内积极进行代理行为，完成代理任务。代理人应当从被代理人的利益出发，认真履行代理职责，为被代理人的利益实施代理行为。代理人违背代理权的设定宗旨和代理行为的基本准则，损害被代理人利益的行使代理权行为，构成滥用代理权。滥用代理权的行为包括以下几种：（1）自己代理，即代理人以被代理人的名义与自己进行民事活动的行为。自己代理造成损害的，代理人应当承担民事责任。（2）双方代理，即同一代理人代理双方当事人进行同一项民事活动的行为。双方代理造成损害的，代理人也应当承担民事责任。（3）代理人和第三人恶意串通。代理人和第三人恶意串通，损害被代理人利益的，代理人应当承担民事责任，第三人和代理人负连带责任。

无权代理，就是没有代理权的代理。无权代理并不是代理的一种形式，而是具备代理行为的表象但是缺乏代理权的行为。无权代理表现为以下三种形式：（1）没有代理权而为的代理行为。（2）超越代理权的行为。（3）代理权终止后的行为。无权代理行为，只有经过被代理人的追认，被代理人才承担民事责任。表见代理为无权代理的一种，属广义的无权代理，它是指行为人没有代理权，但交易相对人有理由相信行为人有代理权的无权代理。此时，该无权代理可发生与有权代理同样的法律效果。如果善意的交易相对人不愿该无权代理发生与有权代理同样的法律效果，也可行使撤销权，使其归于无效。

七、时效制度

时效指一定的事实状态在法定期间内持续存在，从而产生与该事实状态相适应的法律效力的法律制度[①]。诉讼时效又称消灭时效，指在法定期间内不行使权利的权利人，使其丧失胜诉权的法律制度。诉讼时效期间是法定的，不同的诉讼时效有不同的期间。我国设立了两种诉讼时效，即普通诉讼时效和特别诉讼时效。

（1）普通诉讼时效。指由民事基本法律统一规定的，普遍适用于法律没有作特殊诉讼时效规定的各种民事法律关系的时效。除特别法另有规定外，所有的民事法律关系皆适用普通时效，我国《民法典》规定普通诉讼时效为 3 年。

（2）特别诉讼时效。特别诉讼时效是指由民事基本法律或特别法就某些民事法律关系规定的短于或长于普通诉讼时效期间的时效。特别诉讼时效不具有普遍性，只适用于特殊的民事法律关系。

---

① 梁慧星．民法总论．北京：法律出版社，2011：236.

第二节 物权

一、物权总论

（一）物权的概念与性质

物权法是民法的重要组成部分。人类要进行物质资料的生产须完成人与生产资料的结合，这种结合体现为人对物的支配关系，在法律上表现为物权制度。物权指权利人依法对特定的物享有直接支配和排他的权利。物权是绝对权，是最典型的支配权。

物既包括有体物，也包括无体物，通常是人所能控制的、能满足人类生活需要的、人体之外的物。通常物权具有排他效力和优先效力。物权包括所有权和限制物权。

物权法的基本原则是：（1）物权法定原则。指物权的种类、内容、效力和公示方法都由法律明确规定，不能由当事人通过合同任意设定。《民法典》第116条规定了物权法定原则。（2）一物一权原则。从权利角度而言，一个物上只能设立一个所有权而不能同时设立两个以上的所有权，在一个物上不能同时设立两个或两个以上在性质上相互排斥的定限物权。从物的角度而言，一物一权是指一个物权的客体必须是一个独立的特定的物。（3）公示公信原则。任何当事人设立、移转物权时，都会涉及第三人的利益，因此物权的设立、移转必须公开、透明，以保护第三人的利益，维护交易安全和秩序。关于公示方法，原则上采用不动产登记、动产交付的规则。公信指一旦当事人变更物权时依据法律规定进行了公示，则即使依公示方法表现出来的物权事实上并不存在或有瑕疵，但对于信赖该物权的存在并已从事了物权交易的人，法律仍然承认其具有与该物权为真实时相同的法律效果，以保护交易安全。

（二）物权变动

物权的变动指物权的产生、变更与消灭，也指权利人基于法律对物权的取得、变更和丧失。物权变动包括基于法律行为和非法律行为而发生的变动，其中主要是基于法律行为的物权变动。

基于法律行为的物权变动存在几种模式：一是意思主义，即仅根据当事人的合意，无须登记或交付而发生的变动；二是形式主义，即不仅需要当事人有变动物权的合意，还需要登记或交付。不动产登记指不动产登记机构依当事人申请、国家机关法定职权，将不动产状况记载于不动产登记簿予以公示的活动。不动产权利登记包括集体土地所有权登记、国有建设用地使用权和房屋所有权登记、土地承包经营权登记、海域使用权登记、抵押权登记、地役权登记等。动产交付即转移占有①，存在现实交付与观念交付两种形式：现实交付指将动产的占有直接转移给受让人，观念交付则包括简易交付、占有改

① 崔建远．物权法．北京：中国人民大学出版社，2011：86.

定、指示交付。非因法律行为的物权变动不以登记或交付为生效要件，包括依据生效法律文书、征收、继承、建造拆除房屋等事实行为而产生的物权变动。

物权因法律行为或法律事实如抛弃、约定物权期限届满、标的物灭失、混同、征收等，而出现物权的消灭。

（三）物权的保护

针对物权的保护，物权法设立了物权请求权制度，赋予物权人具有请求他人停止侵害、返还原物、排除妨碍、消除危险的权利，以保障物权人对其物的支配权。返还原物请求权指权利人享有要求无权占有其物或不法侵害其物的人返还该物的请求权。排除妨害请求权指当他人侵害或妨碍物之圆满状态时，物权人享有要求他人排除妨害、恢复圆满状态的请求权。消除危险请求权指可能妨碍物权的，权利人可以请求消除危险，《民法典》第 236 条对此有明确规定。对于恢复原状请求权，《民法典》第 237 条明确规定："造成不动产或动产毁损的，权利人可以依法请求修理、重作、更换或恢复原状。"通过恢复原状、返还原物等方法不足以补偿所有人的损失时，所有人在请求恢复原状、返还原物的同时，可以请求赔偿损失。

二、所有权

（一）所有权的概念

《民法典》第 240 条将所有权界定为"所有权人对自己的不动产或者动产，依法享有占有、使用、收益和处分的权利"。财产所有权是最完整的物权，其他物权只具有所有权的部分权能。财产所有权人享有上述四个方面的权利，并不意味着所有人必须要实际地行使各项权能，而是可以将四项权能中的一项或数项权能分离出去，由他人享有并行使，从而更好实现其意志和利益。所有权可以分为国家所有权、集体所有权和个人所有权。相邻关系不是独立的物权类型，但是基于对不动产的便利利用，相邻的不动产上的权利人需给予对方便利或对权利进行一定限制，从而形成特殊的权利义务关系。

财产的所有形式可分为单独所有和共有两种形式。所谓共有，是指某项财产由两个或两个以上的权利主体共同享有所有权，即多个权利主体对一物共同享有所有权。我国民法确认了两种共有形式，即按份共有和共同共有。按份共有指两个或两个以上的共有人按照各自的份额分别对共有财产享有权利和承担义务的一种共有关系。共同共有是指两个或两个以上的民事主体根据某种共同关系而对某项财产不分份额地共同享有权利并承担义务，如夫妻共有财产和家庭共有财产。

（二）所有权的取得

所有权的合法取得方式可分为原始取得与继受取得。原始取得指根据法律规定，最初取得财产的所有权或不依赖于原所有人的意志而取得财产的所有权。原始取得的根据主要包括劳动生产、收益、添附、没收、拾得遗失物、发现所有人不明的埋藏物和隐藏物等。继受取得指通过法律行为从原所有人处取得对某项财产的所有权，以原所有人对该项财产的所有权作为取得的前提条件。继受取得的根据主要包括买卖、赠与、继承遗产、接受遗赠等形式。

（三）所有权的转移

所有权的转移指所有权从原所有人转移给新的所有人。所有权转移的完成意味着一个交易过程的结束。所有权从何时转移，意味着从何时开始一方当事人丧失其对财产的所有权，同时另一方当事人成为财产的新的所有人。动产所有权的转移以交付为标准，交付指将物或所有权凭证转移给他人占有的行为。当事人虽然就动产所有权转移达成协议，但在尚未实际交付标的物以前，所有权并不转移。不动产物权的取得、消灭和变更，非经登记，不能产生法律效力。因此不动产物权的转移必须符合法定的形式要件。

（四）善意取得

善意取得指无权处分他人动产或不动产的占有人，在不法将该物转让给第三人以后，如果受让人在取得该动产时出于善意，就可依法取得对该物的所有权，受让人在取得所有权以后，原所有人不得要求受让人返还财产，而只能请求转让人赔偿损失。根据善意取得制度，取得财产的第三人在取得财产时应为善意，如果让与人为善意，而受让人为恶意，则不适用这一制度。善意是指不知情即不知或不应知道让与人转让财产时没有处分该项财产的权限。善意取得的财产必须是法律允许自由流通的财产。法律禁止或限制流转的物，如国家专有物资、爆炸物等不能在市场上交换，不能适用善意取得制度。

三、用益物权

用益物权指非所有人享有的对物的使用和收益的权利，着眼于财产的使用价值。用益物权通常设立在不动产上，属于他物权，体现为以占有、使用、收益为内容的定限物权。我国的用益物权，主要包括建设用地使用权、土地承包经营权、宅基地使用权、地役权、居住权等。

建设用地使用权指权利人依法在国家或集体土地上建造建筑物或附着物而享有的占有、使用、收益的权利。建设用地使用权分为国有建设用地使用权和集体建设用地使用权。国有建设用地使用权又分为出让的国有建设用地使用权、划拨的国有建设用地使用权、转让的国有建设用地使用权。集体建设用地使用权又分为乡镇公共设施建设用地使用权、乡镇企业建设用地使用权和集体经营性建设用地使用权。

土地承包经营权，指权利人对通过家庭承包或其他方式承包而获得的耕地、林地、草地等有权从事林业、牧业、种植业等农业活动，并因此享有占有、使用、收益的权利。2007年的《物权法》首次将土地承包经营权认定为用益物权。2016年中共中央办公厅和国务院办公厅发布《关于完善农村土地所有权承包权经营权分置办法的意见》，将土地承包经营权分为承包权和经营权，将集体所有权、承包权、经营权实行分置，即实行“三权分置”。

根据《民法典》第 362 条，宅基地使用权指农村集体经济组织成员在经依法批准用以建造个人住宅的集体所有土地上建设住宅及附属设施的权利。村民一户只能拥有一处宅基地，且面积不能超过国家规定的标准。符合条件的村民可以通过申请获得审批后取得宅基地使用权，也可以通过集体经济组织内部的转让或者继承获得宅基地使用权。

居住权，指权利人基于合同或遗嘱而对他人住宅进行占有、使用，予以居住的一类用益物权，是《民法典》新设的一类用益物权。居住权可以通过订立居住权合同或者通过遗嘱方式设立，但是应当向不动产登记机构申请居住权登记，居住权自登记时设立。设立居住权之后不能将住宅进行出租。居住权期限届满或居住权人死亡时，则居住权消灭。

根据《民法典》第 373 条，地役权指不动产所有权人或使用权人通过法律行为，利用他人不动产，以提高自己不动产效益的权利。地役权不同于相邻权。地役权不得单独转让，也不得单独抵押。当事人需要通过订立书面的地役权合同设立地役权，且应当经用益物权人同意。

四、担保物权

担保物权是以支配特定财产的交换价值为内容，以确保债权实现为目的而设定的限制物权。担保物权主要有以下几种：

（一）抵押权

抵押指债务人或者第三人不移转抵押物的占有，将抵押物作为债权的担保，当债务人不履行债务时，债权人有权依法将抵押物折价或者以拍卖、变卖抵押物的价款优先受偿的担保制度。抵押权作为物权的一种，具有物权的属性，是一种绝对权、支配权；具有独占性、排他性、追及性和优先性。作为担保物权，抵押权又具有担保的从属性和不可分性，抵押权的成立、生效、行使及消灭，均以主债的存在为前提，主债无效或消灭，抵押权也不成立或消灭；抵押物若有分割，设定于其上的抵押权并不受影响，抵押权所担保的债权经分割或部分转让的，抵押权也不受影响。抵押权不转移财产的占有，具有优先受偿性。

抵押权有效行使的前提是抵押权登记制度，无登记即无抵押。抵押权登记采取登记生效要件主义与对抗要件主义并存。《民法典》允许抵押的财产包括不动产、不动产他物权、动产、法律未禁止抵押的其他财产。禁止抵押的财产包括土地所有权、宅基地等集体所有土地所有权、所有权和使用权不明或有争议的财产、被查封扣押监管的财产等。抵押权担保的范围包括主债权及利息、违约金、损害赔偿金和实现抵押权的费用。

（二）质权

质权分为动产质权和权利质权。债务人或第三人将其动产移交债权人占有以作为实现债权的担保，当债务人不履行债务时，债权人可依法以该动产折价或以拍卖、变卖该动产的价款优先受偿，为动产质权；以可转让的财产权如有价证券、股份和股票以及知识产权等为标的的质权，为权利质权。动产质权和权利质权均以出质人与质权人订立质押合同而设立，合同应采用书面形式。

（三）留置权

留置权指债权人按照合同约定占有债务人的动产，当债务人不按照合同约定的期限履行债务时，债权人可依法留置该动产，以该动产折价或以拍卖、变卖该动产的价款优先受偿的担保权利。留置权为法定担保物权，成立须具备一定条件。债权人须按照合同的约定占有对方的财产，否则不成立留置权；法律规定可以留置的合同包括保管合同、运输合同、加工承揽合同以及法律规定可以留置的其他合同。另外，设定留置权必须以债务人的债务已到履行期限为前提。

五、占有

占有指对物具有事实上的控制力。占有的性质有事实说和权利说两种。占有的标的物包括不动产和动产，必须对物具有实际的控制力。

占有包括有权占有和无权占有。如果占有人基于法律上的原因而对物进行占有，即为有权占有，反之则为无权占有。有权占有包括基于物权的占有，如基于动产质权或留置权的占有，或基于债权的占有，如基于租赁的占有。无权占有包括善意占有和恶意占有，公然占有和隐秘占有等。占有的效力通常包括事实推定、权利推定、动产物权的善意取得、占有物的使用收益、占有人与恢复请求权人之间的权利义务等内容。当占有人无权占有某物时，原权利人有权请求其返还原物，占有人应当返还原物和孳息。

第三节 合同

一、债与合同概述

债是按照法律或合同的约定，在当事人之间产生的特定的权利义务关系。债是在特定当事人之间产生的民事法律关系，并且具有存续期间。债的要素包括债的主体、债的内容和债的客体。债的主体包括债权人和债务人。债的内容包括债权和债务。债的客体是债的标的，即给付。引起债产生的法律事实包括合同、缔约上的过错、单独行为、侵权行为、无因管理、不当得利等。

合同是当事人之间设立、变更、终止民事关系的协议或允诺。合同的法律特征是：第一，合同是双方或多方的民事法律行为，只有具备民事法律行为的有效要件才能产生当事人预期的法律效果。第二，合同是当事人达成的协议，依当事人的意思表示一致而成立。第三，合同当事人的法律地位平等。第四，合同一经成立生效后必须共同遵守，当事人任何一方违反合同都要承担民事责任。合同关系也包括主体、内容、客体三个要素。合同关系具有相对性，体现为主体的相对性、内容的相对性和违约责任的相对性。但是合同相对性也具有例外规则。《民法典》第 465 条第 2 款规定：“依法成立的合同，仅对当事人具有法律约束力，但是法律另有规定的除外。”法律另有规定包括利益第三人合同、合同的保全、建设工程合同和运输合同对第三人的效力等。

二、合同的订立

合同的订立是当事人各方通过平等协商就合同条款达成意思表示一致的过程，不论合同以口头、书面或其他方式订立，都分为要约与承诺两个阶段。

要约是订立合同的必经程序。《民法典》第 472 条规定，“要约是希望与他人订立合同的意思表示”。意思表示成为要约，最主要的特征是该意思表示的内容必须确定。因为要约一经相对人承诺即成立合同，所以要约人提出的要约必须表明合同的主要条款。如果要约人发出的意思表示只包含订立合同的提议而不包含决定合同内容的主要条款，那么它就不是要约而是要约邀请。《民法典》第 479 条规定，承诺是受要约人同意要约的意思表示。承诺对要约内容不得作出实质性改变。承诺应当以通知的方式作出，根据交易习惯或要约表明可以通过行为作出承诺的除外。

在合同缔结过程中，一方因违背诚实信用原则，而致使另一方的信赖利益受到损失，应承担缔约过失责任。《民法典》第 500 条规定，当事人在订立合同时，实施了假借订立合同、恶意进行磋商等违背诚实信用原则的行为，造成对方损失的，应当承担赔偿责任。

合同的内容包括主要条款和普通条款。合同的主要条款是指合同必须具备的条款，主要由法律的规定、合同的性质及当事人的约定三个方面来决定。一般来说，合同应具备如下主要条款：（1）当事人名称或者姓名及住所；（2）标的的种类；（3）数量和质量；（4）价款或者酬金；（5）履行的期限、地点和方式；（6）解决争议的方法和违约责任。格式条款是当事人为了重复使用而预先拟定，并在订立合同时未与对方协商的条款，提供格式条款的一方需遵循公平原则，并且有提请注意或说明的义务。免责条款是当事人在合同中约定的限制或免除未来责任的条款。造成对方人身损害的或因故意或重大过失造成对方财产损失的免责条款，为无效条款。

合同的效力是依法订立的合同在当事人之间产生的法律约束力。《民法典》第 136 条第 2 款规定：“行为人非依法律规定或者未经对方同意，不得擅自变更或者解除民事法律行为。”合同成立与合同生效存在区别。效力待定的合同指合同成立之后，效力的确定有待于其他行为或事实予以认定的合同，包括限制民事行为能力人依法不能独立订立的合同和基于狭义无权代理订立的合同。无效的合同指违反了法律强制性规定或公序良俗而无法律效力的合同，通常具有违法性、自始无效性。可撤销的合同指当事人在订立合同时因意思表示不真实而通过行使撤销权使合同归于无效的合同。可撤销的合同包括显失公平的合同、因重大误解订立的合同、因欺诈胁迫订立的合同。合同被确认无效或撤销后，将产生返还财产、赔偿损失的后果。

三、合同的履行

当事人应当按照合同的约定全面履行自己的义务，并遵循诚实信用原则，履行协助、保护、通知、保密等义务。对于双务合同，合同法还赋予当事人同时履行抗辩权、后履行抗辩权、不安抗辩权。合同有效成立后，当事人就应该遵守契约，严格履行合同，但是当出现订约时难以预见的重大变化，导致合同不能履行或者履行结果显失公平时，当事人可以请求变更或解除合同，即情势变更。

为保障履行，《民法典》规定了合同的保全制度。合同债权人保全合同债权的权利有代位权与撤销权两项权利。债权人代位权指债权人为了保全其债权，而于债务人怠于行使自己的权利而损害债权人的债权实现时，得以自己的名义代位行使属于债务人权利的权利。债权人撤销权指当债务人所为的减少其财产的行为危害债权人的债权实现时，债权人为保全债权得请求法院予以撤销该行为的权利。

合同的变更指合同在生效而尚未履行或尚未完全履行之前，当事人就其内容进行修改、补充而使合同改变、变动。合同变更在实践中最常见的是修改合同条款。合同的变更是双方的法律行为，必须由双方协商并达成一致意见，任何一方都不得单方面对合同进行变更。合同的变更主要是内容的变更，如果发生合同当事人的变更，如债权人将其权利转让给第三人，则属于债或合同的转让，不属于合同的变更。

合同的解除指提前终止合同的效力。合同的解除分为两种：一是法定解除，即在法律规定的原因出现时，当事人可依法行使解除权，终止已生效的合同关系。有下列情形之一的，当事人一方有权通知另一方解除合同：因不可抗力致使主要债务不能履行的，因另一方违约以致严重影响订立合同所期望的经济利益的，在履行期届满前另一方明确表示拒绝履行主要债务的，另一方迟延履行债务经催告后在合理期限内仍未履行的，以及法律规定的其他情形。二是约定解除，指当事人就提前终止合同效力而达成协议。一般来说，合同的解除只是对合同未履行的部分不再履行，解除前已经履行的部分仍然有效。但是在法律、法规有特别规定的情况下，解除的效力也可溯及合同订立之时。

四、违约责任

当事人不履行合同义务或履行义务不符合合同约定或者法律规定的，应当承担违约责任。违约责任的特点是：首先，违约责任是合同当事人不履行合同而产生的责任，它以合同义务的存在为前提，以合同当事人不履行义务为条件。其次，违约责任可由当事人约定，即当事人可以在法律规定的范围内对一方的违约责任作出事先安排。再次，违约责任主要是财产责任。最后，违约责任具有相对性，违约责任只能在特定的当事人之间即合同当事人之间发生，合同关系以外的人不负违约责任。

违约分为实际违约和预期违约。实际违约分为不履行和履行不符合约定，包括拒绝履行、迟延履行、不适当履行、部分履行等。预期违约包括明示毁约和默示毁约。《民法典》第 577 条规定："当事人一方不履行合同义务或者履行合同义务不符合约定的，应当承担继续履行、采取补救措施或者赔偿损失等违约责任。"继续履行责任是违约的一种补救措施，一方违反合同时，另一方有权要求其依据合同的规定继续履行。损失赔偿责任指违约方不履行或不完全履行合同义务而给对方造成损失，应该依据法律和合同规定承担损失赔偿责任。对于违约金责任，《民法典》第 585 条第 1 款规定："当事人可以约定一方违约时应当根据违约情况向对方支付一定数额的违约金，也可以约定因违约产生的损失赔偿额的计算方法。”对于定金责任，《民法典》第586条第1款规定：“当事人可以约定一方向对方给付定金作为债权的担保。定金合同自实际交付定金时成立。”

五、典型合同

民法典中规定的典型合同包括十九类有名合同。可以分为转移财产的合同、提供服务的合同和其他合同。

转移财产的合同包括买卖合同，赠与合同，供用电、水、气、热力合同，借款合同，租赁合同，融资租赁合同，保理合同等。买卖合同是这一类中最具有代表性的合同。买卖合同是买受人支付价款、出卖人转移标的物所有权给买受人的合同。买卖合同是双务、有偿、诺成合同。买卖合同的内容包括标的、数量、质量、履行期限、地点和方式、价款、违约责任、包装方式、检验标准、期限和方法、结算方式等。出卖人的合同义务包括交付标的物并转移所有权于买受人、物的瑕疵担保、权利的瑕疵担保等义务。买受人的合同义务包括支付价款、受领标的物、及时检验交付的标的物等义务。

提供服务的合同主要包括承揽合同、运输合同、保管合同、仓储合同、建设工程合同、委托合同、物业服务合同、行纪合同、中介合同等。承揽合同是最典型的提供服务的合同，是定做人支付报酬，承揽人按照要求完成工作的合同。承揽合同包括加工、定做、修理、复制、检验等内容。承揽人的合同义务包括完成承揽工作、接受提供的材料、交付工作成果、瑕疵担保、保密等义务。定做人的合同义务包括协助承揽人、支付价款、受领工作成果的义务。承揽合同可因定做人或承揽人破产、承揽人死亡或丧失工作能力而终止，也可因当事人行使合同解除权而终止。定做人可以随时解除承揽合同，但应当在承揽人完成工作成果之前提出，给承揽人造成损失的，应当赔偿损失。承揽合同因一方当事人严重违约也可解除。

其他合同包括合伙合同，即两个以上合伙人订立的共享利益、共担风险以实现共同目标的合同。

六、准合同

准合同包括无因管理和不当得利，两者都是债产生的根据。

无因管理指没有法定或约定的义务，为避免他人利益受到损失，自愿管理他人事务的行为。无因管理发生后，在管理人和受益人之间产生债权债务关系，管理人享有请求受益人偿还因管理事务而支出的费用的债权，受益人有偿还费用的债务。无因管理是引起债产生的一种法律事实，并非基于当事人的约定，而是源自法律规定，因此并不是民事法律行为。无因管理一旦成立，就在管理人和受益人之间产生债的关系。管理人有适当管理、通知、报告的义务。

不当得利指没有法律依据，使他人受到损失而自己获得利益。不当得利是引起债产生的一种法律事实，源自法律规定，因此也不是民事法律行为。不当得利的构成要件包括一方获得利益、另一方受到损失、获得利益和受到损失之间具有因果关系、获得利益没有法律依据。不当得利包括给付原因自始不存在、给付原因嗣后不存在等不同原因类型。不当得利一经成立，当事人之间就发生债权债务关系，受损失的人有权请求得利人返还不当得利，得利人有返还不当得利的义务。

第四节　人格权

人身关系在民法上表现为人身权。人身关系是基于一定的人格和身份而产生的，体现的是人的精神和道德上的利益，包括人格关系和身份关系两类，由此人身权也分为两类：一类是人格权，一类是身份权。身份关系主要体现在亲属法及继承法中。人格权是民事主体所固有的、以人格利益为客体的、平等享有且为实现其独立人格所必需的权利。人格权是一种绝对权，权利主体是特定的，权利人行使权利无须义务人实施行为。人格权也是支配权，权利人对客体有直接支配的权利，有权禁止他人妨害自身人格利益的实现。人格权分为一般人格权和具体人格权。

一、一般人格权

一般人格权，是指民事主体依法对其全部人格利益享有的总括性权利，保护一般人格利益。一般人格权是人格权的高度抽象概念，而不是具体人格权的简单相加。一般人格权是一项独立的、抽象的权利。我国《宪法》第 37 条明确规定："中华人民共和国公民的人身自由不受侵犯。"第 38 条明确规定："中华人民共和国公民的人格尊严不受侵犯。"这些规定都是对一般人格利益的确认。《民法典》第 990 条第 2 款规定了一般人格权，"自然人享有基于人身自由、人格尊严产生的其他人格权益"。一般人格权具有主体的普遍性、客体的概括性、内容的广泛性的特征。

一般人格权的具体内容包括人格独立、人格自由和人格尊严，共同完整地构成抽象的人格权范畴。其中处于统领地位的是人格尊严，人格尊严指每个人都应当得到他人和社会的尊重，每个人都值得同等尊重，不因社会地位、财产状况、文化程度、民族、性别等受到任何差别对待，人格尊严无高低贵贱之分。一般人格权构成了具体人格权的基础，也是评价具体人格权的基本价值尺度。人格独立指民事主体在法律上人格一律平等，享有平等的、独立的主体资格，不受他人的干预与支配。人格自由体现为人格的自由地位和自由权利，构成民事主体行为的基础和前提。

二、具体人格权

具体人格权指民事主体依法对某项特定的人格利益所享有的权利。具体人格权分为物质性人格权和精神性人格权。物质性人格权是以自然人的生物存在形态为基础而形成的权利，包括生命权、身体权、健康权等，体现为物质性的人格利益。精神性人格权是以权利人的精神性人格利益为客体的人格权，包括姓名权、名称权、肖像权、名誉权、荣誉权、隐私权、个人信息权等。对具体人格权的介绍如下：

（一）生命权、身体权、健康权

生命权是指自然人维持生命和维护生命安全利益的权利。民法上的生命权是生物上生命概念的延续。生命是生存的基础，是人类活动的基础性前提，因此民事法律需要促进生命安全和生命存续。《民法典》第1002条规定："自然人享有生命权。自然人的生命安全和生命尊严受法律保护。任何组织或者个人不得侵害他人的生命权。"生命权包括生命安全和生命尊严。生命权是绝对权，任何他人、法人、非法人组织都负有不得侵害他人生命权的义务。

身体权指自然人保持其身体组织完整并支配其肢体、器官和其他身体组织的权利。《民法典》第1003条规定："自然人享有身体权。自然人的身体完整和行动自由受法律保护。任何组织或者个人不得侵害他人的身体权。"

健康权指自然人保持身体机能正常和维护健康利益的权利。《民法典》第1004条规定："自然人享有健康权。自然人的身心健康受法律保护。任何组织或者个人不得侵害他人的健康权。"健康权着重于维系保护人体的生理机能的正常运作和功能的正常发挥，而并不寻求人体结构的完整性。健康权除了维护身体健康，还包括对自然人劳动能力的保护。

为了保护生命权、身体权和健康权，法律特别规定禁止买卖人体组成部分。《民法典》第1007条规定："禁止以任何形式买卖人体细胞、人体组织、人体器官、遗体。违反前款规定的买卖行为无效。"对自然人的临床试验进行严格规范。《民法典》第1008条规定："为研制新药、医疗器械或者发展新的预防和治疗方法，需要进行临床试验的，应当依法经相关主管部门批准并经伦理委员会审查同意，向受试者或者受试者的监护人告知试验目的、用途和可能产生的风险等详细情况，并经其书面同意。"《民法典》第1009条规定："从事与人体基因、人体胚胎等有关的医学和科研活动，应当遵守法律、行政法规和国家有关规定，不得危害人体健康，不得违背伦理道德，不得损害公共利益。"

（二）姓名权、名称权、肖像权

姓名权，是指自然人享有的决定、变更和使用其姓名的权利。姓名包括登记于户口簿上的正式姓名和艺名、笔名等非正式姓名。《民法典》第1012条规定："自然人享有姓名权，有权依法决定、使用、变更或者许可他人使用自己的姓名，但是不得违背公序良俗。"姓名权包括自我命名权、改名权、自己使用或许可他人使用的权利。自然人有权决定自己的姓名，任何人无权干涉。姓名权的行使不得违背公序良俗，变更姓名时需要向有关机关办理登记手续。对于具有一定知名度的艺名、笔名等，若被他人使用足以造成公众混淆的，参照姓名权和名称权予以保护。名称权指法人或自然人组合依法享有的决定、使用、改变名称的权利。名称权的主体是法人、个体工商户、个人合伙等特殊的自然人组合。

肖像权指自然人对自己的可以被识别的外部形象享有再现、使用并排斥他人侵害的权利。《民法典》第1018条规定："自然人享有肖像权，有权依法制作、使用、公开或者许可他人使用自己的肖像。”肖像权的主体是特定的自然人，虽然主要体现的是精神利益，但也包括一定的物质利益。肖像权包括制作、使用专有权。肖像使用可以通过肖像许可使用合同实现。对自然人声音的保护，参照肖像权保护的相关规定，声音权也是一种具体人格权。

（三）名誉权和荣誉权

名誉权是自然人或法人就其自身特性所表现出来的社会价值而获得社会公正评价的权利。名誉是社会公众对特定人的道德品质、才干、声望、信誉等各方面的综合评价，评价直接关系到自然人、法人的社会地位和人格尊严，关系到自然人和法人民事权利及其他权利的得失，因此自然人和法人都享有名誉权，都享有有关自己的社会评价不受他人侵犯的权利。《民法典》第 1024 条规定：“民事主体享有名誉权。任何组织或者个人不得以侮辱、诽谤等方式侵害他人的名誉权。”名誉权的主体包括自然人、法人和非法人组织，客体是名誉及利益，虽不具有财产性，但与财产利益相联系。

荣誉权是民事主体对所获得的荣誉和相关利益所享有的权利。荣誉权既具有人格权性质，也具有身份权性质。荣誉权包括物质精神利益获得权、物质精神利益支配权。

（四）隐私权和个人信息权

隐私权是自然人享有的私人生活安宁与私人生活信息依法受到保护，不受他人侵扰、知悉、使用、披露和公开的权利。《民法典》第 1032 条规定：“自然人享有隐私权，任何组织或者个人不得以刺探、侵扰、泄露、公开等方式侵害他人的隐私权。隐私是自然人的私人生活安宁和不愿为他人知晓的私密空间、私密活动、私密信息”。隐私权主要包括个人生活安宁权、个人通信秘密权、个人隐私利用权等。隐私权的主体是自然人，客体包括私人活动、私人信息和私人空间。隐私权受到公共利益的限制。自然人对隐私利用享有支配权。除非基于法律规定或权利人同意，否则被认定为侵害隐私的行为，包括以电话、短信等方式侵扰他人私人生活安宁，拍摄、窥视他人住宅等私密空间，窃听、公开他人私密信息，拍摄、窥视他人身体私密部位等等。国家机关或履行法定职责的机构及其工作人员对在履行职责过程中获取的个人隐私应当保密，不得泄露或向他人提供。

个人信息权指自然人对自己的信息资料享有支配并排除妨害的权利。《民法典》第 111 条规定：“自然人的个人信息受法律保护。任何组织或个人需要获取他人个人信息的，应当依法取得并确保信息安全，不得非法收集、使用、加工、传输他人个人信息，不得非法买卖、提供或者公开他人个人信息。”《民法典》第 1034 条第 2 款规定：“个人信息是以电子或者其他方式记录的能够单独或者与其他信息结合识别特定自然人的各种信息，包括自然人的姓名、出生日期、身份证件号码、生物识别信息、住址、电话号码、电子邮箱、健康信息、行踪信息等。”

民事主体的人格权受到侵害的，受害人有权要求停止侵害，恢复名誉，消除影响，赔礼道歉，并可以要求赔偿财产损失和精神损害。其中停止侵害、消除影响、赔礼道歉为非财产性责任方式；赔偿损失为财产性责任方式。两种责任方式既可以选择单独适用，也可以合并适用。

第五节　婚姻家庭

一、婚姻家庭法的概念和特征

（一）婚姻家庭法的概念

《民法典》的“婚姻家庭”编，规定了亲属关系，规范夫妻、父母子女、其他亲属之间的身份关系、财产关系中的权利义务。《民法典》第 1040 条规定：“本编调整因婚姻家庭产生的民事关系。”婚姻是一定社会制度所确认的男女两性结合为配偶的社会关系。家庭以婚姻、血缘和共同经济为纽带。婚姻家庭法从调整范围来看，既调整自然人的婚姻关系，又调整自然人的家庭关系；从调整对象来看，既包括婚姻家庭成员之间的人身关系，又包括成员之间的财产关系，婚姻家庭成员之间的人身关系占主导地位。

（二）婚姻家庭法的特征

婚姻家庭法调整婚姻家庭成员之间的人身关系和财产关系，具有如下特征：（1）婚姻家庭法律关系主体的广泛性。（2）婚姻家庭法在内容上具有深厚的道德伦理性。调整婚姻家庭成员之间权利义务关系的法律规范，与该社会占主导地位的婚姻家庭关系方面的道德伦理规范在本质和内容上是一致的。（3）婚姻家庭法中多为强制性规范。

（三）婚姻家庭法的基本原则

婚姻家庭法的基本原则是婚姻家庭法的立法宗旨，贯穿在婚姻家庭的法律规范中。我国婚姻家庭法的基本原则包括：

1. 婚姻自由

婚姻自由是指婚姻当事人有权根据法律的规定，自主自愿地决定自己的婚姻，不受其他任何人的强制和非法干涉。婚姻自由包括结婚自由和离婚自由。

2. 一夫一妻

一夫一妻制是一男一女结为夫妻互为配偶的婚姻形式。任何人不得同时有两个或两个以上的配偶。

3. 男女平等

男女两性在婚姻关系和家庭生活的各个方面都平等地享有权利，平等地承担义务。

（1）男女双方平等享有结婚自由和离婚自由权利，夫妻在家庭中地位平等。

（2）父母子女间权利义务的规定既适用于男性，也适用于女性。

（3）其他家庭成员如兄弟姐妹、祖父母与外祖父母、孙子女与外孙子女的权利义务都是平等的。

4. 保护妇女、儿童和老人的合法权益

妇女在婚姻家庭的合法权益主要有两个方面：一是妇女享有与男子平等的婚姻家庭权益，二是妇女依法享有特殊权益。保护 18 周岁以下的未成年人的合法权利和利益。在涉及处理无效婚姻和可撤销婚姻、处理离婚纠纷、进行财产分割和子女抚养问题时，均以儿童利益为中心，维护儿童的合法利益。同时，反对家庭暴力。

为贯彻落实上述原则，《民法典》第 1042 条还规定："禁止包办、买卖婚姻和其他干涉婚姻自由的行为。禁止借婚姻索取财物。禁止重婚。禁止有配偶者与他人同居。禁止家庭暴力。禁止家庭成员间的虐待和遗弃。"第 1043 条也规定："家庭应当树立优良家风，弘扬家庭美德，重视家庭文明建设。夫妻应当互相忠实，互相尊重，互相关爱；家庭成员应当敬老爱幼，互相帮助，维护平等、和睦、文明的婚姻家庭关系。"

（四）亲属

亲属是由婚姻、血缘和法律拟制而形成的，具有权利义务内容的特定主体之间的社会关系。《民法典》第 1045 条第 1 款规定："亲属包括配偶、血亲和姻亲。"亲属有法律意义上的特性：

（1）亲属不仅是一种社会关系，而且是一种法律关系，兼具身份和财产双重属性。身份性是亲属关系的前提和基础，财产性是身份性的结果。

（2）构成亲属关系产生原因的法律事实主要有三种：一是缔结婚姻的法律行为，二是自然人的出生，三是收养等法律拟制行为。

1. 配偶

配偶即夫妻，男女因结婚而互为配偶，配偶关系即夫妻关系。配偶在亲属关系中居于重要的核心地位，是血亲和姻亲产生的源泉和基础。

2. 血亲

血亲指具有血缘关系的亲属。血亲又可分为自然血亲和拟制血亲：

（1）自然血亲。指出自同一祖先，因出生而自然形成的具有血缘关系的亲属。如亲生父母与子女、同胞的兄弟姐妹、祖孙、伯叔与侄子女、舅姨与外甥子女等。

（2）拟制血亲。指本无自然血亲应具有的血缘关系，而由法律确认其与自然血亲具有同等权利义务的亲属。如养父母与养子女、继父母与继子女。

3. 姻亲

姻亲是以婚姻为中介而产生的亲属，但配偶除外。姻亲可分为三类：一是血亲的配偶，即己身血亲的配偶，如儿媳、女婿、姐夫、姑父、伯母等。二是配偶的血亲，即己身配偶的血亲，如公婆、岳父母、夫的兄弟姐妹、妻的兄弟姐妹等。三是配偶的血亲的配偶，指己身与配偶的血亲的配偶，如妯娌、连襟等。

（五）亲等

亲等用以计算亲属关系亲疏远近。亲等数小的，表示亲属关系亲近；亲等数大的，表示亲属关系疏远。代是我国法律规定的计算亲属关系亲疏远近的单位。代指世辈，以一辈为一代。计算亲属的代数分为直系血亲和旁系血亲。近亲属包括：（1）配偶；（2）父母、子女；（3）兄弟姐妹；（4）祖父母、外祖父母，孙子女、外孙子女。除了近亲属的是其他亲属。

二、结婚

（一）结婚的概念和特征

结婚亦称婚姻的成立，是指男女双方按照法律规定的条件和程序，确立夫妻关系的法律行为。结婚具有以下三个特征：（1）结婚行为的主体是男女两性；（2）结婚行为是法律行为；（3）结婚行为的后果是确立夫妻关系。

（二）结婚条件

结婚的条件，即结婚的实质要件，包括结婚的必备条件和结婚的禁止条件。

1. 结婚的必备条件

（1）具有结婚合意。双方自愿而不是一方愿意，男女双方本人自愿而不是父母愿意，双方完全自愿而不是勉强同意。

（2）达到法定结婚年龄。法定婚龄，是指法律规定的准予结婚的最低年龄。《民法典》第 1047 条规定："结婚年龄，男不得早于二十二周岁，女不得早于二十周岁。"当事人双方或一方未达到法定婚龄的，婚姻登记管理机关不予办理结婚登记。

（3）符合一夫一妻制。

2. 结婚的禁止条件

指当事人结婚时不得具有法律规定的禁止结婚的规定。

（1）禁止结婚的血亲。《民法典》第 1048 条规定："直系血亲和三代以内的旁系血亲禁止结婚。"禁止一定范围的亲属结婚，既基于优生学的原因，又基于伦理道德的要求，防止亲属身份和继承的紊乱。

（2）其他禁止结婚的条件。为了保护婚姻当事人利益，有关法律禁止患有特定疾病的人结婚。监护人与被监护人监护期间应当禁止结婚。

（三）结婚程序

结婚程序是结婚的形式要件，是法律规定的缔结婚姻所必须履行的法定程序。我国法律规定结婚实行登记制，即结婚登记是结婚必须履行的法定程序。

结婚登记程序包括申请、审查和登记三个环节，准备结婚的当事人应当向婚姻登记管理机关提出结婚申请。婚姻登记管理机关应当依法对当事人的结婚申请、提供的证件进行审查，符合结婚条件的，予以登记，发给结婚证。

（四）无效婚姻和可撤销婚姻

1. 无效婚姻

无效婚姻指男女两性的结合因违反法律的规定而不具有婚姻的效力。重婚的、有禁止结婚的亲属关系的、未到法定婚龄的，婚姻无效。

2. 可撤销婚姻

可撤销婚姻指某种婚姻关系虽然具有了婚姻的形式要件，但因欠缺当事人的真实婚姻合意，受胁迫的一方当事人可以向婚姻登记机关或者人民法院申请撤销该婚姻。撤销婚姻的请求，应当自结婚登记之日起一年内提出。被非法限制人身自由的当事人请求撤销婚姻的，应当自恢复人身自由之日起一年内提出。一方患有重大疾病，结婚前未如实告知另一方的可撤销婚姻；另一方自知道或应当知道撤销事由之日起一年内向法院提出请求。

3. 婚姻无效或被撤销的法律后果

无效或被撤销的婚姻，自始无效；当事人不具有夫妻的权利和义务。同居期间所得的财产，由当事人协议处理；协议不成时，由人民法院根据照顾无过错方的原则判决。当事人所生子女，适用父母子女的有关规定。

三、家庭关系

（一）夫妻关系

1. 夫妻人身权

夫妻人身权亦称配偶身份权，指夫妻之间在配偶身份状态下相互享有和承担的权利义务。夫妻有各用自己姓名的权利；夫妻双方都有参加生产、工作、学习和社会活动的自由；夫妻双方有平等的婚姻住所决定权，夫妻之间有相互继承遗产的权利；夫妻之间有相互扶养的权利和义务。

2. 夫妻财产权

（1）法定财产制。夫妻在婚姻关系存续期间所得的下列财产归夫妻共同所有，包括：工资、奖金、劳务报酬；生产、经营、投资的收益；知识产权的收益；因继承或赠与所得的财产，但遗嘱或赠与合同中确定只归夫或妻一方的财产除外；其他应当归共同所有的财产。夫妻对婚姻关系存续期间所得的财产约定不明确的，应为共同财产。夫妻对共同所有的财产，有平等的占有、使用、收益和处分权利。

（2）约定财产制。夫妻可以约定婚姻关系存续期间所得的财产的归属。约定应当采用书面形式。没有约定或约定不明确的，适用法律关于夫妻共同财产和个人财产的规定。夫妻对婚姻关系存续期间所得的财产以及婚前财产的约定，对双方具有约束力。

（二）父母子女关系

1. 父母子女间的权利和义务

父母对子女有抚养的权利和义务。抚养指父母对子女的养育。父母对未成年子女的抚养是无条件的。父母对子女有保护和教育的权利和义务。在未成年子女对国家、集体或他人造成损害时，父母有承担民事责任的义务。子女对父母有赡养扶助的义务。赡养扶助义务是由有独立生活能力和赡养条件的成年子女来承担的。子女对父母的赡养是法定的义务，不得附加任何条件，赡养人不得以任何理由拒绝履行赡养义务。如果子女不履行赡养义务，父母有权要求子女给付赡养费。父母子女之间有相互继承遗产的权利。

2. 非婚生子女

非婚生子女是指没有婚姻关系的男女所生的子女。非婚生子女享有与婚生子女同等的权利，任何人不得歧视。不直接抚养非婚生子女的生父或生母，应当负担子女的生活费和教育费，直至子女能独立生活为止。法律中有关父母子女间的权利和义务的规定适用于父母与非婚生子女。

3. 继父母与继子女

继父母指子女对父或母再婚配偶的称谓。继子女指夫与前妻、妻与前夫所生的子女。继父母与子女关系有三种情形：父或母再婚后，未成年的或未独立生活的继子女与继父母共同生活，继父或继母对其进行了抚养教育；父或母再婚后，未成年的或未独立生活的继子女未与继父母共同生活，也未受其抚养教育；父或母再婚时，继子女已独立生活。继父或继母和受其抚养教育的继子女间的权利和义务，适用父母子女关系的有关规定。没有形成抚养教育关系的继父母子女间不发生亲子间的权利和义务。

（三）其他近亲属关系

1. 祖孙关系

祖父母、外祖父母与孙子女、外孙子女是除父母子女之外的最近直系血亲。有负担能力的祖父母、外祖父母，对于父母已经死亡或者父母无力抚养的未成年的孙子女、外孙子女，有抚养的义务。有负担能力的孙子女、外孙子女，对于子女已经死亡或子女无力赡养的祖父母、外祖父母，有赡养的义务。

2. 兄弟姐妹

兄弟姐妹是最近的旁系血亲。有负担能力的兄、姐，对于父母已经死亡或父母无力抚养的未成年的弟、妹，有抚养的义务。由兄、姐扶养长大的有负担能力的弟、妹，对于缺乏劳动能力又缺乏生活来源的兄、姐，有扶养的义务。

四、离婚

（一）离婚的概念

婚姻终止指合法有效的婚姻关系因发生一定的法律事实而归于消灭。引起婚姻关系终止的原因有两种：一是配偶一方死亡，二是夫妻双方离婚。离婚是夫妻双方生存期间依照法定的条件和程序解除婚姻关系的法律行为。

（二）协议离婚

协议离婚亦称双方自愿离婚，指夫妻双方在自愿的前提下，就离婚及相关问题达成协议，婚姻登记机关经过认可，解除双方婚姻关系的制度。当事人自愿离婚的，双方应当共同到一方常住户口所在地的婚姻登记机关申请离婚登记。对于符合法律规定的离婚申请，准予离婚，发给离婚证，解除当事人的婚姻关系。

《民法典》第 1077 条规定了离婚冷静期。即“自婚姻登记机关收到离婚登记申请之日起三十日内，任何一方不愿意离婚的，可以向婚姻登记机关撤回离婚登记申请”。“前款规定期限届满后三十日内，双方应当亲自到婚姻登记机关申请发给离婚证；未申请的，视为撤回离婚登记申请。”

（三）离婚的法定事由

诉讼离婚是指夫妻双方对是否离婚或离婚后子女抚养、财产分割、债务清偿等问题不能达成协议的，一方向人民法院提起诉讼时，经人民法院审理处理婚姻关系的一种离婚制度。离婚的法定事由包括：（1）重婚或有配偶者与他人同居的；（2）实施家庭暴力或虐待、遗弃家庭成员的；（3）有赌博、吸毒等恶习屡教不改的；（4）因感情不和分居满二年的；（5）其他导致夫妻感情破裂的情形；（6）一方被宣告失踪，另一方提出离婚诉讼的。

（四）离婚的法律后果

离婚解除了当事人之间的夫妻身份，因夫妻身份而确定的权利义务关系随之终止。共同生活、相互扶养的权利义务终止，法定继承人的资格丧失，双方均有再婚的自由。分割夫妻共同财产时，对生活困难一方应予以帮助。离婚并不消除父母子女关系。离婚后，哺乳期内的子女，以随哺乳的母亲抚养为原则。离婚后，子女由一方直接抚养的，另一方应负担生活费和教育费的一部分或全部。关于子女生活费和教育费的协议或判决，不妨碍子女在必要时向父母任何一方提出超过协议或判决原定数额的合理要求。离婚后不直接抚养子女的父或母有探望权。

五、收养

收养指自然人领养他人子女为自己的子女，创设拟制血亲的亲子关系的民事法律行为。养父母和养子女是因收养的成立而发生的。收养人为养父母，被收养人为养子女。《民法典》第 1093 条规定，只有丧失父母的孤儿、查不到生父母的未成年人、生父母有特殊困难无力抚养的子女才能被收养。但是收养三代以内旁系同辈血亲的子女、孤儿、残疾儿童等的可以放宽收养条件。养父母和养子女间的权利和义务，适用法律对父母子女关系的规定。养子女和生父母间的权利和义务，因收养关系的成立而消除。

第六节 继承

一、继承概述

（一）继承的概念和特征

继承指将公民死亡时遗留的个人合法财产依法转移给他人承受的民事法律制度。死亡公民遗留的个人合法财产是遗产，遗留财产的死者是被继承人，以继承方式取得被继承人遗产的人是继承人。继承法是调整因公民死亡而发生的财产继承关系，确定遗产归属的法律规范。

我国继承法的基本原则有：保护公民私有财产继承权原则、保护老人和儿童合法权益原则、继承权平等原则、遗嘱自由原则等。

（二）遗产

《民法典》第1122条规定：“遗产是自然人死亡时遗留的个人合法财产。依照法律规定或者根据其性质不得继承的遗产，不得继承。”遗产的范围包括自然人的收入，房屋、储蓄和生活用品，林木、牲畜和家禽，文物、图书资料，法律允许公民所有的生产资料，著作权、专利权中的财产权利，其他合法财产。个人承包应得的个人收益，依照继承法规定继承。继承遗产应当清偿被继承人依法应当缴纳的税款和债务。

（三）继承权

继承权指继承人享有的依照法律规定或者被继承人的遗嘱指定而取得被继承人遗产的权利。《民法典》第124条规定：“自然人依法享有继承权。自然人合法的私有财产，可以依法继承。”继承权的内容包括：接受继承或者放弃继承的权利，保管遗产的权利，参与遗产分配的权利，执行被继承人所立遗嘱的权利，当继承权遭受侵害时请求司法保护的权利。

继承权丧失指继承人因对被继承人或者其他继承人犯有某种罪行或其他严重违法行为，依法应当失去取得被继承人遗产资格的法律制度。导致继承人丧失继承权的法定原因有：（1）故意杀害被继承人；（2）为争夺遗产而杀害其他继承人；（3）遗弃被继承人或者虐待被继承人，情节严重；（4）伪造、篡改、隐匿或者销毁遗嘱，情节严重；（5）以欺诈、胁迫手段迫使或者妨碍被继承人设立、变更或撤回遗嘱，情节严重。

二、法定继承

（一）法定继承的概念和适用范围

法定继承指由法律直接规定继承人范围、继承的先后顺序以及遗产分配原则的一种继承方式。

法定继承适用于下列情形：（1）遗嘱继承人放弃继承或者受遗赠人放弃受遗赠的；（2）遗嘱继承人丧失继承权或者受遗赠人丧失受遗赠权的；（3）遗嘱继承人、受遗赠人先于遗嘱人死亡或者终止的；（4）遗嘱无效部分所涉及的遗产；（5）遗嘱未处分的遗产。

（二）法定继承人的范围及继承的顺序

1. 法定继承人的范围

法定继承人的范围是根据继承人与被继承人之间存在的婚姻关系、血缘关系和相互之间的扶养关系而确定的。《民法典》第1127条和1129条对法定继承人的范围作了规定，包括：（1）配偶；（2）子女；（3）父母；（4）兄弟姐妹；（5）祖父母、外祖父母；（6）对公婆尽了主要赡养义务的丧偶儿媳和对岳父母尽了主要赡养义务的丧偶女婿。

2. 继承顺序

继承顺序指由继承法所规定的法定继承人参与继承遗产的先后次序。《民法典》规定，遗产按照下列顺序继承：第一顺序为配偶、子女、父母；第二顺序为兄弟姐妹、祖父母、外祖父母。继承开始后，由第一顺序继承人继承。没有第一顺序继承人继承的，由第二顺序继承人继承。丧偶儿媳对公婆，丧偶女婿对岳父母，尽了主要赡养义务的，作为第一顺序继承人。

（三）代位继承和转继承

1. 代位继承

代位继承指继承人的子女先于被继承人死亡时，由被继承人子女的晚辈直系血亲代替先死亡的长辈直系血亲继承被继承人遗产的一项法定继承制度。代位继承人只能取得被代位继承人有权继承的遗产份额。

2. 转继承

《民法典》第1152条规定："继承开始后，继承人于遗产分割前死亡，并没有放弃继承的，该继承人应当继承的遗产转给其继承人，但是遗嘱另有安排的除外。"继承开始后，继承人已经实际享有对被继承人的遗产份额的继承权，因此，原属于继承人取得的遗产可依法转由其继承人再行继承。

（四）法定继承中的遗产分配

一般情况下应当均等分配遗产。特殊情况可以不均等分配遗产。对生活有特殊困难的缺乏劳动能力的继承人，在分配遗产时应当予以照顾。对被继承人尽了主要扶养义务或者与被继承人共同生活的继承人，在分配遗产时可以多分。有扶养能力和扶养条件的继承人，不尽扶养义务，分配遗产时，应当不分或者少分。继承人之间协商同意的，也可以不均等分配。

三、遗嘱继承和遗赠

（一）遗嘱继承

遗嘱继承指依照被继承人生前所立合法有效遗嘱取得被继承人遗产的一种财产继承方式。设立遗嘱的被继承人称为遗嘱人，接受遗嘱指定继承遗产的人称为遗嘱继承人。

1. 遗嘱的有效条件

遗嘱人具有遗嘱能力，遗嘱表示遗嘱人的真实意思，遗嘱的内容合法、形式合法。

2. 遗嘱的形式

《民法典》第1134～1139条规定了遗嘱的六种法定形式：（1）公证遗嘱；（2）自书遗嘱；（3）代书遗嘱；（4）录音录像遗嘱；（5）口头遗嘱；（6）打印遗嘱。

（二）遗嘱的变更和撤销

遗嘱变更指遗嘱人将原立遗嘱的部分内容进行变动更改的行为。遗嘱撤销指遗嘱人将原立遗嘱的全部内容予以取消的行为。遗嘱变更、遗嘱撤销的法律要求是：遗嘱变更和撤销只能由遗嘱人本人亲自进行，是其真实意思的表示，遗嘱变更和撤销的内容合法、方式和程序合法。

（三）遗赠

1. 遗赠的概念

遗赠指遗赠人通过遗嘱方式将其遗产的一部分或全部赠给法定继承人之外的个人或社会组织，并于遗嘱人死亡时发生法律效力的行为。遗嘱人为遗赠人，接受遗赠者为受遗赠人。

2. 遗嘱继承同遗赠存在区别

（1）遗嘱继承人同受遗赠人的范围不同。前者仅限于法定继承人范围内，后者则包括国家、其他社会组织和法定继承人范围外的其他任何人。（2）遗嘱继承权和受遗赠权的对象不同。前者既包括遗嘱人遗产中的财产权利，也包括财产义务；后者仅限于遗赠人遗产中的财产权利。

3. 遗赠扶养协议

《民法典》第 1158 条规定："自然人可以与继承人以外的组织或者个人签订遗赠扶养协议。按照协议，该组织或者个人承担该自然人生养死葬的义务，享有受遗赠的权利。"遗赠扶养协议指由遗赠人与作为扶养人或集体组织签订的，关于扶养人承担对遗赠人生养死葬的义务，享有受遗赠的权利的协议。

四、遗产的处理

（一）继承开始

继承从被继承人死亡时开始。公民死亡有生理死亡和被宣告死亡两种情况，故继承应当从被继承人生理死亡或被宣告死亡时开始。

继承的接受指继承人作出的同意接受遗产的意思表示。继承的接受不能附带任何条件。继承开始后，继承人没有表示放弃继承的，视为接受继承。继承的放弃指继承人作出的不接受遗产的意思表示。放弃继承只能采用明示的方式。

继承开始后，知道被继承人死亡的继承人应当及时通知其他继承人和遗嘱执行人。继承人中无人知道被继承人死亡或者知道被继承人死亡而不能通知的，由被继承人生前所在单位或者住所地的居民委员会、村民委员会负责通知。《民法典》第 1151 条规定："存有遗产的人，应当妥善保管遗产，任何组织或者个人不得侵吞或者争抢。"

（二）遗产的分割

遗产分割应当不损害遗产的效用。对遗产中的金钱等适宜进行实物分割的财产，可采用实物分割。对遗产中的房屋、车辆、家用电器等不适宜进行实物分割的财产，可以采用折价、适当补偿或共有的方法。夫妻在婚姻关系存续期间的共同所有的财产，除有约定的以外，如果分割遗产，应当先将共同所有的财产的一半分出为配偶所有，其余的为被继承人的遗产。

《民法典》第 1155 条规定，遗产分割时，应保留胎儿的继承份额。被继承人死亡时留有胎儿的，在分割遗产时，必须为胎儿保留相应的份额。如果胎儿出生时是死体的，保留的份额依照法定继承办理。

（三）清偿债务

被继承人生前所欠债务指被继承人生前欠下的、用于被继承人个人需要的或者其他依法应当由其个人承担责任的债务。清偿债务采取有限责任和连带责任原则，以遗产的实际价值为限清偿债务。

第七节 侵权责任

一、侵权责任概述

（一）侵权行为与侵权责任

侵权行为指行为人侵害他人财产和其他合法利益，依法应承担民事责任的行为。只有依据构成要件和法律规定应追究民事责任的行为，才是侵权行为。侵权行为的一般特征是：第一，侵权行为是一种民事违法行为；第二，侵权行为侵犯的是民事主体的合法权利或利益；第三，侵权行为是由侵害人单方实施的造成他人损害的不法行为。侵权责任指行为人因侵权行为而依法承担的民事法律责任。《民法典》第 187 条规定，民事主体因同一行为应当承担民事责任、行政责任和刑事责任的，承担行政责任或者刑事责任不影响民事责任的承担。

（二）侵权行为的归责原则

侵权行为归责原则指行为人行为致他人损害确定责任承担的原则。我国侵权责任的归责原则包括过错责任原则（包括过错推定原则）和无过错责任原则两大类。

1. 过错责任原则和过错推定原则

过错责任原则，指以行为人过错作为归责依据的原则。《民法典》第 1165 条第 1 款规定：“行为人因过错侵害他人民事权益造成损害的，应当承担侵权责任。”过错责任原则以主观上的过错作为损害赔偿责任构成的基本要件，由主观上有过错的一方承担赔偿责任。如果行为人主观上不存在过错，即使造成了损害后果，且加害人行为和损害后果之间存在因果关系，也不用承担损害赔偿责任。过错责任原则是一种主观归责原则。

过错责任原则适用于一般侵权行为，特殊侵权行为不适用。其构成要件包括过错、违法行为、损害事实、违法行为和损害事实之间的因果关系。适用过错责任原则，采取“谁主张谁举证”的举证分配原则，加害人对构成的四个要件不用承担举证责任，而由提出损害赔偿的主体承担全部举证责任。过错责任原则适用情形下，实行自己责任，即自己对损害后果负责，只有在特定情形下存在替代责任。

过错推定原则，指在侵权行为中，除非行为人有证据证明其没有过错，否则法律推定行为人实施行为时具有过错的原则。《民法典》第1165条第2款规定：“依照法律规定推定行为人有过错，其不能证明自己没有过错的，应当承担侵权责任。”其有利于保护受害人权益。过错推定原则的适用范围包括监护人责任、委托监护责任、用人者责任、暂时丧失意识者损害责任、定做人指示过失责任、动物园动物损害责任、无民事行为能力学生在教育机构受到损害责任等。

过错推定原则的适用采取举证责任倒置，原告对行为人主观上是否存在过错不承担举证责任，由法官直接推定被告具有主观过错。如果被告认为自己主观上没有过错，则需自己举证。过错推定原则适用情形下，责任形态通常为替代责任。

2. 无过错责任原则

无过错责任原则，也称严格责任原则、无过失责任原则，指无论行为人主观上是否具有过错，只要存在行为、损害后果及两者之间具有因果关系，就应该承担民事责任的归责原则。《民法典》第1166条规定：“行为人造成他人民事权益损害，不论行为人有无过错，法律规定应当承担侵权责任的，依照其规定。”

无过错责任原则的适用范围包括产品责任、环境污染责任、高度危险责任、饲养动物损害责任、工伤事故责任。原告不用对加害人的过错承担举证责任，只要举证证明违法行为、损害事实和因果关系三个要件，无过错责任就已经构成。责任形态一般是替代责任。

（三）一般侵权行为的构成要件

一般侵权行为指对行为人适用侵权责任一般构成要件的侵权行为。对于一般侵权行为，法律通常以一般性条款作概括规定，而不作具体列举。只要是一般侵权行为责任，都要适用共同的责任构成。在民法理论及各国立法中，对一般侵权行为民事责任主要包括违法行为、损害事实、因果关系、过错四个构成要件。

1. 违法行为

行为违法性指对法律禁止性或命令性规定的违反。行为的违法性是承担一般民事责任的必要条件。除了法律有特别规定以外，行为人只应对自己的违法行为承担法律责任。违法行为包括作为和不作为。现实生活中，有些行为尽管从表面看已经侵犯了他人的权利，但由于存在法律规定的允许其作为或不作为的合法根据，不认为是违法行为，包括职务授权行为、正当防卫行为、紧急避险行为等。

2. 损害事实

损害事实指因一定的行为或事件使民事主体的权利遭受某种不利的影响。权利主体只有在受损害的情况下，才能够请求法律上的救济。损害事实包括权利被侵害、造成利益损失的客观后果两个要素。构成民事责任要件的损害事实，既包括财产损害，也包括非财产损害。财产损害包括直接损失和间接损失，直接损失是现有利益的减少，间接损失是可得利益的丧失。非财产损害包括人格利益损害和身份利益损害。

3. 因果关系

作为构成民事责任要件的因果关系，指行为人的行为与损害事实之间存在的前因后果的客观联系。大陆法系有条件说、原因说、相当因果关系说几种因果关系学说。原因说也指必然因果关系说，对原因和条件进行严格区分，仅承认原因与结果之间存在因果关系，对责任范围的限制十分严格。最常见的是一因一果的因果关系，即一个原因的出现，引发了一个损害结果。或者虽然有其他条件介入，但并不影响原因行为作为直接原因的，也视为具有因果关系。

4. 过错

过错指行为人在实施违法行为时具备的心理状态，是构成民事责任的主观要件。它表明了行为人对自己行为的后果所抱的主观态度，体现了行为人的主观上的应受非难性。过错包括故意和过失两种基本形式。故意指行为人认识到或者预见到自己行为的后果，希望其发生或者放任其发生的主观心理状态。故意分为直接故意和间接故意，因过错程度的不同，承担的责任也不相同。过失是过错的主要形式，指行为人对自己行为的后果应当预见而没有预见，或者虽预见了但轻信可以避免的主观心理状态。过失体现为对注意义务的违反。过失有重大过失、具体轻过失和抽象轻过失三种类型。

一般侵权行为民事责任的承担方式通常包括停止侵害、排除妨碍、消除危险、返还财产、恢复原状、赔偿损失，以及消除影响、恢复名誉和赔礼道歉等。在民事责任承担方式上，可以单独适用和合并适用。

二、侵权责任形态

（一）特殊侵权行为与替代责任

特殊侵权行为是相对于一般侵权而言的，与一般侵权最大的不同在于，责任形态为替代责任。特殊侵权主要适用过错推定原则和无过错责任原则，由法律根据具体情况规定，并且采取举证责任倒置。特殊侵权的种类包括为他人行为、为自己管理下的物件致人损害的行为负责两类。

替代责任指责任人为他人行为和为自己管理下的物件致人损害所承担的侵权赔偿责任形式。替代责任赔偿关系中，加害人与责任人相分离，致害物没有受责任人支配，赔偿的主体不是加害人，而是责任人。

（二）共同侵权行为与连带责任

共同侵权行为指数人共同实施侵权行为，造成他人人身、财产损害的，应当承担连带责任的侵权行为。《民法典》第 1168 条规定：“二人以上共同实施侵权行为，造成他人损害的，应当承担连带责任。”共同侵权行为主体为多人，具有主观的意思联络，造成的损害是同一的，行为与损害后果具有因果关系。

连带责任指受害人有权向共同侵权人中的一人或数人请求赔偿全部损失，一人或数人都有义务承担全部赔偿责任，一人或数人承担赔偿责任后，则免除其他人的赔偿责任。

（三）分别侵权行为与连带责任和按份责任

分别侵权行为指行为人分别实施侵权行为，没有共同故意或共同过失，但由于行为客观上的联系，造成同一损害后果的侵权行为。《民法典》第 1172 条规定，“二人以上分别实施侵权行为造成同一损害，能够确定责任大小的，各自承担相应的责任；难以确定责任大小的，平均承担责任”，这属于典型的分别侵权行为，后果是按份责任。《民法典》第 1171 条规定，“二人以上分别实施侵权行为造成同一损害，每个人的侵权行为都足以造成全部损害的，行为人承担连带责任”，这属于叠加分别侵权行为，后果是连带责任。

三、侵权损害赔偿

（一）侵权损害赔偿概念和赔偿规则

侵权损害赔偿指侵权人实施侵权行为造成被侵权人损害，从而产生赔偿请求权利和给付赔偿责任的法律关系。《民法典》“侵权责任”编第 1179 条、1180 条、1182 条、1183 条、1184 条，对侵权损害赔偿的范围进行了规定。赔偿权利主体包括受害人、受害人的利害关系人、死者的近亲属等。赔偿责任主体包括加害人及替代责任人。侵权损害赔偿遵循全部赔偿、财产赔偿、损益相抵、过失相抵的基本规则。

（二）人身损害赔偿

人身损害赔偿指自然人的生命权、身体权、健康权受到侵害，有权要求侵权人以财产赔偿的方式予以救济保护的侵权制度。人身损害一般赔偿范围包括：(1) 医疗费。根据医疗机构出具的诊疗费、住院费等收款凭证进行确定。(2) 误工减少的收入。(3) 护理费。(4) 转院治疗的交通费、住宿费。(5) 伙食补助费与营养费。丧失劳动能力的赔偿采取“收入丧失说”，包括残疾赔偿金和残疾辅助器具费。造成死亡的，还需要赔偿丧葬费和死亡赔偿金，死亡赔偿金按照受诉法院所在地上一年度城镇居民人均可支配收入或者农村居民人均纯收入标准的 20 年计算。死亡赔偿金实行城乡统一标准。受害人有被抚养人的，将被抚养人生活费计入残疾赔偿金或死亡赔偿金。

（三）财产损害赔偿

财产损害指侵权行为侵害他人财产权，导致财产价值减少以及可得财产利益的丧失。《民法典》第 1184 条规定：“侵害他人财产的，财产损失按照损失发生时的市场价格或者其他合理方式计算。”侵害他人财产包括侵害物权、债权、知识产权、股权等，侵害形态包括侵占财产、损坏财产、损害其他财产利益等。财产损害赔偿以全部赔偿为原则，包括直接损失和间接损失。损害其他财产利益时主要赔偿间接损失，且以预期利益损失为主。

（四）精神损害赔偿

精神损害赔偿指民事主体因人身权益受到不法侵害导致遭受精神痛苦，通过财产赔偿方式予以救济的侵权损害赔偿责任。精神损害赔偿的范围包括精神利益损害导致的直接财产损失、精神利益中财产利益因素的损失、纯粹精神利益损失。

四、特殊侵权责任类型

特殊侵权行为指当事人基于与自己有关的行为、事件或者其他特别原因致人损害的行为。《民法典》规定的特殊侵权类型有：监护人责任、暂时丧失意识者的侵权责任、用人者责任、网络侵权责任、违反安全保障义务侵权责任、教育机构对无民事行为能力和限制民事行为能力人的伤害事故责任、产品责任、机动车交通事故责任、医疗损害责任、环境污染和生态破坏责任、高度危险责任、饲养动物损害责任、建筑物和物件损害责任。

练习与思考

内容提要

1. 民法是调整平等主体之间的财产关系和人身关系的法律规范的总称。我国民法的基本原则包括权利保护原则、平等原则、自愿原则、公平原则、诚实信用原则、公序良俗原则、绿色原则。

2. 民事主体包括自然人、法人和非法人组织，特定情形下国家也可以成为民事法律关系的特殊主体。

3. 民事法律行为，是法律事实的一种，指民事主体以产生、变更或终止民事法律关系为目的，以意思表示为要素，产生民事法律效力的行为。

4. 人格权是一种绝对权、支配权。人格权分为一般人格权和具体人格权，具体人格权指民事主体依法对某项特定的人格利益所享有的权利。具体人格权分为物质性人格权和精神性人格权。物质性人格权是以自然人的生物存在形态为基础而形成的权利，包括生命权、身体权、健康权等。精神性人格权是以权利人的精神性人格利益为客体的人格权，包括姓名权、名称权、肖像权、名誉权、荣誉权、隐私权、个人信息权等。

5. 物权指权利人依法对特定的物享有直接支配和排他的权利。物权是绝对权，是最典型的支配权。

6. 债是按照法律或合同的约定，在当事人之间产生的特定的权利义务关系。引起债产生的法律事实包括合同、缔约上的过错、单独行为、侵权行为、无因管理、不当得利等。合同是当事人之间设立、变更、终止民事关系的协议或允诺。

7. 侵权责任指行为人因侵权行为而依法承担的民事法律责任。我国侵权法的归责原则有过错责任原则（包括过错推定原则）和无过错责任原则。一般侵权行为民事责任主要包括违法行为、损害事实、因果关系、过错四个构成要件。

8. 婚姻家庭法规定了亲属关系，规范夫妻、父母子女、其他亲属之间的身份关系、财产关系中的权利义务。

9. 亲属包括配偶、血亲和姻亲。近亲属包括：配偶；父母、子女；兄弟姐妹；祖父母、外祖父母，孙子女、外孙子女。除了近亲属的是其他亲属。

10. 继承法是调整因公民死亡而发生的财产继承关系，确定遗产归属的法律规范。

关键术语

民事主体	自然人	法人	非法人组织	民事法律行为
意思表示	代理	诉讼时效	物权	债权
所有权	用益物权	担保物权	合同	违约责任
人格权	婚姻家庭法	结婚	离婚	收养
继承法	遗产	继承权	法定继承	遗嘱继承
遗赠	遗赠扶养协议	侵权责任	一般侵权行为	特殊侵权行为

辨析题

1. 16 周岁以上不满 18 周岁的公民，以自己的劳动收入为主要生活来源的，是限制民事行为能力人。

2. 意思表示有瑕疵的行为，如属于法律规定的应被宣告无效或者撤销的情况，不产生法律效力。

3. 无权代理是代理的一种形式。

4. 从权利被侵害之日起超过 20 年的，人民法院不予保护。

5. 财产所有权是最完整的物权。

6. 如果要约人发出的意思表示只包含订立合同的提议而不包含决定合同内容的主要条款，那么它就不是要约而是要约邀请。

7. 特殊侵权行为实行公平责任、过错推定责任和无过错责任原则。

8. 身份性是亲属关系中财产权利发生的前提。

9. 夫妻感情确已破裂是判决离婚的法定条件。

10. 公民生前享有的一切民事权利均可在该公民死亡时作为遗产由其继承人继承。

案例分析

案例一

2013 年 5 月 20 日，北京中贸圣佳国际拍卖有限公司发布消息，称将于同年 6 月 21 日举办"《也是集》钱钟书书信手稿专场拍卖会"，包括 66 封钱钟书亲笔书信和《也是集》手稿、12 封杨绛的书信和《干校手记》、6 封钱瑗书信等。这些拍品为钱钟书与香港《广角镜》月刊总编辑李国强的往来书信。杨绛公开发表声明，坚决反对拍卖这些私人书信，并委托律师向北京市第二中级人民法院提交诉前禁令申请，请求责令停止侵害著作权。2013 年 6 月 3 日，北京市第二中级人民法院作出裁定，要求中贸圣佳国际拍卖有限公司不得实施侵害钱钟书、杨绛、钱瑗写给李国强的涉案书信手稿著作权的行为。6 月 6 日，中贸圣佳国际拍卖有限公司发表声明，决定停止此次公开拍卖活动。

问：

（1）公开拍卖钱钟书、杨绛、钱瑗私人书信的行为侵犯了他们的什么权利？

（2）公开拍卖三人私人书信是否侵害其隐私权？在认定上存在什么制度障碍？

案例二

罗某和陈某系再婚夫妻，婚后两人通过购买他人卵子，并由罗某提供精子，通过“试管婴儿”的形式，出资委托其他女性代孕，生下一对双胞胎子女。两名孩子出生后随罗、陈二人生活。3年后，罗某因病死亡，随后陈某与两个孩子共同生活。几个月之后，罗某父母提起监护权之诉，要求抚养两名孩子。一审法院审理后认为，陈某与两名孩子不存在自然血亲关系，也不存在拟制血亲关系，在孩子生父死亡、生母下落不明的情况下，祖父母要求抚养两名孩子，并作为其法定监护人的诉请应予支持。陈某不服，向上级人民法院提起上诉。

问：

（1）陈某和这两个孩子之间是否形成父母子女关系？如何认定？

（2）两个孩子的监护权应当归谁所有？法律上的依据是什么？

第六章

商　法

商法是调整平等商事主体之间商事关系的法律规范的总称。我国在立法上采用民商法合一制度。商事法律规范除编入《中华人民共和国民法典》的以外，均采取单行法律的形式。我们学习商法，对了解我国商事法律制度的基本内容和精神是非常必要的。通过学习商法，掌握企业法、公司法、证券法、保险法、破产法等单行法律的基本知识，有助于在社会主义市场经济条件下正确行使法律权利，维护合法商业利益。

重点问题

- 商法体系及商法与民法的关系。
- 企业国有资产法律制度。
- 合伙企业法律制度。
- 公司法。
- 证券法。
- 保险法。
- 破产法。

第一节　商法概述

一、商法的概念和调整对象

商法有广义和狭义之分。广义的商法是指调整各种商事关系的法律规范的总称。狭义的商法是指调整国内商事关系的法律规范的总称。

商法的调整对象是由商法规范所调整的商事关系。商事关系具有下列特点：(1) 商事关系是发生在平等商事主体之间的经济关系；(2) 商事关系是商事主体以营利为目的而建立的经济关系。

二、我国的商法体系

我国在立法上采用民商法合一制度，商事法律规范除编入《民法典》的以外，均采取单行法律的形式，主要有企业法、公司法、票据法、证券法、海商法、保险法、拍卖法、破产法等法律以及有关商事登记方面的法规，形成了实质意义上的商法体系。

三、商法与民法的关系

商法与民法具有竞合性，在竞合部分，商法具有优先适用性，这可以理解为立法理论上的特殊规定优先于一般规定，故关于商事行为应首先适用商法；商法与民法也具有补充性，对于商法未规定的，可适用或准用民法的有关规定，以弥补商法的不足。综合来看，商法的效力优于民法，民法的基本原则对商法具有指导性和补充性。

第二节　企业法

一、企业和企业法

（一）企业的概念及特征

企业是指依法设立的，以营利为目的，从事生产、流通、服务等经济活动，自主经营、自负盈亏的经济组织。企业与国家机关、事业单位、社会团体等组织不同，有以下特征：(1) 企业是从事生产、流通、服务等经济活动的组织。(2) 企业是营利性的经济组织。(3) 企业是独立核算的经济实体。企业必须拥有自己的财产，自主经营，独立核算，自负盈亏。(4) 企业是依法设立的经济组织。企业依据企业法设立，并受其保护。

（二）企业法的概念和种类

企业法是调整国家在组织管理企业及企业在生产、经营活动中所发生的各种经济关系的法律规范的总称。我国现行的企业法除公司法外，主要有国有企业法、集体企业法、合伙企业法、私营企业法、个人独资企业法和外商投资企业法。

二、国有企业法

（一）国有企业的概念

目前，我国对“国有企业”这一概念尚无统一定义。广义的国有企业，是指国家出资的企业，包括国家出资的国有独资企业、国有独资公司、国有资本控股公司以及国有资本参股公司。狭义的国有企业，也称全民所有制企业，是指以生产资料的全民所有为基础从事商品生产和经济活动的企业。

（二）全民所有制企业及国企改制

全民所有制企业是按照 1988 年 4 月 13 日七届全国人大一次会议通过的《中华人民

共和国全民所有制工业企业法》组建的企业。按照法律规定，全民所有制企业是依法自主经营、自负盈亏、独立核算的社会主义商品生产和经营单位。企业财产属于全民所有，国家依照所有权和经营权分离的原则授予企业经营管理。企业对国家授予其经营管理的财产享有占有、使用和依法处分的权利。企业实行厂长（经理）负责制。

全民所有制企业是我国早期国企改革，探索所有权与经营权相分离的过程中所确立的企业形式，它不属于公司性质。自从 20 世纪 90 年代以来，我国一直在推进国有企业公司制改革，不断提升企业经营管理水平。1999 年 9 月，中国共产党第十五届中央委员会第四次全体会议通过的《中共中央关于国有企业改革和发展若干重大问题的决定》，明确了国企改革的方向，对国有大中型企业实行规范的公司制改革。2020 年 6 月 30 日，习近平总书记主持召开中央全面深化改革委员会第十四次会议，审议通过《国企改革三年行动方案（2020—2022 年）》，明确提出要全面完成国有企业公司制改革。国企公司制改革，主要是指将传统的全民所有制企业改制为符合现代企业制度要求、规范的公司制企业。截至 2021 年年底，我国国有企业公司制改革基本完成，中央党政机关和直属事业单位所管理企业中公司制企业占比 97.7%，地方国有企业中公司制企业占比 99.9%。

（三）国家出资企业

2008 年 10 月 28 日第十一届全国人大常委会第五次会议审议通过《中华人民共和国企业国有资产法》，并于 2009 年 5 月 1 日起施行。该法作为国有资产监管领域的基本法律，对企业国有资产的权益归属、国有资产管理体制、国家出资企业及其管理者的选择与考核、关系国有资产出资人权益的重大事项、国有资本经营预算及国有资产的监督等基本问题作出了规定。

1. 履行出资人职责的机构

国务院和地方人民政府依照法律、行政法规的规定，分别代表国家对国家出资企业履行出资人职责，享有出资人权益。代表本级人民政府履行出资人职责的机构、部门，统称履行出资人职责的机构，具体包括：（1）国务院国有资产监督管理机构；（2）地方人民政府按照国务院的规定设立的国有资产监督管理机构；（3）国务院和地方人民政府根据需要，授权的其他部门、机构。

履行出资人职责的机构的职权包括：依法享有资产收益，参与重大决策，选择管理者，制定或者参与制定企业章程，委派股东代表参加股东（大）会会议等。

履行出资人职责的机构的责任包括：防止国有资产损失；不得干预企业经营活动；接受本级人民政府的监督和考核，对国有资产的保值增值负责；定期报告有关国有资产总量、结构、变动、收益等汇总分析的情况。

2. 国家出资企业

根据《企业国有资产法》的规定，国家出资企业，是指国家出资的国有独资企业、国有独资公司，以及国有资本控股公司、国有资本参股公司。

国家出资企业的权利包括：对其动产、不动产和其他财产享有占有、使用、收益和处分的权利，享有经营自主权，对其所出资企业享有资产收益、参与重大决策和选择管理者等出资人权利。

国家出资企业的义务包括：接受政府部门的管理和监督，接受社会公众的监督，承担社会责任，对出资人负责；依法建立和完善法人治理结构，建立健全内部监督管理和风险控制制度；建立健全财务、会计制度；对董事、高级管理人员执行职务的行为进行监督，对企业财务进行监督检查；通过职工代表大会或者其他形式，实行民主管理。

3. 国家出资企业重大事项

国有企业的重大事项包括：企业合并、分立、改制、上市，增加或者减少注册资本，发行债券，进行重大投资，为他人提供大额担保，转让重大财产，进行大额捐赠，分配利润，以及解散、申请破产等。国有企业进行以上重大事项应根据法律、行政法规以及企业章程的规定，与他人交易应当公平、有偿，取得合理对价，不得损害出资人和债权人的权益。

国有独资企业、国有独资公司的这些重大事项都必须由履行出资人职责的机构决定。国有资本控股公司、国有资本参股公司的重大事项由股东会、股东大会决定。重要的国有独资企业、国有独资公司和国有资本控股公司在进行重大事项的决定时，除了遵守上述规定，还要求报请本级人民政府批准。

三、集体所有制企业法

（一）集体所有制企业法概念

集体所有制企业，是指以生产资料的劳动群众集体所有制为基础的、独立的商品经济组织。集体所有制企业包括城镇集体企业和乡镇集体企业两种。

集体所有制企业法，是指调整集体企业在组织管理和生产经营活动中所发生的经济关系的法律规范的总称。

（二）城镇集体所有制企业法

城镇集体所有制企业是指城镇区域内设立的集体所有制企业。1991 年 9 月国务院颁布《中华人民共和国城镇集体所有制企业条例》，并于 2011 年 1 月 8 日、2016 年 2 月 6 日进行了两次修订。《城镇集体所有制企业条例》规定城镇集体企业的设立必须具备下列条件：（1）有企业名称、组织机构和企业章程；（2）有固定的生产经营场所、必要的设施并符合规定的安全卫生条件；（3）有符合国家规定并与其生产经营和服务规模相适应的资金数额和从业人员；（4）有明确的经营范围；（5）能够独立承担民事责任；（6）法律、法规规定的其他条件。设立城镇集体企业，应当经省、自治区、直辖市人民政府规定的审批部门批准。其权利有：自主安排生产经营活动权、制定价格权、产品销售权、物资选购权、进出口权、人事管理权、拒绝摊派权、享受优惠权、联营权等。其义务为守法、纳税、接受监督、保证产品质量、安全生产、安全保卫、履行合同、做好劳动保护、提高职工素质等。

城镇集体企业实行厂长（经理）负责制。厂长（经理）对企业职工（代表）大会负责，定期向本企业职工（代表）大会报告工作，听取意见，并接受监督。厂长（经理）是集体企业的法定代表人。

（三）乡镇集体所有制企业法

1996 年 10 月 29 日，第八届全国人大常委会第二十二次会议通过了《中华人民共和国乡镇企业法》，并于 1997 年 1 月 1 日起施行。

乡镇企业，是指农村集体经营组织或者农民投资为主，在乡镇举办的承担支援农业义务的各类企业。农村集体经济组织投资设立的乡镇企业，其企业财产权属于设立该企业的全体农民集体所有。农村集体经济组织与其他企业、组织或者个人共同投资设立的乡镇企业，其财产权按照出资份额属于投资者所有。

乡镇企业依法设立，具备法人条件的，核准登记后取得法人资格，领取“企业法人营业执照”。乡镇集体所有制企业享有的权利和承担的义务与城镇集体所有制企业基本相同。

四、私营企业法

（一）私营企业法的概念

私营企业是指企业资产属于私人所有的营利性的经济组织。我国私营企业可分为三类：独资企业、合伙企业和私人有限责任公司。

私营企业法是调整私营企业组织和经济活动的法律规范的总称。

（二）个人独资企业法

1. 个人独资企业的概念及特征

个人独资企业是依照《中华人民共和国个人独资企业法》在中国境内设立，由一个自然人投资，财产为投资人个人所有，投资者以其个人财产对企业债务承担无限责任的经营主体。1999 年 8 月 30 日，第九届全国人大常委会第十一次会议通过的《个人独资企业法》，为个人独资企业的存在和发展提供了法律依据和保障。

个人独资企业具有以下特征：(1) 仅由一个自然人投资设立；(2) 企业全部财产为投资人个人所有，投资人是企业财产的唯一所有者；(3) 投资人以其个人财产对企业债务承担无限责任；(4) 个人独资企业不具有法人资格。

2. 个人独资企业的设立

个人独资企业的设立须具备下列条件：(1) 投资人为一个有完全民事行为能力的自然人；(2) 有合法的企业名称；(3) 有投资人申报的出资；(4) 有固定的生产经营场所和必要的生产经营条件；(5) 有必要的从业人员。个人独资企业经过注册登记，取得营业执照，方为成立。

3. 个人独资企业的财产

个人独资企业的财产由投资人依法享有所有权，其有关权利可以依法进行转让或继承。个人独资企业财产不足以清偿债务的，投资人应以其个人的其他财产予以清偿。如果个人独资企业投资人在申请企业设立登记时明确以其家庭共有财产作为个人出资的，应依法以家庭共有财产对企业债务承担无限责任。

4. 个人独资企业的事务管理

个人独资企业投资人可以自行管理事务，也可以委托或聘用其他具有民事行为能力的人管理企业。投资人委托或聘用他人管理个人独资企业，应与受托人或被聘用的人签订书面合同，明确委托的具体内容和授予的权利范围。

个人独资企业招用职工的，应当依法与职工签订劳动合同，按照国家规定参加社会保险，为职工缴纳社会保险费。

（三）合伙企业法

1. 合伙企业与合伙企业法

合伙企业是指自然人、法人和其他组织依照《中华人民共和国合伙企业法》在中国境内设立的普通合伙企业和有限合伙企业。普通合伙企业由普通合伙人组成，合伙人对合伙企业债务承担无限连带责任。有限合伙企业由普通合伙人和有限合伙人组成，普通合伙人对合伙企业债务承担无限连带责任，有限合伙人以其认缴的出资额为限对合伙企业债务承担责任。

1997 年 2 月 23 日，第八届全国人大常委会第二十四次会议通过了《合伙企业法》，2006 年 8 月 27 日第十届全国人大常委会第二十三次会议对其进行了修订，并于 2007 年 6 月 1 日起施行。

2. 合伙企业的设立

设立合伙企业应具备下列条件：（1）有二个以上合伙人。合伙人为自然人的，应当具有完全民事行为能力；（2）有书面合伙协议；（3）有合伙人认缴或者实际缴付的出资；（4）有合伙企业的名称和生产经营场所；（5）法律、行政法规规定的其他条件。合伙企业经过注册登记，并由登记机关签发合伙企业营业执照，方为成立。

3. 合伙企业的财产和事务执行

合伙企业存续期间，合伙人的出资、以合伙企业名义取得的收益和依法取得的其他财产，均为合伙企业的财产。各合伙人对执行合伙企业事务享有同等的权利，可以由全体合伙人共同执行合伙企业事务，也可以由合伙协议约定或者全体合伙人决定，委托一名或者数名合伙人执行合伙企业事务。执行合伙企业事务的合伙人，对外代表合伙企业，应当定期向其他合伙人报告事务执行情况以及合伙企业的经营状况和财务状况，其执行合伙企业事务所产生的收益归合伙企业，所产生的亏损或者民事责任由合伙企业承担。

合伙企业的下列事务必须经全体合伙人同意：（1）改变合伙企业的名称；（2）改变合伙企业的经营范围、主要经营场所的地点；（3）处分合伙企业的不动产；（4）转让或者处分合伙企业的知识产权和其他财产权利；（5）以合伙企业名义为他人提供担保；（6）聘任合伙人以外的人担任合伙企业的经营管理人员。

合伙人依法转让其财产份额的，在同等条件下，其他合伙人有优先受让的权利。

4. 合伙企业债务

合伙企业对其债务，应先以其全部财产进行清偿。合伙企业财产不足以清偿到期债务的，各合伙人应当承担无限连带清偿责任。合伙人由于承担连带责任，所清偿债务数额超过其应当承担数额时，有权向其他合伙人追偿。

5. 特殊的普通合伙企业

以专业知识和专门技能为客户提供有偿服务的专业服务机构，可以设立为特殊的普通合伙企业，例如会计师事务所等。特殊的普通合伙企业必须在其企业名称中标明“特殊普通合伙”字样。在特殊的普通合伙企业中，一个合伙人或者数个合伙人在执业活动中因故意或者重大过失造成合伙企业债务的，应当承担无限责任或者无限连带责任，其他合伙人以其在合伙企业中的财产份额为限承担责任。特殊的普通合伙企业应当建立执业风险基金、办理职业保险。

6. 有限合伙企业

有限合伙企业与普通合伙企业相比，在合伙人构成、出资方式、执行事务、债务承担等方面有所区别。普通合伙企业全部由普通合伙人组成，而有限合伙企业由一个以上普通合伙人和一个以上有限合伙人组成，即有限合伙企业中至少有一个普通合伙人和一个有限合伙人。有限合伙企业的名称中应当标明“有限合伙”字样，以区别于普通合伙企业。有限合伙人可以用货币、实物、知识产权、土地使用权或者其他财产权利作价出资，但与普通合伙人不同的是，有限合伙人不得以劳务出资。有限合伙企业由普通合伙人执行合伙事务，有限合伙人不执行合伙事务，不得对外代表有限合伙企业。普通合伙企业合伙人对合伙企业债务承担无限连带责任，而有限合伙人仅以其认缴的出资额为限对合伙企业债务承担责任。

五、外商投资法

外商投资企业是指全部或者部分由外国投资者投资，依照中国法律在中国境内经登记注册设立的企业。

外商投资法是调整外国投资者直接或者间接在中国境内进行的投资活动的法律规范的总称。2019 年 3 月 15 日，十三届全国人大二次会议通过《中华人民共和国外商投资法》，取代了此前的《中华人民共和国中外合资经营企业法》《中华人民共和国中外合作经营企业法》《中华人民共和国外资企业法》，摒弃了沿用数十年的外商独资企业、中外合资经营企业、中外合作经营企业的区分，三者统一称为“外商投资企业”，实现“三法合一”。

（一）外商投资概述

外国投资者包括外国的自然人、企业或者其他组织。外国投资者可以单独或者与其他投资者共同在中国境内设立外商投资企业，可以取得中国境内企业的股份、股权、财产份额或者其他类似权益，还可以单独或者与其他投资者共同在中国境内投资新建项目。值得注意的是，中国自然人也可以直接作为外商投资企业的股东，可以和境外的外国投资者一起在国内设立企业。

（二）投资促进

国家实行高水平投资自由化、便利化政策，建立和完善外商投资促进机制，营造稳定、透明、可预期的投资环境。

1. 外商投资准入

外商投资实行准入前国民待遇加负面清单管理制度。准入前国民待遇，是指在投资准入阶段给予外国投资者及其投资不低于本国投资者及其投资的待遇。准入前国民待遇的核心是给予外资准入权，在国家监管和税收待遇等方面给予内外资企业法律上和实质上的同等待遇。负面清单，是指国家规定在特定领域对外商投资实施的准入特别管理措施，是对外资限制进入或者限定外资比例的行业清单。负面清单实行动态管理模式。“准入前国民待遇+负面清单”的形式，极大提高了外资准入的透明度和可预期性，是我国政府优化营商环境的重要举措。

2. 其他促进措施

外商投资企业依法平等适用国家支持企业发展的各项政策，平等参与标准化工作和政府采购活动，可以依法通过公开发行股票、公司债券等证券以及其他方式进行融资。地方各级人民政府可以在法定权限内制定外商投资促进政策，进一步提高外商投资服务水平。

（三）投资保护

国家依法保护外国投资者在中国境内的投资、收益和其他合法权益。

1. 产权保护

强化征收保护，原则上不对外资企业进行征收，国家为了公共利益，在特殊情况下的征收，应当给予公平、合理的补偿；禁止强制技术转让，保护外国投资者和外商投资企业的知识产权，技术合作应自愿、协商进行，不得施加行政干预。

2. 外商投资结汇权

保障经常项目流通自由，外国投资者在中国境内的出资、利润、资本收益、资产处置所得、知识产权许可使用费、依法获得的补偿或者赔偿、清算所得等，可以依法以人民币或者外汇自由汇入、汇出；外商投资企业的外籍职工和我国港澳台地区职工的工资收入和其他合法收入，可以依法自由汇出。

3. 文件制定及政府履约

各级人民政府及其有关部门制定外商投资的规范性文件，应当符合法律法规的规定，不得减损外商投资企业的合法权益或者增加其义务，不得设置市场准入和退出条件，不得干预外商投资企业的正常生产经营活动。

地方政府应严格履行依法作出的政策承诺和签订的合同，如因国家和社会利益需要改变，应该依法补偿外国投资者或外商投资企业。

4. 投诉机制

外商投资企业及其投资者可以通过投诉行政机关或工作人员、行政复议、行政诉讼等方式保护其合法权益不受侵犯。

（四）投资管理

1. 负面清单

负面清单规定禁止投资的领域，外国投资者不得投资；限制投资的领域，外国投资者进行投资应当符合规定的条件；负面清单以外的领域按照内外资一致的原则实施管理。

2. 行政许可

外商投资的行业许可、企业登记以及税收、会计、外汇等事宜，依照有关法律规定办理。

我国过去对外商投资企业的设立，实行审批制。《外商投资法》实施后，外商投资企业的登记注册，如果不涉及国家规定实施准入特别管理措施的，无须由商务部门进行前置审批，由国务院市场监督管理部门或者其授权的地方人民政府市场监督管理部门依法办理。相比于之前外资企业设立的审批管理，极大简化外商投资企业设立和变更的程序，减轻了外商投资企业的负担。

3. 安全审查

外商投资安全审查是国际通行的外资管理制度，在平衡经济利益和维护国家安全方面发挥重要作用。《外商投资法》规定，对影响或者可能影响国家安全的外商投资进行安全审查，并明确安全审查决定为最终决定。

4. 信息报告

《外商投资法》以法律的形式对外商投资信息报告制度进行了原则性的规定，强调了信息报告的内容和范围按照“确有必要、严格控制”的原则确定。外国投资者或者外商投资企业应当通过企业登记系统以及企业信用信息公示系统向商务主管部门报送投资信息。

第三节　公司法

一、公司和公司法的概念

公司是依法定条件和程序成立的，以营利为目的的企业法人。公司主要是有限责任公司和股份有限公司。

公司法指规范各类公司的设立、组织、活动、解散及其他对内对外关系的法律规范的总称。1993 年 12 月 29 日第八届全国人大常委会第五次会议通过了《中华人民共和国公司法》，1999 年 12 月 25 日第九届全国人大常委会第十三次会议第一次修正，2004 年 8 月 28 日第十届全国人大常委会第十一次会议第二次修正，2005 年 10 月 27 日第十届全国人大常委会第十八次会议第一次修订，2013 年 12 月 28 日第十二届全国人大常委会第六次会议第三次修正，2018 年 10 月 26 日第十三届全国人大常委会第六次会议第四次修正，2023 年 12 月 29 日第十四届全国人大常委会第七次会议第二次修订，自 2024 年 7 月 1 日起施行。

二、有限责任公司

（一）有限责任公司的概念和特点

有限责任公司是指股东以其认缴的出资额为限对公司承担责任，公司以其全部资产对公司的债务承担责任的公司。其特点是：（1）股东仅以其认缴的出资额为限对公司承担有限责任；（2）公司不向社会公开募集股份；（3）股份对内可自由转让，对外转让受到限制，股东构成相对稳定；（4）股东在公司成立后领取出资证明书；（5）公司的财务会计等信息资料无须向社会公开；（6）股东可直接参加公司的经营管理。

有限责任公司依法享有股东投资形成的全部法人财产权。法人财产是指已明确界定在有限责任公司名下的独立财产，即资本。它由股东的投资、公司贷款和公司收益组成。公司以法人财产对外经营、收益和承担责任。股东按认缴出资额比例享有对公司财产的所有权并获得利益，以认缴出资额为限承担风险。

（二）有限责任公司的设立

有限责任公司由一个以上五十个以下股东出资设立；公司设立实行认缴制，注册资本为在公司登记机关登记的全体股东认缴的出资额。全体股东认缴的出资额由股东按照公司章程的规定自公司成立之日起五年内缴足；法律、行政法规以及国务院决定对有限责任公司注册资本实缴、注册资本最低限额、股东出资期限另有规定的，从其规定。

股东可以用货币出资，也可以用实物、知识产权、土地使用权、股权、债权等可以用货币估价并可以依法转让的非货币财产作价出资；但是，法律、行政法规规定不得作为出资的财产除外。有限责任公司成立后，应当向股东签发出资证明书。

有限责任公司应当置备股东名册，记载于股东名册的股东，可以依股东名册主张行使股东权利。股东有权查阅、复制公司章程、股东名册、股东会会议记录、董事会会议决议、监事会会议决议和财务会计报告。股东可以要求查阅公司会计账簿、会计凭证，但应向公司提出书面请求，说明目的。

（三）有限责任公司的组织机构

有限责任公司的组织机构是依法行使公司决策、执行和监督权能的机构的总称。公司根据三种管理权能，分设三种不同的机构，即权力机构、执行机构和监督机构。

股东会是公司的权力机构，由全体股东组成；除公司章程另有规定外，股东会会议由股东按照出资比例行使表决权。董事会是公司常设业务机构和经营决策机构，有限责任公司的董事会成员为三人以上，董事会对股东会负责。董事会聘任经理，经理对董事会负责，根据公司章程的规定或者董事会的授权行使职权。规模较小或者股东人数较少的有限责任公司，可以不设董事会，设一名董事，行使董事会的职权。该董事可以兼任公司经理。监事会是公司的监督机构，其成员为三人以上，应当包括股东代表和适当比例的公司职工代表，其中职工代表的比例不得低于三分之一。规模较小或者股东人数较少的有限责任公司，可以不设监事会，设一名监事；经全体股东一致同意，也可以不设监事。

公司的法定代表人按照公司章程的规定，由代表公司执行公司事务的董事或者经理担任。

（四）有限责任公司的股权转让

有限责任公司的股东之间可以相互转让其全部或者部分股权。股东向股东以外的人转让股权的，应当书面通知其他股东，其他股东在同等条件下有优先购买权。

自然人股东死亡后，其合法继承人可以继承股东资格；但是，公司章程另有规定的除外。

三、股份有限公司

（一）股份有限公司的概念和特点

股份有限公司是指其全部资本分为等额股份，股东以其认购的股份为限对公司承担责任，公司以其全部资产对公司的债务承担责任的公司。其特点是：(1) 全部资本分为等额股份。(2) 上市公司可以发行股票，未上市公司的股东持股权证。(3) 股东以其所认购的股份为限对公司承担责任；股东就其所认购的股份数对公司缴清股款之后，对公司既无追加投资的责任，也无为公司偿债的责任。(4) 公司以全部资产对公司债务承担责任，公司资产是股东投资形成的资产与公司举债形成的资产之和。(5) 股份有限公司的股票可以依法自由转让。

（二）股份有限公司的设立

股份有限公司应当有一人以上二百人以下为发起人，其中应当有半数以上的发起人在中国境内有住所。

设立股份有限公司，可以采取发起设立或者募集设立的方式。发起设立，是指由发起人认购设立公司时应发行的全部股份而设立公司。募集设立，是指由发起人认购设立公司时应发行股份的一部分，其余股份向特定对象募集或者向社会公开募集而设立公司。

股份有限公司的注册资本为在公司登记机关登记的已发行股份的股本总额。在发起人认购的股份缴足前，不得向他人募集股份。采取发起设立方式设立的，发起人应当认足公司章程规定的公司设立时应发行的股份；采取募集设立方式设立的，发起人认购的股份不得少于公司章程规定的公司设立时应发行股份总数的百分之三十五，但法律、行政法规另有规定的除外。

发起人应当在公司成立前按照其认购的股份全额缴纳股款。

（三）股份有限公司的组织机构

股份有限公司必须设立股东大会、董事会和监事会等组织机构，其职责与有限责任公司相同。股票在证券交易所上市交易的股份有限公司，即上市公司，还需设立独立董事、董事会秘书等。

（四）股份有限公司的股份发行和转让

股份有限公司的资本划分为股份。公司的股份采取股票的形式。股票是公司签发的证明股东所持股份的凭证。公司发行的股票，应当为记名股票。股份有限公司成立后，即向股东正式交付股票。公司成立前不得向股东交付股票。经国务院证券监督管理机构注册，公告招股说明书，公司方可向社会公开募集股份。

股份有限公司的股东持有的股份可以向其他股东转让，也可以向股东以外的人转让。

股东转让其股份，应当在依法设立的证券交易场所进行或者按照国务院规定的其他方式进行。

四、国家出资公司组织机构

（一）国家出资公司及履行出资人职责的机构

国家出资公司，是指国家出资的国有独资公司、国有资本控股公司，包括国家出资的有限责任公司、股份有限公司。

国家出资公司由国务院或者地方人民政府分别代表国家依法履行出资人职责，享有出资人权益。国务院或者地方人民政府可以授权国有资产监督管理机构或者其他部门、机构，代表本级人民政府对国家出资公司履行出资人职责。代表本级人民政府履行出资人职责的机构、部门，统称为履行出资人职责的机构。

（二）国家出资公司组织机构的特别规定

国家出资公司中中国共产党的组织，按照中国共产党章程的规定发挥领导作用，研究讨论公司重大经营管理事项，支持公司的组织机构依法行使职权。

国有独资公司不设股东会，由履行出资人职责的机构行使股东会职权。国有独资公司的董事会成员中，应当过半数为外部董事，并应当有公司职工代表。董事会成员由履行出资人职责的机构委派，董事会成员中的职工代表由公司职工代表大会选举产生。

国有独资公司的董事、高级管理人员，未经履行出资人职责的机构同意，不得在其他有限责任公司、股份有限公司或者其他经济组织兼职。

第四节 证券法

一、证券法的概念和基本原则

（一）证券的概念

证券是各类财产所有权和债权凭证的通称，是用来证明持有人有权取得相应权益的凭证。根据不同的标准，证券可以分为不同的种类。按证券发行主体的不同，可以分为公司证券、政府证券、金融证券；按证券上是否记载权利人的姓名或名称，可以分为记名证券、不记名证券；按证券是否在证券交易所上市交易分类，可以分为上市证券和非上市证券。

（二）证券法的概念

证券法是调整在中华人民共和国境内，股票、公司债券、存托凭证和国务院依法认定的其他证券的发行和交易的法律规范的总称，是专门规范投资行为的法律。

1998 年 12 月 29 日第九届全国人大常委会第六次会议通过了《中华人民共和国证券法》，2004 年 8 月 28 日第十届全国人大常委会第十一次会议第一次修正，2005 年 10 月 27 日第十届全国人大常委会第十八次会议第一次修订，2013 年 6 月 29 日第十二届全国人大常委会第三次会议第二次修正，2014 年 8 月 31 日第十二届全国人大常委会第十次会议第三次修正，2019 年 12 月 28 日第十三届全国人大常委会第十五次会议第二次修订，并于 2020 年 3 月 1 日起施行。

（三）证券法的基本原则

证券法的基本原则有：

1. 公开、公平、公正原则

股票、证券发行和交易的信息、资料均应依法公开，使投资者可以据以作出合理判断和决策。禁止虚假陈述、误导投资者的行为。证券交易双方法律地位平等，交易等价。

2. 自愿、有偿、诚实信用原则

证券发行、交易活动的当事人应当遵守自愿、有偿、诚实信用的原则。禁止操纵证券价格的行为和欺诈行为。

3. 遵守法律、行政法规原则

证券的发行、交易活动，必须遵守法律、行政法规；禁止欺诈、内幕交易和操纵证券市场的行为。

二、证券的发行、上市与交易

（一）证券的发行

证券的发行是指企业或政府依法定的条件和程序向他人要约发售证券的行为。证券发行的目的是筹集资金。

根据发行对象的不同，证券发行分为公开发行和非公开发行。公开发行，是指发行人面向社会公众，即不特定的公众投资者进行的证券发行。公开发行证券，必须符合法律、行政法规规定的条件，并依法报经国务院证券监督管理机构或者国务院授权的部门注册。未经依法注册，任何单位和个人不得公开发行证券。有下列情形之一的，为公开发行：（1）向不特定对象发行证券；（2）向特定对象发行证券累计超过二百人，但依法实施员工持股计划的员工人数不计算在内；（3）法律、行政法规规定的其他发行行为。非公开发行，是指发行人向少数特定的投资者进行的证券发行。非公开发行证券，不得采用广告、公开劝诱和变相公开方式。

证券发行的方式有两种：（1）直接发行，是指由发行人直接将其发行的证券出售给投资人；（2）间接发行，又称承销，是指由发行人委托证券公司向投资人发售证券的行为。

（二）证券的上市

证券的上市是指证券发行人在其公开发行的证券满足法定条件时，可以提请证券交易所予以审核，得到同意后在证券交易所集中竞价买卖的行为。

（三）证券的交易

证券的交易，是指证券持有人在其指定的证券商营业部将其证券出售给投资人，并由投资人支付价款的行为。证券交易可分为现货交易、期货交易、期权交易、信用交易等。投资人委托其指定的证券商营业部在法定的证券交易市场买卖证券，成交后由证券商代理投资人办理清算、交割和过户手续。

三、证券市场的管理

中国证监会是国务院证券监督管理机构，依法对证券市场实行监督管理，维护证券市场公开、公平、公正，防范系统性风险，维护投资者合法权益，促进证券市场健康发展。证券交易所依法对证券交易活动实施自我管理。证券业协会对所属会员（证券公司）加强联系、协调、合作和自我控制。

第五节 保险法

一、保险法的概念和基本原则

（一）保险法的概念

保险，是指投保人根据合同的约定向保险人支付保险费，保险人对于合同约定的可能发生的事故因其发生所造成的财产损失承担赔偿保险金责任，或者当被保险人死亡、伤残、疾病或者达到合同约定的年龄、期限时承担给付保险金责任的商业保险行为。

保险法是调整保险关系的法律规范的总称，包括保险合同法律规范，即调整保险人与投保人、被保险人和受益人之间因保险合同的订立、变更、履行、解除及承担保险责任过程中产生的各种权利义务关系的法律规范，以及保险业法律规范，即调整保险业主体的设立、变更、消灭及经营活动中产生的各种权利义务关系的法律规范。1995 年 6 月 30 日第八届全国人大常委会第十四次会议通过了《中华人民共和国保险法》，2002 年 10 月 28 日第九届全国人大常委会第三十次会议第一次修正，2009 年 2 月 28 日第十一届全国人大常委会第七次会议修订，2014 年 8 月 31 日第十二届全国人大常委会第十次会议第二次修正，2015 年 4 月 24 日第十二届全国人大常委会第十四次会议第三次修正。

（二）保险法的基本原则

保险法的基本原则包括：（1）自愿原则。订立保险合同，应当协商一致，遵循公平原则确定各方的权利和义务；投保人与保险人自愿签订或解除保险合同，法律法规规定必须保险的除外。（2）保险利益原则。投保人对保险标的应当具有法律上承认的利益，否则，保险合同无效。（3）诚实信用原则。保险人应当向投保人如实说明保险条款的内容，投保人对保险标的或者被保险人的有关情况应当向保险人如实告知，双方均不得故意隐瞒。禁止保险代理人和经纪人对保险人、投保人、被保险人和受益人实施欺诈、强迫、引诱或者限制投保人订立保险合同的行为。

二、保险合同概述

（一）保险合同的主体

保险合同是投保人与保险人约定保险权利义务关系的协议。

保险合同的主体包括保险合同当事人和保险合同关系人两大类。保险合同由投保人和保险人订立，投保人和保险人是保险合同关系中享有权利并承担义务的人，是保险合同当事人。在我国，保险人专指保险公司。

除了投保人和保险人外，在保险合同中还存在两种关系人：被保险人和受益人。被保险人，是以其财产、生命或者身体作为保险标的，受到保险合同保障的人。当投保人为自己的利益订立保险合同时，投保人就是被保险人，二者是同一人。受益人，是指人身保险合同中由被保险人或者投保人指定的享有保险金请求权的人。投保人、被保险人可以为受益人。受益人只存在于人身保险合同中，须由被保险人或投保人指定，并且投保人指定受益人时必须经被保险人同意。

（二）保险合同的订立

保险合同的订立通常由投保人向保险人提出投保申请，与保险人协商，经保险人同意承保，保险合同即告成立。除保险合同有明确的约定外，投保人是否缴纳保险费不是保险合同成立与否的条件。

（三）保险合同的解除

保险合同成立后，除保险法另有规定或保险合同另有约定外，保险人不得解除合同，而投保人可以随时解除合同。保险法规定的保险人有权解除合同的情形主要有：投保人故意或因重大过失未就保险人的询问履行如实告知义务，且合同成立未超过两年；未发生保险事故，被保险人或者受益人谎称发生了保险事故；投保人、被保险人故意制造保险事故等。

三、财产保险合同

（一）财产保险合同的概念和主要内容

财产保险合同是以财产及其有关利益为保险标的的保险合同，包括财产损失保险合同、责任保险合同及信用保险合同等。其主要内容有：（1）保险合同的主体，财险中的投保人可以为被保险人，被保险人在保险事故发生时应对保险标的具有保险利益；（2）保险的标的，是可保险的财产及有关的利益；（3）保险金额，是投保人要求保险人将来承担赔偿责任的最高限额，一般不得高于保险财产的实际价值，它也是计算保险费的依据；（4）保险责任，是保险人应承担赔偿责任的范围，即因各种保险事故所造成的损失；（5）责任免除，是在保险合同中列明的保险人不承担赔偿责任的范围，即因各种非承保事故或行为所造成的损失；（6）保险期间和保险责任开始时间；（7）保险费以及支付办法；（8）保险金赔偿或者给付办法；（9）违约责任和争议处理；（10）订立合同的时间。

（二）合同主体的权利和义务

投保人、受益人的权利和义务有：（1）在发生保险合同中列明的各种保险事故后依法获得保险人的赔偿；（2）按期限缴付保险费；（3）维护保险标的的安全；（4）保险标的危险程度增加时及时通知保险人；（5）保险事故发生的及时通知和采取必要措施防止或减少损失义务；（6）保险事故发生后向保险人提供有关证明、资料和单证的义务；（7）保险合同成立后，保险责任开始前有权要求解除保险合同，但应支付手续费；（8）保险标的转让时，及时通知保险人义务；（9）重复保险时，将重复保险的有关情况通知各保险人；（10）配合保险人行使代位求偿权义务。

保险人的权利和义务有：（1）订立合同时有义务及时向投保人说明保险合同条款的内容；（2）保险合同成立后，有义务及时向投保人签发保险单或其他保险凭证，并载明当事人双方约定的合同内容；（3）收到投保人、被保险人和受益人的赔偿请求后，有义务及时理赔；（4）有行使代位请求赔偿的权利，即赔付了保险金后代投保人、被保险人和受益人向第三人请求赔偿；（5）保险责任开始前投保人要求解除保险合同并支付了手续费的，有义务退还保险费；（6）因投保人、被保险人和受益人故意不履行如实告知义务，或者故意制造保险事故的，有权解除保险合同；（7）对委托保险代理人在授权范围内办理保险业务的行为承担责任。

（三）合同的变更

在合同有效期内，投保人和保险人经协商同意可以变更保险合同的有关内容，保险人应在保险单或者其他保险凭证上批注或者附贴批单，或者由投保人和保险人订立变更的书面协议。

采用保险人提供的格式条款订立的保险合同，保险人与投保人、被保险人或者受益人对于合同条款有争议时，应当按照通常理解予以解释。对合同条款有两种以上解释的，人民法院或者仲裁机构应当作出有利于被保险人和受益人的解释。

四、人身保险合同

（一）人身保险合同的概念和特征

人身保险合同是以人的寿命和身体为保险标的的保险合同。它有如下特征：（1）合同的保险金额具有一定的固定性；（2）合同的保险期限具有长期性；（3）合同的订立和履行具有一定的储蓄性；（4）合同的投保人、受益人、被保险人可以不同一；（5）可分为人寿保险、健康保险和人身意外伤害保险等。

（二）人身保险合同的主体

人身保险合同的主体有：（1）保险人，即依法成立的保险公司。（2）投保人，即对被保险人具有保险利益的人。投保人对本人，配偶，子女，父母，与投保人有抚养、赡养或者扶养关系的家庭其他成员，近亲属，与投保人有劳动关系的劳动者具有保险利益。此外，其他同意投保人为其订立合同的被保险人，视为投保人对其具有保险利益。（3）被保险人，即被投保的自然人。以死亡为保险事故的人身保险合同的订立、转让和质押，必须经被保险人书面同意，并以书面认可保险金额。父母为未成年子女投保除外。（4）受益人，即享有保险金请求权的人。其可以是投保人和被保险人本人，也可以是他们指定的人。投保人指定、更改受益人时，必须经被保险人同意。投保人为与其有劳动关系的劳动者投保人身保险，不得指定被保险人及其近亲属以外的人为受益人。（5）保险代理人，是根据保险人的委托，向保险人收取代理手续费，并在保险人授权的范围内代办保险业务的单位或个人。双方必须签订书面委托协议。保险代理人在代办人身保险业务时不得同时接受两个以上保险人的委托。（6）保险经纪人，是为投保人的利益，在投保人与保险人签订人身保险合同时提供中介服务，并依法收取佣金的单位。

（三）人身保险合同的履行

人身保险合同的履行主要是：（1）投保人应按约定时间交付保险费，如未按约定时间交付，只要在合同宽限期内补交，保险合同继续有效；但超过宽限期的，保险人有权解除合同。（2）投保人、受益人故意造成被保险人死亡、伤残的，丧失受益权，保险人不承担给付保险金的义务。（3）以被保险人死亡为给付保险金条件的合同，被保险人在合同成立后 2 年内发生自杀行为的，保险人仅退还已交付的保险费，不负保险责任；超过 2 年的仍应给付保险金。（4）因被保险人故意犯罪致其自身伤残死亡的，保险人不承担给付保险金的义务。（5）被保险人、受益人对人寿保险合同的保险人请求给付保险金的诉讼时效为 5 年。

五、法律责任

保险法规定了保险公司及其工作人员的若干禁止行为，包括不得欺骗投保人、被保险人或者受益人，不得对投保人隐瞒与保险合同有关的重要情况，不得阻碍投保人履行本法规定的如实告知义务，或者诱导其不履行本法规定的如实告知义务，不得给予或者承诺给予保险合同约定以外的回扣或者其他利益，不得拒不依法履行保险合同约定的赔偿或者给付保险金义务，不得故意进行虚假理赔骗取保险金，不得挪用、截留、侵占保险费，不得泄露在业务活动中知悉的投保人、被保险人的商业秘密等。上述行为不构成犯罪的，由保险监督管理机构给予相应的行政处罚；构成犯罪的，依法追究刑事责任。

保险法还规定：投保人、受益人、被保险人故意进行保险诈骗活动，骗取保险金，尚不构成犯罪的，由保险监督管理机构给予行政处罚；构成犯罪的，依法追究刑事责任。

六、保险市场的管理

国家金融监管总局是在原中国银行保险监督管理委员会基础上组建的国务院直属机构，统一负责除证券业之外的、包括保险行业在内的金融业监管。中国保险行业协会是中国保险业的全国性自律组织，旨在督促会员自律，为会员提供服务，促进市场公开、公平、公正。保险公司、保险代理人、保险经纪人、保险公估机构接受国家金融监管总局的监管，依法加入中国保险行业协会，加强自身监督管理。

第六节 破产法

一、破产法的概念

破产法是指在债务人出现破产原因时，宣告其破产并对债务人的全部财产进行清算，或者为避免债务人进入破产清算程序而建立起来的破产法律规范的总称。

我国第一部破产法是1986年12月颁布的《中华人民共和国企业破产法（试行）》，适用于全民所有制企业。1991年通过的《中华人民共和国民事诉讼法》第十九章，规定了“企业法人破产还债程序”，适用于除全民所有制企业以外的企业法人。2006年8月27日，第十届全国人大常委会第二十三次会议通过了《中华人民共和国企业破产法》，并自2007年6月1日起施行，《中华人民共和国企业破产法（试行）》同时废止。2007年10月28日，第十届全国人大常委会第三十次会议作出关于修改《中华人民共和国民事诉讼法》的决定，删去第十九章“企业法人破产还债程序”，该决定自2008年4月1日起施行。自此，《企业破产法》统一适用于我国的各类企业法人。

二、破产的申请和受理

（一）破产的申请

破产申请，是指具有破产能力的债务人具备破产原因时，为了解决债务人的债务清偿和所有债权人公平受偿问题，由债务人、债权人或者法律规定的其他利害关系人请求法院对债务人开始破产程序的行为。破产申请是启动破产程序的必要条件，也是法院受理破产案件的前提。申请破产的原因包括：（1）企业法人不能清偿到期债务，并且资产不足以清偿全部债务或者明显缺乏清偿能力；（2）企业法人有明显丧失清偿能力可能。

（二）破产的受理

法院在收到破产申请后，应当在法定期限内进行全面审查，以决定是否接受破产申请。法院裁定受理破产申请，破产程序即正式启动。受理破产申请具有重要的法律效力，主要包括：（1）人民法院应通知债权人，并公告；（2）债务人对个别债权人的债务清偿无效；（3）债务人财产的保全措施解除，执行程序中止；已经开始而尚未终结的有关债务人的民事诉讼或者仲裁中止；（4）有关债务人的民事诉讼，只能向受理破产申请的人民法院提起。

三、破产管理人

破产管理人，是指法院受理破产申请时，为了加强对债务人财产的管理，保护全体债权人的共同利益，由法院指定的担负债务人财产的管理、清理、处分、分配等职责的机构或个人。破产管理人由人民法院指定，向人民法院报告工作，并接受债权人会议和债权人委员会的监督。破产管理人可以由有关部门、机构的人员组成的清算组或者律师事务所、会计师事务所、破产清算事务所等社会中介机构担任。具备相关专业知识并取得执业资格的个人，也可以担任破产管理人。

四、债务人财产

进入破产程序后，债务人被裁定宣告破产之前，债务人所有的货币、实物以及依法享有的可以用货币估价并依法转让的债权、股权、知识产权等财产和财产性权益，统称为债务人财产。债务人财产由两个部分构成，一个是破产申请受理时属于债务人的全部财产，另一个是破产申请受理后至破产程序终结前债务人取得的财产。宣告破产之后，债务人称为破产人，债务人财产称为破产财产。

法院受理破产申请前一年内，涉及债务人财产的下列行为，可以请求法院予以撤销：（1）无偿转让财产的；（2）以明显不合理的价格进行交易的；（3）对没有财产担保的债务提供财产担保的；（4）对未到期的债务提前清偿的；（5）放弃债权的。在法院受理破产申请前 6 个月内，债务人对个别债权人进行清偿的，也可以请求撤销。

债务人为逃避债务而隐匿、转移财产的，或者虚构债务或者承认不真实的债务的，该行为无效。需要注意的是，与可撤销行为不同，法律对破产无效行为的发生期间没有限制。

五、破产的程序

（一）破产重整

破产重整，是指经由利害关系人申请，在法院的主持和利害关系人的参与下，对具有重整原因和重整能力的债务人进行生产经营上的整顿和债权债务关系上的清理，以使其摆脱财务困境，重获经营能力的破产预防程序。换句话说，重整是使濒临破产企业起死回生的一项法律制度。债务人、债权人以及出资额占债务人注册资本十分之一以上的出资人，可以向法院申请重整。

（二）破产和解

破产和解，是指破产申请受理后、宣告债务人破产前，经债务人与债权人会议达成协议，就债务人延期清偿债务、减免债务等事项达成协议，以中止破产程序，挽救、复苏企业的法律程序。自和解协议执行完毕时起，债务人不再承担和解协议减免部分债务的清偿责任；不能执行或者不执行和解协议的，人民法院经和解债权人请求，应当裁定终止和解协议的执行，并宣告债务人破产。

（三）破产清算

破产清算，是指当债务人不能清偿到期债务时，由法院根据债权人或债务人的申请，依法宣告债务人破产，并将其全部财产公平分配给全体债权人的法律程序。破产程序终结后，债务人应向登记机关办理注销登记。

练习与思考

内容提要

1. 我国商法是调整平等商事主体之间商事关系的法律规范的总称。我国在立法上采用民商法合一制度。商事法律规范除编入我国《民法典》的以外，均采取单行法律的形式。

2. 国家出资企业，是指国家出资的国有独资企业、国有独资公司，以及国有资本控股公司、国有资本参股公司。

3. 集体所有制企业，是指以生产资料的劳动群众集体所有制为基础的、独立的商品经济组织。集体所有制企业包括城镇集体企业和乡镇集体企业两种。

4. 合伙企业是指自然人、法人和其他组织依照《中华人民共和国合伙企业法》在中国境内设立的普通合伙企业和有限合伙企业。普通合伙企业由普通合伙人组成，合伙人对合伙企业债务承担无限连带责任。有限合伙企业由普通合伙人和有限合伙人组成，普通合伙人对合伙企业债务承担无限连带责任，有限合伙人以其认缴的出资额为限对合伙企业债务承担责任。

5. 有限责任公司是指股东以其认缴的出资额为限对公司承担责任，公司以其全部资产对公司的债务承担责任的公司。

6. 证券法是调整在我国境内，股票、公司债券、存托凭证和国务院依法认定的其他证券的发行和交易的法律规范的总称，是专门规范投资行为的法律。

7. 保险合同是投保人与保险人约定保险权利义务关系的协议。保险合同的主体包括保险合同当事人和保险合同关系人两大类。保险合同由投保人和保险人订立，投保人和保险人是保险合同当事人。除了投保人和保险人外，在保险合同中还存在两种关系人：被保险人和受益人。

8. 破产法是指在债务人出现破产原因时，宣告其破产并对债务人的全部财产进行清算，或者为避免债务人进入破产清算程序而建立起来的破产法律规范的总称。

关键术语

商法　企业国有资产　集体所有制企业　合伙企业
无限连带责任　个人独资企业　外商投资法　有限责任公司
股份有限公司　证券法　人身保险合同　财产保险合同
破产清算

辨析题

1. 普通合伙企业的合伙人以其认缴的出资额为限对合伙企业债务承担责任。

2. 国家出资企业的重大事项由其董事会决定。

3. 外商投资实行负面清单管理制度，负面清单规定禁止投资的领域，外国投资者不得投资。

4. 有限责任公司的股东应当对公司的债务承担无限连带责任。

5. 有限责任公司的股东必须由二个以上的股东出资设立。

6. 个人独资企业应当参加社会保险，为职工缴纳社会保险费。

7. 证券法的调整对象包括股票、公司债券、商业票据及保险单证。

8. 证券交易应当在证券商营业部内进行。

9. 保险合同由保险人和被保险人订立。

10. 财产保险合同和人身保险合同的诉讼时效均为 2 年。

11. 法院受理破产申请前一年内，债务人无偿转让财产的，可以请求法院予以撤销。

案例分析

王某是某通信技术有限责任公司的股东，占公司 18%的股份。因公司经营亏损，他私下表示要向第三人刘某转让自己的股份，每股 1 元。公司其他 5 名股东听说后，由公司董事长召开并主持董事会和股东会（未通知王某到会），一致决定将王某的股份以每股 1 元的价格转让给股东张某，并形成董事会决议和股东会决议。

问：

（1）董事会决议和股东会决议是否有效？

（2）王某应怎样解决这一纠纷？

第七章

知识产权法

知识产权最典型的特征是权利客体的无形性，因此也被称为无形财产权。狭义的知识产权主要包括文学产权（著作权及与著作权有关的邻接权）和工业产权（主要包括专利权和商标权）。广义的知识产权还包括商号权、商业秘密权、地理标记权、植物新品种权、集成电路布图设计权等。当前，随着国际经济社会的发展和科学文学艺术的进步，知识产权保护的重要性凸显，知识产权国际竞争加剧。我国将知识产权发展纳入国家发展战略，提出要积极推动知识产权战略的实施，“高度重视知识产权保护，深入实施知识产权强国建设，加强知识产权法治保障，完善知识产权管理体制，不断强化知识产权全链条保护，持续优化创新环境和营商环境”①。这就对我国建设中国特色知识产权法律制度和相关理论研究提出了新的更高要求。

重点问题

- 知识产权的概念及特征。
- 侵害知识产权的法律责任。
- 作品及其构成要件。
- 著作人身权与著作财产权的内容。
- 授予专利的实质条件。
- 专利权的内容及其限制。
- 商标权的内容。
- 商标不予注册的事由。

第一节　知识产权法概述

一、知识产权的概念

所谓知识产权，是指人们依法对自己的智力活动创造的成果和经营管理活动中的标

① 见 2023 年 4 月 6 日国家主席习近平向中国与世界知识产权组织合作五十周年纪念暨宣传周主场活动的致贺信。

记、商誉和其他相关客体享有的专有权利。

根据《建立世界知识产权组织公约》的规定，知识产权的内容涉及：作品、表演、录制品、广播节目、发明、发现、工业品外观设计、商标、服务标记、厂商名称、商号或营业标记以及反不正当竞争等。根据世界贸易组织《与贸易有关的知识产权协定》，知识产权的内容涉及：作者权及与之相关的权利、专利、商标、工业品外观设计、集成电路布图设计、地理标志、未公开的信息以及反不正当竞争等。我国《民法典》第123条规定："知识产权是权利人依法就下列客体享有的专有的权利：（一）作品；（二）发明、实用新型、外观设计；（三）商标；（四）地理标志；（五）商业秘密；（六）集成电路布图设计；（七）植物新品种；（八）法律规定的其他客体。"可见，知识产权涉及的范围非常广泛。

传统的知识产权包括著作权以及与著作权有关的邻接权、专利权和商标权。其中，著作权的保护对象主要是能够给人们带来美感和精神享受的文学艺术作品。专利权和商标权的客体则主要作用于工农业生产和流通领域，因而又被合称为工业产权。尽管知识产权在内容上主要体现为财产权，但其中还包含了一些人身权的内容，这在有关文学艺术作品的权利方面表现得尤其突出。

需要注意的是，虽然知识产权亦被称为智慧财产权、智力成果权等，但是并非只有智力创造成果才能成为知识产权。有一些知识产权的客体与智力创造成果并无直接关系，如商标权、地理标记权等。也并非所有的智力活动成果均能成为知识产权，如思想和科学发现等就不能成为知识产权的客体。

二、知识产权的特征

（一）无形性（也称无体性或非物质性）

知识产权的最典型特征就是权利客体的无形性。物权的客体是物，且主要是有体物；而知识产权的客体并非有体物，而是无形的智力创造成果和商誉等。以著作权为例，一幅画，画这一有体物构成物权的客体，而画上的内容则构成著作权的客体。也就是说，这幅画上同时存在物权和著作权两项权利，其权利人也可能是不同的。商标权与专利权亦是如此。因此，知识产权与物权既相互分离又紧密联系。

（二）专有性（亦称排他性）

专有性指知识产权为权利人所专有，除了权利人许可或者法律另有规定以外，他人不得实施该权利。虽然物权亦具有专有性，但知识产权的专有性与物权的专有性具有很大的不同。由于物权的客体是有体物，对物的占有行为使得物权能够天然地排除他人对物的占有使用；而知识产权的客体是无形的，因此无法通过行为控制其占有使用，只能通过法律的强制禁止性规定才能实现。因而可以说，知识产权实质上是法律赋予的垄断权。

（三）地域性

地域性指任何一个国家或地区授予的知识产权，仅在该国家或地区的范围内受到保护，对其他国家或地区则没有约束力。由于知识产权是法律赋予的垄断权，其权利范围和内容均依赖于该国或地区法律的具体规定，因而具有强烈的地域性。专利权和商标权均须经国家有权机关赋权，其地域性不言而喻。对于著作权，虽然世界上多数国家加入的《保护文学和艺术作品伯尔尼公约》确立了著作权的自动保护原则，即作品一旦创作完成即自动享有著作权，但著作权的保护范围和内容等仍须依据一国的国内法来确定，因而仍具有地域性特征。随着全球经济一体化和国际协作合作的加强，各国间知识产权的内容渐趋一致，但整体而言，地域性仍然构成知识产权的一项重要特征。

（四）期限性

就物权而言，只要作为权利客体的物尚未毁损灭失，物权就一直存在。而知识产权则具有明确的保护期限，与承载该知识产权的物的存续与否无关。之所以为知识产权设立保护期是因为，虽然给予智力成果的创造者以知识产权这一垄断权利，能够刺激和鼓励更多的人从事智力创造活动，从而推动文学艺术和科学的进步，但是，知识产权若成为一项永久的垄断权，则会使社会公众无法对这些智力成果进行利用，从而阻碍整个社会的发展进步。因此，为知识产权设立一个合理的保护期限就十分必要。当前世界各国的知识产权法律普遍都对知识产权规定了明确的保护期限。

三、知识产权法的发展历程

在我国，作为一项部门法律制度体系，知识产权法是由一系列法律、行政法规、地方性法规和司法解释、部门规章等构成的。我国的知识产权法走过了从被动到主动、从发展到融合的历程。

1980 年 6 月，我国加入世界知识产权组织，《建立世界知识产权组织公约》对中国生效，由此开启了我国知识产权立法的进程。1982 年，我国制定颁布了《中华人民共和国商标法》，这是我国知识产权领域的第一部法律，标志着我国知识产权立法的重要开端。随后，1984 年 3 月，制定颁布了我国第一部《中华人民共和国专利法》，1990 年 9 月，制定颁布了我国第一部《中华人民共和国著作权法》，知识产权法初见雏形。

2001 年我国加入世界贸易组织，自此，我国全面参与国际知识产权事务。为了履行知识产权国际条约义务，我国不断加快知识产权立法进程，相继制定和修改了《商标法》《专利法》《著作权法》及与之配套实施的相应行政法规等，知识产权立法工作进一步提升。

进入 21 世纪以来，我国全面加强知识产权立法工作，立法水平和质量全面提升，知识产权保护水平全面提高。当前与知识产权相关的主要国际公约或协定，如《建立世界知识产权组织公约》《保护工业产权巴黎公约》《商标国际注册马德里协定》《保护文学和艺术作品伯尔尼公约》《世界版权公约》《专利合作条约》《工业品外观设计国际注册海牙协定》等，我国均已加入。对于国际条约规定的知识产权保护对象，我国现行法律法规都给予保护。在立法方面，我国已经形成了较为完备且总体保护水平与国际相当的知识产权法律制度体系。

近年来，知识产权在国际政治经济生活中的地位进一步加强，知识产权国际竞争日益激烈。与之相适应，我国也积极推动知识产权战略的实施，将知识产权发展纳入国家发展战略，全面加强知识产权保护工作，不断探索中国特色知识产权法律制度建设，走好中国特色知识产权发展之路。知识产权战略的实施对我国的知识产权立法和司法工作提出了更高要求。

第二节　著作权

一、著作权概述

著作权是民事主体依法对作品及相关客体所享有的专有权利[①]。著作权有狭义和广义之分。狭义的著作权指作者对其文字、艺术和科学作品依法享有的人身权和财产权的总称。广义的著作权还包括邻接权，即与著作权有关的权利，指作品的传播者对在传播作品的过程中产生的劳动成果依法享有的民事权利。如非特别说明，下文所称著作权均为狭义上的著作权。

当今世界有作者权和版权两种不同的著作权制度体系。大陆法系为作者权制度，认为创作作品的行为只有自然人才能完成，且创作过程和行为具有极为浓厚的个人色彩。作者权制度更多地将作品视为作者人格的延伸和精神的反映，不承认不能进行实际创作的法人或其他组织可以成为作者；同时，注重保护作品的人身权利，对著作权中的人身权利一般不允许转让和放弃。英美法系为版权制度，将版权视作鼓励、激励创作作品的公共政策的产物，侧重于保护作者的经济权利，与作者的精神、人格关系不大。因此，在特定条件下可以视法人或其他组织为作者，版权也可以像其他有形财产那样转让。当前，两大法系的著作权制度之间不断整合借鉴，差异日渐变小。

从我国著作权法的具体规定来看，我国的著作权制度同时兼具两大法系的作者权制度和版权制度的典型特征，其中不仅包含了大陆法系作者权制度中关于人身权利的种种规定，也规定了法人作品等英美法系版权制度的典型内容。此外，我国著作权法还规定了与著作权有关的邻接权，即出版者、表演者、录音录像制作者、广播组织等作品的传播者对作品传播过程中产生的其他劳动成果，包括版式设计、表演、录音录像制品、广播等所享有的权利。

著作权的主体即著作权人，指对作品享有著作权的人，一般应当为作者及权利继受人。直接创作作品的自然人是作者。由法人或者非法人组织主持，代表法人或者非法人组织意志创作，并由法人或者非法人组织承担责任的作品，法人或者非法人组织视为作者。作品的著作权应当归作者享有。作者自作品完成之时就自动取得著作权。

不仅中国公民或法人、非法人组织依法可以享有著作权，在符合一定条件时，外国人的作品也可以在中国受到著作权法保护，享有著作权，包括：（1）外国人的作品首先

---

① 王迁．知识产权法教程．7版．北京：中国人民大学出版社，2021：50.

在中国出版，或者在中国境外首先出版后，30天内在中国境内出版；（2）其所属国或经常居住国与中国签订了相互保护著作权的协议或者共同参加了保护著作权的国际条约，包括《保护文学和艺术作品伯尔尼公约》、《世界知识产权组织版权条约》和《与贸易有关的知识产权协定》；（3）外国人的作品首次在上述中国参加的国际条约的缔约国首先出版，或者在非缔约国首先出版后，30天内在缔约国出版。

此外，著作权中的人身权利不可转让，但著作财产权利可以通过转让、继承或遗赠取得。

二、著作权的客体——作品

（一）作品及其构成要件

著作权的客体也就是著作权的保护对象，就是作品。作品指文学、艺术和科学领域内具有独创性并能以一定形式表现的智力成果。能够享有著作权的作品应当具有以下几个要件：

（1）作品必须是人类的智力成果。

（2）作品必须是能够被客观感知的外在表达。作品中抽象的思想本身是不受著作权保护的，只有对思想的具体表达才受著作权的保护。

（3）作品的表达必须具有独创性。独创性（originality），亦称原创性，是作品区别于其他人类劳动成果的本质差别。独创性，意味着作品须是独立创作完成的。通常情况下，各自独立完成的作品出现完全雷同的概率是很小的。即使出现相同或相似的情况，只要能够证明其并非抄袭，而是来源于创作上的巧合，亦可被认定为独立作品①。而对于那些在他人作品基础上进行再创作的，只要在新成果的形成过程中添加了创造性的劳动，亦可以成为新的作品。

（二）作品的分类

在著作权法上，作品的分类具有重要意义。不同类别作品的著作权归属及其行使的规则可能不同，所享有的具体权利内容也可能不同。按照作品的表现形式，作品可以划分为以下几类：

1. 文字作品

文字作品是指以书面语言为表达工具的作品，包括小说、诗词、散文、论文等以文字形式表现的作品。

2. 口述作品

口述作品是指即兴的演说、授课等以口头语言形式表现的作品。口述作品被著作权法保护的前提条件是，它已经被“固定在任何有形媒介上”②。

---

① 最高人民法院《关于审理著作权民事纠纷案件适用法律若干问题的解释》第15条规定：“由不同作者就同一题材创作的作品，作品的表达系独立完成并且有创作性的，应当认定作者各自享有独立著作权。”

② 《美国版权法》第102条（a）款规定：作品受版权法保护的前提条件是它已经被“固定在任何有形媒介上”。

3. 音乐、戏剧、曲艺、舞蹈、杂技艺术作品

音乐作品是指歌曲、交响乐等能够演唱或者演奏的带词或者不带词的作品。戏剧作品是指话剧、歌剧、地方戏等供舞台演出的作品。舞蹈作品是指通过人体连续的动作、姿势、表情等表现思想、情感的作品。曲艺作品则是指以相声、快书、大鼓、评书等为主要形式表演的作品。杂技艺术作品指杂技、魔术、马戏等通过形体动作和技巧表现的作品。

4. 美术、建筑作品

美术作品是指绘画、书法、雕塑等以线条、色彩或者其他方式构成的有审美意义的平面或者立体的造型艺术作品。建筑作品是指以建筑物或构筑物形式表现的有审美意义的作品。此外，某些实用品除了其实用功能外，也具有一定的美感，被称为实用艺术品，在满足一定条件的情况下，亦可以受到著作权法的保护。

5. 摄影作品

摄影作品是指借助器械在感光材料或者其他介质上记录客观物体形象的艺术作品。只要影像内容和效果能够体现摄影师在拍摄过程中具有独创性的选择、安排和处理，就能构成摄影作品。

6. 视听作品

2020 年《著作权法》将“电影作品和以类似摄制电影的方法创作的作品”修改为“视听作品”，以求将体育赛事直播画面、网络游戏画面、短视频等纳入著作权法的保护，但其具体定义和内容等尚有待明确规范。

7. 工程设计图、产品设计图、地图、示意图等图形作品和模型作品

图形作品是指为施工、生产绘制的工程设计图、产品设计图，以及反映地理现象、说明事物原理或者结构的地图、示意图等作品。模型作品是指为展示、试验或者观测等用途，根据物体的形状和结构，按照一定比例制成的立体作品。

8. 计算机软件

计算机软件是指计算机程序及其有关文档。计算机程序，是指为了得到某种结果而可以由计算机等具有信息处理能力的装置执行的代码化指令序列，或者可以被自动转换成代码化指令序列的符号化指令序列或者符号化语句序列。同一计算机程序的源程序和目标程序为同一作品。计算机程序文档，是指用来描述程序的内容、组成、设计、功能规格、开发情况、测试结果及使用方法的文字资料和图表等，如程序设计说明书、流程图、用户手册等。

（三）不受著作权法保护的对象

以下对象不受著作权法保护：

（1）法律、法规，国家机关的决议、决定、命令和其他具有立法、行政、司法性质的文件，及其官方正式译文；

（2）单纯事实消息；

（3）历法、通用数表、通用表格和公式。

三、著作权的内容

著作权的内容是指著作权人享有的专有权利的总和。著作权包括著作人身权和著作财产权。

（一）著作人身权

著作人身权是指作者基于其创作的作品而享有的具有人身利益的权利。作品是作者人格的延伸和精神的体现。作者创作作品的过程，就是一个表现作者独特的思想、感情、意志和人格的过程。因而著作权法首先要保护的就是蕴含在作品中的作者独特的人格利益。著作人身权主要包括以下几项：

1. 发表权

发表权，即决定作品是否公之于众的权利。作品一旦被公开即为发表，因此一部作品的发表只能有一次。

2. 署名权

我国著作权法规定，署名权是指“表明作者身份，在作品上署名的权利”。在这里，署名权包含两重含义，即作者有权决定是否在作品上署名，以及以何种方式署名的权利。作者资格是署名的基础，只有具备作者资格才有权在作品上署名。仅就署名而言，署名权还包括作者有权决定如何在作品上署名的内容。如作者有权自定署真名或者笔名，甚至匿名。

3. 修改权

修改权是指作者修改或者授权他人修改自己作品的权利。未经作者同意，他人不得修改作品。现实中编辑在审稿中对稿件作一些文字性修改并不侵犯作者修改权。

4. 保护作品完整权

保护作品完整权是指作者有权保护自己作品不受歪曲、篡改。从某种意义上讲，保护作品完整权同修改权是同一事物的两个方面。任何人不得随意歪曲作品原意，篡改作者想表达的思想，因为歪曲和篡改作品都将使作者的人格利益受到损害。

（二）著作财产权

著作财产权是指著作权中具有财产性质的权利内容，主要包括以下几项：

1. 复制权

复制权是指以印刷、复印、拓印、录音、录像、翻录、翻拍等方式将作品制作一份或者多份的权利。复制权是著作权的基本权能之一，许多其他权能都以复制权的行使为基础。著作权人可以通过许可他人复制或转让复制权而获得财产利益。其他任何人未经著作权人同意都不得复制其作品。

2. 发行权

发行权是指以出售或者赠与方式向公众提供作品的原件或者复制件的权利。由于发行行为直接针对的是作品的复制件，故合法行使发行权的前提是获取合法复制的作品复制件。

3. 出租权

出租权是指有偿许可他人临时使用视听作品、计算机软件的原件或者复制件的权利，计算机软件不是出租的主要标的的除外。出租权的对象是视听作品和计算机程序。是因为对于该两类作品而言，出租行为会对其权利人的权利行使造成影响。

4. 展览权

展览权是指公开陈列美术作品、摄影作品的原件或者复制件的权利。对于美术作品而言，原件的展览往往有着特殊的意义，故法律赋予著作权人该项权利。但需要注意的是，由于美术作品的特殊性，其原件的展览权通常由原件的所有人行使。

5. 表演权

表演权是指公开表演作品，以及用各种手段公开播送作品的表演的权利。许多作品的价值都是通过表演才得以实现的，比如歌曲、戏剧等，所以作者有权从表演中获得财产利益。

6. 放映权

放映权是指即通过放映机、幻灯机等技术设备公开再现美术、摄影、视听作品等的权利。

7. 广播权

广播权是指以无线方式公开广播或者传播作品，以有线传播或者转播的方式向公众传播广播作品，以及通过扩音器或者其他传送符号、声音、图像的类似工具向公众传播广播作品的权利，但不包括信息网络传播权。

8. 信息网络传播权

信息网络传播权是指以有线或者无线方式向公众提供作品，使公众可以在其个人选定的时间和地点获得作品的权利。信息网络传播权是为了应对互联网的高速传播性对著作权带来的挑战而出现的。信息网络传播权与传统广播权的差异在于：广播权控制的是非交互式的传播行为，传播的时间及内容均由传播者决定，公众只能被动地接受；而信息网络传播权控制的是交互式的传播行为，用户可以在个人选定的时间和地点获取作品。典型的信息网络传播行为就是视频点播网站所提供的点播服务。

9. 摄制权

摄制权是指以摄制视听作品的方法将作品固定在载体上的权利。摄制权的主要作用在于控制根据小说、戏剧等作品制作视听作品的行为。

10. 改编权

改编权，即改变作品，创作出具有独创性的新作品的权利。如将小说改成戏剧或者电影作品，或者将电影作品改编为连环画等行为。改编权赋予了作者控制改编行为的权利，未经作者许可，不得对其作品进行改编。

11. 翻译权

翻译权，即将作品从一种语言文字转换成另一种语言文字的权利。但是，将汉语翻译成盲文不属于翻译权控制的行为。

12. 汇编权

汇编权，即将作品或者作品的片段通过选择或者编排，汇集成新作品的权利。要形成汇编作品，必须在选择或者编排方面体现出独创性。

可见，著作权的内容与作品类型及其使用方式息息相关。但是，作品的类型和使用方式千变万化，不可能一一罗列。而且，随着经济和技术的发展，也会不断地出现一些新的作品类型和使用方式，如视频点播、体育赛事转播、游戏、短视频等。为了与日新月异的现实生活相适应，著作权法中的相关内容至今已经被多次修订。

（三）著作权的保护期限

著作权中作者的署名权、修改权、保护作品完整权的保护期限不受限制。

自然人的作品，其发表权以及著作财产权的保护期为作者终生及其死亡后 50 年，截止于作者死亡后第 50 年的 12 月 31 日；如果是合作作品，截止于最后死亡的作者死亡后第 50 年的 12 月 31 日。

法人或者其他组织的作品、著作权（署名权除外）由法人或者其他组织享有的职务作品，其发表权以及著作财产权的保护期为 50 年，截止于作品首次发表后第 50 年的 12 月 31 日，但作品自创作完成后 50 年内未发表的，著作权法不再保护。

视听作品和摄影作品，其发表权以及著作财产权的保护期为 50 年，截止于作品首次发表后第 50 年的 12 月 31 日，但作品自创作完成后 50 年内未发表的，著作权法不再保护。

四、著作权的归属

《著作权法》第 11 条规定："著作权属于作者，本法另有规定的除外。"此即确定著作权归属的一般原则。

作者包括自然人作者以及视为作者的法人或者其他组织。创作作品的自然人是作者。由法人或者非法人组织主持，代表法人或者非法人组织意志创作，并由法人或者非法人组织承担责任的作品，法人或者非法人组织视为作者。作者自作品创作完成之时就自动取得著作权。

此外，还有几种特殊类型的作品，其著作权归属的确定应遵循特定的规则。

（一）合作作品

合作作品是指两人以上合作创作的作品。这类作品的著作权由合作作者共同享有。没有参加创作的人，不能成为合作作者。合作作品可以分割使用的，作者对各自创作的部分可以单独享有著作权，但行使著作权时不得侵犯合作作品整体的著作权。

（二）委托作品

接受他人委托创作完成的作品，叫作委托作品。委托作品著作权的归属由委托人和受托人通过合同约定。合同未作明确约定或者没有订立合同的，著作权属于受托人。如果委托作品的著作权归属于受托人，则委托人在约定的使用范围内享有使用作品的权利；双方没有约定使用作品范围的，委托人可以在委托创作的特定目的范围内免费使用该作品。

（三）职务作品

自然人为完成法人或者其他组织工作任务所创作的作品是职务作品。通常情况下，职务作品的著作权由作者享有，但法人或者非法人组织有权在其业务范围内优先使用。作品完成两年内，未经单位同意，作者不得许可第三人以与单位使用的相同方式使用该作品。

除此以外，对于职务作品，我国著作权法特别规定，规定作者享有署名权，著作权的其他权利由法人或者非法人组织享有，法人或者非法人组织可以给予作者奖励：（1）主要是利用法人或者非法人组织的物质技术条件创作，并由法人或者非法人组织承担责任的工程设计图、产品设计图、地图、示意图、计算机软件等职务作品；（2）报社、期刊社、通讯社、广播电台、电视台的工作人员创作的职务作品；（3）法律、行政法规规定的其他情形。

（四）视听作品

由于电影作品、电视剧作品投资巨大，导致电影作品、电视剧作品的创作很大程度上依赖制片人的投资。为了吸引投资，繁荣电影创作，视听作品中的电影作品、电视剧作品的著作权由制作者享有，但编剧、导演、摄影、作词、作曲等作者享有署名权，并有权按照与制作者签订的合同获得报酬。上述电影作品、电视剧作品以外的视听作品的著作权归属由当事人约定；没有约定或者约定不明确的，由制作者享有，但作者享有署名权和获得报酬的权利。视听作品中的剧本、音乐等可以单独使用的作品的作者有权单独行使其著作权。

五、著作权的限制

为了维护公共利益，著作权法在赋予作者权利的同时，还对其权利作出了一定的限制。这种限制主要体现在合理使用和法定许可上。

（一）合理使用

所谓“合理使用”是指对于法律规定的一些作品使用方式，使用者可以不必征得著作权人的同意，不必向著作权人支付报酬，但是应当指明作者姓名或者作品名称，并且不得影响该作品的正常使用，也不得不合理地损害著作权人的合法权益。主要包括以下情形：

（1）为个人学习、研究或者欣赏，使用他人已经发表的作品；

（2）为介绍、评论某一作品或者说明某一问题，在作品中适当引用他人已经发表的作品；

（3）为报道新闻，在报纸、期刊、广播电台、电视台等媒体中不可避免地再现或者引用已经发表的作品；

（4）报纸、期刊、广播电台、电视台等媒体刊登或者播放其他报纸、期刊、广播电台、电视台等媒体已经发表的关于政治、经济、宗教问题的时事性文章，但著作权人声明不许刊登、播放的除外；

（5）报纸、期刊、广播电台、电视台等媒体刊登或者播放在公众集会上发表的讲话，但作者声明不许刊登、播放的除外；

（6）为学校课堂教学或者科学研究，翻译、改编、汇编、播放或者少量复制已经发表的作品，供教学或者科研人员使用，但不得出版发行；

（7）国家机关为执行公务在合理范围内使用已经发表的作品；

（8）图书馆、档案馆、纪念馆、博物馆、美术馆、文化馆等为陈列或者保存版本的需要，复制本馆收藏的作品；

（9）免费表演已经发表的作品，该表演未向公众收取费用，也未向表演者支付报酬，且不以营利为目的；

（10）对设置或者陈列在公共场所的艺术作品进行临摹、绘画、摄影、录像；

（11）将中国公民、法人或者其他组织已经发表的以国家通用语言文字创作的作品翻译成少数民族语言文字作品在国内出版发行；

（12）以阅读障碍者能够感知的无障碍方式向其提供已经发表的作品。

（13）法律、行政法规规定的其他情形。

（二）法定许可

所谓“法定许可”是指对于法律规定的一些使用作品的情形，使用者在满足一定条件的情况下，可以不经著作权人许可。

关于法定许可，《著作权法》第 25 条规定：“为实施义务教育和国家教育规划而编写出版教科书，可以不经著作权人许可，在教科书中汇编已经发表的作品片段或者短小的文字作品、音乐作品或者单幅的美术作品、摄影作品、图形作品，但应当按照规定向著作权人支付报酬，指明作者姓名或者名称、作品名称，并且不得侵犯著作权人依照本法享有的其他权利。”

六、邻接权

邻接权，又称相关权，是指作品的传播者和作品之外其他成果的创造者依法对其劳动成果享有的专有权利的总称，包括出版者对其版式设计、表演者对其表演活动、录音录像制作者对其制作的录音录像制品、广播组织对其播出的广播所享有的专有权利。

邻接权与著作权的差别关键在于客体。著作权的客体是作品；邻接权的客体并非作品，而是作品在传播过程中形成的作品之外的其他劳动成果。一般来说，作品对于独创性的要求会高一些，而邻接权则不要求太高的独创性。

（一）表演者权

表演者权是表演者对其表演活动所享有的专有权利。表演者对其表演享有下列权利：

（1）表明表演者身份；（2）保护表演形象不受歪曲；（3）许可他人从现场直播和公开传送其现场表演，并获得报酬；（4）许可他人录音录像，并获得报酬；（5）许可他人复制、发行、出租录有其表演的录音录像制品，并获得报酬；（6）许可他人通过信息网络向公众传播其表演，并获得报酬。前述（1）（2）两项权利的保护期不受限制。（3）至（6）项权利的保护期为50年，截止于该表演发生后第50年的12月31日。

表演者使用他人作品演出的，应当取得该作品著作权人许可，并支付报酬。演出组织者组织演出，由该组织者取得著作权人许可，并支付报酬。

演员为完成本演出单位的演出任务进行的表演为职务表演，演员享有表明身份和保护表演形象不受歪曲的权利，其他权利归属由当事人约定。当事人没有约定或者约定不明确的，职务表演的权利由演出单位享有。职务表演的权利由演员享有的，演出单位可以在其业务范围内免费使用该表演。

（二）录制者权

录制者权，是指录音录像制作者对其制作的录音录像制品享有的专有权利。录音录像制作者对其制作的录音录像制品，享有许可他人复制、发行、出租、通过信息网络向公众传播并获得报酬的权利；权利的保护期为50年，截止于该制品首次制作完成后第50年的12月31日。

录音录像制作者使用他人作品制作录音录像制品，应当取得著作权人许可，并支付报酬。录音制作者使用他人已经合法录制为录音制品的音乐作品制作录音制品，可以不经著作权人许可，但应当按照规定支付报酬；著作权人声明不许使用的则不得使用。录音录像制作者制作录音录像制品，应当同表演者订立合同，并支付报酬。

被许可人复制、发行、通过信息网络向公众传播录音录像制品，应当同时取得著作权人、表演者许可，并支付报酬；被许可人出租录音录像制品，还应当取得表演者许可，并支付报酬。将录音制品用于有线或者无线公开传播，或者通过传送声音的技术设备向公众公开播送的，应当向录音制作者支付报酬。

（三）广播组织者权

广播电台、电视台有权禁止未经其许可的下列行为：（1）将其播放的广播、电视以有线或者无线方式转播；（2）将其播放的广播、电视录制以及复制；（3）将其播放的广播、电视通过信息网络向公众传播。上述权利的保护期为50年，截止于该广播、电视首次播放后第50年的12月31日。广播电台、电视台行使上述权利，不得影响、限制或者侵害他人行使著作权或者与著作权有关的权利。

广播电台、电视台播放他人未发表的作品，应当取得著作权人许可，并支付报酬。广播电台、电视台播放他人已发表的作品，可以不经著作权人许可，但应当按照规定支付报酬。电视台播放他人的视听作品、录像制品，应当取得视听作品著作权人或者录像制作者许可，并支付报酬；播放他人的录像制品，还应当取得著作权人许可，并支付报酬。

（四）版式设计权

版式设计权指出版者对其版式设计享有的专有权利。著作权法规定，图书出版者对著作权人交付出版的作品，按照合同约定享有的专有出版权受法律保护，他人不得出版该作品。出版者有权许可或者禁止他人使用其出版的图书、期刊的版式设计。该项权利的保护期为 10 年，截止于使用该版式设计的图书、期刊首次出版后第 10 年的 12 月 31 日。

图书出版者经作者许可，可以对作品修改、删节。报社、期刊社可以对作品作文字性修改、删节。对内容的修改，应当经作者许可。

作品刊登后，除著作权人声明不得转载、摘编的外，其他报刊可以转载或者作为文摘、资料刊登，但应当按照规定向著作权人支付报酬。

第三节　专利权

一、专利权概述

（一）专利的概念

在知识产权法上，“专利”一词具有两层含义：一是指专利权，即发明创造人或者权利继受人对于特定的发明创造在一定期限内依法享有的独占实施的权利。专利权是专利制度的核心。二是指专利权的客体，即作为专利法保护对象的发明创造本身，指国家依法定程序和条件授予的在公开的基础上进行法律保护的专有技术或专有设计，包括发明、实用新型和外观设计。

1. 发明

发明，是指对产品、方法或者其改进所提出的新的技术方案。

首先，发明是针对产品、方法或其改进所提出的。其次，发明是一种新的技术方案，即与现有技术相比，发明必须是前所未有的，而不是重复前人的劳动成果。发明应当是对要解决的技术问题所采取的利用了自然规律的技术手段的集合，它是由技术特征来体现的。未采用技术手段解决技术问题，以获得符合自然规律的技术效果的方案，不构成发明。

根据我国专利法，自申请日起算，发明专利的保护期为 20 年。

2. 实用新型

实用新型，是指对产品的形状、构造或者其结合所提出的适于实用的新的技术方案。

虽然实用新型也是一种技术方案，但其保护范围与发明专利不同。实用新型的主题只能是有固定形状或者构造的产品；而发明专利的主题既可以是产品，也可以是方法。此外，实用新型在创造性要求上较发明专利低，审查程序也比较简单、快捷。

根据我国专利法，自申请日起算，实用新型专利的保护期为 10 年。

3. 外观设计

外观设计，也被称作工业品外观设计，是指对产品的整体或者局部的形状、图案或者其结合以及色彩与形状、图案的结合所作出的富有美感并适于工业应用的新设计。

关于外观设计需要注意的是：首先，外观设计是产品的外观设计，因此必须以产品为依托。其次，外观设计以产品整体或局部的形状、图案和色彩等为要素，以追求美感为目的，而不追求实用功能。最后，外观设计必须适合于工业应用。不能通过工业手段大量复制的也不能成为外观设计。

根据我国专利法，自申请日起算，外观设计专利的保护期为 15 年。

（二）专利权的内容

专利权大体包括以下主要内容：

1. 专利权人享有自己实施其专利技术的权利

专利技术的价值是通过实施得以实现的，即实施专利技术可以给实施人带来相应的财产利益。专利权人申请专利的直接目的就是垄断该项技术的实施。

2. 专利权人有禁止他人实施其专利技术的权利

发明和实用新型专利权人具有禁止他人为生产经营目的制造、使用、许诺销售、销售、进口其专利产品，或者使用其专利方法以及使用、许诺销售、销售、进口依照该专利方法直接获得的产品的权利。

外观设计专利权人具有禁止他人为生产经营目的制造、许诺销售、销售、进口其外观设计专利产品的权利。

专利权人可以通过订立专利实施许可合同的方式来许可他人实施其专利。许可方式包括独占许可、排他许可和普通实施许可。

3. 专利权人有处分其专利的权利

专利权人的处分权包括专利权人可以将其专利权转让给他人或者放弃其专利权等。

设置专利制度的价值在于：

（1）鼓励发明创造，刺激整个社会的科学技术发展。通过赋予发明创造人在一定期间内实施发明创造的排他性权利，使发明创造人能够从其发明创造中获得经济回报，从而刺激更多的人进行发明创造活动，促进社会的科技发展和技术进步。

（2）促进发明创造的应用。在获得专利权后，专利权人通常会自己竭力或者许可他人实施专利，以求尽可能多地获取经济利益。社会也可通过这种实施应用获得利益。专利法还规定了强制许可制度来促进专利的应用实施。

（3）提供技术信息和资料，孕育新的发明创造。所有的发明创造都是在前人的基础上完成的，并不是空中楼阁。专利制度以公开发明创造的内容作为授予专利权的前提条件，使大量技术信息和资料被公开，成为他人进行发明研究的基础。

二、授予专利权的条件

专利只有经过国家专利行政部门即国家知识产权局的审查，满足授权条件才能产生。

（一）不能授予专利权的对象

根据专利法的规定，以下属于不能被授予专利权的对象：

（1）违反法律、社会公德或妨害公共利益的发明创造。

（2）违反法律、行政法规的规定获取或者利用遗传资源，并依赖该遗传资源完成的发明创造。

（3）将在中国完成的发明或者实用新型向外国申请专利前，未报经国务院专利行政部门进行保密审查的。

《专利法》第 19 条规定，任何单位或者个人将在中国完成的发明或者实用新型向外国申请专利的，应当事先报经国务院专利行政部门进行保密审查。没有按照规定报请保密审查的，其日后就同一发明或者实用新型在中国申请专利的，不授予专利权。

（4）科学发现。科学发现是对自然界中客观存在的现象、变化过程及其特性和规律的揭示，而并没有提出用于解决问题的技术方案。因此，不能获得专利权。

（5）智力活动的规则和方法。智力活动的规则和方法是指导人们进行思维、表述、判断和记忆的规则和方法。由于其没有采用技术手段或者利用自然规律，也未解决技术问题和产生技术效果，不构成技术方案。不能被授予专利权。

（6）疾病的诊断和治疗方法。指以有生命的人体或者动物体为直接实施对象，进行识别、确定或消除病因或病灶的过程。但是，用于实施疾病诊断和治疗方法的仪器或装置，以及在疾病诊断和治疗方法中使用的物质或材料属于可被授予专利权的客体。

（7）动物和植物品种。但对动物和植物品种的生产方法（指非生物学的方法），可以被授予专利权。

（8）原子核变换方法以及用原子核变换方法获得的物质。原子核变换方法以及用该方法获得的物质关系到国家的经济、国防、科研和公共生活的重大利益，不宜为单位或私人垄断，因此不能被授予专利权。

（9）对平面印刷品的图案、色彩或者二者的结合作出的主要起标识作用的设计。

（二）专利授权的实质条件

此外，一项专利申请要获得授权，还需要满足实质性授权条件。其中，发明、实用新型、外观设计的授权条件又不完全相同。

1. 发明和实用新型专利授权的实质条件

发明和实用新型专利授权的实质条件主要包括新颖性、创造性和实用性。

（1）新颖性。

新颖性，是指该发明或者实用新型不属于现有技术；也没有任何单位或者个人就同样的发明或者实用新型在申请日以前向国家知识产权局提出过申请，并记载在申请日以后（含申请日）公布的专利申请文件或者公告的专利文件中。

新颖性关注的是申请专利的技术与一项现有技术或者在先申请是否相同或实质相同。新颖性包括两个层面的内容：首先，发明或实用新型不能是在申请日之前在国内外为公众所知的技术，也就是说，不能是在申请日（有优先权的，指优先权日）以前在国内外出版物上公开发表、在国内外公开使用或者以其他方式为公众所知的技术。其次，由于专利遵循先申请原则，同样的发明创造只授予一次专利权且授予最先申请的主体，因此该发明或者实用新型须是最早申请的。而那些在申请日以前提出并在申请日以后公布的足以损害新颖性的专利申请被称为抵触申请。

出于鼓励申请人在国际或国内进行交流及兼顾社会公共利益的目的，专利法规定了不丧失新颖性的公开的几种情形以及相应的新颖性宽限期，即：申请专利的发明创造在申请日以前 6 个月内，有下列情形之一的，不丧失新颖性：a. 在国家出现紧急状态或者非常情况时，为公共利益目的首次公开的；b. 在中国政府主办或者承认的国际展览会上首次展出的；c. 在规定的学术会议或者技术会议上首次发表的；d. 他人未经申请人同意而泄露其内容的。上述规定的 6 个月时间就是“新颖性宽限期”。

（2）创造性。

创造性，也被称作“非显而易见性”。创造性，是指与现有技术相比，该发明具有突出的实质性特点和显著的进步，该实用新型具有实质性特点和进步。

所谓“实质性特点”，指发明创造与现有技术相比所具有的本质性的区别特征，并且这种区别特征应当是技术性的，通常也就是该发明创造发明点之所在。所谓“显著的进步”，是指发明与最接近的现有技术相比能够产生有益的技术效果，或者为解决某一技术问题提供了一种不同构思的技术方案，或者代表某种新的技术发展趋势。在对一项发明的创造性进行判断时，往往还需要综合考虑一些其他因素，如：解决了长期渴望解决但未能解决的技术问题，克服了技术偏见，取得了预料不到的技术效果，取得了商业上的成功等。

如果说新颖性的关键在于“新”，那么创造性的核心则侧重“难”，它要求专利技术凝聚较多的创造性劳动，从而促进和刺激较高水平的技术创新纳入专利保护。其中，发明专利的创造性要求“突出”的实质性特点和“显著”的进步，明显高于实用新型。

（3）实用性。

实用性是指发明或者实用新型能够在产业上制造或者使用，并能产生积极效果。

授予专利权的发明或者实用新型，必须是能够解决技术问题，并且能够应用的。满足实用性要求的技术方案不能违背自然规律，并且应当具有再现性。

2. 外观设计专利授权的实质条件

（1）新颖性。

第一，指授予专利权的外观设计，应当不属于现有设计；也没有任何单位或者个人就同样的外观设计在申请日以前向国务院专利行政部门提出过申请，并记载在申请日以后公布的专利文件中。

第二，指在现有设计或抵触申请中既没有与涉案专利相同的外观设计，也没有与涉案专利实质相同的外观设计。如果一项外观设计的全部设计要素，包括形状、图案以及色彩，与现有设计的相应设计要素相同，则两者相同。如果一项外观设计与现有设计的区别在于一般消费者施以一般注意力不能察觉到的局部细微差异，或在使用时看不到或者不容易看到的部分，则两者实质相同。

（2）具有明显区别。

授予专利权的外观设计与现有设计或者现有设计特征的组合相比，应当具有明显区别。

（3）不与在先权利相冲突。

指授予专利权的外观设计不得与他人在申请日以前已经取得的合法权利相冲突。该条所述合法权利，是指依照中华人民共和国法律享有并且在涉案专利申请日仍然有效的权利或者权益。包括商标权、著作权、企业名称权（包括商号权）、肖像权以及知名商品特有包装或者装潢使用权等。

三、专利法上的主体

（一）发明人

发明人即完成发明创造的人。

根据专利法的规定，只有在发明创造完成过程中对发明创造的构思以及构思的具体化提出创造性见解的人，才能被称作发明人。

（二）申请人

申请人是指就一项发明创造向专利局申请专利的人。

通常，发明人有权对其完成的发明创造申请专利。但存在下面三种例外情况：（1）发明人以外有其他人通过合同从发明人那里取得了发明创造的专利申请权；（2）发明人的继承人通过继承取得发明创造的专利申请权；（3）法律直接将专利申请权赋予发明人以外的其他人，这种情况主要发生在职务发明创造上。

（三）专利权人

专利权人即指享有专利权的人。

专利权人与专利申请人是两个不同的概念。一项技术申请专利后，未必一定能获得批准而成为专利技术，因此专利申请人也就未必能够成为专利权人。反之，专利权人未必都曾是专利申请人，因为专利权也可以通过转让或继承获得。

四、 专利权的归属

（一）自由发明创造

所谓自由发明创造是指发明人完全依靠自己的智力劳动以及设备、资金等外部条件所完成的发明创造。自由发明创造的权属都归发明创造的完成人，即发明人。发明人因其劳动而对其创造的财富拥有权利，但如果未申请专利并获批准，这种权利不能对抗善意第三人。专利法将这种权利称作申请专利的权利。

（二）共同发明创造

当一项发明创造为两人或两人以上共同完成时，这一发明创造即共同发明创造，也称合作发明创造。通常，共同发明创造的权利为共同发明人所共有。共同发明创造在申请专利时应当取得权利共有人的一致同意。共有人在转让其共有份额时，其他共有人在同等条件下有优先购买权。共有一方声明放弃其专利申请权的，其他共有各方可共同申请，但依照我国法律，在发明被授予专利后，放弃申请权的一方可以免费实施该项专利。

（三）职务发明创造

职务发明创造即职工在履行职务中所完成的发明创造，或者是在执行所在单位的指令中所完成的发明创造。我国专利法明确给出了职务发明创造的定义，并对其权利归属作出了规定。《专利法》第 6 条第 1 款规定："执行本单位的任务或者主要是利用本单位的物质技术条件所完成的发明创造为职务发明创造。职务发明创造申请专利的权利属于该单位。"由此可知，在我国，职务发明创造分作两类，一类是执行本单位任务所完成的发明创造，另一类是主要利用本单位物质条件所完成的发明创造。根据有关规定，"执行本单位的任务"所完成的发明创造至少应当包括：（1）在本职工作中作出的发明创造；（2）履行本单位交付的本职工作之外的任务所作出的发明创造；（3）退职、退休或调动工作后一年内作出的，与其在原单位承担的本职工作或分配的任务有关的发明创造。"本单位的物质条件"是指本单位的资金、设备、零部件、原材料或不向外公开的技术资料等。尽管职务发明创造申请专利的权利归单位，但单位应当给予发明人相应的物质和精神奖励。

（四）委托发明创造

在我国法律中还有一类发明创造被称作委托发明创造，即以合同方式委托他人完成的发明创造。对于这类发明创造的权利归属，专利法和有关合同法采取了合同优先的原则，即完全依照合同约定来确定委托发明创造的权利归属。但在合同约定不明或合同未对权利归属予以约定时，法律作了对受托方更为有利的规定，即权利归完成发明创造的一方。

五、专利权的限制

（一）不视为侵犯专利权的情形

我国《专利法》第 75 条规定了"不视为侵犯专利权"的五种情形，构成了对专利权的限制。

1. 专利权用尽

当专利权人自己制造或者许可他人制造的专利产品上市经过首次销售之后，专利权人对该特定产品不再享有任何意义上的支配权，即购买者对这些产品的再转让或者使用都与专利权人无关。这种情况被叫作首次销售，也被称为权利耗尽或权利用尽，因为专利权人的利益在首次销售中已经得以实现，故而称权利用尽。

2. 先用权人的实施行为

先用权人，是指在他人产品或方法被授予专利权之前，就已经制造了相同的产品、使用了相同的方法，或已经做好了制造或使用的必要准备的人。有时两个以上的人出于巧合，完成了相同的发明创造或者设计。其中一人出于某种考虑并未申请专利，而是直接开始制造产品、使用方法或进行投资，加以制造或使用；而另一个申请专利权，获得授权之后，享有了对专利产品的专利权。如果禁止在先制造和使用方法的发明创造人的制造和使用行为，则显然有失公平。因此，专利法规定，在专利申请日前已经制造相同产品、使用相同方法或者已经做好制造、使用的必要准备，并且仅在原有范围内继续制造、使用的，不视为侵犯专利权。

3. 临时过境的使用

所谓临时过境的使用，是指临时通过中国领陆、领水、领空的外国运输工具，依照其所属国同中国签订的协议或者共同参加的国际条约，或者依照互惠原则，为运输工具自身需要而在其装置和设备中使用有关专利的，不侵犯专利权。

享受临时过境的例外必须具备两个条件：首先是外国运输工具临时通过中国领陆、领水或领空。在定期往返于外国与中国之间的外国交通工具上使用中国专利并不构成侵权行为。其次，必须是为运输工具自身需要而在其装置和设置中使用有关专利产品或方法。

4. 专为科学研究和实验的使用

所谓“专为科学研究和实验而使用有关专利”，是指将专利产品或方法作为科学研究和实验对象而加以使用的行为。专为科学研究和实验而使用有关专利的，不侵犯专利权。

5. 为行政审批的需要

为提供行政审批所需要的信息，制造、使用、进口专利药品或者专利医疗器械的，以及专门为其制造、进口专利药品或者专利医疗器械的，不侵犯专利权。

（二）专利的强制许可

在一定情形下，也可以给予专利权以强制许可，这在实质上也是一种对专利权的限制。

我国专利法规定的强制许可主要包括：

1. 防止滥用的强制许可

在下列情形下，国务院专利行政部门根据具备实施条件的单位或者个人的申请，可以给予实施发明专利或者实用新型专利的强制许可：（1）专利权人自专利权被授予之日起满三年，且自提出专利申请之日起满四年，无正当理由未实施或者未充分实施其专利的；（2）专利权人行使专利权的行为被依法认定为垄断行为，为消除或者减少该行为对竞争产生的不利影响的。

我国授予发明创造人以专利权，一方面是为了激励更多的人进行发明创造，另一方面也是为了给社会带来利益。如果专利权人自己不实施专利，也不许可他人实施专利，则社会无法从该专利中受益。这时，具备实施条件的单位或者个人就可以申请强制许可。在申请强制许可时，应当提交证据证明其已经以合理的条件请求专利权人许可其实施专利，但未能在合理的时间内获得许可。

2. 根据公共利益需要的强制许可

在国家出现紧急状态或者非常情况时，或者为了公共利益的目的，国务院专利行政部门可以给予实施发明专利或者实用新型专利的强制许可。

3. 制造并出口专利药品的强制许可

为了公共健康目的，对取得专利权的药品，国务院专利行政部门可以给予制造并将其出口到符合中华人民共和国参加的有关国际条约规定的国家或者地区的强制许可。

4. 为实施从属专利需要的强制许可

许多取得专利权的发明创造属于“改进发明”，即在原有发明创造的基础之上进行改进，从而获得新的发明创造成果。如果原有发明创造本身也获得了专利权并仍然在专利保护期之内，则该专利的实施就有赖于原有发明创造专利权人的许可，该专利就被称为“从属专利”。

一项取得专利权的发明或者实用新型比前已经取得专利权的发明或者实用新型具有显著经济意义的重大技术进步，其实施又有赖于前一发明或者实用新型的实施的，国务院专利行政部门根据后一专利权人的申请，可以给予实施前一发明或者实用新型的强制许可。在依照前款规定给予实施强制许可的情形下，国务院专利行政部门根据前一专利权人的申请，也可以给予实施后一发明或者实用新型的强制许可。

第四节　商标权

一、商标权概述

商标，是指商品或服务的提供者为了将自己的商品或服务与他人提供的同种或类似商品或服务相区别而使用的标记。任何能够将自然人、法人或者其他组织的商品与他人的商品区别开的标志，包括文字、图形、字母、数字、三维标志、颜色组合和声音等，以及上述要素的组合，均可以作为商标。

商标的最重要的功能就是区分商品或服务的来源，使消费者能够通过商标将相同或类似商品或者服务的提供者区分开来，此即商标的识别功能。此外，商标还承载了商品或服务提供者的商誉，通过商标，能够向消费者传达一种质量或信誉上的保障，即使用该商标的商品或者服务具有良好的质量水平。商标的所有者还可以方便地利用商标进行广告宣传，以使其持有的商标上所承载的商誉得到增长，获得消费者的认可，从而获取经济利益。

商标权是商标法保护的核心，指商标权人对其注册商标在核定使用的商品或服务上进行专有使用的权利。注册商标的专用权，以核准注册的商标和核定使用的商品为限。

在我国，能够提起商标注册申请的主体包括自然人、法人或者其他组织，故商标权人就是依法能够享有商标权的法人、自然人或其他组织。此外，在符合一定条件的情况下，外国人或者外国企业也能在我国提出商标注册申请，因此商标权人也可以是外国人或者外国企业。

二、商标权的内容

作为民事权利的一种，商标权主要包括以下几个方面的内容：

（一）自用权

自用权指商标权人自行使用其商标的权利。商标的使用方式包括产品的生产者或销售者在产品或者产品的包装上的直接使用，还包括服务的提供者在服务场所的使用；此外，在广告中宣传自己的商标也是一种使用方式。

使用商标的目的在于使公众能够明确市场上同类或类似商品的不同出处。不同的生产者通过不同的商标以表示商品的不同来源。商标权人对其商标的长期使用使公众认可了该商标与其提供的特定商品间的联系。

（二）禁用权

禁用权指商标权人有禁止他人使用其商标的权利。禁用权是商标专用权最核心的权利。商标的无体性使其在客观上可以被不特定的人同时占有，而商标专用权即意味着排他权，意味着商标权人有权禁止他人在特定范围内未经许可的使用行为。

商标权的禁用范围主要是禁止他人在与核准使用的商品或服务相同或类似的商品或服务上使用与注册商标相同或近似的商标。驰名商标的禁用范围还可扩大到与其核准注册的商品或者服务不相同或不相类似的商品或服务上。

（三）处分权

商标权人对于自己的商标权有进行处分的权利，如许可、转让、放弃等。

自核准注册之日起计算，商标权的有效期为 10 年，期满可以续展，每次续展注册的有效期也是 10 年。

三、商标不予注册的事由

我国是实行商标注册制的国家，只有通过核准注册取得商标专用权，才能获得商标法的专门性保护。国务院工商行政管理部门商标局主管全国商标注册和管理的工作。而只要未发现所申请的商标存在不予注册的法定事由，通常都会给予核准注册。

商标不予注册的法定事由包括绝对事由和相对事由。

（一）商标不予注册的绝对事由

商标不予注册的绝对事由是指，商标标志本身缺乏显著性或者存在破坏社会公共秩序、损害社会公共利益、违背社会公德或者具有不良影响等不能予以注册的事由。

商标不予注册的绝对事由损害的是公共利益，而非特定人的权利或利益。在商标的注册申请程序中国家知识产权局应当主动对这些事由进行审查，在商标被注册后也能够依任何单位或个人的申请而启动无效审查程序。

商标不予注册的绝对事由包括：

1. 不以使用为目的的恶意注册

实践中，某些主体不以使用为目的，恶意抢注他人商标或者囤积商标，并以此向商标的实际使用者索取高额利益，严重扰乱了社会经济秩序和商标管理秩序，因此有必要扼制此种行为。

2. 不得作为商标使用的标志

（1）同中华人民共和国的国家名称、国旗、国徽、国歌、军旗、军徽、军歌、勋章等相同或者近似的，以及同中央国家机关的名称、标志、所在地特定地点的名称或者标志性建筑物的名称、图形相同的。

（2）同外国的国家名称、国旗、国徽、军旗等相同或者近似的，但经该国政府同意的除外。

（3）同政府间国际组织的名称、旗帜、徽记等相同或者近似的，但经该组织同意或者不易误导公众的除外。

（4）与表明实施控制、予以保证的官方标志、检验印记相同或者近似的，但经授权的除外。

（5）同“红十字”“红新月”的名称、标志相同或者近似的。

（6）带有民族歧视性的。

（7）带有欺骗性，容易使公众对商品的质量等特点或者产地产生误认的。

（8）有害于社会主义道德风尚或者有其他不良影响的。

（9）县级以上行政区划的地名或者公众知晓的外国地名，不得作为商标。但是，地名具有其他含义或者作为集体商标、证明商标组成部分的除外；已经注册的使用地名的商标继续有效。

3. 标志缺乏显著性

商标的显著性，是指用于特定商品或服务的标志所具有的识别商品或服务的来源，从而使商品或服务的提供者与其他相同或类似商品或服务的提供者区别开来的特性。不具有显著性的标志不能获得商标注册。

标志本身的显著性取决于标志与其指代的商品或服务之间的密切联系程度。一般来说，一个标志与它所指代的商品或服务之间联系越密切，则显著性越弱；反之，则其显著性越强。但是，标志显著性的高低强弱并不是固定的、一成不变的。实践中存在一些商标，其实质上是描述性商标，但是，这些标志在商品或服务上经过长期的使用和广告宣传之后，消费者已经能够意识到它们是在指示特定商品或服务的出处，而不是在对商品或服务进行描述。这时，其就通过使用获得了显著性。另一方面，也存在一些商标的标志，其本身属于臆造性语汇，但在长期的使用过程中逐渐成为商品的通用名称，从而丧失了显著性，这些标志就不能被注册为商标了。

4. 仅由实用功能带来的特定形状的三维标志

商标法不保护实用功能，因此仅由商品自身的性质产生的形状、为获得技术效果而需有的商品形状或者使商品具有实质性价值的形状不得注册为三维商标。

5. 商标代理机构申请注册代理服务以外商标的

商标代理机构申请注册其提供的代理服务以外的商标的，有理由认为其并非以使用为目的，实践中也出现了商标代理机构抢注被代理人商标的情况。因此，为了规制此类行为作出了该项规定。

6. 采用欺骗或其他不正当手段进行注册的

申请商标注册应当遵守诚实信用原则，不得以弄虚作假的手段欺骗商标注册部门取得注册，也不得以扰乱商标注册秩序、损害公共利益、不正当占用公共资源或者其他不正当方式谋取不正当利益等其他不正当手段取得注册。

（二）商标不予注册的相对事由

指商标的注册存在损害特定民事主体权利和利益的情况，因而不应当被注册的事由。其主要涉及的是民事主体相互之间的争议，而非公共利益，因此被称为相对事由。

针对相对事由，国家知识产权局在商标注册申请的审查程序中难以主动进行审查，仅能依在先权利人或利害关系人的申请才能启动针对该商标的异议和无效审查程序。

商标不予注册的相对事由主要包括：

1. 属于对他人驰名商标的复制、摹仿或者翻译

驰名商标是指经过长期使用具有较高知名度并为相关公众所熟知的商标。较普通商标而言，驰名商标上凝聚较高的商业信誉和品牌知名度，标识着产品或服务具有的较高品质，是商品或服务的提供者长期努力的结果。因此，《商标法》第 13 条规定，就相同或者类似商品申请注册的商标是复制、摹仿或者翻译他人未在中国注册的驰名商标，容易导致混淆的，不予注册并禁止使用。就不相同或者不相类似商品申请注册的商标是复制、摹仿或者翻译他人已经在中国注册的驰名商标，误导公众，致使该驰名商标注册人的利益可能受到损害的，不予注册并禁止使用。

2. 商标中有商品的地理标志，误导公众的

地理标志，是指标示某商品来源于某地区，该商品的特定质量、信誉或者其他特征主要由该地区的自然因素或者人文因素所决定的标志。地理标志不仅指示了商品的产地，更重要的是该商品的特定质量、信誉或者其他特征与该产地密切相关。如果将地理标志作为商标使用，而商品又并非来源于该地理标志所标识的地区，则会产生误导公众的后果。

因此商标法规定，商标中有商品的地理标志，而该商品并非来源于该标志所标示的地区，误导公众的，不予注册并禁止使用；但是，已经善意取得注册的继续有效。

3. 以不正当手段抢先注册他人已有一定影响的未注册商标

《商标法》第 32 条规定，申请商标不得以不正当手段抢先注册他人已经使用并有一定影响的商标。首先，该条所称“以不正当手段抢先注册”是指明知或应知是他人已有一定影响的在先商标而予以抢注，强调具有主观恶意。其次，该条禁止的是“抢注”行为，意味着被抢注的商标虽然尚未注册，但须是“他人已经使用并有一定影响的商标”。

4. 代理人、代表人抢注被代理人、被代表人的商标的

代理人和代表人均是与商标所有人具有一定关系的主体。实践中，有时会发生代理人和代表人违背诚实信用原则，将被代理人和被代表人的商标作为自己的商标进行注册的情形。对此，商标法规定，未经授权，代理人或者代表人以自己的名义将被代理人或者被代表人的商标进行注册，被代理人或者被代表人提出异议的，不予注册并禁止使用。

此外，抢注行为有时候发生在代理、代表关系尚未形成的磋商阶段，但恶意仍十分明显，为了制止这种行为，商标法还规定，就同一种商品或者类似商品申请注册的商标与他人在先使用的未注册商标相同或者近似，申请人与该他人具有前款规定以外的合同、业务往来关系或者其他关系而明知该他人商标存在，该他人提出异议的，不予注册。

5. 与他人在相同或类似商品或服务上已经注册或初步审定的商标相同或近似的

判断商标是否相同或近似，以及商品或服务是否相同或类似，应以相关公众的一般注意力为标准。“相关公众”是指与商标所标识的某类商品或服务有关的消费者和与这些商品或服务的营销有密切关系的其他经营者。他们对申请商标与已注册商标是否相同或近似，以及所指定的商品或服务是否相同或类似的判断具有关键性意义。“商标相同”是指申请商标与已注册商标相比较，二者的文字、图形或者其组合在视觉上基本无差别。“商标近似”是指申请商标与已注册商标相比较，其文字的字形、读音、含义或者图形的构图及颜色，或者其各要素组合后的整体结构相似，或者其立体形状、颜色组合近似，易使相关公众对商品的来源产生误认或者认为其来源与已注册商标的商品有特定的联系。

6. 侵犯他人除商标权以外的其他在先权利的

申请商标注册不得损害他人现有的在先权利。对于申请商标注册与他人在先的商标权相冲突的情形，商标法的其他条款里已经作出了相当具体的规定，因此，这里的在先权利指的是在提出商标注册申请之前，他人已经取得的著作权、外观设计专利权和企业名称权等商标权以外的合法权利或权益。

四、商标的申请注册、无效和撤销

商标法规定，由国务院工商行政管理部门商标局主管全国商标注册和管理的工作。国务院工商行政管理部门设立商标评审委员会，负责处理商标争议事宜。2018 年 3 月，国务院进行机构改革，原国家工商行政管理总局商标局、商标评审委员会、商标审查协作中心整合为国家知识产权局商标局，全面主管全国商标注册和管理工作。

（一）商标的申请注册

自然人、法人或者其他组织在生产经营活动中，对其商品或者服务需要取得商标专用权的，应当向商标局申请商标注册。

商标申请注册以先申请原则为主、先使用原则为补充。当两个或两个以上的申请人在相同或者类似的商品或服务上申请注册相同或近似商标时，先提出申请的才有可能获得注册。在同日申请的情况下，则以先使用原则为补充，即：同日申请的，核准注册先使用的商标。

在享有优先权的情形下，可以优先权日作为商标注册的申请日。优先权并非自动产生的，而是必须要有当事人的明确声明。商标法规定了两种可以享有优先权的情形：一是在外国首次提出商标注册申请之日起 6 个月内，又在中国就相同商品以同一商标提出商标注册申请的，依照该外国同中国签订的协议或者共同参加的国际条约，或者按照相互承认优先权的原则，可以享有优先权。二是商标在中国政府主办的或者承认的国际展览会展出的商品上首次使用的，自该商品展出之日起 6 个月内，该商标的注册申请人可以享有优先权。

注册商标的专用权以核准注册的商标和核定使用的商品为限。因此，申请商标注册时，必须按照商标和服务分类表指定商标使用的商品或者服务的类别，以及具体的商品或者服务的名称。

1. 初步审查

国家知识产权局商标局在收到商标注册申请之后，首先进行形式审查。形式审查是对商标注册申请的文件和手续是否齐全等进行审查，并确定申请日。

经形式审查未发现问题的，决定受理并发给受理通知书，同时进入实质审查阶段。实质审查主要是对商标标志是否存在禁止注册的绝对事由和相对事由进行审查。

商标局经过实质审查，认为申请注册的商标不符合商标法有关规定或者同他人在同一种商品或者类似商品上已经注册的或者初步审定的商标相同或者近似的，驳回申请不予公告。认为符合商标法规定的，予以初步审定并公告。

2. 异议

对于初步审定并公告的商标，自公告之日起 3 个月内，在先权利人、利害关系人认为其存在商标法规定的不予注册的情形的，可以向商标局提出异议。

商标局在受理异议申请后，应当听取异议人和被异议人陈述事实和理由，经调查核实后，做出是否准予注册的决定，并书面通知异议人和被异议人。

3. 复审

对驳回申请、不予公告的决定，或者对不予注册的决定不服的，可以自收到通知之日起 15 日内申请复审。

国家知识产权局经审查后做出复审决定，并书面通知申请人。当事人对国家知识产权局的复审决定不服的，可以自收到通知之日起 30 日内向人民法院起诉。

4. 核准注册

在初步审查程序中，经初步审定并公告，公告期满无异议的，予以核准注册，发给商标注册证，并予以公告。

在异议审查程序中，经异议审查，商标局做出准予注册决定的，发给商标注册证，并予以公告。

（二）注册商标的无效

商标注册后并非即可高枕无忧。如果商标存在禁止注册的绝对事由或者相对事由，即使国家知识产权局在商标申请注册的审查过程中没有发现，或者在先权利人、利害关系人没有提出异议，也可以在其注册后提起商标无效宣告。

商标存在禁止注册的绝对事由的，或者是以欺骗手段或其他不正当手段取得注册的，可以由商标局宣告该注册商标无效；其他单位或者个人可以请求宣告该注册商标无效。

商标存在禁止注册的相对事由的，自商标注册之日起五年内，在先权利人或者利害关系人可以请求国家知识产权局宣告该注册商标无效。对恶意注册的，驰名商标所有人不受 5 年的时间限制。

当事人对商标局作出的决定不服的，可以自收到通知之日起 15 日内申请复审；当事人对作出的复审决定仍不服的，可以自收到通知之日起 30 日内向人民法院起诉。

其他单位或者个人请求宣告注册商标无效的，商标局应当作出维持注册商标或者宣告注册商标无效的裁定，当事人对上述裁定不服的，可以自收到通知之日起 30 日内向人民法院起诉。

法定期限届满，当事人对宣告注册商标无效的决定不申请复审或者对复审决定、维持注册商标或者宣告注册商标无效的裁定不向人民法院起诉的，上述决定或者复审决定、裁定生效。

宣告无效的注册商标，由商标局予以公告，该注册商标专用权视为自始即不存在。

注册商标被宣告无效的，自宣告无效之日起 1 年内，商标局对与该商标相同或者近似的商标注册申请，不予核准。

（三）注册商标的撤销

商标注册是为了使用，在于发挥识别功能，因此在注册商标的使用过程中，如果存在使用方式不合法、商标显著性严重退化以及无正当理由 3 年不使用等情形，注册商标也可以被撤销。

1. 因使用方式不合法而被撤销

商标注册人在使用注册商标的过程中，自行改变注册商标、注册人名义、地址或者其他注册事项的，责令限期改正；期满不改正的，由国家知识产权局撤销其注册商标。

2. 因商标成为商品的通用名称而被撤销

注册商标成为其核定使用的商品的通用名称的，任何单位或者个人可以向商标局申请撤销该注册商标。

如前所述，显著性是一个标志能够被注册为商标的基本条件，只有具有显著性，商标才能发挥其识别作用。当一个商标在使用的过程中显著性逐渐降低，成为商品的通用名称后，商标就丧失了标识商品或服务来源的识别功能，此时就不能再维持其商标注册了。

3. 因三年不使用而被撤销

注册商标没有正当理由连续三年不使用的，任何单位或者个人可以向商标局申请撤销该注册商标。

商标注册的目的是使用，如果商标注册之后长时间不使用，一方面是对于商标资源的占用和浪费；另一方面也无法在商标与其指定的商品或服务之间建立联系，无法实现商标识别商品或服务来源的功能。因此，有必要释放该商标资源。

被撤销的注册商标，由商标局予以公告，该注册商标专用权自公告之日起终止。

注册商标被撤销的，自撤销之日起 1 年内，商标局对与该商标相同或者近似的商标注册申请，不予核准。

五、侵害注册商标专用权的行为

商标法规定了侵犯注册商标专用权的行为，主要包括：

1. 假冒注册商标行为

即未经商标注册人的许可，在同一种商品上使用与其注册商标相同的商标的。

2. 混淆性使用行为

即未经商标注册人的许可，在同一种商品上使用与其注册商标近似的商标，或者在类似商品上使用与其注册商标相同或者近似的商标，容易导致混淆的。

通常情况下，商标法并不禁止在不类似的商品上使用相同或近似的商标，但是对于驰名商标则另当别论。已注册的驰名商标的效力可以延伸到不相同或不相类似的商品或服务，即驰名商标的权利人有权禁止他人在不相同或者不相类似的商品或者服务上使用与其驰名商标相同或近似的商标。

3. 销售侵犯注册商标专用权的商品的

前述1、2项均系针对商标的使用者即商品制造者而言的。本项则是针对商品的销售者而言的，也就是说，销售侵犯注册商标专用权的商品的行为亦属于侵犯注册商标专用权的行为。

生产冒牌商品的目的通常是牟取暴利，而冒牌商品的销售则是实现这种非法利益的手段。如果在法律上不对销售冒牌商品的行为予以禁止，堵塞冒牌商品的销售渠道，就不可能实现对注册商标专用权的保护。

4. 假冒及销售假冒的注册商标标识

即伪造、擅自制造他人注册商标标识或者销售伪造、擅自制造的注册商标标识的。商标标识是商标的载体，虽然伪造或者擅自制造注册商标标识，以及销售伪造、擅自制造注册商标标识的行为，可能并未直接将商标用于具体的商品或服务，但其侵权的恶意明显，亦属于侵犯注册商标专用权的行为。

5. 反向侵权行为

即未经商标注册人同意，更换其注册商标并将该更换商标的商品又投入市场的。由于这种行为造成商品同其标记分离，阻断了商标对商品和服务提供者的识别功能的发挥，对商标专用权造成了损害，故亦属于侵犯注册商标专用权的行为。

6. 帮助侵权行为

故意为侵犯他人商标专用权行为提供便利条件，帮助他人实施侵犯商标专用权行为的。如提供仓储、运输、邮寄、隐匿等便利条件的诸行为。

第五节　侵犯知识产权的法律责任

侵犯知识产权应当承担的法律责任包括民事责任、行政责任和刑事责任。通常情况下，侵权人应当承担停止侵权和赔偿损失的民事责任，如果侵害了知识产权中的人身权利，还应当视情况承担消除影响和赔礼道歉的民事责任。在满足一定条件的情况下，还应当承担行政责任和刑事责任。

一、民事责任

（一）停止侵权

侵犯知识产权的行为是未经权利人许可利用其知识产权的行为，故停止侵权是侵权人首要应当承担的民事责任。这是知识产权作为垄断权的应有之义。

停止侵权的责任承担不以主观过错为构成要件，也就是说，不管侵权人有无过错，其均应当承担立即停止侵权的民事责任。

但是，出于比例原则或公共政策的考量，对于一些特定的侵权行为，可以不判决停止侵权。如《最高人民法院关于审理侵犯专利权纠纷案件应用法律若干问题的解释（二）》（2020 年修正）第 26 条规定："被告构成对专利权的侵犯，权利人请求判令其停止侵权行为的，人民法院应予支持，但基于国家利益、公共利益的考量，人民法院可以不判令被告停止被诉行为，而判令其支付相应的合理费用。"

（二）消除影响、赔礼道歉

消除影响和赔礼道歉属于侵害人身权利应当承担的民事责任。

著作权法为著作权规定了人身权利，当侵权行为侵害了著作权中的人身权利，导致著作权人的人格利益受到损害时，无法单纯地通过经济赔偿来弥补对著作权人造成的损害。此时，侵权人应当通过承担消除影响和赔礼道歉的法律责任，来消除对著作权人造成的不良影响或者对著作权人进行精神抚慰。

虽然商标权中并不包括人身权利，但是，商标是商誉的载体，某些侵害商标权的行为也有可能损害商标权人的商誉，比如丑化了商标所代表的良好的商业信誉。此时，可以视情况判令采取登报声明等方式消除不良影响，以使商誉恢复到受损之前的状态。

专利权中并不包含人身权利，因此通常并不适用消除影响和赔礼道歉的法律责任。

（三）赔偿损失

当侵权行为导致相应知识产权的权利人遭受经济损失时，侵权人还应当承担赔偿损失的民事责任。赔偿损失的责任承担方式应以侵权人具有主观过错为构成要件，即侵权人知道或者应当知道自己从事了侵权行为。

在我国，侵犯知识产权的损失确定方式包括补偿性赔偿、法定赔偿和惩罚性赔偿。

1. 补偿性赔偿

补偿性赔偿以填平权利人因侵权而遭受的损失为原则，也是传统的民事赔偿原则，即按照权利人因被侵权所受到的实际损失来确定损害赔偿的数额。

权利人所遭受的损失无法确定的，也可以按照侵权人因侵权行为所获得的利益确定。权利人的损失或者侵权人的获利均难以确定的，可以参照许可使用费确定。

2. 法定赔偿

由于知识产权具有无形性，权利人的损失和侵权人的获利往往难以查清，故法律规定了法定赔偿。法定赔偿是指，权利人因被侵权所受到的实际损失或侵权人因侵权所获得的利益难以确定的，人民法院可以根据侵权行为的情节等，在法律规定的一定数额范围内酌定赔偿的数额。

法定赔偿是知识产权特有的损失确定方式，最早规定在2001年的《商标法》中，此后《著作权法》《专利法》相继作出类似规定。目前，法定赔偿已成为知识产权侵权诉讼中普遍适用的损失确定方法。

3. 惩罚性赔偿

惩罚性赔偿是和补偿性赔偿相对的一种损失确定方式，其不仅仅是填补权利人因侵权行为所遭受的损失，还要求侵权人支付与能够查明的损失而言更多的赔偿金，通过使侵权人支付较高的侵权代价，实现遏制侵权行为、警示他人的制度价值。

惩罚性赔偿主要适用于故意或者恶意、情节严重的侵权行为。对于此类侵权行为，如果能够根据权利人的实际损失或者侵权人的违法所得计算出具体金额，或者在难以计算权利人的实际损失或者侵权人的违法所得时能够参照许可使用费或者其倍数确定具体金额，则可以按照该金额的一倍以上五倍以下予以赔偿。

二、 行政责任

行政责任是国家行政部门为了维护正常的市场秩序，对侵犯知识产权的行为所给予的法律制裁。在我国，侵犯知识产权的行政责任的主要表现形式有警告、责令停止侵权、收缴或销毁侵权物品、没收违法所得、罚款等。

三、 刑事责任

对于严重的侵害知识产权的行为，还可以追究刑事责任。我国刑法规定的与知识产权相关的犯罪见本书第十章第五节“各种同类犯罪和具体犯罪”中的关于“侵犯知识产权罪”的列举。

练习与思考

内容提要

1. 知识产权是指人们依法对自己的智力活动创造的成果和经营管理活动中的标记、商誉和其他相关客体享有的专有权利。知识产权最典型的特征是权利客体的无形性，因此也被称为无形财产权。

2. 狭义的知识产权包括著作权以及与著作权有关的邻接权、专利权和商标权。广义的知识产权还包括商号权、商业秘密权、地理标记权、植物新品种权、集成电路布图设计权等。

3. 著作权是民事主体依法对作品及相关客体所享有的专有权利。著作权包括著作人身权和著作财产权。著作权具有保护期限。

4. 能够享有著作权的作品应当具备以下要素：必须是人类的智力成果，必须是能够被客观感知的外在表达，必须具有独创性。

5. 作品的著作权归作者享有。作者自作品完成之时就自动取得著作权。直接创作作品的自然人是作者。由法人或者非法人组织主持，代表法人或者非法人组织意志创作，并由法人或者非法人组织承担责任的作品，法人或者非法人组织视为作者。

6. 为公共利益的需要，著作权法在赋予作者权利的同时，还对著作权作出了一定的限制。这种限制体现在著作权的合理使用和法定许可上。

7. 在知识产权法上，“专利”一词具有两层含义：一指专利权，即发明创造人或者权利继受人对于特定的发明创造在一定期限内依法享有的独占实施的权利。二指专利权的客体，即作为专利法保护对象的发明创造本身，包括发明、实用新型和外观设计。

8. 发明是指对产品、方法或者其改进所提出的新的技术方案。实用新型是指对产品的形状、构造或者其结合所提出的适于实用的新的技术方案。外观设计，也被称作工业品外观设计，是指对产品的整体或者局部的形状、图案或者其结合以及色彩与形状、图案的结合所作出的富有美感并适于工业应用的新设计。

9. 发明和实用新型专利授权的实质条件主要包括新颖性、创造性和实用性。

10. 商标是指商品或服务的提供者为了将自己的商品或服务与他人提供的同种或类似商品或服务相区别而使用的标记。任何能够将自然人、法人或者其他组织的商品与他人的商品区别开的标志，包括文字、图形、字母、数字、三维标志、颜色组合和声音等，以及上述要素的组合，均可以作为商标。

11. 商标的最重要的功能就是区分商品或服务的来源。此外，商标还承载了商品或服务提供者的商誉。

12. 侵犯知识产权应当承担的法律责任包括民事责任、行政责任和刑事责任。

关键术语

知识产权	作者	作品	独创性	著作人身权
著作财产权	邻接权	合理使用	发明	实用新型
外观设计	新颖性	创造性	实用性	权利用尽
先申请原则	注册商标	驰名商标	惩罚性赔偿	

辨析题

1. 著作权因作品发表而产生，未发表的作品不受著作权法保护。

2. 知识产权法只保护智力劳动的成果。

3. 擅自转载他人声明不得转载的已发表作品的行为，侵犯了作者的发表权和著作财产权。

4. 著作权法保护表达，专利法保护思想。

5. 实用新型只保护产品，而发明则可保护产品和方法，故能够被授予实用新型专利权的发明创造，必定可被授予发明专利。

6. 未注册的商标不受法律保护。

7. 在不同类的商品上使用与注册商标相同的标识的行为侵犯了注册商标专用权。

8. 著作权、专利权都有保护期；而商标权可以无限续展，因此没有保护期。

案例分析

李某写了一本小说，并授权某网络公司以连载方式在其网站上发布。在未经李某许可的情况下，甲在其个人微博上提供了该小说的免费阅读，乙出版社出版了该小说，丙将该小说改编成了电视剧本，丁影视公司将该小说拍成了电视剧。

问：

(1) 甲乙丙丁四者是否侵犯了李某的著作权？如果构成侵权，分别侵犯了著作权中的哪项权利？

(2) 这个过程中可能产生哪些作品种类？

第八章

经济法

经济法是20世纪初在全球范围兴起的新型法律部门。随着全面建成小康社会伟大任务的完成，我国新时代经济体制改革的目标取向是构建高水平社会主义市场经济体制。经济体制改革的核心问题之一是处理好政府和市场的关系，使市场在资源配置中起决定性作用和更好发挥政府作用。一方面，市场决定资源配置是健全社会主义市场经济体制必须遵循的基本规律；另一方面，推进宏观经济治理体系和治理能力现代化是构建高水平社会主义市场经济体制的重要保障。因此，有必要在尊重市场运行规律的基础上，加强国家在市场监管、环境保护等方面的基本职能，发挥国家在财税、金融、发展规划、产业政策等方面的宏观调控功能。而这些方面正是以社会为本位、以平衡协调为基本原则的独立法律部门——经济法的基本任务。

重点问题

- 经济法的概念与调整原理。
- 经济法的主体界定及分类。
- 不正当竞争行为和垄断行为。
- 消费者权益与经营者义务。
- 产品质量的监督与责任。
- 税收的概念及其与税法的关系。
- 金融法的概念与功能体系。
- 环境保护的基本法律制度。
- 自然资源保护的基本法律制度。

第一节　经济法概述

一、经济法的概念、调整对象和基本原则

（一）经济法的概念和任务

在我国法学界，对经济法的概念及调整对象争议较大。但是一般认为：经济法是调

整国家在监管与协调经济运行过程中发生的经济关系的法律规范的总称，即国家为克服市场调节的局限性、盲目性而制定的调整全局性的、社会公共性的、需要由国家监管与协调的经济关系的法律规范的总称。

经济法是自由资本主义发展为垄断资本主义、国家由自由放任到积极干预经济的产物。在我国，现代意义的经济法孕育和诞生于1979年党的十一届三中全会之后，是改革开放的产物。当前，我国正处于全面建设社会主义现代化国家开局起步的关键时期。高水平社会主义市场经济是在国家宏观调控下使市场对资源起决定性配置作用的一种经济模式。在市场经济体制中，一方面，要充分发挥利益驱动、价值（价格）规律、竞争淘汰等市场机制在资源配置中的决定性作用，要实现产权有效激励、要素自由流动、价格反应灵活、竞争公平有序、企业优胜劣汰。另一方面，市场也存在缺陷，诸如垄断、信息失灵甚至错误、公共产品提供缺乏等，而这些问题非市场本身所能克服。因此，有必要在尊重市场运行规律的基础上，加强国家在市场监管、环境保护等方面的基本职能，发挥国家在财税、金融、发展规划、产业政策等方面的宏观调控功能。规范国家对社会经济生活的监管和调控，避免损及正常的市场运行机制及经济活动主体的利益，维护社会公共经济秩序，是以社会为本位、以平衡协调为基本原则的独立经济法部门的基本任务。所以，经济法的本质属性是平衡协调法，是社会本位法，是系统综合调整法，是经济集中与经济民主对立统一的法。

（二）经济法的调整对象

经济法的调整对象就是经济法所调整的在国家监管与协调经济运行过程中发生的各种经济关系。经济法的调整对象主要包括：（1）市场主体调控关系，即国家对市场主体进行监管及市场主体在自身运行过程中所发生的社会关系；（2）市场运行调控关系，即国家为建立市场经济秩序，维护国家、市场经营者和消费者的合法权益而监管市场所发生的经济关系；（3）宏观经济调控关系，即国家从长远和社会整体利益出发，对关系国计民生的重大经济因素实施监管而与其他市场主体发生的具有组织管理性的经济关系；（4）社会分配调控关系，即国家在国民收入初次分配、再分配及其管理过程中所发生的经济关系。经济法对上述经济关系的调整具有直接经济性、浓厚政策性、政府主导性、综合调整性等特征。

（三）经济法的基本原则

经济法的基本原则，是贯穿经济法始终的，经济法主体在经济立法、经济执法、经济司法、经济守法活动中应当遵循的基本行为准则。为适应全面建设社会主义现代化国家和构建高水平社会主义市场经济体制的要求，我国经济法的基本原则包括：

（1）保障和促进公有制为主体、多种所有制经济共同发展的原则。高水平社会主义市场经济是在国家宏观调控下使市场对资源配置起决定性作用的一种经济模式，对资源的高效配置要求市场利益主体的多元化，要鼓励、支持、引导非公有制经济发展。同时，要坚持和完善社会主义基本经济制度，毫不动摇巩固和发展国有经济和集体经济（公有制经济），以克服市场经济本身存在的局限性和盲目性。这反映到经济法的主体制度和其他具体法律制度中，要求经济法应贯彻保障和促进公有制为主体、多种所有制经济共同发展的原则。

（2）国家调控的原则。现代市场经济是以市场活动主体意思自治为前提的，但是市场存在内在缺陷，需要国家通过适度的监管与调控加以有效解决。如维持宏观经济稳定、保障公平竞争、加强市场监管、维护市场秩序、弥补市场失灵、促进共同富裕，以及一系列涉及国民经济高质量发展的重大工程项目等，都不是纯粹靠市场便能解决的，必须实施国家的宏观调控。而国家宏观调控的方式、方法的采取与调控力度的大小，应由经济法来予以确定和规范。

（3）鼓励自由竞争与反不正当竞争相结合的原则。正当、有序的市场竞争对于宏观调控、微观激活、实现价值规律具有重要的作用，是市场经济的生机和活力的源泉。但是，市场竞争本身也会带来一些消极影响，如垄断（限制竞争）和不正当竞争。因此，需要通过经济法的调整，赋予市场主体在法律范围内以自由竞争的权利，消除垄断与不正当竞争行为，营造公平、合理的竞争环境和营商环境，以引导市场竞争的健康发展。

（4）提高效率与维护公平相统一的原则。效率是市场经济条件下经济活动的应有之义，因为只有追求效率才能优化资源配置，才能实现优胜劣汰，才能更好地满足人们的物质、文化需求。公平既为开展市场活动所必需，亦为社会主义制度的优越性之一。因此，我国经济法在对经济关系进行调整时，既要关注效率，又要兼顾公平，要尽可能实现提高效率与维护公平的统一。总之，完善现代市场体系要加快形成企业自主经营、公平竞争，消费者自由选择、自主消费，商品和要素自由流动、平等交换的市场格局。

二、经济法主体

（一）经济法主体的概念

经济法主体有广狭二义。广义的经济法主体是指经济法律关系主体，即依照经济法律规范规定享有经济权利（或职权）、承担经济义务（或职责）的当事人。此类主体范围十分广泛，既包括国家机关、企业和其他社会组织，也包括企业内部组织和有关人员，还包括个体工商户、农村承包经营户及其他自然人等。

狭义的经济法主体仅指依照经济法主体制度成立的主体。如依国有企业法成立的国有企业、依城镇或乡村集体所有制企业法成立的集体所有制企业、依人民银行法设立的中国人民银行等。

（二）经济法主体的分类

经济法主体大致可分为经济管理主体和经济活动主体两大类。

经济管理主体，主要指依照法律、法规设立，行使国家管理职能的各国家机关，包括国家权力机关、国家行政机关、国家司法机关等。由于经济法的调整对象是管理性、协调性经济关系，故作为经济法主体的国家机关主要是指国家行政机关中的经济管理机关，可细分为综合性经济管理机关、行业性经济管理机关和专门职能部门三类。此外，经济管理主体还包括根据经济法成立，或经依法授权承担一定管理职能的特殊企业或公司等组织，如中国长江三峡工程开发总公司、中华全国供销合作总社、行业管理性集团公司等。

经济活动主体，主要指依法设立，直接从事生产、流通、服务和经济协作等活动的各类企业、组织和个人。其中，各类企业和经济组织是依照经济法主体制度成立的，而其他活动主体（非经济组织、个体经营者）则多是依民法、行政法而设立。另外，国家和国家机关作为整体，在一定条件下也是经济活动主体。如政府部门出让土地使用权，发包工程，进行采购等。企业和经济组织的分支机构、内部机构等（如分公司、分厂、车间），虽然不具有独立法律人格，但是在一定条件下也可以是经济法律关系（如承包、租赁责任制合同关系）的主体。公民个人从事经济、民事活动，依法也可以成为某些经济法律关系（如税收、消费者权益保护法律关系）的主体。

第二节　市场规制法

一、竞争法

（一）竞争和竞争法

竞争是指商品生产经营者为了取得有利的产销条件和投资场所而进行的相互争胜的活动。正当、有序的竞争对于经济的宏观调控、微观激活，实现价值规律具有重要的作用。但是，开展竞争也会带来一些消极因素，如垄断（限制竞争）和不正当竞争行为等。因此，需要加强法律的调控，以引导和规范市场竞争的健康发展。

竞争法是调整市场竞争关系的法律规范的总称，其内容主要由规范竞争主体法律地位的法律制度、反不正当竞争法、反垄断法和维护公平竞争的其他法律制度四部分构成。为适应高质量经济发展的需要，我国建立了以反不正当竞争法和反垄断法为核心的，包括专利法、商标法、证券法、金融法、消费者权益保护法、产品质量法、广告法、价格法、计量法、标准化法等在内的系统完备、日益成熟规范的市场竞争法律制度体系。

（二）反不正当竞争法

反不正当竞争法是指调整在制止不正当竞争行为的过程中发生的社会关系的法律规范的总称，它是竞争法律制度的核心内容之一。1993 年 9 月第八届全国人民代表大会常务委员会第三次会议通过的、经 2017 年 11 月修订和 2019 年 4 月修正的《中华人民共和国反不正当竞争法》，就立法宗旨、不正当竞争行为的种类及法律责任、对涉嫌不正当竞争行为的监督检查等作了规定。

按照《反不正当竞争法》的规定，不正当竞争行为是指经营者在生产经营活动中，违反该法规定，扰乱市场竞争秩序，损害其他经营者或者消费者的合法权益的行为。其具体表现为：

（1）假冒仿冒行为，即假借和冒充其他经营者或其商品的名称、包装、装潢、注册商标、企业名称或姓名、质量和产地标志等，以使人混淆产生误解的行为。

（2）商业贿赂行为，指经营者采用财物或其他手段进行贿赂以谋取交易机会或者竞争优势的行为。包括在账外暗中给对方单位或个人以回扣的行为。

（3）虚假宣传行为，指经营者利用广告或者其他方法，对商品的性能、功能、质量、销售状况、用户评价、曾获荣誉等作虚假或者引人误解的商业宣传的行为。

（4）侵犯商业秘密的行为，指经营者以盗窃、贿赂、胁迫、电子入侵或其他不正当手段，违法获取、披露、使用或允许他人使用权利人的商业秘密的行为。

（5）不正当有奖销售行为，指经营者所设有奖销售信息不明确进而影响兑奖或者采用谎称有奖或故意让内定人员中奖等方法而进行的不正当有奖销售行为。

（6）诋毁商誉行为，指经营者编造、传播虚假信息或者误导性信息，损害竞争对手的商业信誉或其商品声誉的行为。

（7）网络不正当竞争行为，指经营者利用技术手段，通过影响用户选择或者其他方式，实施妨碍、破坏其他经营者合法提供的网络产品或者服务正常运行的行为。

对以上不正当竞争行为，法律规定由县级以上人民政府工商行政管理部门进行查处；法律、行政法规规定由其他部门查处的，依照其规定。各监督检查部门在调查涉嫌不正当竞争行为时，可依法行使检查权、询问权、查询复制权、查封扣押权和查询账户权。

经营者的不正当竞争行为给被侵害的经营者或消费者造成损害的，应当承担损害赔偿的民事责任。如被侵权人的损失难以计算，则侵权人支付的赔偿额应按照侵权人因侵权所获得的利益确定。此外，侵权人还应承担被侵权人为制止不正当竞争行为所支付的合理开支。经营者除因造成他人损害应承担损害赔偿民事责任外，其因从事不正当竞争行为，还可能要承担相应的行政责任，甚至刑事责任。其中，侵权人财产不足以赔偿的，优先用于承担民事责任。

因不正当竞争行为遭受损害的经营者，可以该行为人为被告向人民法院提起反不正当竞争民事诉讼。

（三）反垄断法

反垄断法是有关禁止阻碍、限制或妨害竞争的企业间协议、合谋、联合行动和滥用经济优势等垄断行为的法律规范的总称。反垄断法也是竞争法律制度的核心内容之一，在西方国家有“经济宪法”“市场经济宪章”之称。

反垄断法是在高度发达的市场经济条件下，为防止和消除自由竞争所引起的垄断现象，使市场经济得以健康运转而制定的法律。其宗旨是以社会利益为本位，保护市场竞争秩序，维护消费者的利益和社会公共利益。对反垄断法，各国称谓不同，如美国称为“反托拉斯法”，英国称为“垄断企业和限制性贸易惯例法”，德国称为“反竞争限制法”，日本称为“关于禁止私人垄断和确保公正交易的法律”。各国反垄断法的内容也有差别，但一般都涵盖对协议垄断（包括横向限制和纵向限制两方面）和滥用经济优势地位的禁止，并规定有对国家垄断、自然垄断、知识产权、特定组织和人员的垄断、对外经济贸易领域等的适用除外制度。

2007 年 8 月，第十届全国人民代表大会常务委员会第二十九次会议通过的《中华人民共和国反垄断法》，就立法宗旨、垄断行为的种类及法律责任、对涉嫌垄断行为的调查等作了规定。该法的制定和实施标志着我国反垄断基本法律制度的确立。按照《反垄断法》规定，垄断行为是指对境内市场竞争产生排除、限制影响的行为。其具体表现为：

（1）垄断协议，指经营者之间或经营者与交易相对人之间达成的排除、限制竞争的协议、决定或者其他协同行为。

（2）滥用市场支配地位，指经营者在相关市场内没有正当理由控制商品价格、数量或者其他交易条件，或者阻碍、影响其他经营者进入相关市场的行为。

（3）经营者集中，指经营者通过合并、取得股权或资产、合同等方式取得对其他经营者的控制权或者能够对其他经营者施加决定性影响的行为。

（4）行政性垄断，指行政机关和法律、法规授权的具有管理公共事务职能的组织滥用行政权力，排除、限制竞争的行为。

对以上垄断行为，法律规定由国务院设立反垄断委员会，负责组织、协调、指导反垄断工作，由国务院规定的承担反垄断执法职责的机构（国务院反垄断执法机构）负责反垄断执法工作，由国务院反垄断执法机构根据工作需要授权省、自治区、直辖市人民政府相应的机构负责有关反垄断执法工作。2008 年 7 月和 8 月，国务院公布的有关机构的“三定”方案规定国家工商总局、国家发展改革委和商务部作为三个主要的反垄断执法机构。2018 年 3 月，第十三届全国人民代表大会第一次会议通过的《关于国务院机构改革方案的决定》，规定国家市场监督管理总局作为反垄断统一执法机构，结束了我国近 10 年反垄断分散执法的局面。反垄断执法机构在调查涉嫌垄断行为时，可依法行使检查权、询问权、查询复制权、查封扣押权和查询账户权。

经营者实施垄断行为，给他人造成损失的，依法承担民事责任。经营者除造成他人损失应承担民事责任外，其因从事垄断行为，还可能要承担相应的行政责任，甚至刑事责任，例如阻碍反垄断执法机构依法实施的审查和调查，情节严重构成犯罪的。2012 年 1 月，最高人民法院审判委员会第 1539 次会议通过的《关于审理因垄断行为引发的民事纠纷案件应用法律若干问题的规定》，明确因垄断行为受到损失以及因合同内容、行业协会的章程等违反反垄断法而发生争议的自然人、法人或者其他组织，可以向人民法院提起反垄断民事诉讼。

二、消费者权益保护法

（一）消费者权益保护法的概念及意义

消费者权益，或称“公民消费权益”，是指消费者依法享有的权利以及该权利受到保护时给消费者带来的应得的利益。消费者权益保护法是调整在保护公民消费权益的过程中产生的社会关系的法律规范的总称。在我国，有关消费者权益保护的法律是 1993 年 10 月第八届全国人民代表大会常务委员会第四次会议通过的、经 2009 年 8 月和 2013 年 10 月两次修正的《中华人民共和国消费者权益保护法》。该法的颁布实施，对保护消费者的合法权益，规范经营者的行为，维护社会经济秩序，促进社会主义市场经济的健康发展具有十分重要的意义。

（二）消费者的权利与经营者的义务

《消费者权益保护法》赋予了消费者 11 项权利，规定了经营者 13 项义务，表明了该法以保护消费者权益为己任，向消费者（弱者）适当倾斜的制度定位。

1. 消费者的权利

消费者的权利是指消费者为了满足生活消费需要，依法为或不为一定行为，以及要求经营者或其他主体为或者不为一定行为的法律许可。《消费者权益保护法》为消费者设立了相互独立又相互关联的 11 项权利：

（1）安全保障权，即消费者在购买、使用商品和接受服务时享有人身、财产安全不受损害的权利。

（2）知悉真情权，即消费者享有知悉其购买、使用的商品或者接受的服务的真实情况的权利。

（3）自主选择权，即消费者享有自主选择商品和服务的权利，享有自主决定购买或者不购买任何一种商品、接受或者不接受任何一项服务的权利。

（4）反悔权，即消费者有权自收到采用网络、电视、电话、邮购等方式销售的商品之日起七日内无理由退货的权利。

（5）公平交易权，即消费者享有交易条件、交易机会等方面公平交易的权利。

（6）获得赔偿权，即消费者因购买、使用商品或者接受服务受到人身、财产损害的，享有依法获得赔偿的权利。

（7）依法结社权，即消费者享有依法成立维护自身合法权益的社会组织的权利。

（8）获得知识权，即消费者享有获得有关消费和消费者权益保护方面的知识的权利。

（9）受尊重权，即消费者在购买、使用商品和接受服务时，享有人格尊严、民族风俗习惯得到尊重的权利。

（10）个人信息权，即消费者享有个人信息依法得到保护的权利。

（11）监督批评权，即消费者享有对商品和服务以及保护消费者权益工作进行检举、控告、批评和建议的权利。

2. 经营者的义务

经营者的义务是指经营者依法必须为一定行为或不为一定行为，以满足和实现消费者的生活消费需要的责任。经营者的义务包括：法定义务，即基于法律直接规定而产生的义务；约定义务，即基于合同而产生的义务。约定义务不得与强制性法定义务相抵触，否则，该约定义务无效。另外，尽管有法定义务存在，但法定义务是法律对经营者的基本要求，消费者完全可以与经营者通过合同约定经营者承担比法律规定更严格的义务。《消费者权益保护法》规定了经营者的 13 项义务：

（1）依法履行的义务，即经营者向消费者提供商品或者服务，应当履行法定和约定的义务，应当恪守社会公德，诚信经营，不得设定不公平、不合理的交易条件，不得强制交易。

（2）听取意见和接受监督的义务，即经营者应当听取消费者对其提供的商品或服务的意见，接受消费者的监督。

(3) 保障安全的义务，即经营者应当保证其提供的商品或服务符合保障人身、财产安全的要求。对可能危及人身、财产安全的商品和服务，经营者应当向消费者作出真实的说明和明确的警示，并说明和标明正确使用商品或者接受服务的方法以及防止危害发生的方法。宾馆、商场、餐馆、银行、机场、车站、港口、影剧院等经营场所的经营者，应当对消费者尽到安全保障义务。

(4) 缺陷报告、告知和召回的义务，即经营者发现其提供的商品或者服务存在缺陷，有危及人身、财产安全危险的，应当立即向有关行政部门报告和告知消费者，并采取停止销售、警示、召回、无害化处理、销毁、停止生产或者服务等措施。

(5) 提供真实信息的义务，即经营者应当向消费者提供有关商品和服务的真实、全面信息，不得作虚假或引人误解的宣传。对消费者就其提供的商品或者服务的质量和使用方法等问题提出的询问，经营者应当作出真实、明确的答复。经营者提供商品或者服务应当明码标价。

(6) 标明真实身份的义务，即经营者应当表明其真实名称和标记。租赁他人柜台或者场地的经营者，应当标明其真实名称和标记。

(7) 出具销售或服务凭证的义务，即经营者提供商品或服务，应当按国家规定或商业惯例向消费者出具购货或服务单据，消费者索要购货凭证或单据的，经营者必须出具。

(8) 保证商品和服务质量的义务，即经营者应当保证在正常使用商品或者接受服务的情况下其提供的商品或者服务应当具有的质量、性能、用途和有效期限。

(9) 退货、更换、修理义务，即经营者提供商品或者服务，按照国家规定或与消费者的约定，应当承担包修、包换、包退或其他责任的，应当按国家规定或约定履行，不得故意拖延或无理拒绝。针对采用网络、电视、电话、邮购等方式销售商品，经营者自消费者收到商品之日起七日内负有接受无理由退货的义务。

(10) 提示和说明义务，即经营者在经营活动中使用格式条款的，应当以显著方式提请消费者注意与消费者有重大利害关系的内容，并按照消费者的要求予以说明。同时，经营者不得以格式合同、通知、声明、店堂告示等方式作出对消费者不公平、不合理的规定，或者减轻、免除其损害消费者合法权益应当承担的民事责任。

(11) 尊重人格尊严和人身自由的义务，即经营者不得对消费者进行侮辱、诽谤，不得搜查消费者的身体及其携带的物品，不得侵犯消费者的人身自由。

(12) 基本信息告知义务，即采用网络、电视、电话、邮购等方式提供商品或者服务的经营者，以及提供证券、保险、银行等金融服务的经营者，应当向消费者提供经营地址、联系方式、商品或者服务的数量和质量、价款或者费用、履行期限和方式、安全注意事项和风险警示、售后服务、民事责任等信息。

(13) 个人信息保护义务，即经营者收集、使用消费者个人信息，应当遵循合法、正当、必要的原则，明示收集、使用信息的目的、方式和范围，并经消费者同意。经营者收集、使用消费者个人信息，应当公开其收集、使用规则，不得违反法律、法规的规定和双方的约定收集、使用信息。同时，经营者及其工作人员对收集的消费者个人信息必须严格保密，不得泄露、出售或者非法向他人提供。经营者应当采取技术措施和其他必要措施，确保信息安全，防止消费者个人信息泄露、丢失。在发生或者可能发生信息泄露、丢失的情况时，应当立即采取补救措施。

（三）消费者权益争议的解决

1. 消费者争议解决的维权途径

消费者和经营者之间发生消费者权益争议的，可通过下列途径解决：(1) 与经营者协商和解；(2) 请求消费者协会调解；(3) 向有关行政部门投诉；(4) 提请仲裁；(5) 向人民法院提起诉讼。

2. 侵害消费者权益的民事责任

消费者可以向任一方经营者提出请求，即经营者之间承担连带责任，包括：(1) 消费者或其他受害人因商品缺陷造成人身、财产损害的，可以向销售者要求赔偿，也可以向生产者要求赔偿。属于生产者责任的，销售者赔偿后，有权向生产者追偿；属于销售者责任的，生产者赔偿后，有权向销售者追偿。(2) 使用他人营业执照的违法经营者提供商品或服务，损害消费者合法权益的，消费者可以向其要求赔偿，也可以向营业执照的持有人要求赔偿。(3) 广告经营者、发布者设计、制作、发布关系到消费者生命健康商品或者服务的虚假广告，造成消费者损害的，应当与提供该商品或者服务的经营者承担连带责任。(4) 社会团体或者其他组织、个人在关系到消费者生命健康商品或者服务的虚假广告或者其他虚假宣传中向消费者推荐商品或者服务，造成消费者损害的，应当与提供该商品或者服务的经营者承担连带责任。

消费者须先向特定一方经营者提出赔偿请求，包括：(1) 消费者在购买、使用商品时，其合法权益受到损害的，可以向销售者要求赔偿。销售者赔偿后，属于生产者的责任或向销售者提供商品的其他销售者的责任的，销售者有权向生产者或其他销售者追偿。(2) 消费者在接受服务时，其合法权益受到损害的，可以向服务者要求赔偿。(3) 消费者在购买、使用商品或者接受服务时，其合法权益受到损害，因原企业合并、分立的，可以向变更后的企业要求赔偿。(4) 消费者在展销会、租赁柜台购买商品或接受服务，其合法权益受到损害的，可以向销售者或服务者要求赔偿。展销会结束或柜台租赁期满后，也可以向展销会举办者、柜台的出租者要求赔偿。展销会的举办者、柜台的出租者赔偿后，有权向销售者或服务者追偿。(5) 消费者通过网络交易平台购买商品或者接受服务，其合法权益受到损害的，可以向销售者或者服务者要求赔偿。网络交易平台提供者不能提供销售者或者服务者的真实名称、地址和有效联系方式的，消费者也可以向网络交易平台提供者要求赔偿；网络交易平台提供者赔偿后，有权向销售者或者服务者追偿。(6) 消费者因经营者利用虚假广告或者其他虚假宣传方式提供商品或者服务，其合法权益受到损害的，可以向经营者要求赔偿。广告经营者、发布者发布虚假广告的，消费者可以请求行政主管部门予以惩处。广告经营者、发布者不能提供经营者的真实名称、地址和有效联系方式的，应当承担赔偿责任。

3. 侵害消费者权益的行政责任

经营者有下列情形之一，除承担相应的民事责任外，还应当承担行政责任。情形包括：(1) 提供的商品或者服务不符合保障人身、财产安全要求的；(2) 在商品中掺杂、掺假，以假充真，以次充好，或者以不合格商品冒充合格商品的；(3) 生产国家明令淘汰的商品或者销售失效、变质的商品的；（4）伪造商品的产地，伪造或者冒用他人的厂名、厂址，篡改生产日期，伪造或者冒用认证标志等质量标志的；（5）销售的商品应当检验、检疫而未检验、检疫或者伪造检验、检疫结果的；（6）对商品或者服务作虚假或者引人误解的宣传的；（7）拒绝或者拖延有关行政部门责令对缺陷商品或者服务采取停止销售、警示、召回、无害化处理、销毁、停止生产或者服务等措施的；（8）对消费者提出的修理、重作、更换、退货、补足商品数量、退还货款和服务费用或者赔偿损失的要求，故意拖延或者无理拒绝的；（9）侵害消费者人格尊严、侵犯消费者人身自由或者侵害消费者个人信息依法得到保护的权利的；（10）法律、法规规定的对损害消费者权益应当予以处罚的其他情形。

4. 侵害消费者权益的刑事责任

经营者违法提供商品或者服务，侵害消费者合法权益，构成犯罪的，依法追究刑事责任。经营者应当承担民事赔偿责任和缴纳罚款、罚金，其财产不足以同时支付的，先承担民事赔偿责任。

三、产品质量法

（一）产品、产品质量与产品质量法

所谓“产品”，是指经过加工、制作，用于销售的产品。产品质量是指产品能满足规定的或者潜在需要的特性的总和。产品质量要根据产品标准进行检验，符合标准的即合格产品，可以认为达到了质量要求。产品质量法是调整产品质量监督管理关系和产品质量责任关系的法律规范的总称。在我国，有关产品质量的法律是1993年2月第七届全国人民代表大会常务委员会第三十次会议通过的，经2000年7月、2009年8月和2018年12月三次修正的《中华人民共和国产品质量法》。

（二）产品质量的监督与管理

1. 产品质量管理部门

国务院市场监督管理部门主管全国产品质量监督工作。国务院有关部门在各自的职责范围内负责产品质量监督工作。县级以上地方市场监督管理部门主管本行政区域内的产品质量监督工作。县级以上地方人民政府有关部门在各自的职责范围内负责产品质量监督工作。

2. 产品质量管理制度

（1）标准化管理制度。可能危及人体健康和人身、财产安全的工业产品，必须符合保障人体健康和人身、财产安全的国家标准、行业标准；未制定国家标准、行业标准的，必须符合保障人体健康和人身、财产安全的要求。

（2）企业质量体系认证制度。国家根据国际通用的质量管理标准，推行企业质量体系认证制度。企业根据自愿原则可以向国务院市场监督管理部门认可的或者国务院市场监督管理部门授权的部门认可的认证机构申请企业质量体系认证。经认证合格的，由认证机构颁发企业质量体系认证证书。

（3）产品质量认证制度。国家参照国际先进的产品标准和技术要求，推行产品质量认证制度。企业根据自愿原则可以向国务院市场监督管理部门认可的或者国务院市场监督管理部门授权的部门认可的认证机构申请产品质量认证。经认证合格的，由认证机构颁发产品质量认证证书，准许企业在产品或者其包装上使用产品质量认证标志。

（4）产品质量检验制度。产品质量应当检验合格，不得以不合格产品冒充合格产品。

3. 产品质量监督制度

（1）产品抽查制度。国家对产品质量实行以抽查为主要方式的监督检查制度，对可能危及人体健康和人身、财产安全的产品，影响国计民生的重要工业产品以及消费者、有关组织反映有质量问题的产品进行抽查。县级以上市场监督管理部门根据已经取得的违法嫌疑证据或者举报，对涉嫌违反《产品质量法》规定的行为进行查处时，可以行使现场检查权、情况调查权、查阅复制权和查封扣押权。

（2）产品召回制度。《民法典》第 1206 条规定："产品投入流通后发现存在缺陷的，生产者、销售者应当及时采取停止销售、警示、召回等补救措施；未及时采取补救措施或者补救措施不力造成损害扩大的，对扩大的损害也应当承担侵权责任。"

（3）产品质量社会监督制度。消费者有权就产品质量问题，向产品的生产者、销售者查询；向市场监督管理部门及有关部门申诉，接受申诉的部门应当负责处理。保护消费者权益的社会组织可以就消费者反映的产品质量问题建议有关部门负责处理，支持消费者对因产品质量造成的损害向人民法院起诉。

（三）生产者、销售者的产品质量责任和义务

1. 生产者的产品质量责任和义务

（1）产品质量应当符合要求：第一，不存在危及人身、财产安全的不合理危险，有国家标准、行业标准的，应当符合该标准；第二，具备产品应当具备的使用性能，但对产品存在使用性能瑕疵作出说明的除外；第三，符合在产品或其包装上注明采用的产品标准，符合以产品说明、实物样品的方式表明的质量状况。

（2）包装及产品标识应当符合要求：第一，普通产品，应有产品质量检验的合格证明，有中文标明的产品名称、生产厂厂名和地址；根据需要标明产品规格、等级、主要成分；限期使用的产品，应标明生产日期和安全使用期或失效日期；产品本身易坏或可能危及人身、财产安全的，有警示标志或中文警示说明。第二，特殊产品的标识、包装质量必须符合相应的要求，依照规定作出警示标志或中文警示说明。

（3）不得生产国家明令淘汰的产品。

（4）不得伪造产地，不得伪造或冒用他人的厂名、厂址。

（5）不得伪造或冒用认证标志、名优标志等质量标志。

（6）不得掺杂、掺假，不得以假充真，以次充好，不得以不合格产品冒充合格产品。

2. 销售者的产品质量责任和义务

（1）进货验收义务。销售者应当建立并执行进货检查验收制度，验明产品合格证明和其他标识。

（2）保持产品质量的义务。销售者应当采取措施，保持销售产品的质量。

（3）销售产品标识符合法定要求。销售者销售的产品的标识应当符合法定要求。

（4）不得违反禁止性规定销售产品，包括：不得销售国家明令淘汰并停止销售的产品和失效、变质的产品；不得伪造产地，不得伪造或冒用他人的厂名、厂址；不得伪造或冒用认证标志、名优标志等质量标志；不得掺杂、掺假，不得以假充真、以次充好或以不合格产品冒充合格产品。

（四）产品质量纠纷的解决

1. 产品质量纠纷的维权途径

因产品质量发生民事纠纷时，当事人可以通过协商或者调解解决。当事人不愿通过协商、调解解决或者协商、调解不成的，可以根据当事人各方的协议向仲裁机构申请仲裁；当事人各方没有达成仲裁协议或者仲裁协议无效的，可以直接向人民法院起诉。

2. 产品质量的民事责任

产品质量的民事责任包括两种责任形态：第一，产品瑕疵责任。产品瑕疵是指产品不具备使用性能，不符合明示采用的质量标准，或不符合产品说明、实物样品等方式表明的质量状况。对此，销售者应当依合同负瑕疵担保责任，即负责修理、更换、退货；给购买产品的用户、消费者造成损失的，销售者应当赔偿损失。第二，产品缺陷责任。或称产品责任，是指因产品存在缺陷造成人身、缺陷产品以外的他人财产损害时应依法承担的侵权责任。《产品质量法》对生产者、销售者的产品缺陷责任分别作了不同规定：

（1）生产者的无过错责任，即严格责任。《产品质量法》第 41 条规定，因产品存在缺陷造成人身、缺陷产品以外的其他财产损害的，生产者应当承担赔偿责任。但生产者能够证明有法定情形之一，如未将产品投入流通、投入流通时引起损害的缺陷尚不存在、投入流通时的科学技术水平尚不能发现缺陷的存在的，不承担赔偿责任。

（2）销售者的过错责任。《产品质量法》第 42 条规定，因销售者的过错使产品存在缺陷，造成人身、他人财产损害的，销售者应承担赔偿责任。但销售者如能证明自己没有过错，则不必承担赔偿责任。销售者不能指明缺陷产品的生产者也不能指明其供货者的，应承担赔偿责任。

（3）产品责任的求偿选择。为便于消费者行使权利，《产品质量法》第 43 条规定，因产品存在缺陷造成人身、他人财产损害的，受害人可以向产品的生产者要求赔偿，也可以向产品的销售者要求赔偿。属于产品的生产者的责任，产品的销售者赔偿的，产品的销售者有权向产品的生产者追偿。属于产品的销售者的责任，产品的生产者赔偿的，产品的生产者有权向产品的销售者追偿。

（4）诉讼时效与赔偿请求权。《产品质量法》第 45 条规定，因产品缺陷造成损害要求赔偿的诉讼时效为 2 年，自当事人知道或应当知道其权益受到损害时起计算。另外，因产品存在缺陷造成损害要求赔偿的请求权，在造成损害的缺陷产品交付最初消费者满 10 年丧失；但是，尚未超过明示的安全使用期的除外。

3. 产品质量的行政责任

经营者有下列情形之一的，除承担相应的民事责任外，还应当承担行政责任。主要情形包括：（1）生产、销售不符合保障人体健康和人身、财产安全的国家标准、行业标准的产品的；（2）在产品中掺杂、掺假，以假充真，以次充好，或者以不合格产品冒充合格产品的；（3）生产国家明令淘汰的产品的，销售国家明令淘汰并停止销售的产品的；（4）销售失效、变质的产品的；（5）伪造产品产地的；（6）产品标识不符合法定要求的；（7）拒绝接受依法进行的产品质量监督检查的；（8）在广告中对产品质量作虚假宣传，欺骗和误导消费者的；（9）知道或者应当知道属于法律规定禁止生产、销售的产品而为其提供运输、保管、仓储等便利条件的，或者为以假充真的产品提供制假生产技术的；（10）隐匿、转移、变卖、损毁被市场监督管理部门查封、扣押的物品的。

4. 产品质量的刑事责任

经营者有上述情形之一，构成犯罪的，依法追究刑事责任。经营者应当承担民事赔偿责任和缴纳罚款、罚金，其财产不足以同时支付时，先承担民事赔偿责任。

第三节　宏观调控法

一、税法

（一）税收与税法

税收是国家为实现其公共管理职能和其他特定目的的需要，授权政府专门机构凭借政治权力，按照法律规定，向居民、非居民就其所得、财产或者行为实施的强制、非罚与不直接偿还的课征，是基于法律规定产生的特定之债。税收具有财政性、法定性、无偿性、政策性等属性，是国家取得财政收入，进行宏观调控，实现特定政策目的的有力工具。

税法是国家法律的重要组成部分，是调整税收关系的法律规范的总称。税收与税法是内容与形式的关系：税收是税法的实质内容，是税法产生、存在和发展的基础；税法是税收的法律形式，是确保税收收入规范、稳定、及时实现的制度保障。在近现代民主社会里，随着税收在国民经济中比重的加大和人民民主意识的提高，“有税必有法，无法必无税”的观念日益深入人心，“税收法定，依法治税”越来越成为人们的共识。

目前，我国的税法大致可分为规定各税种课征要素的实体税法和规定税收征收管理、税收争讼、税收处罚的程序税法两大类。

（二）实体税法

1. 实体税法概述

实体税法是有关各税种课征要素的法律规范的总称。在各实体税法中，一般要对该税的征税主体（税务机关、财政机关或海关）、纳税主体（纳税人）、征税客体（征税对象）、税目、税率、纳税环节、纳税期限、纳税地点、减免优惠与加成征收、违法责任等内容作出明确规定，以便税收的征收能够规范进行。

当前，我国依法开征的税种有 18 种，每一种税基本上都有一部税收法律或条例作为课征依据。实体税法按征税对象性质的不同，可以分为：（1）流转税法，是以商品流转额和非商品的劳务额为征税对象的税法，包括增值税法、消费税法、车辆购置税法、关税法；（2）所得税法，是以纳税人的所得额或利润额为征税对象的税法，包括企业所得税法、个人所得税法；（3）行为税法，包括印花税法、城市维护建设税法、船舶吨税法、烟叶税法、环境保护税法；（4）财产税法，包括土地增值税法、房产税法、契税法、车船税法；（5）资源与土地税法，包括资源税法、城镇土地使用税法、耕地占用税法。

自1978年改革开放以来，我国税制改革进程大体可以分为三个阶段：第一，经济转轨时期的税制改革（1978—1993年）。初步建成了一套内外有别、城乡不同，以货物和劳务税、所得税为主体，财产税和其他税收相配合的新的税制体系。第二，建立社会主义市场经济体制时期的税制改革（1994—2013年）。1994年开始的全面税制改革，在我国建立了以流转税和所得税为主体，以其他税种为辅助的复合税制体系。第三，全面深化改革时期的税制改革（2013年以后）。深化税制改革的目标是形成税法统一、税负公平、调节有度的税收制度体系，新时代税收现代化建设的具体目标是着力构建“坚强有力的党的领导制度体系、成熟完备的税收法治体系、优质便捷的税费服务体系、严密规范的税费征管体系、合作共赢的国际税收体系、高效清廉的队伍组织体系”的六大体系。

2. 主要实体税法的内容

（1）增值税。这是我国的第一大税，是以法定增值额为征税对象而在生产、流通环节普遍征收的一种流转税。该税以商品生产和流通中各环节的新增价值或商品附加值为征税对象。在我国，增值税的纳税人是在中华人民共和国境内销售货物或者加工、修理修配劳务，销售服务、无形资产、不动产以及进口货物的单位和个人。增值税的纳税人，依国际惯例分为一般纳税人和小规模纳税人。对一般纳税人，我国实行税额抵扣法，即其应纳税额＝当期销项税额－当期进项税额，税率根据不同情况分别为13%、9%、6%和零税率（实践中按出口退税率退税）；对小规模纳税人实行简易办法计算，增值税征收率为3%，财政部和国家税务总局另有规定的除外。增值税的征收依据主要是1993年12月国务院公布的、经2008年11月和2017年11月两次修订的《中华人民共和国增值税暂行条例》和2008年12月财政部、国家税务总局公布的，2011年10月修订的《中华人民共和国增值税暂行条例实施细则》。

（2）消费税。这是对在中国境内生产、委托加工和进口特定消费品的单位和个人征收的一种流转税。其最大的特点是对消费品在普遍征收增值税的基础上，再选择某一特定环节征收一次消费税，而非道道征税。征税范围包括：烟，酒及酒精，化妆品，护肤护发品，贵重首饰及珠宝玉石，鞭炮、焰火，成品油，汽车轮胎，摩托车，小汽车，高尔夫球及球具，高档手表，游艇，木制一次性筷子，实木地板共14类消费品。除酒类中的啤酒、黄酒，7种成品油实行定额税率、从量计征，白酒、卷烟复合征税（从价定率和从量定额并用）外，大部分应税消费品采取比例税率，从价计征，最高税率为56%（甲类卷烟的消费税税率为56%加0.003元/支），最低税率为1%（气缸容量在1.0升以下的乘用车）。消费税的征收依据主要是1993年12月国务院发布的、2008年11月修订的《中华人民共和国消费税暂行条例》和2008年12月财政部、国家税务总局公布的《中华人民共和国消费税暂行条例实施细则》。

（3）企业所得税。这是对企业每一纳税年度的生产经营所得和其他所得在依法扣除必要的成本、费用、税金等项目后的余额所征收的一种税。其纳税人包括居民企业和非居民企业。居民企业指依法在中国境内成立，或者依照外国（地区）法律成立但实际管理机构在中国境内的企业；非居民企业指依照外国（地区）法律成立且实际管理机构不在中国境内，但在中国境内设立机构、场所的，或者在中国境内未设立机构、场所，但有来源于中国境内所得的企业。在我国，个人独资企业和合伙企业不适用企业所得税法。企业所得税的税率统一为 25%。非居民企业在中国境内未设立机构、场所的，或者虽设立机构、场所但取得的所得与其所设机构、场所没有实际联系的，就其来源于中国境内的所得，适用税率为 20%。企业所得税的征收依据主要是 2007 年 3 月第十届全国人民代表大会第五次会议通过的、经 2017 年 2 月和 2018 年 12 月两次修正的《中华人民共和国企业所得税法》和 2007 年 12 月国务院公布的《中华人民共和国企业所得税法实施条例》。

（4）个人所得税。这是对个人取得的应税所得征收的一种税。其纳税人分为居民个人和非居民个人。居民个人指在中国境内有住所，或者无住所而一个纳税年度内在中国境内居住累计满 183 天的个人；非居民个人指在中国境内无住所又不居住，或者无住所而一个纳税年度内在中国境内居住累计不满 183 天的个人。个人所得税的征税范围包括：工资、薪金所得，劳务报酬所得，稿酬所得，特许权使用费所得，经营所得，利息、股息、红利所得，财产租赁所得，财产转让所得，偶然所得。我国对个人所得税实行超额累进税率与比例税率相结合的税率体系，即综合所得（工资、薪金所得，劳务报酬所得，稿酬所得，特许权使用费所得），适用 3%至 45%的超额累进税率；经营所得，适用 5%至 35%的超额累进税率；利息、股息、红利所得，财产租赁所得，财产转让所得和偶然所得，适用 20%的比例税率。个人所得税的征收依据主要是 1980 年 9 月第五届全国人民代表大会第三次会议通过的，经 1993 年 10 月、1999 年 8 月、2005 年 10 月、2007 年 6 月和 12 月、2011 年 6 月、2018 年 8 月七次修正的《中华人民共和国个人所得税法》和 1994 年 1 月国务院发布的，经 2005 年 12 月、2008 年 2 月、2011 年 7 月、2018 年 12 月四次修订的《中华人民共和国个人所得税法实施条例》。

（三）程序税法

程序税法是有关税收征收管理程序、税收争讼程序、税收处罚程序的法律规范的总称。目前我国的程序税法主要是 1992 年 9 月第七届全国人民代表大会常务委员会第二十七次会议通过的，经 1995 年 2 月、2013 年 6 月和 2015 年 4 月三次修正与 2001 年 4 月一次修订的《中华人民共和国税收征收管理法》，以及 2002 年 9 月国务院公布的，经 2012 年 11 月、2013 年 7 月和 2016 年 2 月三次修订的《中华人民共和国税收征收管理法实施细则》。

《税收征收管理法》对我国的税收征收管理体制、税务管理（包括税务登记，账簿、凭证管理，纳税申报）、税款征收、税务检查、法律责任等方面的内容作了明确规定。尤其是 2001 年的修订，在强化税源管理、健全税收征管基础制度、完善税务机关执法手段（如强化工商与税务机关的配合，加强对纳税人银行账户的管理，税控装置的推广，税收优先权、代位权的引入等）的同时，也进一步强化了纳税人的权利，加强了对税务机关的监督（如规定纳税人享有申请减税、免税、退税，申请延期纳税、复议、行政诉讼、行政赔偿等10多项权利）。这对我国加强税收征收管理，规范税收征纳行为，保障国家税收收入，保护纳税人的合法权益，实现依法治税具有重大意义。

针对税务争议的解决程序，主要有两种情况：(1) 纳税人、扣缴义务人、纳税担保人同税务机关在纳税上发生争议时，必须先依照税务机关的纳税决定缴纳或者解缴税款及滞纳金或者提供相应的担保，然后可以在收到税务机关填发的缴款凭证之日起60日内向上一级税务机关申请行政复议。上一级税务机关应当自收到行政复议申请之日起60日内作出行政复议决定。对行政复议决定不服的，可以在接到行政复议决定之日起15日内向人民法院起诉。(2) 当事人对税务机关的处罚决定、强制执行措施或者税收保全措施不服的，可以在接到处罚通知之日起或者税务机关采取强制执行措施、税收保全措施之日起15日内向作出处罚决定或者采取强制执行措施、税收保全措施的机关的上一级机关申请行政复议；对行政复议决定不服的，可以在接到行政复议决定之日起15日内向人民法院起诉。当事人也可以在接到处罚通知之日起或者税务机关采取强制执行措施、税收保全措施之日起15日内直接向人民法院起诉。复议和诉讼期间，强制执行措施和税收保全措施不停止执行。

二、金融法

（一）金融法的概念及立法目的

金融是现代经济的核心，它是以银行等金融机构为中心的各种形式的信用活动以及在信用基础上组织起来的货币流通。金融法是由国家制定或认可的用以确定金融机构的性质、地位和职责权限并调整在金融活动中形成的金融监督管理关系和金融业务关系的法律规范的总称。金融监督管理关系是指国家金融监管部门（包括中国人民银行、国家外汇管理局、国家金融监督管理总局、中国证券监督管理委员会）在组织和管理全国的金融事业和对金融市场的监督管理过程中形成的经济监督管理关系。金融业务关系是指银行和其他非银行金融机构在法律、法规允许的范围内从事相应业务活动而与其他金融主体之间发生的平等主体间的经济关系。

金融法是国家重要的宏观调控法，是实体法和程序法的统一。金融法的立法目的包括：(1) 确认金融机构的法律地位，建立健全金融机构组织体系；(2) 培育和完善金融市场体系，规范金融市场行为，协调、确保金融市场各参与者的合法权益，提高资金运营效益，实现资金融通的个体效益目标和社会整体效益目标的统一；(3) 确定金融宏观调控目标，规范金融调控、管理、监督行为，完善金融宏观调控、监管体系。

（二）金融法的基本内容

金融法律关系众多复杂，决定了金融法的内容也很庞杂。我国金融法大致可分为金融主体法（组织法）、金融调控法、间接融资法、直接融资法、期货期权与外汇法（特殊融资法）、金融中介业务法六个部分，具体包括中央银行法、商业银行法、银行业监督管理法、政策性银行法、非银行金融机构管理法、涉外金融机构管理法、货币发行与现金管理法、金银管理法、存款与贷款管理法、同业融资法、金融担保法、票据法、银行结算法、证券法、保险法、信托法、融资租赁法、期货期权管理法、外汇管理法、外债管理法等。为了适应新时代金融高质量发展的制度需求，当前我国正着力健全金融法律规范体系建设，即以《中华人民共和国中国人民银行法》《中华人民共和国商业银行法》《中华人民共和国银行业监督管理法》《中华人民共和国保险法》《中华人民共和国票据法》《中华人民共和国证券法》《中华人民共和国证券投资基金法》《中华人民共和国期货和衍生品法》《中华人民共和国信托法》《中华人民共和国反洗钱法》等金融法律为支柱，以国务院颁布的金融行政法规和各监管部门发布的金融规章为主体的金融法律规范体系。

（三）金融法的制度保障

2024 年 1 月 16 日，习近平在省部级主要领导干部推动金融高质量发展专题研讨班开班式上发表重要讲话，高度概括坚定不移走中国特色金融发展之路的“八个坚持”，即坚持党中央对金融工作的集中统一领导，坚持以人民为中心的价值取向，坚持把金融服务实体经济作为根本宗旨，坚持把防控风险作为金融工作的永恒主题，坚持在市场化法治化轨道上推进金融创新发展，坚持深化金融供给侧结构性改革，坚持统筹金融开放和安全，坚持稳中求进工作总基调。因此，中国特色金融发展之路的宝贵经验之一便是坚持金融法治体系建设，包括金融法律规范体系、金融执法监管体系、金融司法审判体系和金融法治教育机制等。

第四节　环境保护与自然资源法

一、环境保护法

（一）环境保护法的概念与体系

环境是指影响人类生存和发展的各种天然的和经过人工改造的自然因素的总体，包括大气、水、海洋、土地、矿藏、森林、草原、湿地、野生生物、自然遗迹、人文遗迹、自然保护区、风景名胜区、城市和乡村等。环境保护法是调整在保护环境和自然资源、防治污染和其他社会公害过程中发生的社会关系，以及确立环境保护管理体制的法律规范的总称。环境保护法的任务是将国家有关环境保护方面的基本方针、政策法律化，将宪法关于环境保护的基本规定具体化，目的在于保证合理利用自然环境和资源；预防、治理环境污染和生态破坏；造就清洁适宜的劳动与生活环境，保护人民健康；协调环境与经济的关系，实现经济的可持续发展。

我国现行环境保护法律制度体系包括：（1）宪法中有关环境保护的法律规定。（2）环境保护的基本立法。1989 年 12 月第七届全国人民代表大会常务委员会第十一次会议通过的、2014 年 4 月修订的《中华人民共和国环境保护法》。（3）各种专门性的环境保护单行法律、法规。

（二）环境监督管理体制

环境监督管理体制是指国家为了保护环境、防治污染而建立的监督管理系统、机构及其工作活动方式的总称。《环境保护法》第 10 条规定：“国务院环境保护主管部门，对全国环境保护工作实施统一监督管理；县级以上地方人民政府环境保护主管部门，对本行政区域环境保护工作实施统一监督管理。县级以上人民政府有关部门和军队环境保护部门，依照有关法律的规定对资源保护和污染防治等环境保护工作实施监督管理。”因此，我国环境保护工作实行生态环境主管部门统一监管，其他有关部门分工负责的管理体制。

（三）环境保护法的基本原则与基本制度

1. 环境保护法的基本原则

依据《环境保护法》第 5 条，我国在环境保护立法、执法和司法过程中始终坚持以下原则：（1）保护优先原则；（2）预防为主原则；（3）综合治理原则；（4）公众参与原则；（5）损害担责原则。

2. 环境保护法的基本制度

（1）环境保护规划制度。《环境保护法》第 13 条规定：“县级以上人民政府应当将环境保护工作纳入国民经济和社会发展规划。国务院环境保护主管部门会同有关部门，根据国民经济和社会发展规划编制国家环境保护规划，报国务院批准并公布实施。县级以上地方人民政府环境保护主管部门会同有关部门，根据国家环境保护规划的要求，编制本行政区域的环境保护规划，报同级人民政府批准并公布实施。环境保护规划的内容应当包括生态保护和污染防治的目标、任务、保障措施等，并与主体功能区规划、土地利用总体规划和城乡规划等相衔接。”

（2）环境保护标准制度。环境标准即环境保护标准，是指为保护人民健康、社会物质财富和生态平衡，对大气、水、土壤等环境质量，对污染源、监测方法以及其他方面制定的标准。2020 年 11 月生态环境部部务会议审议通过《生态环境标准管理办法》。根据该办法，我国现阶段的国家生态环境标准有国家生态环境质量标准、国家生态环境风险管控标准、国家污染物排放标准、国家生态环境监测标准、国家生态环境基础标准和国家生态环境管理技术规范六种。地方生态环境标准包括地方生态环境质量标准、地方生态环境风险管控标准、地方污染物排放标准和地方其他生态环境标准。其中，地方生态环境质量标准、地方生态环境风险管控标准和地方污染物排放标准可以对国家相应标准中未规定的项目作出补充规定，也可以对国家相应标准中已规定的项目作出更加严格的规定。

（3）环境监测制度。环境监测是指根据环境和保障人体健康的需要，运用物理、化学、生物等科学技术手段和方法，对环境中的各种要素、环境质量的各种代表值，进行测定、分析、综合、评价判断等一系列活动的总称。《环境保护法》第 17 条第 1 款规定：“国家建立、健全环境监测制度。国务院环境保护主管部门制定监测规范，会同有关部门组织监测网络，统一规划国家环境质量监测站（点）的设置，建立监测数据共享机制，加强对环境监测的管理。”

（4）环境影响评价制度。环境影响评价是指对规划和建设项目实施后可能造成的环境影响进行分析、预测和评估，提出预防或者减轻不良环境影响的对策和措施。《环境保护法》第19条规定：“编制有关开发利用规划，建设对环境有影响的项目，应当依法进行环境影响评价。未依法进行环境影响评价的开发利用规划，不得组织实施；未依法进行环境影响评价的建设项目，不得开工建设。”2002年10月第九届全国人民代表大会常务委员会第三十次会议通过了《中华人民共和国环境影响评价法》，该法经2016年7月和2018年12月两次修正。

（5）环境保护检查制度。《环境保护法》第24条规定：“县级以上人民政府环境保护主管部门及其委托的环境监察机构和其他负有环境保护监督管理职责的部门，有权对排放污染物的企业事业单位和其他生产经营者进行现场检查。”

（6）环境保护目标责任制和考核评价制度。《环境保护法》第26条规定：“国家实行环境保护目标责任制和考核评价制度。县级以上人民政府应当将环境保护目标完成情况纳入对本级人民政府负有环境保护监督管理职责的部门及其负责人和下级人民政府及其负责人的考核内容，作为对其考核评价的重要依据。考核结果应当向社会公开。”

（7）环境保护税制度。是指对排放污染物超过规定标准的企事业单位和其他生产经营者征收环境保护税的制度，它是实现损害担责原则的一项具体制度。环境保护税的征收依据主要是2016年12月第十二届全国人民代表大会常务委员会第二十五次会议通过的、2018年10月修正的《中华人民共和国环境保护税法》和2017年12月国务院公布的《中华人民共和国环境保护税法实施条例》。自2018年1月1日，《环境保护税法》正式实施，沿用40多年的排污费被改为更具法律刚性的环境保护税。

（8）生态保护补偿制度。《环境保护法》第31条规定：“国家建立、健全生态保护补偿制度。国家加大对生态保护地区的财政转移支付力度。有关地方人民政府应当落实生态保护补偿资金，确保其用于生态保护补偿。国家指导受益地区和生态保护地区人民政府通过协商或者按照市场规则进行生态保护补偿。”

（9）“三同时”制度。《环境保护法》第41条规定：“建设项目中防治污染的设施，应当与主体工程同时设计、同时施工、同时投产使用。防治污染的设施应当符合经批准的环境影响评价文件的要求，不得擅自拆除或者闲置。”

（10）环境信息公开制度。《环境保护法》第53条规定：“公民、法人和其他组织依法享有获取环境信息、参与和监督环境保护的权利。各级人民政府环境保护主管部门和其他负有环境保护监督管理职责的部门，应当依法公开环境信息、完善公众参与程序，为公民、法人和其他组织参与和监督环境保护提供便利。”该制度旨在从实体和程序两个层面确保公众参与原则在环境保护领域的实现。

二、自然资源法

（一）自然资源法的概念

自然资源是指存在于自然界中、人类可直接获得用于生产和生活的一切自然要素

（物质和能量要素）的总称。自然资源按其属性划分包括土地资源、森林资源、草原资源、矿产资源、水资源、野生动植物资源等。自然资源具有特定的自然属性和社会属性，表现为稀缺性、有用性、相对性、整体性、地域性。自然资源是人类社会赖以生存和发展的重要物质基础，是社会财富的重要来源。保护自然资源便是保护人类社会自身的存在与发展。

作为属于经济法范畴的专门法律制度体系，自然资源法（或称“自然资源保护法”）是指调整人们在保护、开发、利用和管理自然资源过程中所发生的各种社会关系的法律规范的总称。自然资源法是国家保护、管理、开发、利用自然资源的法律工具。

自然资源法和环境保护法是两个联系紧密但有所差别的法律制度体系。其中，自然资源法侧重于自然资源的合理开发和利用，而环境保护法侧重于生态资源的节约和循环利用。两者旨在共同对破坏自然资源和生态环境的经济活动加以规制。

（二）自然资源法的基本原则与基本制度

1. 自然资源法的基本原则

自然资源法的基本原则有：（1）遵循客观规律的原则；（2）重要自然资源国有、所有权与使用权分离的原则；（3）国家统一领导和地方分级管理的原则；（4）统一规划、合理开发、综合利用的原则；（5）开源与节流相结合的原则；（6）保护和改善自然环境，保护自然生态平衡的原则。

2. 自然资源法的基本制度

（1）自然资源权属制度。自然资源权属制度是指关于自然资源归谁所有、由谁使用以及由此产生的法律后果由谁承担的一系列制度安排，它是自然资源法中最不可或缺的基本法律制度。我国自然资源权属制度主要包括两方面内容：一是自然资源所有权，二是自然资源使用权。2019 年 4 月，中共中央办公厅、国务院办公厅在印发的《关于统筹推进自然资源资产产权制度改革的指导意见》中强调：“依法明确全民所有自然资源资产所有权的权利行使主体，健全自然资源资产产权体系和权能，完善自然资源资产产权法律体系，平等保护各类自然资源资产产权主体合法权益，更好发挥产权制度在生态文明建设中的激励约束作用。”

（2）自然资源有偿使用制度。自然资源有偿使用制度指国家采取强制手段对开发利用自然资源的单位和个人收取一定费用或收益的制度。它对于促进合理开发和节约使用自然资源、保障自然资源的可持续利用，具有重大的意义。2016 年 12 月，国务院印发的《关于全民所有自然资源资产有偿使用制度改革的指导意见》指出：“在坚持全民所有制的前提下，创新全民所有自然资源资产所有权实现形式，推动所有权和使用权分离，完善全民所有自然资源资产使用权体系，丰富自然资源资产使用权权利类型，适度扩大使用权的出让、转让、出租、担保、入股等权能，夯实全民所有自然资源资产有偿使用的权利基础。”

（3）自然资源规划制度。自然资源规划是根据自然资源的特点及国民经济发展的要求，在一定规划期内对某一区域内各类自然资源的开发、利用、保护、恢复和管理所作的总体安排。国家对自然资源保护、建设、利用实行统一规划制度。国务院主管部门会同国务院有关部门编制全国自然资源保护、建设、利用规划，报国务院批准后实施。县级以上地方人民政府主管部门会同同级有关部门依据上一级自然资源保护、建设、利用规划编制本行政区域的自然资源保护、建设、利用规划，报本级人民政府批准后实施。自然资源规划一经批准，即具有法律效力。自然资源规划的目的是从宏观上解决自然资源开发利用与生态保护、眼前利益与长远利益的矛盾，及资源的分配问题。经批准的自然资源规划是进行资源开发、利用的基本依据，是保障资源可持续利用的重要措施。

（4）自然资源许可制度。自然资源许可制度是指国家对从事自然资源开发利用的单位或个人进行审查批准，颁发许可证明，持证人按许可证中的要求和有关法律的规定进行开发、利用自然资源活动的一种管理制度。自然资源许可证，按性质可分为三类：第一类是资源开发许可证，如采矿许可证、林木采伐许可证等；第二类是资源利用许可证，如草原使用许可证、土地使用许可证等；第三类是资源进出口许可证，如野生动植物进出口许可证等。通过许可证制度，可以把各种自然资源的开发利用活动纳入国家的统一管理中，切实保障自然资源的永续利用。

三、违反环境保护法和自然资源法的法律责任

根据有关自然资源保护法律、法规的规定，无论是单位还是个人，只要有污染环境和破坏自然资源，造成损害的行为，都将被追究法律责任，受到相应的法律制裁。这些法律责任和制裁也分为民事、行政和刑事三个方面。

（一）民事责任

环境民事责任指单位或者个人因污染环境、破坏生态造成他人人身、财产损害所应承担的民事方面的责任。环境民事责任实行无过错责任原则，除非单位或个人能够就法律规定的不承担责任或者减轻责任的情形及其行为与损害之间不存在因果关系承担举证责任。关于生态环境侵权责任的诉讼时效期间，《环境保护法》第 66 条规定：“提起环境损害赔偿诉讼的时效期间为三年，从当事人知道或者应当知道其受到损害时起计算。”2023 年 6 月，最高人民法院审判委员会第 1890 次会议通过的《最高人民法院关于审理生态环境侵权责任纠纷案件适用法律若干问题的解释》第 27 条规定：“被侵权人请求侵权人承担生态环境侵权责任的诉讼时效期间，以被侵权人知道或者应当知道权利受到损害以及侵权人、其他责任人之日起计算。被侵权人知道或者应当知道权利受到损害以及侵权人、其他责任人之日，侵权行为仍持续的，诉讼时效期间自行为结束之日起计算。”

（二）行政责任

环境行政责任指违反环境保护法，实施污染环境或破坏生态的单位或个人所应承担的行政方面的法律责任。2023 年 5 月，生态环境部公布的《生态环境行政处罚办法》第 8 条规定：“根据法律、行政法规，生态环境行政处罚的种类包括：（一）警告、通报批评；（二）罚款、没收违法所得、没收非法财物；（三）暂扣许可证件、降低资质等级、吊销许可证件、一定时期内不得申请行政许可；（四）限制开展生产经营活动、责令停产

整治、责令停产停业、责令关闭、限制从业、禁止从业；（五）责令限期拆除；（六）行政拘留；（七）法律、行政法规规定的其他行政处罚种类。”对违反环境保护法的行为人，由生态环境主管部门或受委托的组织，给予行政处罚。当事人对行政处罚不服的，可在接到处罚通知之日起 15 日内向作出处罚决定机关的上一级机关申请复议，或者直接向人民法院起诉。对复议决定不服的，也可以在接到复议决定之日起 15 日内向人民法院起诉。当事人在法定期限内不申请行政复议或者提起行政诉讼，又不履行行政处罚决定的，作出处罚决定的生态环境主管部门可以自期限届满之日起 3 个月内依法申请人民法院强制执行。

（三）刑事责任

这是指单位或个人故意或过失实施了严重污染环境、破坏生态的行为，并造成了人身伤亡或公私财产的严重损失，已经构成犯罪要承担刑事制裁的法律责任。2023 年 3 月最高人民法院审判委员会第 1882 次会议、2023 年 7 月最高人民检察院第十四届检察委员会第十次会议通过的《最高人民法院、最高人民检察院关于办理环境污染刑事案件适用法律若干问题的解释》第 13 条规定：“单位实施本解释规定的犯罪的，依照本解释规定的定罪量刑标准，对直接负责的主管人员和其他直接责任人员定罪处罚，并对单位判处罚金。”

练习与思考

内容提要

1. 经济法是调整国家在监管与协调经济运行过程中发生的经济关系的法律规范的总称。其调整对象包括：市场主体调控关系、市场运行调控关系、宏观经济调控关系、社会分配调控关系。经济法对经济关系的调整具有直接经济性、浓厚政策性、政府主导性、综合调整性等特征。经济法是平衡协调法，是社会本位法，是系统综合调整法，是经济集中与经济民主对立统一的法。

2. 经济法主体是依照经济法律规范规定享有经济权利（或职权）、承担经济义务（或职责）的当事人。它大致可分为经济管理主体和经济活动主体，国家行政机关中的经济管理机关是最主要的经济管理主体，而各类企业是最活跃的市场经济活动主体。

3. 竞争是指商品生产经营者为了取得有利的产销条件和投资场所而进行的相互争胜的活动。竞争法是调整市场竞争关系的法律规范的总称。其内容包括规范竞争主体法律地位的法律制度、反不正当竞争法、反垄断法和维护公平竞争的其他法律制度。

4. 消费者权益是指消费者依法享有的权利以及该权利受到保护时给消费者带来的应得的利益。消费者权益保护法是调整在保护公民消费权益过程中所产生的社会关系的法律规范的总称。

5. 产品质量法是调整产品质量监督管理关系和产品质量责任关系的法律规范的总称。

6. 税收是国家为实现其公共管理职能和其他特定目的的需要，授权政府专门机构凭借政治权力，按照法律规定，向居民、非居民就其所得、财产或者行为实施的强制、非罚与不直接偿还的课征，是基于法律规定产生的特定之债。税法是调整税收关系的法律规范的总称。税收与税法是内容与形式的关系。

7. 金融是现代经济的核心，它是以银行等金融机构为中心的各种形式的信用活动以及在信用基础上组织起来的货币流通。金融法是由国家制定或认可的用以确定金融机构的性质、地位和职责权限并调整在金融活动中形成的金融监督管理关系和金融业务关系的法律规范的总称。

8. 环境保护法是调整在保护环境和自然资源、防治污染和其他社会公害过程中所发生的社会关系，以及确立环境保护管理体制的法律规范的总称。其目的在于保证合理利用自然环境和资源；预防、治理环境污染和生态破坏；造就清洁适宜的劳动与生活环境，保护人民健康；协调环境与经济的关系，实现经济的可持续发展。

9. 自然资源是指存在于自然界中、人类可直接获得用于生产和生活的一切自然要素的总称。它是人类社会赖以生存和发展的重要物质基础，保护自然资源便是保护人类社会自身的存在与发展。自然资源法是指调整人们在保护、利用、开发、管理自然资源过程中所发生的各种社会关系的法律规范的总称。

关键术语

经济法	反不正当竞争法	反垄断法	消费者权益保护法
产品质量法	税法	金融法	环境保护法
自然资源法			

辨析题

1. 企业和经济组织的分支机构、内部机构等在一定条件下也可以是经济法律关系的主体。

2. 反不正当竞争法和反垄断法是竞争法律制度的核心内容。

3. 不正当竞争行为是指经营者在生产经营活动中，违反法律规定，扰乱市场竞争秩序，损害其他经营者合法权益的行为。

4. 垄断行为是指中华人民共和国境内经济活动中对市场竞争产生排除、限制影响的行为。

5. 因产品存在缺陷造成人身、他人财产损害的，受害人须先向产品的生产者或销售者特定一方要求赔偿。

6. 销售者不能指明缺陷产品的生产者，也不能指明其供货者的，不应承担赔偿责任。

7. 消费税是对消费品在普遍征收增值税的基础上，再选择某一特定环节征收一次特别调节税，而非道道征税。

8. 个人独资企业和合伙企业依法不需要缴纳企业所得税，但要由其投资者缴纳个人所得税。

9. 按我国环境保护法的规定及最新司法解释，因环境污染损害赔偿提起诉讼的时效期间为3年，自被侵权人知道或者应当知道权利受到损害以及侵权人、其他责任人之日起计算。

案例分析

消费者黄某在G五金公司购买了N电器厂生产的电视保护器，该产品说明书说：安装该产品能防雷，该产品性能可靠等。某日下了一场雷阵雨，黄某见电视机上安装了保护器，以为可以放心地看电视。不料已安装了电视保护器的彩色电视机被击毁，电视机的整套集成电路被毁坏，但未造成人身伤亡和电视机以外的其他财产的损失。黄某就此事向消费者协会投诉。消费者协会接到投诉后，会同有关技术部门对电视机进行了检查，经检查证实：电视机被击毁确实是由于电视机保护器有质量问题，没有起到真正的保护作用所致。于是，黄某以G五金公司销售不合格产品使消费者受到损失为由，以G五金公司为被告向法院提起诉讼，要求其赔偿损失。而G五金公司认为，电视保护器是N电器厂生产的，自己仅为销售者，且在销售中没有过错，故黄某应向N电器厂索赔而不可以向自己索赔。

问：

（1）消费者因产品质量问题造成消费者权益受损请求经营者负责，可以采取哪些途径？

（2）本案中N电器厂应当承担赔偿责任吗？为什么？

（3）G五金公司的说法正确吗？为什么？

第九章

劳动法和社会保障法

劳动法和社会保障法是我国社会主义法律体系的重要组成部分，是社会主义市场经济建立和发展的必备法律制度，因为保护劳动力再生产和合理配置劳动力资源是社会主义市场经济的客观要求。通过劳动保护和社会保障措施，可以弥补市场经济的缺陷，缓和社会矛盾，因此，劳动和社会保障制度是社会公平的调节器。学习劳动法和社会保障法的目的，是要通过了解国家相关法律、法规的主要内容和基本精神，懂得如何依法进行劳动就业，如何依法维护自己的劳动权益和社会权益。

重点问题

- 劳动法的概念及适用范围。
- 劳动合同的特征、内容与期限。
- 劳动合同的变更和解除。
- 工资立法的原则。
- 劳动争议处理程序。
- 社会保障的概念和特征。
- 社会保险法的基本内容。

第一节　劳动法的概念和适用范围

一、劳动法的概念

劳动法是调整劳动关系以及与劳动关系有密切联系的其他关系的法律规范的总称。劳动法调整的劳动关系是指劳动者与用人单位在实现劳动过程中发生的社会关系，其具有以下特征：(1) 劳动关系是在实现劳动过程中所发生的关系，与劳动有着直接的联系；(2) 劳动关系的双方当事人，一方是劳动者，另一方是用人单位；(3) 劳动关系兼具人身关系和财产关系的属性；(4) 劳动关系具有从属性，用人单位与劳动者之间形成管理与被管理、支配与被支配的关系。

除劳动关系外，劳动法还调整与劳动关系有密切联系的其他关系，主要包括：(1) 管理劳动力方面的关系；（2）社会保险方面的关系；（3）处理劳动争议而发生的关系；（4）因组织工会和工会活动而发生的关系；（5）因监督劳动法律法规的执行而发生的关系。

二、我国劳动法的适用范围

《中华人民共和国劳动法》于 1994 年 7 月 5 日由第八届全国人民代表大会常务委员会第八次会议通过，自 1995 年 1 月 1 日起施行，后经 2009 年 8 月、2018 年 12 月两次修正。

我国《劳动法》第 2 条规定："在中华人民共和国境内的企业、个体经济组织（以下统称用人单位）和与之形成劳动关系的劳动者，适用本法。国家机关、事业组织、社会团体和与之建立劳动合同关系的劳动者，依照本法执行。"

根据我国劳动法的规定以及相关的法律解释，劳动法的适用范围主要包括：（1）在中华人民共和国境内的企业、个体经济组织和与之形成劳动关系的劳动者；（2）国家机关、事业组织、社会团体中实行劳动合同制的工勤人员；（3）实行企业化管理的事业组织的人员；（4）其他通过劳动合同与国家机关、事业组织、社会团体建立劳动关系的劳动者。

公务员和比照公务员制度的事业组织和社会团体的工作人员，以及农村劳动者、现役军人和家庭保姆等不适用《劳动法》。

三、劳动者的权利和义务

（一）劳动者的权利

劳动者享有的基本权利有：平等就业和自主择业的权利、取得劳动报酬的权利、休息休假的权利、获得劳动安全卫生保护的权利、接受职业技能培训的权利、享受社会保险和福利的权利、提请劳动争议处理的权利，以及法律、法规规定的其他劳动权利。

（二）劳动者的义务

劳动者承担的基本义务有：完成劳动任务、提高职业技能、执行劳动安全卫生规程、遵守劳动纪律和职业道德。

第二节　劳动就业

一、劳动就业的概念和特点

劳动就业是指具有劳动能力的公民在法定劳动年龄内自愿从事某种有一定劳动报酬或经营收入的社会劳动。

劳动就业的特点是：（1）劳动者是具有劳动权利能力和劳动行为能力的公民，包括法定劳动年龄内能够参加劳动的盲、聋、哑和其他残疾的公民，我国劳动法规定劳动者的法定就业年龄为不低于16周岁；（2）劳动者必须从事法律允许的有益于国家和社会的某种社会职业；（3）劳动者所从事的社会职业必须有一定的劳动报酬或经营收入，能够用以维持劳动者本人及其赡养者的基本生活需要。

二、劳动就业的基本原则

（一）就业平等原则

就业平等是指劳动者就业，不因民族、种族、性别、宗教信仰不同而受歧视。就业平等原则包含两重含义：一是劳动者享有平等的就业权利，二是劳动者享有平等的就业机会。

（二）相互选择原则

相互选择是劳动者与用人单位的相互选择，具体是指劳动者可以自由选择用人单位，用人单位也可以自主择优录用劳动者。

（三）照顾特殊群体人员就业原则

特殊群体人员包括残疾人、少数民族人员、退役军人等，对于他们的就业，国家法律、法规作了特别规定予以照顾。

三、劳动就业的法律规定

（一）国家促进就业规定

促进就业是国家为保障公民实现劳动权而采取的各种必要措施。促进就业是国家和政府的基本职责。国家通过促进经济和社会发展，创造就业条件，增加就业机会。国家鼓励企业、事业组织、社会团体在法律、法规规定的范围内兴办产业或者拓展经营，扩大就业。国家支持劳动者自愿组织起来就业和从事个体经营实现就业。

（二）妇女劳动就业规定

法律对妇女劳动就业的规定主要有以下内容：（1）妇女享有同男子平等的就业权利，妇女就业不因性别不同而受歧视；（2）凡适合妇女从事劳动的岗位，用人单位不得以性别为由拒绝录用；（3）不得以性别为由提高对妇女的录用标准；（4）不得安排妇女从事妇女禁忌的劳动。

（三）未成年人就业规定

未成年人在我国是指未满18周岁的公民，法律规定劳动者最低就业年龄为16周岁，非法使用未满16周岁的未成年人为使用童工，已满16周岁未满18周岁的劳动者为未成年工。

法律对未成年人就业的规定主要有：(1) 禁止用人单位招用未满 16 周岁的未成年人，违反规定者处以行政处罚，直至依法追究刑事责任。(2) 文艺、体育和特种工艺单位需要招用未满 16 周岁的未成年人，必须依照国家有关规定，履行审批手续，并保障未成年人接受义务教育的权利。(3) 未成年工在劳动过程中受到特殊保护。

第三节　劳动合同和集体合同

一、劳动合同的概念和特征

劳动合同，是指劳动者与用人单位之间为确立劳动关系，明确双方权利和义务的协议。劳动合同有以下特征：(1) 劳动合同主体具有特定性。合同一方是劳动者，另一方是用人单位。(2) 劳动合同的内容要受法律、法规和集体合同的约束。劳动合同不同于民事合同，当事人自由协商的内容相对较少。一方面，劳动合同的内容要受法律、法规的约束，如工作时间、劳动保护、工资报酬等劳动标准的内容不得违反国家强制性规定；另一方面，劳动合同的内容要受集体合同的约束，劳动合同的约定不得违反集体合同。(3) 劳动合同的目的是在劳动者与用人单位之间确立劳动关系。通过订立劳动合同，明确劳动者和用人单位的权利及义务，确立双方的劳动关系。

二、劳动合同的订立、内容和期限

(一) 劳动合同的订立

劳动合同的订立是指劳动者与用人单位为确立劳动关系，依法就双方的权利义务协商一致，签订劳动合同的法律行为。根据我国《劳动法》和《劳动合同法》的规定，订立劳动合同应遵循以下原则：

1. 合法原则

合法原则要求订立劳动合同不得违反法律、法规的规定。订立劳动合同必须符合以下要求：(1) 当事人必须具备合法的资格。作为用人单位，应是依法成立的企业、个体经济组织、国家机关、事业组织、社会团体等用人单位。作为劳动者，必须具有劳动权利能力和劳动行为能力，即应是年满 16 周岁，具有劳动能力的中国公民或具有就业准入资格的外国人和无国籍人。(2) 劳动合同的内容要合法。劳动合同的各项条款必须符合国家法律、行政法规的规定。(3) 订立劳动合同的程序和形式符合劳动法律、法规的规定。

2. 公平原则

公平原则要求劳动合同关于双方权利义务的规定应当对等，用人单位应当为劳动者提供必要的劳动条件、劳动保护，并支付相应的劳动报酬；劳动者应当服从劳动管理，遵守劳动纪律，完成劳动任务。而且，合同约定的劳动任务、劳动条件、劳动纪律、劳动报酬等内容应当公道合理，劳动报酬与劳动任务要大致相当，劳动纪律不能太苛刻，劳动条件、劳动保护要符合劳动安全的要求。

3. 平等自愿、协商一致的原则

平等，是指当事人双方的法律地位平等，当事人双方以平等的身份订立劳动合同。自愿，是指订立劳动合同完全出于双方当事人自己的意志，任何一方不得将自己的意志强加给对方，也不允许第三方进行非法干预。协商一致，是指当事人双方在充分表达自己意思的基础上，经过平等协商，达成一致意见，签订劳动合同。

4. 诚实信用原则

双方当事人应本着诚实信用的原则签订劳动合同，而不得采用欺骗手段骗取对方与之签订合同。劳动者不得为了签订劳动合同而向用人单位提供虚假材料、编造虚假经历、隐瞒真实情况等，用人单位不能以实际无法提供的条件或无力给付的报酬诱使劳动者同意签订劳动合同。一旦签订劳动合同，双方均应按照合同的约定切实履行各自的义务。

（二）劳动合同的内容

劳动合同的内容，是指当事人双方达成的关于劳动权利和义务的具体规定。劳动合同的内容分为法定内容和商定内容。法定内容是指劳动法律、法规规定的劳动合同当事人必须遵照执行的规定。例如，劳动法关于工作时间和休息休假、最低工资标准、劳动安全卫生标准等规定都属于法定内容。商定内容是劳动合同当事人协商约定的具体内容。除法定内容外，当事人可以就其他内容进行协商，或者在法定标准之上对法定内容进行约定，如在不违反最低工资标准的前提下商定具体的工资标准。

劳动合同的内容具体表现在合同条款中。劳动合同条款分为必要条款和补充条款。必要条款是劳动法规定的劳动合同必须具备的条款。根据我国《劳动合同法》第 17 条之规定，劳动合同的必要条款有：（1）用人单位的名称、住所和法定代表人或者主要负责人；（2）劳动者的姓名、住址和有效身份证件号码；（3）劳动合同期限；（4）工作内容和工作地点；（5）工作时间和休息休假；（6）劳动报酬；（7）社会保险；（8）劳动保护、劳动条件和职业危害防护；（9）法律法规规定应当纳入劳动合同的其他事项。补充条款是劳动合同当事人协商约定的除法定条款之外的其他内容。例如，当事人可以在劳动合同中约定试用期、培训、保守秘密、补充保险和福利待遇等事项。

（三）劳动合同的期限

劳动合同的期限是指劳动合同的有效期。劳动合同的期限主要有三种：

1. 有固定期限的劳动合同

这是指双方当事人规定合同有效的起止日期的劳动合同。期限一般为一年、三年、五年等。劳动合同期限届满，劳动合同即告终止。

2. 无固定期限的劳动合同

这是指双方当事人不规定合同终止日期的劳动合同。在劳动合同书上只写明合同生效的日期而没有规定合同终止日期。订立无固定期限的劳动合同，除法律、法规有规定外，双方当事人应当约定解除、终止合同的条件，只要不出现可以解除、终止劳动合同的条件，劳动合同就不应当解除或终止。我国劳动法规定，劳动者在同一用人单位连续工作满 10 年以上，当事人双方同意续延劳动合同的，如果劳动者提出订立无固定期限的劳动合同，则应当订立无固定期限的劳动合同。

3. 以完成一定工作为期限的劳动合同

这是指双方当事人将完成某项工作或工程作为合同终止日期的劳动合同。当某项工作或工程完成后，劳动合同自行终止。

三、劳动合同的变更、解除和终止

（一）劳动合同的变更

劳动合同的变更是指当事人双方对依法成立、尚未履行或尚未完全履行的劳动合同条款所作的修改或增减。劳动合同的变更仅限于合同内容的变更，不包括当事人的变更。

劳动合同依法订立后，当事人双方必须全面履行合同规定的义务，任何一方不得擅自变更劳动合同。但是，在履行合同的过程中，如果劳动合同订立时所依据的客观情况发生重大变化，致使原劳动合同无法履行，则可以变更合同内容。根据劳动法的规定，变更劳动合同应当遵循平等自愿、协商一致的原则，不得违反法律、法规的规定。

（二）劳动合同的解除

劳动合同的解除是指提前终止劳动合同的法律效力，解除双方的劳动关系。劳动合同的解除分为法定解除和约定解除。前者指因发生法律、法规或劳动合同规定的情况，提前终止劳动合同；后者指当事人双方通过协商，一致同意提前终止劳动合同。

1. 双方协商解除劳动合同

《劳动合同法》第 36 条规定："用人单位与劳动者协商一致，可以解除劳动合同。"当事人协商解除劳动合同必须符合下列条件：一是双方自愿，二是平等协商，三是不得损害任何一方的合法权益。

2. 用人单位单方解除劳动合同

用人单位解除劳动合同分为以下三种情况：

第一，随时通知解除劳动合同。《劳动合同法》第 39 条规定，劳动者有下列情形之一的，用人单位可以解除劳动合同：（1）在试用期间被证明不符合录用条件的；（2）严重违反用人单位的规章制度的；（3）严重失职，营私舞弊，给用人单位造成重大损害的；（4）劳动者同时与其他用人单位建立劳动关系，对完成本单位的工作任务造成严重影响，或经用人单位提出，拒不改正的；（5）劳动者以欺诈、胁迫手段或者乘人之危签订劳动合同的；（6）被依法追究刑事责任的。

第二，提前 30 日通知劳动者解除劳动合同。《劳动合同法》第 40 条规定，有下列情形之一的，用人单位提前 30 日以书面形式通知劳动者本人，或者额外支付劳动者一个月工资后，可以解除劳动合同：（1）劳动者患病或者非因工负伤，在规定的医疗期满后不能从事原工作，也不能从事由用人单位另行安排的工作的；（2）劳动者不能胜任工作，经过培训或者调整工作岗位，仍不能胜任工作的；（3）劳动合同订立时所依据的客观情况发生重大变化，致使劳动合同无法履行，经当事人协商不能就变更劳动合同达成协议的。

第三，因经济性裁员而解除劳动合同。《劳动合同法》第 41 条规定，有下列情形之一，需要裁减 20 人以上或者裁减不足 20 人但占企业职工总数 10%以上的，用人单位提前 30 日向工会或全体职工说明情况，听取工会或职工意见后，裁减方案经向劳动行政部门报告，可以裁减人员：(1) 依照企业破产法规定进行重整的；(2) 生产经营发生严重困难的；(3) 企业转产、重大技术革新或经营方式调整，经变更劳动合同后，仍需裁减人员的；(4) 其他因订立劳动合同时所依据的客观经济情况发生重大变化，致使劳动合同无法履行的。从裁员之日起 6 个月内，用人单位需要录用人员的，应当优先录用被裁减的人员。

劳动合同法在规定用人单位可以解除劳动合同的上述情形的同时，也专门规定了用人单位不得解除劳动合同的情形。根据《劳动合同法》第 42 条，劳动者有下列情形之一的，用人单位不得解除劳动合同：(1) 从事接触职业病危害作业的劳动者未进行离岗前职业健康检查，或者疑似职业病人在诊断或者医学观察期间的；(2) 在本单位患职业病或者因工负伤并被确认丧失或者部分丧失劳动能力的；(3) 患病或者非因工负伤，在规定的医疗期内的；(4) 女职工在孕期、产期、哺乳期的；(5) 在本单位连续工作满 15 年，且距离法定退休年龄不足 5 年的；(6) 法律、行政法规规定的其他情形。

3. 劳动者单方解除劳动合同

劳动者解除劳动合同有两种情况：

第一，提前通知用人单位解除劳动合同。《劳动合同法》第 37 条规定：劳动者提前 30 日以书面形式通知用人单位，可以解除劳动合同；在试用期内提前 3 日通知用人单位，可以解除劳动合同。该条款规定意味着劳动者解除劳动合同，除履行通知程序外，没有实质条件的限制。

第二，随时通知用人单位解除劳动合同。《劳动合同法》第 38 条规定，用人单位有下列情形之一的，劳动者可以解除劳动合同：(1) 未按照劳动合同约定提供劳动保护或者劳动条件的；(2) 未及时足额支付劳动报酬的；(3) 未依法为劳动者缴纳社会保险费的；(4) 用人单位的规章制度违反法律、法规的规定，损害劳动者权益的；(5) 因违反法律、法规的规定致使劳动合同无效的；(6) 法律、行政法规规定劳动者可以解除劳动合同的其他情形。

4. 解除劳动合同的经济补偿

解除劳动合同的经济补偿是指用人单位解除劳动合同对劳动者所作的经济补偿。根据《劳动合同法》第 46 条、第 47 条的规定，用人单位解除劳动合同，或者劳动者依据前述《劳动合同法》第 38 条解除劳动合同的，用人单位应当向劳动者支付经济补偿。经济补偿按劳动者在本单位工作的年限计算，每满 1 年发给相当于劳动者 1 个月工资的经济补偿金。工作 6 个月以上不满 1 年的，按 1 年计算；不满 6 个月的，支付半个月工资的经济补偿。

（三）劳动合同的终止

劳动合同的终止是指终止劳动合同的法律效力。劳动合同订立后，双方当事人不得随意终止劳动合同。只有法律规定或当事人约定的情况出现，才能终止劳动合同。劳动合同终止主要有以下几种：（1）劳动合同期限届满；（2）企业宣告破产或依法被撤销；（3）劳动者达到退休年龄；（4）劳动者完全丧失劳动能力或死亡；（5）法律、法规规定的其他情况。

四、集体合同

（一）集体合同的概念和特征

集体合同是集体协商双方代表根据法律法规的规定，就劳动报酬、工作时间、休息休假、劳动安全卫生、保险福利等事项在平等协商一致的基础上签订的协议。签订集体合同的目的主要是稳定协调劳动关系，更好地保护劳动者的合法权益。

集体合同的特征是：（1）集体合同的主体一方是工会或职工推举的代表，另一方是用人单位；（2）集体合同内容是规定用人单位的集体劳动条件；（3）签订集体合同需提交职工代表大会或者全体职工讨论通过，并报送劳动行政部门登记、审查和备案；（4）集体合同适用于用人单位及其全体职工；（5）集体合同的效力高于个人劳动合同。

（二）集体合同的内容

集体合同的内容包括以下方面：（1）劳动报酬；（2）工作时间；（3）休息休假；（4）保险福利；（5）劳动安全与卫生；（6）合同期限；（7）变更、解除、终止集体合同的协商程序；（8）双方履行集体合同的权利和义务；（9）履行集体合同发生争议时的协商处理办法；（10）违反集体合同的责任；（11）双方认为应当约定的其他内容。

（三）集体合同的效力

依法签订的集体合同对企业和企业全体职工具有约束力。集体合同的效力高于个人劳动合同，个人劳动合同中约定的劳动条件和劳动报酬等标准不得低于集体合同的规定。

第四节　工作时间和休息休假

一、工作时间

（一）工作时间的概念和种类

工作时间是指法律规定的劳动者在一昼夜或一周内从事生产或工作的时间，即劳动者每天应工作的时数或每周应工作的天数。劳动者每天应工作的时数叫工作日，每周应工作的天数叫工作周。

工作日的种类主要有：

1. 标准工作日

这是指由国家法律统一规定的，在一般情况下劳动者从事工作或劳动的时间。我国现行的标准工作日为每日工作不超过 8 小时，每周工作不超过 44 小时。

2. 缩短工作日

这是指法律规定的少于标准工作日时数的工作日，主要适用于从事矿山井下、高山、有毒有害、特别繁重体力劳动的劳动者。

3. 不定时工作日

这是指没有固定工作时间限制的工作日。主要适用于一些因工作性质或工作条件不受标准工作时间限制的工作。

4. 综合计算工作日

这是指用人单位根据生产和工作的特点，分别采取以周、月、季、年等为周期综合计算劳动者工作时间的一种工时形式。主要适用于特殊行业的职工，如交通运输、地质及资源勘探等。

（二）延长工作时间规定

延长工作时间是指劳动者的工作时数超过法律规定的标准工作时间。对于延长工作时间，劳动法作了严格限制，主要规定有：

1. 延长工作时间的一般规定

《劳动法》第 41 条规定：用人单位由于生产经营需要，经与工会和劳动者协商后可以延长工作时间，一般每日不得超过 1 小时；因特殊原因需要延长工作时间的，在保障劳动者身体健康的条件下，延长工作时间每日不得超过 3 小时，但是每月不得超过 36 小时。

2. 延长工作时间的特殊规定

特殊情况下，出现了危及国家财产、集体财产和人民生命安全的紧急事件时，延长工作时间不受《劳动法》第 41 条的限制，主要包括以下情形：(1) 发生自然灾害、事故或者因其他原因，威胁劳动者生命健康和财产安全，需要紧急处理的；(2) 生产设备、交通运输线路、公共设施发生故障，影响生产和公众利益，必须技术抢修的；(3) 法律、行政法规规定的其他情形。

3. 延长工作时间的工资支付

根据我国劳动法的规定，用人单位延长工作时间的，必须按以下标准支付给劳动者工资报酬：(1) 在标准工作日内安排劳动者延长工作时间的，支付不低于工资的 150％的工资报酬；(2) 休息日安排劳动者工作又不能安排补休的，支付不低于工资的 200％的工资报酬；(3) 法定休假日安排劳动者工作的，支付不低于工资的 300％的工资报酬。

二、休息休假

（一）休息休假的概念

休息休假又称休息时间，是指劳动者在国家规定的法定工作时间外自行支配的时间。包括劳动者每天休息的时数、每周休息的天数、节假日、年休假、探亲假等。

休息休假的规定是实现劳动者休息权的一项重要保证。我国劳动法关于工作时间的立法趋势是不断缩短工作时间，使劳动者有更多的休息时间。这是社会进步的体现。

（二）休息时间的种类

劳动者的休息时间主要有以下几种：

1. 工作日内的间歇时间

这是指在一个工作日内给予劳动者作为休息和用膳的时间，一般不少于半小时。

2. 两个工作日间的休息时间

这是指劳动者在一个工作日结束至下一工作日开始的休息时间，一般不少于15小时。

3. 公休假日

这是指劳动者工作满一个工作周以后的休息时间。目前我国实行五天工作制，劳动者的公休假日为每周两天，一般安排在星期六和星期天。

4. 法定节日

这是指由国家法律统一规定的用于开展庆祝、纪念活动的休息时间。目前，我国的法定节日有：(1) 元旦，放假1天；(2) 春节，放假4天；(3) 清明节，放假1天；(4) 劳动节，放假2天；(5) 端午节，放假1天；(6) 中秋节，放假1天；(7) 国庆节，放假3天。

5. 年休假

这是指法律规定的职工满一定的工作年限后，每年享有的保留工作带薪连续休假。

6. 探亲假

这是指与父母或配偶分居两地的职工，每年享有的与父母或配偶团聚的假期。

第五节 工资

一、工资的概念和工资立法原则

（一）工资的概念

工资是指用人单位依据国家有关规定或劳动合同的约定，以货币形式直接支付给劳动者的劳动报酬，一般包括计时工资、计件工资、奖金、津贴和补贴、延长工作时间的工资报酬以及特殊情况下支付的工资等。

（二）工资立法的原则

工资立法在我国劳动立法中占有重要的地位，它直接关系到劳动者劳动报酬权的实现。工资立法的基本原则有：

1. 按劳分配为主、多种分配方式并存的原则

按劳分配是我国社会主义条件下个人消费品分配的基本原则，按劳分配是指根据劳动者提供的劳动数量和质量分配个人消费品，等量劳动获得等量报酬。除按劳分配外，现阶段还实行按要素分配，即按资本、管理、技术等要素进行分配。

2. 同工同酬原则

同工同酬是指在同一分配单位中，从事同种类工作、同样熟练程度的劳动者，不分性别、年龄、民族、种族，只要付出同等劳动，就应当获得同等报酬。

3. 在经济发展的基础上逐步提高工资水平的原则

工资水平是指一定时期内职工平均工资的高低程度。工资水平要在经济发展的基础上逐步提高，与经济发展水平相当。

二、工资形式

工资形式是指计量劳动和支付工资的形式。我国现行工资形式主要有：

（一）计时工资

这是指按照工作技术熟练程度、劳动繁重程度和工作时间的长短支付工资的一种形式。

（二）计件工资

这是指按照合格产品的数量和预先规定的计件单位来计算的工资。

（三）奖金

这是指有效超额劳动报酬，是职工工资的补充形式，是对在工作和生产建设中取得卓越成绩的职工的一种奖励。

（四）津贴

这是指补偿职工在特殊条件下的劳动消耗及生活费额外支出的工资补充形式。

（五）特殊情况下的工资

这是指依法或按协议在非正常工作情况下支付给职工的工资。如加班加点工资、事假工资、探亲假工资、履行国家和社会义务期间的工资以及伤、病、产假工资。

三、最低工资制度

（一）最低工资的概念

最低工资是指劳动者在法定工作时间内提供正常劳动的前提下，其所在企业应支付的最低劳动报酬。其中，法定工作时间是指国家规定的制度工作时间；正常劳动是指工薪劳动者按照劳动合同的有关规定，在法定工作时间内从事的劳动。

我国劳动法明确规定，国家实行最低工资制度，用人单位支付劳动者的工资不得低于当地最低工资标准。

（二）最低工资标准的确定

基于地区之间经济发展水平差异较大等因素，目前我国没有实行全国统一最低工资标准，而是由各地根据本地区的具体情况来确定最低工资标准。

确定最低工资标准应综合考虑以下因素：（1）劳动者本人及平均赡养人口的最低生活费用；（2）社会平均工资水平；（3）劳动生产率；（4）就业状况；（5）地区之间经济发展水平的差异。一般来说，最低工资标准应高于社会救济金和失业保险金标准，低于当地平均工资。

四、工资的法律保障

工资的法律保障是国家为保障劳动者依法获得工资报酬而采取的各种措施，主要有：

（一）工资支付办法

工资应以法定货币支付，并按月支付。

（二）禁止克扣和无故拖欠劳动者工资

用人单位不得克扣劳动者工资，但有下列情况之一的，可以代扣劳动者工资：（1）代扣代缴个人所得税；（2）代扣代缴应由劳动者个人负担的各项社会保险费用；（3）法院判决、裁定中要求代扣的扶养费、赡养费；（4）法律、法规规定从劳动者工资中扣除的其他费用。此外，劳动者本人给用人单位造成经济损失的，用人单位可按照劳动合同的约定要求其赔偿经济损失。经济损失的赔偿，可从劳动者本人的工资中扣除，但每月扣除的部分不得超过劳动者当月工资的20%。

第六节　劳动争议处理

一、劳动争议的概念及其分类

（一）劳动争议的概念

劳动争议是指劳动关系当事人之间因执行劳动法律法规或履行劳动合同、集体合同而发生的争议。

（二）劳动争议的分类

劳动争议可以按以下标准进行分类：（1）按争议主体划分，可分为个人劳动争议和集体劳动争议。前者指劳动者个人与用人单位之间的争议；后者指劳动者为3人以上，并有共同理由的劳动争议。（2）按争议的合同划分，可分为劳动合同争议和集体合同争议。前者指因确认劳动合同效力和履行劳动合同而发生的争议；后者指因订立、履行集体劳动合同而发生的争议。(3) 按争议的内容划分，可分为因开除、除名、辞退职工和职工辞职、离职而发生的争议；因执行国家有关工时、工资、保险、福利、培训、劳动保护的规定而发生的争议；因履行劳动合同、集体合同而发生的争议；法律、法规规定的其他劳动争议。

二、劳动争议处理机构

（一）劳动争议调解组织

根据我国《劳动争议调解仲裁法》的规定，劳动争议调解组织包括企业劳动争议调解委员会、依法设立的基层人民调解组织以及在乡镇、街道设立的具有劳动争议调解职能的组织。依照劳动法的规定，在用人单位内可以成立劳动争议调解委员会。调解委员会由职工代表、用人单位代表和工会代表组成。调解委员会主任由工会代表担任。

（二）劳动争议仲裁委员会

劳动争议仲裁委员会是指依法成立的行使劳动争议仲裁权的仲裁机构。劳动争议仲裁委员会由劳动行政部门代表、同级工会代表、企业方面的代表组成。仲裁委员会主任由劳动行政部门代表担任。

（三）人民法院

人民法院是行使审判权的审判机关。劳动争议案件由人民法院民事审判庭审理。

三、劳动争议处理程序

（一）协商

劳动争议发生后，当事人应当就争议事项进行协商解决。但协商不是劳动争议处理的必经程序，当事人不愿进行协商或协商不成的，可以申请调解或仲裁。

（二）调解

劳动争议发生后，当事人可以向本单位劳动争议调解委员会或其他调解组织申请调解。但调解也不是劳动争议处理的必经程序。劳动争议调解以双方当事人自愿为前提。经调解达成协议的，双方当事人应当自觉履行。自调解组织收到调解申请之日起 15 日内未达成调解协议的，当事人可以依法申请仲裁。

（三）仲裁

当事人不愿调解，或者调解不成的，可以向劳动争议仲裁委员会申请仲裁。劳动争议仲裁是处理劳动争议的必经程序，或者说是劳动争议诉讼的前置程序。根据《劳动争议调解仲裁法》的规定，劳动争议申请仲裁的时效期间为 1 年，该时效期间从当事人知道或者应当知道其权利被侵害之日起计算。但是劳动关系存续期间因拖欠劳动报酬发生的争议，劳动者申请仲裁不受该时效期间的限制。劳动争议仲裁委员会应在受理仲裁申请之日起 45 日内作出裁决。

（四）诉讼

劳动争议仲裁委员会未在规定期限内作出裁决，或者劳动争议当事人对仲裁裁决不服的，可以自收到仲裁裁决书之日起 15 日内向人民法院提起诉讼。但是，追索劳动报酬、医疗费、补偿金以及执行国家规定的工作时间、休息休假、社会保险等发生的争议，劳动争议仲裁委员会作出的仲裁裁决为终局裁决，当事人不得提起诉讼。

第七节　社会保障法

一、社会保障的概念和特征

（一）社会保障的概念

社会保障是指国家法律强制规定的、由国家和社会出面举办，对公民在年老、疾病、伤残、失业、生育、死亡、遭遇灾害、面临生活困难时给予物质帮助的制度。社会保障是与市场经济伴生的一项制度，社会保障制度的建立，有利于保障公民的生存权，稳定社会秩序，促进社会经济的发展。在我国，社会保障包括社会保险、社会福利、社会救济、社会优抚等。

（二）社会保障的特征

社会保障的特征有：

1. 安全性

社会保障旨在保障全体社会成员在生、老、病、死、伤、残、失业以及遭遇其他困难时，能够从国家和社会获得必要的帮助和补偿。安全性是社会保障的首要目标。

2. 强制性

社会保障由国家通过法律强制实施，以社会保险为例，凡符合条件的劳动者和用人单位都必须参加，社会保险的险种和保险费的缴纳必须按法律规定执行，不能由当事人协商改变。社会保障的强制性体现了国家对社会经济生活的干预，也是社会保障制度得以实施的保证。

3. 社会性

社会保障涉及的是社会问题，这种社会问题非个人力量所能解决，必须借助于国家力量来制定社会政策，在社会范围内予以解决。

4. 互助性

社会保障是借助于国家力量对国民收入进行再分配的一种方式，是国民收入在不同群体之间的转移。通过社会保障的互助性，能够解决不同情况下不同社会成员的特殊需要，在全体社会成员之间实现“人人为我，我为人人”的互帮互助。

二、社会保障法的本质和特征

社会保障法是调整社会保障关系的法律规范的总称。社会保障法在我国法律体系中是重要的法律规范，属于社会法部门。社会保障法以社会利益为本位，以社会公平为其价值追求。国家通过立法建立社会保障制度，是为了谋求国民生活普遍获得安全保障，实现社会的公平和正义。

社会保障法具有以下特征：(1) 广泛的社会性。表现为目的的社会性和享受权利主体的普遍性。(2) 严格的法定性。从社会保障项目的确立、社会保障资金的筹集和缴纳到社会保障的享受人群范围以及社会保障金的发放都有明确的法律规定，任何单位和个人不能任意更改。(3) 实体法与程序法的统一性。基于社会保障法调整社会关系的复杂性，社会保障法既有实体性法律规范，也有程序性法律规范。(4) 特定的立法技术性。社会保障法在立法上有较高的技术性，如“大数法则”和“平均数法则”等数理计算在社会保障立法中被经常使用。

三、社会保障法的基本内容

社会保障法的内容包括：(1) 社会保险法，包括养老保险、失业保险、工伤保险、医疗保险和生育保险等法律制度；(2) 社会救助法，包括灾民救济、城镇贫困居民救济、农村五保户救济、流浪乞讨人员的救济以及对救济人员及其家庭经济状况调查等制度；(3) 社会福利法，包括教育福利、住房福利、儿童福利、老人福利、城市居民福利津贴、公共医疗卫生保健、社区服务等制度；(4) 社会优抚法，包括优待军人及军人家属、抚恤伤亡将士、褒扬阵亡将士、对因公或为保卫人民生命财产而牺牲的非军人的抚恤和褒扬等；(5) 社会保障管理监督法，包括社会保障的行政管理、社保经办机构管理以及社会保障监督等制度；(6) 社会保障基金管理法，包括社会保障基金征缴管理法、社会保障基金投资管理法等；(7) 社会保障争议解决程序法。在这些内容中，最基本也最重要的是社会保险法。

第八节　社会保险法

一、社会保险的概念和特征

（一）社会保险的概念

社会保险是指国家通过立法强制建立社会保险基金，保障公民在年老、生病、工伤、失业、生育等情况下，依法从国家或社会获得物质帮助的制度。根据我国《社会保险法》的规定，社会保险包括养老保险、医疗保险、工伤保险、失业保险和生育保险。

（二）社会保险的特征

社会保险是社会保障制度的重要组成部分，除具有社会保障的特征外，还具有以下特征：（1）适用范围仅限于职工而不包括其他社会成员；（2）筹集社会保险基金，并在一定范围内对社会保险基金实行统筹调剂；（3）社会保险费主要由单位和劳动者个人缴纳，国家财政予以适当补贴；（4）劳动者享受社会保险待遇须满足一定条件。

二、养老保险制度

养老保险是指国家通过立法强制建立养老保险基金，劳动者达到法定退休年龄并退出劳动岗位时，可以从养老保险基金中领取养老金，以保证其基本生活的一项社会保险制度。

随着养老保险制度的改革，国家出台了一系列关于养老保险的法规，主要内容有：（1）建立多层次养老保险制度。养老保险制度由国家基本养老保险、企业补充养老保险、职工个人储蓄性养老保险三部分组成。（2）实行社会统筹与个人账户相结合的办法。（3）养老保险费由企业与个人共同缴纳，企业缴费比例不超过企业工资总额的20%，个人缴费比例为本人缴费工资的8%。（4）职工缴费年限累计满15年的，退休后按月发给基本养老金。

三、医疗保险制度

医疗保险是指劳动者因患病或非因工负伤治疗期间，可以获得必要的医疗费资助和疾病津贴的一项社会保险制度。

目前我国医疗保险改革的主要做法是：（1）城镇所有用人单位，包括企业、机关、事业单位、社会团体及其职工都要参加基本医疗保险；（2）基本医疗保险费由用人单位和职工共同缴纳，用人单位的缴费率为工资总额的6%左右，个人缴费率为本人工资的2%；（3）基本医疗保险基金由统筹基金和个人账户构成。

四、失业保险制度

失业保险是指国家通过建立失业保险基金，对失业劳动者在法定期间内给予失业保险金，以维持其基本生活需要的一项社会保险制度。

失业保险规定的主要内容有：（1）失业保险适用于城镇企业事业单位及其职工；（2）失业保险金由单位和职工缴纳，单位缴费比例为工资总额的2%，个人缴费比例为本人工资的1%；（3）领取失业保险金的期限为12个月至24个月；（4）失业保险金的标准为低于当地最低工资标准、高于城市居民最低生活保障标准的水平。

五、工伤保险制度

工伤保险是指劳动者在工作期间，因负伤、致残、死亡或患职业病，从工伤保险基金中获得必要补助的一项社会保险制度。

工伤保险规定的主要内容有：（1）认定工伤的标准和范围；（2）因工负伤、因工致残、因工死亡的待遇；（3）工伤保险费由企业缴纳，劳动者个人无须缴费。

六、生育保险制度

生育保险是指女职工在生育期间，从生育保险基金中获得必要补助的一项社会保险制度。

生育保险规定的主要内容有：（1）由企业缴纳生育保险费，建立生育保险基金；（2）生育保险待遇包括产假、生育津贴、生育医疗费、疾病医疗费等。

练习与思考

内容提要

1. 劳动法是调整劳动关系以及与劳动关系有密切联系的其他关系的法律规范的总称。我国劳动法主要适用于我国境内的企业、个体经济组织和与之形成劳动关系的劳动者，以及国家机关、事业组织、社会团体和与之建立劳动合同关系的劳动者。

2. 劳动就业是指具有劳动能力的公民在法定劳动年龄内自愿从事某种有一定劳动报酬或经营收入的社会劳动。国家通过促进经济和社会发展，创造就业条件，增加就业机会。

3. 劳动合同是劳动者与用人单位之间为确立劳动关系，明确双方权利和义务的协议。劳动者与用人单位确立劳动关系应当订立劳动合同。订立劳动合同必须遵循合法原则，公平原则，平等自愿、协商一致原则，诚实信用原则。劳动合同条款包括必要条款和补充条款，劳动合同的变更、解除和终止必须符合法律规定。

4. 集体合同是集体协商双方代表根据法律法规的规定，就劳动报酬、工作时间、休息休假、劳动安全卫生、保险福利等事项在平等协商一致的基础上签订的协议。集体合同和劳动合同都是调整劳动关系的基本法律形式。

5. 工作时间是法律规定的劳动者在一昼夜或一周内从事生产或工作的时间。休息休假是劳动者在国家规定的法定工作时间外自行支配的时间。工作时间和休息休假的规定是实现劳动者休息权的一项重要保证。劳动法严格限制用人单位延长工作时间。

6. 工资是用人单位依据国家有关规定或劳动合同的约定，以货币形式直接支付给劳动者的劳动报酬。国家实行最低工资制度，并规定工资的法律保障制度。

7. 劳动争议是指劳动关系当事人之间因执行劳动法律法规或履行劳动合同、集体合同而发生的争议。处理劳动争议的程序包括协商、调解、仲裁和诉讼。

8. 社会保障是国家法律强制规定的、由国家和社会出面举办，对公民在年老、疾病、伤残、失业、生育、死亡、遭遇灾害、面临生活困难时给予物质帮助的制度，包括社会保险、社会福利、社会救济、社会优抚等。社会保障具有安全性、强制性、社会性、互助性的特征。社会保障法是典型的社会法。

9. 社会保险法是社会保障法的重要组成部分，包括养老保险、医疗保险、失业保险、工伤保险和生育保险等法律制度。

关键术语

劳动法	劳动关系	劳动就业	劳动合同	集体合同
工作时间	休息休假	工资	最低工资	劳动争议
社会保障	社会保险	养老保险	医疗保险	失业保险
工伤保险	生育保险			

辨析题

1. 我国劳动法适用于所有建立劳动关系的劳动者。

2. 于某从农村进城打工，被一个体餐厅录用，未签订书面劳动合同，工作期间受伤。老板不负责医药费，说双方没有签订书面协议，并且由于于某是农民，不适用我国劳动法。

3. 我国劳动法明确规定禁止用人单位招用未成年人。

4. 劳动者在试用期间被证明不符合录用条件，被用人单位解除劳动合同的，用人单位可以不支付经济补偿金。

5. 处理劳动争议案件，当事人可以选择仲裁或诉讼，但选择仲裁不得再行起诉。

6. 劳动者在失业期间都可以领取失业保险金。

案例分析

2022年7月，刚刚大学毕业的俞某应聘到某民营医院工作。在签订劳动合同时，俞某向院方提出：因为缺钱，想把每月应发的工资都拿到手，所以就不参加社会保险，希望院方把相应的社会保险费用直接发给他。院方表示理解，同意了他的要求。同时，院方也向俞某提出：为保证工作的连续性，俞某从入职之日起三年内不能结婚、生子；每周上班六天，但是多出的一天会按规定给予加班费。俞某表示“没问题”，于是双方签订了劳动合同，同时就上述约定签订了备忘录。俞某入职不久，院方通知他社保机构不同意他不参保（即必须参保），所以每月工资要扣除院方代缴的失业保险、医疗保险等社保费用。俞某认为院方言而无信，遂以院方违约在先为由，不同意每周上班六天（只同意上五天）。

问：

（1）院方没能兑现俞某可以“不参保”的承诺，是否构成违约？为什么？

（2）俞某不同意每周上六天的理由是否正当？为什么？

（3）双方关于“三年内不能结婚、生子”的约定是否有效？为什么？

第十章

刑　法

刑法作为国家的基本法律，作为我国法律体系的重要组成部分，是保护人民、打击敌人、惩罚犯罪、保障人权、服务国家建设的有力武器，也是依法治国的重要保障。刑法是规定犯罪、刑事责任和刑罚的法律，规定哪些行为是犯罪并且应当负何种刑事责任，并给予犯罪嫌疑人何种刑事处罚。任何一个国家都根据需要，以法律的形式对犯罪、刑事责任和刑罚作出规定。学习本章内容，主要是初步了解我国刑法所规定的犯罪、刑事责任和刑罚的一般原理和原则，了解刑法除了对犯罪的惩罚规定之外，还有对正当防卫和紧急避险在法律上予以保护的规定。做一个合格的守法公民，当然应当了解我国的法律，而刑法是必须了解的最重要的部门法之一。

重点问题

- 刑法的任务和适用范围。
- 犯罪特征和犯罪构成。
- 正当防卫和紧急避险。
- 犯罪的既遂、预备、未遂和中止。
- 共同犯罪的形式和共同犯罪人的种类。
- 刑事责任的概念、根据与实现过程。
- 刑罚的种类和适用。

第一节　刑法的任务和适用范围

一、刑法的概念和任务

刑法是掌握国家政权的统治阶级，为了维护本阶级政治上的统治和经济上的利益，根据本阶级的共同意志，以国家的名义颁布的规定犯罪、刑事责任和刑罚的法律规范的总称。我国的刑法就是为了维护国家、社会与人民利益，根据广大人民群众的意志，以国家的名义颁布的规定犯罪、刑事责任及刑罚的法律规范。

我国刑法的任务是惩罚犯罪和保护国家、社会、公民个人的合法权益。具体来说，刑法的任务包括四个方面：一是保卫国家安全，保卫人民民主专政的政权和社会主义制度，严厉惩罚危害国家安全的犯罪行为；二是保护社会主义的经济基础，惩罚侵犯公私合法财产和破坏社会主义市场经济秩序的犯罪行为；三是保护公民的各项权利，惩罚侵犯公民人身权利、民主权利和其他权利的犯罪行为；四是维护良好的社会秩序、经济秩序，惩罚破坏社会秩序和经济秩序的犯罪行为。概言之，刑法的任务就是惩罚犯罪，保护人民。

二、刑法的基本原则

刑法的基本原则，是指刑法本身所特有、贯穿于全部刑法规范、体现刑事立法和刑事司法的基本精神、指导和制约刑事立法和刑事司法过程的基本准则。我国刑法明确规定了三项基本原则，即罪刑法定原则、罪责刑相适应原则和适用刑法人人平等原则。

罪刑法定原则的基本含义是法无明文规定不为罪，法无明文规定不处罚。

罪责刑相适应原则的基本含义是犯罪人所受到的刑罚处罚应当与其所犯之罪相适应，即重罪重判，轻罪轻判，罪刑相称，罚当其罪。

适用刑法人人平等原则的基本含义是对任何人犯罪，在适用法律上一律平等。不允许任何人有超越法律的特权。

三、刑法的适用范围

刑法的适用范围包括刑法的空间效力与刑法的时间效力。

（一）刑法的空间效力

刑法的空间效力是指刑法对地域和对人的效力，所要解决的是国家刑事管辖权的范围问题。我国《刑法》第 6 条规定：“凡在中华人民共和国领域内犯罪的，除法律有特别规定的以外，都适用本法。凡在中华人民共和国船舶或者航空器内犯罪的，也适用本法。”同时还规定：“犯罪的行为或者结果有一项发生在中华人民共和国领域内的，就认为是在中华人民共和国领域内犯罪。”

中国公民在中国领域外犯中国刑法规定之罪的，都适用中国刑法，如果所犯之罪的法定最高刑为 3 年以下有期徒刑的，可以不予追究。这里所说的“可以不予追究”并不是一律不追究，而是根据实际情况来决定是否需要追究刑事责任。至于在中国领域外的中国国家工作人员和军人，由于他们属于刑法所规定的特殊主体，不论犯什么罪，也不论刑罚的轻重，都必须适用中国刑法追究其刑事责任。中国公民在中国领域外犯罪，按照中国刑法的规定应当负刑事责任的，即使经过了外国的审判，仍然可以适用中国刑法予以追究，但是在国外已经受过刑罚处罚的，可以免除或者减轻处罚。

外国人在中国领域外对中国国家或者中国公民犯罪的，如果中国刑法所规定的法定最低刑为 3 年以上有期徒刑的，可以适用中国刑法，但是按照犯罪地的法律不受处罚的除外。

对于中国缔结或者参加的国际条约所规定的罪行，中国在所承担条约义务的范围内行使刑事管辖权的，适用中国刑法。

（二）刑法的时间效力

刑法的时间效力是指刑法的生效时间、失效时间以及刑法是否具有溯及力的问题。刑法的生效时间一般有两种规定方式：一是自公布之日起生效，通常为单行刑法所采用。二是公布后经过一段时间再施行，如我国 1997 年修订的《刑法》于 1997 年 3 月 14 日公布，同年 10 月 1 日起施行。刑法的失效时间则有明示废止和默示废止两种方式，前者以立法方式明确宣布旧法失去法律效力，后者是新法施行后，旧法自行废止。

刑法的溯及力，是指刑法施行以后，对于其生效之前未经审判的行为是否适用，如果适用，刑法就有溯及力，如果不适用，刑法就没有溯及力。在这个问题上，我国刑法采用了从旧兼从轻的原则。按照刑法的规定，中华人民共和国成立以后刑法施行以前的行为，如果当时的法律不认为是犯罪，适用当时的法律；如果当时的法律认为是犯罪，按照现行刑法的规定应当予以追诉的，按照当时的法律追究刑事责任，但是如果现行刑法不认为是犯罪或者处刑较轻的，则不适用当时的法律而适用现行刑法。

第二节　犯罪

一、犯罪概念与犯罪构成

我国《刑法》第 13 条规定："一切危害国家主权、领土完整和安全，分裂国家、颠覆人民民主专政的政权和推翻社会主义制度，破坏社会秩序和经济秩序，侵犯国有财产或者劳动群众集体所有的财产，侵犯公民私人所有的财产，侵犯公民的人身权利、民主权利和其他权利，以及其他危害社会的行为，依照法律应当受刑罚处罚的，都是犯罪，但是情节显著轻微危害不大的，不认为是犯罪。"根据这一规定可以看出，犯罪具有三个最基本的特征，即严重的社会危害性、刑事违法性和应受刑罚惩罚性。犯罪的三个基本特征相互联系、紧密结合，是区分罪与非罪的根本标准。

犯罪构成与犯罪概念是两个既有联系又有区别的范畴。犯罪概念是犯罪构成的基础，犯罪构成是犯罪概念的具体化。犯罪构成是指按照刑法的规定，决定某一具体行为的社会危害性及其程度，而为该行为构成犯罪所必需的一切主观要件和客观要件的总和。犯罪构成的要件包括四个方面，即犯罪客体、犯罪客观方面、犯罪主体、犯罪主观方面。

（一）犯罪客体

犯罪客体是指刑法所保护的而为犯罪行为所侵害的社会关系。

犯罪客体与犯罪对象不是同一个范畴。犯罪对象是指刑法分则条文规定的犯罪行为直接指向的具体人或者具体物，而犯罪客体则是犯罪行为所侵害的刑法所保护的某种社会关系。

（二）犯罪客观方面

犯罪客观方面是指刑法所规定的构成犯罪的客观外在表现。犯罪客观方面的内容包括危害行为、危害结果、危害行为与危害结果之间的因果关系以及犯罪的时间、地点和方法。

1. 危害行为

危害行为是指由行为人的意识、意志支配而实施的违反刑法规定的危害社会的行为。危害行为的基本形态是作为和不作为。

作为就是犯罪人用积极的行为实施的刑法所禁止的危害社会的行为。

不作为就是犯罪人有义务而且可能实施某种积极的行为而没有实施因而危害社会的行为。这里所说的义务包括三种：一是法律明确规定的特定义务，二是行为人职务上或者业务上要求履行的某种特定义务，三是由行为人先行行为所产生的特定义务。

2. 危害结果

危害结果是指危害行为对犯罪的直接客体所造成的法定的实际损害或者现实的危险状态。危害结果既包括对客体造成的实际损害，也包括对客体造成的现实危险状态。

3. 危害行为与危害结果之间的因果关系

危害行为与危害结果之间的因果关系是指犯罪构成客观要件中危害行为与危害结果之间存在的引起和被引起的关系。刑法上的因果关系具有客观性、相对性、时间顺序性、条件性、具体性和复杂性的特征，这是必须搞清楚的一个重要问题。有因果关系并不意味着就是犯罪、就要承担刑事责任，还要看行为人是否具有罪过。

4. 犯罪的时间、地点和方法

犯罪的时间、地点、方法是指刑法规定的某些犯罪中必须具备的特定时间、特定场所、特定方法的构成要件。

（三）犯罪主体

犯罪主体包括自然人犯罪主体和单位犯罪主体。自然人犯罪主体是刑法中具有普遍性的主体，而单位犯罪主体则是刑法对某些犯罪的特别规定。

1. 自然人犯罪主体

自然人犯罪主体是指实施了危害社会的行为依法应当承担刑事责任的自然人。作为自然人的犯罪主体，必须达到刑法所规定的刑事责任年龄并具备相应的刑事责任能力。

已满 16 周岁的人犯罪，应当负刑事责任，属于完全负刑事责任的年龄。已满 14 周岁不满 16 周岁的人，犯故意杀人、故意伤害致人重伤或者死亡、强奸、抢劫、贩卖毒品、放火、爆炸、投放危险物质罪的，应当负刑事责任，对这 8 种犯罪之外的其他危害社会的行为，不负刑事责任。已满 12 周岁不满 14 周岁的人，犯故意杀人、故意伤害罪，致人死亡或者以特别残忍手段致人重伤造成严重残疾，情节恶劣，经最高人民检察院核准追诉的，应当负刑事责任。不满 12 周岁的人所实施的危害行为，不负刑事责任。已满 12 周岁不满 18 周岁的人犯罪，应当从轻或者减轻处罚。对于因不满 16 周岁而对其所实施的危害社会的行为不予刑事处罚的，要责令其父母或者其他监护人加以管教，在必要的时候，依法进行专门矫治教育。已满 75 周岁的人故意犯罪的，可以从轻或者减轻处罚；过失犯罪的，应当从轻或者减轻处罚。

行为人只有在具备能够辨认和控制自己行为能力的情况下，才能够承担刑事责任。因此，精神病人在不能辨认或者不能控制自己行为的时候造成危害结果，经法定程序鉴定确认的，不负刑事责任，但是应当责令他的家属或者监护人严加看管和医疗；在必要的时候，由政府强制医疗。间歇性的精神病人如果是在精神正常的时候犯罪，应当负刑事责任。尚未完全丧失辨认和控制自己行为能力的精神病人犯罪，应当负刑事责任，但是可以从轻或者减轻处罚。在醉酒状态下犯罪，必须承担完全的刑事责任而没有任何从轻或者减轻处罚的理由。又聋又哑的人或者盲人不是无责任能力人，但在其行为构成犯罪时，可以从轻、减轻或者免除处罚。

达到了刑事责任年龄并具备了刑事责任能力的自然人，是一般主体。而在刑法所规定的各种犯罪中，有的犯罪要求行为人必须具备特定的主体身份，即特殊主体。所谓特殊主体，是指刑法所规定的影响行为人刑事责任的行为人人身方面特定的资格、地位或者状态，如国家机关工作人员、司法工作人员、金融机构工作人员、军人等。

2. 单位犯罪主体

单位犯罪主体是指实施了危害社会的行为依法应当承担刑事责任的公司、企业、事业单位、机关、团体。构成单位犯罪必须有刑法的明文规定。

对单位犯罪的处罚有两种不同的方式，一种是双罚制，既对犯罪单位判处罚金，又处罚单位中直接负责的主管人员和其他直接责任人员；另一种是单罚制，对犯罪单位不予处罚而只处罚单位中直接负责的主管人员和其他直接责任人员。

（四）犯罪主观方面

犯罪主观方面是指犯罪主体对自己实施的危害行为及其危害结果所持的心理态度。犯罪主观方面的内容包括犯罪故意、犯罪过失、犯罪的目的和动机、不可抗力和意外事件、期待可能性以及刑法上的认识错误。

1. 犯罪故意

犯罪故意是指行为人明知自己的行为会发生危害社会的结果，并且希望或者放任这种结果发生的一种主观心理态度。犯罪故意分为直接故意和间接故意。直接故意是指行为人明知自己的行为必然或者可能发生危害社会的结果，并且希望这种结果发生的一种心理态度。如盗窃罪由直接故意构成。间接故意是指行为人明知自己的行为可能发生危害社会的结果，并且放任这种结果发生的一种主观心理态度。如为防盗而私设电网且未采取任何警示措施，以致他人死亡的，即存在间接故意。

2. 犯罪过失

犯罪过失是指行为人应当预见自己的行为可能发生危害社会的结果，因为疏忽大意没有预见，或者已经预见而轻信能够避免，以致发生这种结果的一种主观心理态度。根据行为人对危害结果在认识程度上的不同，犯罪过失可以分为疏忽大意的过失和过于自信的过失。疏忽大意的过失是指行为人应当预见自己的行为可能发生危害社会的结果，因为疏忽大意没有预见，以致发生了危害结果的心理态度。例如启动汽车时未注意汽车周围情况，以致将汽车后面玩耍的小孩轧死，是疏忽大意的过失。过于自信的过失是指行为人已经预见到自己的行为可能发生危害社会的结果，但是轻信能够避免，以致发生了危害结果的心理态度。例如明知汽车刹车失灵，自恃驾车技术好而开车上路，以致发生交通事故造成行人被撞死的，是过于自信的过失。

3. 不可抗力和意外事件

行为在客观上虽然造成了损害结果，但不是出于故意或者过失，而是由于不能抗拒或者不能预见的原因所引起的，不认为是犯罪，而是刑法中的不可抗力和意外事件。作为不可抗力和意外事件，由于缺乏犯罪构成的主观要件，因此不能认定为犯罪。如因地震塌方道路受阻，医疗人员未能如期到达指定救援地点及时救治伤员致其死亡，是不可抗力导致的，不产生法律责任；又如进入明示禁止私自进入的部队靶场而被打靶战士打死的，是无法预见的意外事件。

4. 期待可能性

期待可能性，是指从行为时的具体情况看，可以期待行为人不实施违法行为，而应实施合法行为的情形。法律不能强人所难，当不具有期待可能性，就不构成犯罪。需要注意期待可能性在绝大多数案件中不需要考虑，仅在特殊情况下需要判断，比如已婚妇女被拐卖后被迫重婚的，因缺乏期待可能性而不以重婚罪论处。

5. 犯罪的目的和动机

犯罪目的是指犯罪人希望通过自己所实施的犯罪行为达到某种危害社会结果的心理态度。犯罪目的只存在于直接故意的犯罪之中。犯罪动机是指刺激犯罪人实施犯罪行为以达到犯罪目的的内心冲动或者起因。例如，故意杀人罪的目的是非法剥夺他人生命，其动机可能是贪财、报复或者“大义灭亲”等。犯罪的目的既影响定罪，也影响量刑；动机主要影响量刑，一般不会单独对定罪有影响。

6. 刑法上的认识错误

刑法上的认识错误是指行为人对自己的行为在法律上的意义或者客观事实上存在的不正确认识。行为人的认识错误包括对法律的认识错误和对事实的认识错误。

行为人对法律的认识错误是指行为人在有意识地实施某种行为时，对自己的行为的法律性质或者意义有错误的认识。主要包括：错误地将本来无罪的行为认为是有罪，本来有罪的行为错误地认为是无罪，对自己的行为在定罪和量刑上有错误的认识。

行为人对事实认识的错误是指行为人对与自己的行为有关的事实情况所产生的错误认识。主要包括：对行为客体认识错误，对行为对象认识错误，对行为性质认识错误，对工具认识错误，对因果关系认识错误。

二、排除犯罪性的行为

排除犯罪性的行为是指行为人所实施的表面看对社会有害而实际对社会有益的行为。

（一）正当防卫

正当防卫是指为了使国家，公共利益，本人或者他人的人身、财产和其他权利免受正在进行的不法侵害，而采取的制止不法侵害并对不法侵害人造成损害的行为。正当防卫必须符合下述几个条件：一是必须有实际的不法侵害行为发生；二是不法侵害行为必须是正在进行的；三是进行防卫的目的必须是使国家，公共利益，本人或者他人的人身、财产和其他权利免受正在进行的不法侵害；四是防卫行为必须针对不法侵害者本人实施而不能针对第三者；五是防卫行为必须没有明显超过必要限度造成重大损害。如果在防卫过程中防卫行为明显超过必要限度造成重大损害的，是防卫过当。防卫过当的行为人应当负刑事责任，但是应当减轻或者免除处罚。

我国刑法还规定：对正在进行行凶、杀人、抢劫、强奸、绑架以及其他严重危及人身安全的暴力犯罪，采取防卫行为，造成不法侵害人伤亡的，不属于防卫过当，不负刑事责任。

（二）紧急避险

紧急避险是指为了使国家，公共利益，本人或者他人的人身、财产和其他权利免受正在发生的危险，不得已而采取的损害另一种合法利益的行为。紧急避险必须符合以下几个条件：一是行为人必须遭遇了现实的危险，二是行为人所遭遇的危险必须是正在发生的，三是行为人避险的目的必须是正当的，四是在当时的情况下必须确实没有其他方法能够避免正在发生的危险，五是避险的行为必须没有超过必要限度造成不应有的损害。如司机在道路上正常驾驶汽车行驶，突然有一辆自行车从旁边的岔路横穿马路，司机来不及刹车，为避免撞到骑自行车的人，司机猛打转向盘撞坏了路边停放的摩托车，即为紧急避险。如果在避险过程中超过必要限度造成不应有的损害的，是避险过当，应当负刑事责任，但是应当减轻或者免除处罚。

三、犯罪的停止形态

犯罪的停止形态是指犯罪人的行为在犯罪过程中可能出现的不同停止形态，包括犯罪既遂、犯罪预备、犯罪未遂和犯罪中止。犯罪的停止形态只发生在直接故意的犯罪之中。

（一）犯罪既遂

犯罪既遂是指已经成立直接故意的犯罪，客观方面具备刑法所规定的结果或者行为的犯罪形态。犯罪既遂包括行为犯、举动犯、结果犯和危险犯。

（二）犯罪预备

犯罪预备是指为了犯罪准备工具、制造条件的行为。这里所说的准备工具，既包括以合法的方式准备工具，也包括以非法的方式准备工具。制造条件就是指为了实施犯罪制造各种方便条件的行为。对于预备犯，可以比照既遂犯从轻、减轻或者免除处罚。

（三）犯罪未遂

犯罪未遂是指行为人已经着手实行犯罪，由于犯罪分子意志以外的原因而没有得逞的行为。犯罪未遂具有三个特征：一是行为人已经着手实行犯罪，二是犯罪没有得逞，三是犯罪之所以没有得逞是由于犯罪人意志以外的原因。如开枪杀人因枪法不准未打死对方。对于未遂犯，可以比照既遂犯从轻或者减轻处罚。

（四）犯罪中止

犯罪中止是指行为人在犯罪过程中，自动放弃犯罪或者自动有效地防止犯罪结果发生的行为。犯罪中止的成立必须具备以下三个条件：一是犯罪中止只能发生在既遂之前的犯罪过程中，二是中止犯罪必须是出于自己的意愿，三是犯罪中止必须是有效地防止了犯罪结果的发生。以上三个条件必须同时具备，才能认定为犯罪中止。如行为人以杀人的目的将被害人砍伤后良心发现，停止继续犯罪将被害人送医救治，即为犯罪中止。对于中止犯，没有造成损害的，应当免除处罚；造成损害的，应当减轻处罚。

四、共同犯罪

（一）共同犯罪的概念和成立条件

共同犯罪是指二人以上共同故意犯罪。成立共同犯罪必须具备三个方面的条件：一是犯罪主体必须是二人以上，二是在客观方面各个共同犯罪人必须有共同的犯罪行为，三是在主观方面各个共同犯罪人必须有共同的犯罪故意。二人以上共同过失犯罪，不以共同犯罪论处；应当负刑事责任的，按照他们所犯的罪分别处罚。

（二）共同犯罪的形式

从不同的角度可以对共同犯罪的形式作不同的划分，主要包括以下几种：一是以共同犯罪的故意形成的时间，可以划分为事前通谋的共同犯罪和事前无通谋的共同犯罪；二是以共同犯罪能否任意形成，可以划分为任意的共同犯罪和必要的共同犯罪；三是以共同犯罪人之间有无明确的分工，可以划分为简单的共同犯罪和复杂的共同犯罪；四是以共同犯罪有无组织形式，可以划分为一般的共同犯罪和犯罪集团。

（三）共同犯罪人的分类及其刑事责任

按照一定的标准，可以对共同犯罪人作出分类。我国刑法根据各个共同犯罪人在共同犯罪中的地位和所起的作用，将共同犯罪人分为主犯、从犯、胁从犯和教唆犯。

主犯是指组织、领导犯罪集团进行犯罪活动或者在共同犯罪中起主要作用的犯罪分子。对于组织、领导犯罪集团进行犯罪活动的主犯，应当按照集团所犯的全部罪行承担刑事责任；对于犯罪集团首要分子以外的其他主犯，应当按照其所参与或者策划、指挥的全部犯罪承担刑事责任。

从犯是指在共同犯罪中起次要或者辅助作用的犯罪分子。对于从犯，应当从轻、减轻或者免除处罚。

胁从犯是指在共同犯罪中被胁迫参加犯罪的犯罪分子。对于胁从犯，应当按照他的犯罪情节减轻或者免除处罚。

教唆犯是指教唆他人实施犯罪的犯罪分子。被教唆人如果没有实施教唆犯所教唆的犯罪，对于教唆犯可以从轻或者减轻处罚；如果教唆犯教唆的是不满 18 周岁的人犯罪，对教唆犯应当从重处罚。

五、一罪与数罪

正确区分罪数，有利于正确追究行为人的刑事责任，犯一罪和犯数罪在承担的刑事责任上是不相同的。我国刑法采用犯罪构成说，即行为人的行为符合一个犯罪构成的，是一罪；符合数个犯罪构成的，是数罪。

（一）一罪的类型

在刑法理论上将一罪分为实质的一罪、法定的一罪和处断的一罪。

实质的一罪是指行为人所实施的行为只构成刑法所规定的一种犯罪。包括继续犯、想象竞合犯和结果加重犯。想象竞合犯又称想象数罪，是指行为人所实施的一个行为同时触犯数个罪名的犯罪形态。如盗窃正在使用中的动力电线，盗窃数额较大，且危害公共安全，同时触犯盗窃罪和破坏电力设备罪，即想象竞合犯。继续犯是指行为人的行为从开始实施到停止之前的一段时间内处于不间断的继续状态的犯罪形态。非法拘禁罪是典型的继续犯。结果加重犯是指行为人所实施的刑法所规定的一个犯罪行为，由于发生了严重的结果而加重了法定刑的犯罪形态。故意伤害致人死亡属于典型的结果加重犯。

法定的一罪是指行为人所实施的是数个行为，但是刑法将这样的数种行为规定为一罪的犯罪。包括结合犯、集合犯。结合犯是指由于刑法的特别规定将本来是数种独立罪名结合规定为另一种新罪名的犯罪形态。例如，日本刑法单独规定了强盗罪、杀人罪，但实施了强盗罪和杀人罪不构成数罪，而规定构成强盗杀人罪一罪，就是典型的结合犯。刑法理论普遍认为，我国刑法没有规定结合犯。集合犯是指犯罪构成预定了数个同种类的行为的犯罪形态，包括常习犯、职业犯与营业犯。如非法行医的人多次实施非法行医行为，仅构成一个非法行医罪。

处断的一罪是指行为人的行为本来是数罪，但是在实际处罚时，鉴于数罪之间的特殊关系而按照一罪处理的犯罪形态。包括连续犯、牵连犯、吸收犯。连续犯是指行为人基于一个犯意，在一定时间内连续实施同一性质的犯罪行为，触犯同一罪名的犯罪形态。如多次盗窃的，按一罪处理。牵连犯是指行为人基于一个犯罪目的，实施了数个犯罪行为，数行为之间存在着方法与目的或者目的与结果的牵连关系，分别触犯数个罪名的犯罪形态。如伪造国家机关工作人员的证件（方法行为）与冒充国家机关工作人员身份进行招摇撞骗（目的行为）之间存在牵连关系，以招摇撞骗罪一罪处断。吸收犯是指事实上数个不同性质的行为，其中的一个行为吸收了其他行为，只按照吸收行为定罪量刑的犯罪形态。如制造毒品后持有的，由制造毒品罪吸收持有毒品罪。

（二）数罪的类型

数罪的类型包括同种数罪和异种数罪、并罚数罪和非并罚数罪。同种的数罪是指数个同一种性质的犯罪行为的犯罪形态，异种的数罪是指数个不同性质的犯罪行为的犯罪形态。并罚的数罪是指数罪一经成立必须实行数罪并罚，不发生按照一罪处理的数罪犯罪形态；非并罚的数罪是指法律规定或者实际处理时不实行并罚的数罪犯罪形态。

第三节 刑事责任

一、刑事责任的概念与特征

刑事责任涉及的是犯罪成立之后如何对犯罪人追究责任。我国刑法规定，刑事责任是指根据刑事法律规定，犯罪人因其实施犯罪行为而应当承担的司法机关代表国家依法确认的以刑罚处罚、非刑罚处罚措施或者单纯有罪宣告等否定性评价为内容的法律责任。

刑事责任的基本特征主要包括以下几个方面：

第一是刑事责任的法定性。刑事责任体现罪刑法定原则的要求，行为人对其行为是否应负刑事责任、负何种程度的刑事责任以及如何负刑事责任都必须由刑法事先明确具体地加以规定。

第二是刑事责任的特定性。刑事责任是以刑罚处罚、非刑罚处罚措施或者单纯有罪宣告之否定性评价为内容的责任。

第三是刑事责任的严厉性。刑事责任是法律责任中最严厉的一种责任，作为刑事责任最主要实现方式的刑罚，不仅可以剥夺犯罪人的财产或政治权利，而且可以限制乃至剥夺犯罪人的自由，甚至可以剥夺最严重犯罪者的生命。

第四是刑事责任的专属性。刑事责任是一种严格的个人责任，只能由实施犯罪行为的人即犯罪者本人承担。罪责自负、反对株连是我国刑法一直坚持的原则。其他法律责任比如民事责任则可以全部或部分地转移给他人承担，甚至对犯罪引起的民事责任，也可以由其他人代为承担或者与犯罪人共同承担①。

第五是刑事责任的中介性。刑事责任是犯罪与刑罚处罚以及非刑罚处罚措施和单纯有罪宣告的中介和纽带。犯罪与刑罚是刑事古典学派中直接关联的两大核心概念，但是随着刑法理论的发展和社会关系的变迁，现代国家刑法在惩罚犯罪时除了评价犯罪行为所造成的危害之外，还要考量犯罪人的人身危险性或者说再犯罪的可能性，同时还对犯罪规定了刑罚之外的其他处置方式。而刑事责任的概念可以兼顾犯罪之后法律责任的双重考量和承担方式多样化选择的需要，成为连接犯罪与刑罚两大核心概念的中介。刑罚处罚也要以刑事责任为前提，没有刑事责任，就不能适用刑罚；刑罚处罚的轻重也应当与刑事责任的大小相协调，更有利于贯彻我国刑法罪责刑相适应原则。

---

① 高铭暄．刑法学．北京：中国法制出版社，1999：383.

二、刑事责任的根据

刑事责任的根据，是指国家设定刑事责任和犯罪人承担刑事责任的根据。我国刑法学界对刑事责任根据的探讨一般是从哲学层面、法律层面和事实层面展开的。本书对刑事责任根据的阐述也包括刑事责任的哲学根据、法律根据和事实根据三部分。

（一）刑事责任的哲学根据

从哲学的角度讲，刑事责任的追究和承担与人的意志自由相关。我国刑法理论认为，探讨刑事责任的哲学根据应当坚持辩证唯物主义立场。辩证唯物主义认为，物质决定精神，精神反作用于物质。物质条件或者说人的社会存在制约着人的行为，包括犯罪行为，但不意味着一个人在具体的环境中只能实施某种行为而不能实施其他的行为。事实上，在究竟实施何种性质的行为方面，人在一定限度内具有选择的自由即相对的意志自由。这使得国家能够要求人们按照社会的共同行为规则选择和决定自己的行为，并根据行为是否符合社会的共同行为规则给予肯定或否定评价。国家立法机关通过立法将那些应受否定评价的严重危害社会的行为规定为需要承担刑事责任的犯罪，意味着社会成员不得选择实施此类行为，否则，司法机关就可以据此追究行为人的刑事责任即作出否定性评价和谴责。综上，行为人实施犯罪时所具有的相对意志自由是刑事责任的哲学根据。

（二）刑事责任的法律根据

刑事责任作为一种法律责任，它的有无、大小等必须由刑事法律作出规定，刑事责任只能是法律范围内的责任，罪刑法定原则作为刑法的基本原则，也是关于刑事责任的基本原则。罪刑法定原则对于刑事责任的意义在于，什么人能够承担刑事责任、不能够承担刑事责任或有限制地承担刑事责任，必须由刑事法律明文规定；什么行为应承担刑事责任、一个行为中有何种情节后应承担加重的或减轻的刑事责任，一般也由刑事法律明文规定；行为人在什么样的心理状态下实施的行为负或不负刑事责任，也必须由刑事法律规定，司法机关追究刑事责任也要以此为依据。因此，刑事法律对刑事责任的规定是刑事责任的法律根据。

（三）刑事责任的事实根据

刑法规定的刑事责任只是为刑事责任的追究提供了应然的根据和标准，但是刑事责任要转变为现实，还须有行为人实施了符合犯罪构成的社会危害行为。如果一个自然人或单位没有实施任何行为，只是有破坏法律和社会的思想活动，则不能据此追究刑事责任。同时如果行为人实施的行为不论有多大的社会危害性，但在刑法中没有规定为犯罪，不具备刑法规定的犯罪构成的，也不能成为追究刑事责任的事实根据。因而，行为人实施的符合法定犯罪构成的危害社会行为是刑事责任的事实根据。

三、刑事责任的实现过程

刑事责任的实现过程，是指代表国家的司法机关通过诉讼活动追究刑事责任和迫使行为人承担刑事责任的过程，同时也是行为人从应当负刑事责任、实际负刑事责任到终止负刑事责任的过程，即刑事责任从产生到终结的整个过程。

（一）刑事责任的产生

刑事责任产生于犯罪实施之时，有犯罪必有刑事责任，无犯罪即无刑事责任。犯罪行为实施以后，即便未经司法机关确认和追究，刑事责任也是客观存在的。国家追究行为人的刑事责任，是确认这种客观存在并因此强制行为人承担刑事责任的过程，而不是主观创造的过程。因此，刑事责任应当产生于行为人构成犯罪之时，即刑事责任在客观上开始的时间。

（二）刑事责任的终结

刑事责任的终结也就是刑事责任存在和发展过程的结束，包括以下两种情况下的终结：

1. 实际承担的刑事责任的终结

这是指行为人实际承担刑事责任完毕，刑事责任归于消灭。刑事责任因实现而终结，标志着刑事责任由一种可能性转变为现实，标志着国家对犯罪行为和行为人进行的否定性评价和谴责的结束。因刑事责任实现方式的不同，刑事责任在实现阶段终结的时间也不同，表现为以下几种情况：

（1）通过判处并执行刑罚实现刑事责任的，刑事责任以刑罚执行完毕或被赦免而终结。其中被判处缓刑的，缓刑考验期满，刑事责任即告终结；犯罪人被假释的，假释考验期满，刑事责任即告终结；战时被判缓刑允许其戴罪立功的军人，从军事法院作出撤销原判刑罚、不以犯罪论处的裁定时起刑事责任终结。

（2）被判处刑罚的人在刑罚执行过程中死亡的，刑事责任即告终结。

（3）对于虽然认定有罪但没有判处刑罚的，则应是判决中的非刑罚处罚措施实施完毕之时或者生效的免除处罚判决公开宣告之时，刑事责任终结。

2. 实际没有承担的刑事责任的终结

这是指在行为人实际承担刑事责任之前，因法定事由的出现，刑事责任自行消亡。主要有以下几种情况：

（1）属于公诉范围的案件，犯罪已过追诉时效期限，刑事责任终结。追诉时效是追究行为人刑事责任的有效期限。在法定期限内，司法机关有权追究行为人的刑事责任，超过法定追诉时效期限的，司法机关便不能追究行为人的刑事责任。

（2）属于自诉范围的案件，在追诉时效期限内被害人或其法定代理人没有起诉或撤回起诉的，刑事责任即告终结。

（3）行为人在追诉前死亡或者失去承担刑事责任能力的，刑事责任归于终结。

（三）刑事责任的承担方式

根据我国刑法的规定，我国刑法学界一般将刑事责任的承担方式概括为定罪判刑、定罪免刑、消灭处理和转移处理。

1. 定罪判刑

刑罚是刑事责任最重要的实现方式，也是刑事责任与其他法律责任性质不同的要点所在，所以定罪判刑是刑事司法实践中最基本、最常见的刑事责任承担方式。

2. 定罪免刑

这种方式是指人民法院对行为人作出有罪判决但同时决定不对犯罪人判处刑罚处罚。定罪免刑的方式具体包括两种情况：一是根据刑法的规定，对犯罪情节显著轻微不需要判处刑罚的，免予刑罚处罚，但是给予非刑罚处罚；二是作出有罪宣告但决定免除刑罚处罚，且不给予非刑罚处罚。

3. 消灭处理

这种方式是指行为人的行为已构成犯罪，应当承担刑事责任，但由于存在法律规定的阻却刑事责任追究的事实，因而使刑事责任消灭。如犯罪已过追诉时效期限的犯罪人、战时被判缓刑允许其戴罪立功而确有立功表现的军人以及已经死亡的犯罪人等，根据法律规定，其刑事责任都已归于消灭。

4. 转移处理

这种方式是指对享有外交特权和豁免权的外国人的刑事责任不由我国司法机关适用我国刑法来追究，而是根据我国《刑法》第 11 条的规定通过外交途径解决。刑事责任的这种解决方式，是按照国际惯例和国家之间相互对等的原则确立的，是一种解决特定行为人刑事责任的特殊方式。

第四节　刑罚

一、刑罚的特征

刑罚与犯罪是紧密联系在一起的，犯罪是适用刑罚的前提和基础，刑罚则是犯罪的必然后果。刑罚与犯罪共同构成了刑法的基本内容。刑罚是指国家对犯罪人实行处罚的一种强制方法。刑罚惩罚的结果不仅会使犯罪人的某种权利和利益被剥夺或者被限制，同时也是以国家的名义表明对犯罪人及其犯罪行为的谴责和否定性评价。

刑罚是统治阶级为了维护本阶级的利益和统治秩序而使用的特殊工具，刑罚与军队、警察、法庭、监狱等共同组成国家机器，执行着抵御和镇压敌对势力、惩罚犯罪的职能。刑罚体系是国家整个机器和强制体系中的一个重要组成部分，表现出国家机器最明显的特征。

刑罚是法院代表国家依照法律的规定对犯罪人所适用的一种强制方法，其与其他强制方法比较起来，有三个方面的不同：一是严厉的程度不同，二是刑罚适用的对象不同，三是适用的机关和程序不同。

刑罚对犯罪人的适用所产生的影响不仅仅限于犯罪人，它对犯罪行为的被害人及其亲属、对社会上的不稳定分子以及广大群众都具有不可忽视的功能。刑罚的功能包括惩罚功能、矫正功能、安抚功能、威慑功能和教育功能。

对犯罪适用刑罚并不只是为了惩罚犯罪人，刑罚的目的在于预防犯罪，包括特殊预防和一般预防。特殊预防是指通过对犯罪人适用刑罚，使他们不再犯罪。一般预防是指通过对犯罪人适用刑罚，使社会上的那些不稳定、有可能犯罪的人由于看到了犯罪的必然结果是刑罚的惩罚，因而不敢以身试法，不敢犯罪。刑罚的特殊预防和一般预防是刑罚预防犯罪这样一个目的的两个不同方面，是紧密结合、相辅相成的。

除了特殊预防和一般预防的目的之外，刑罚还有一个重要的作用，就是通过对犯罪人适用刑罚，教育广大群众认清什么是违法、什么是犯罪、违法犯罪的结果是什么，从而增强法治观念，敢于同各种各样的犯罪行为作斗争。

二、刑罚的种类

刑罚包括主刑和附加刑两种类型。主刑是指只能独立适用而不能附加于其他刑罚适用的刑罚方法，主刑的特点在于适用上的独立性，包括管制、拘役、有期徒刑、无期徒刑和死刑五种；附加刑是指既可以附加适用也可以独立适用的刑罚方法，附加刑的特点在于适用上的双重性，包括罚金、剥夺政治权利、没收财产、驱逐出境四种。

除了刑罚方法外，刑法中还规定了实现刑事责任的非刑罚的处理方法，即赔偿损失、训诫、责令具结悔过、赔礼道歉、由主管部门予以行政处罚或者行政处分。

三、刑罚的适用

（一）刑罚裁量

刑罚裁量简称量刑，是指法院对被指控犯罪的被告人依照刑法的规定裁量和决定刑罚的一种刑事审判活动。刑罚的裁量应当遵循以犯罪事实为依据和以刑法为准绳的基本原则。

刑罚的裁量情节包括法定情节和酌定情节。法定情节是指刑法明文规定在裁量刑罚时应当考虑的情节；酌定情节是指刑法中虽然没有明文规定，但是在司法实践中可以根据具体情况斟酌考虑的情节。

对刑罚裁量的情节必须正确运用，根据犯罪情节的不同分别采用从重、从轻、减轻、免除处罚四种量刑方法。

（二）刑罚裁量制度

1. 累犯制度

累犯是指受过一定刑罚处罚，刑罚执行完毕或者赦免以后，在一定时间内又犯应当被判处一定刑罚之罪的犯罪分子。累犯包括一般累犯和特别累犯两种。

一般累犯也称普通累犯，是指被判处有期徒刑以上刑罚的犯罪分子，在刑罚执行完毕或者赦免以后，5 年之内又犯应当判处有期徒刑以上刑罚之故意犯罪的情形；特殊累犯也称特别累犯，是指危害国家安全的犯罪分子，在刑罚执行完毕或者赦免以后任何时候再犯危害国家安全罪的，都构成累犯的情形。

对累犯应当从重处罚，而且对于累犯不适用缓刑。

2. 自首和立功制度

自首是指犯罪人在犯罪以后自动投案，如实供述自己的罪行，或者被采取强制措施的犯罪嫌疑人、被告人和正在服刑的罪犯，如实供述司法机关还未掌握的本人其他罪行的行为。自首包括一般自首和特别自首。一般自首是指犯罪人在犯罪以后自动投案，如实供述自己罪行的行为；特别自首是指被采取强制措施的犯罪嫌疑人、被告人和正在服刑的罪犯，如实供述司法机关还未掌握的本人其他罪行的行为。对于自首的犯罪分子，可以从轻或者减轻处罚。其中犯罪较轻的，可以免除处罚。

立功是指犯罪分子揭发他人的犯罪行为，经查证属实的，或者是提供重要线索，从而使其他案件得以侦破等表现。立功分为一般立功和重大立功两种。有一般立功表现的犯罪分子，可以从轻或者减轻处罚；有重大立功表现的犯罪分子，可以减轻或者免除处罚。

3. 数罪并罚制度

数罪并罚是指犯罪人在判决宣告以前犯有数罪，或者在判决宣告以后刑罚执行完毕以前，发现被判刑的犯罪分子在判决宣告以前还有其他罪没有判决，或者被判刑的犯罪分子又犯新罪，法院依照刑法规定的数罪并罚的原则和方法，对犯罪分子所犯的数罪合并处罚的刑罚裁量制度。数罪并罚的原则包括以下内容：数刑中只要有一个死刑或者无期徒刑的，就应当执行死刑或者无期徒刑；数刑中有两个以上有期徒刑、两个以上拘役或者两个以上管制的，应当在总和刑期以下，数刑中最高刑期以上，酌情决定应当执行的刑期，但是管制最高不能超过 3 年，拘役最高不能超过 1 年，有期徒刑总和刑期不满 35 年的，最高不能超过 20 年，总和刑期在 35 年以上的，最高不能超过 25 年；数罪中有判处有期徒刑和拘役的，执行有期徒刑；数罪中有判处有期徒刑和管制，或者拘役和管制的，有期徒刑、拘役执行完毕后，管制仍须执行；如果数罪中判处有附加刑的，附加刑仍须执行。

4. 缓刑

缓刑是指对被判处一定刑罚的犯罪分子，在其具备法定条件的情况下，在一定的考验期限内附条件地不执行原判刑罚的一项制度。缓刑的实质在于附条件地不执行原判刑罚。

缓刑是对被判处拘役或者 3 年以下有期徒刑的犯罪分子，根据其犯罪情节和悔罪表现，认为适用缓刑确实不致再危害社会的，法院可以在宣判刑罚的同时宣告缓刑，规定一定的考验期限，暂缓执行所判的刑罚。在缓刑考验期限内，被宣告缓刑的犯罪人如果没有犯新罪，没有发现在判决宣告以前还有没有判决的罪，也没有违反法律、行政法规或者国务院公安部门有关缓刑的监督管理规定且未到情节严重的程度，原判刑罚就不再执行。如果违反了刑法所规定的条件，那么原判的刑罚仍然要执行。

缓刑的适用对象必须是被判处拘役或者 3 年以下有期徒刑的犯罪分子；适用缓刑的犯罪分子必须是犯罪情节较轻，有悔罪表现，放在社会上确实没有再犯的危险，对所居住社区没有重大不良影响；适用缓刑的犯罪分子必须不是累犯和犯罪集团首要分子。拘役的缓刑的考验期限为原判刑期以上 1 年以下，但是不能少于 2 个月；有期徒刑的缓刑考验期限为原判刑期以上 5 年以下，但是不能少于 1 年。缓刑犯在缓刑考验期限内必须遵守有关规定。

缓刑犯在缓刑考验期限内如果犯新罪，或者发现在判决宣告以前还有其他罪没有判决的，应当撤销缓刑，对新犯的罪或者新发现的罪作出判决，把前罪和后罪所判处的刑罚，按照刑法关于数罪并罚的规定实行并罚。缓刑犯在缓刑考验期限内如果违反法律、行政法规或者国务院公安部门有关缓刑的监督管理规定，情节严重的，应当撤销缓刑，执行原判的刑罚。缓刑犯在缓刑考验期限内没有发生违反规定的情况，缓刑考验期满，原判的刑罚就不再执行，并且应当公开宣告。

在刑法关于军人违反职责罪的规定中，有一种特殊的缓刑制度：在战时，对被判处 3 年以下有期徒刑的没有现实危险宣告缓刑的犯罪军人，允许其戴罪立功，确有立功表现时，可以撤销原判刑罚，不以犯罪论处。这种特殊的缓刑与普通缓刑相比，适用的对象和条件、考验的方法以及法律后果都是不相同的。

（三）刑罚执行制度

1. 减刑

减刑是指对被判处管制、拘役、有期徒刑、无期徒刑的犯罪分子，在刑罚执行期间，如果认真遵守监规，接受教育改造，确有悔改表现或者立功表现，将其原判刑罚予以适当减轻的一种刑罚执行制度。

减刑适用的对象条件是被判处管制、拘役、有期徒刑、无期徒刑的犯罪分子。减刑适用的实质条件是犯罪分子在刑罚执行期间，认真遵守监规，接受教育改造，确有悔改或者立功表现。减刑适用的限度条件是对犯罪分子适用减刑的时候，减刑以后实际执行的刑期，判处管制、拘役、有期徒刑的，不能少于原判刑期的 1/2；判处无期徒刑的，不能少于 13 年；限制减刑的死刑缓期执行的犯罪分子，缓刑执行期满后依法减为无期徒刑的，不能少于 25 年，缓期执行期满后依法减为 25 年有期徒刑的，不能少于 20 年。

2. 假释

假释是指被判处有期徒刑、无期徒刑的犯罪分子，在执行了一定时间的刑罚之后，如果认真遵守监规，接受教育改造，确有悔改表现，没有再犯罪的危险的，司法机关将其附条件地予以提前释放的一种刑罚执行制度。

假释的适用对象只能是被判处有期徒刑、无期徒刑的犯罪分子，但是，对累犯以及因故意杀人、强奸、抢劫、绑架、放火、爆炸、投放危险物质或者有组织的暴力性犯罪等被判处 10 年以上有期徒刑、无期徒刑的犯罪分子，不得假释。

原判有期徒刑的犯罪分子假释的考验期限为没有执行完毕的刑期，原判无期徒刑的犯罪分子假释的考验期限为 10 年。假释的考验期限一律从假释之日起计算。假释犯在假释期间应当遵守有关规定。

在假释考验期限内，被假释的犯罪分子遵守关于假释的各项规定，依法实行社区矫正，没有违反假释的附加条件，假释考验期满，就认为原判刑罚已经执行完毕。如果被假释的犯罪分子在假释考验期限内犯新罪，或者发现被假释的犯罪分子在原判决前还有其他罪没被判决的，都应当撤销假释，数罪并罚。如果假释犯有违反法律、行政法规或者国务院公安管理部门有关假释的监督管理规定的行为，尚未构成新的犯罪的，应当依照法定程序撤销假释，收监执行没有执行完毕的刑罚。

（四）追诉时效

追诉时效是指按照刑法的规定追究犯罪分子刑事责任的有效期限。刑法根据不同的犯罪规定了不同的追诉期限：法定最高刑为不满 5 年有期徒刑的，追诉时效的期限为 5 年；法定最高刑为 5 年以上不满 10 年有期徒刑的，追诉时效的期限为 10 年；法定最高刑为 10 年以上有期徒刑的，追诉时效的期限为 15 年；法定最高刑为无期徒刑、死刑的，追诉时效的期限为 20 年。如果 20 年以后认为必须追诉的，报请最高人民检察院核准，仍然可以追诉。

在人民检察机关、公安机关、国家安全机关立案侦查或者在审判机关受理案件以后，逃避侦查或者审判的，不受追诉期限的限制；被害人在追诉期限内提出控告，审判机关、检察机关、公安机关应当立案而不予立案的，不受追诉期限的限制。以上这两种情况在刑法上称为追诉时效的延长。在追诉期限内又犯罪的，前罪的追诉期限从犯后罪之日起重新计算。这是追诉时效的中断。追诉时效的期限从犯罪之日起计算，但是，如果犯罪有连续或者继续状态的，追诉时效的期限从犯罪行为终了之日起计算。

第五节　各种同类犯罪和具体犯罪

如前所述，犯罪客体是指刑法所保护的而为犯罪行为所侵害的社会关系，这是犯罪的一般客体。根据犯罪侵犯的客体即社会关系层次的不同，还可以再分为犯罪的同类客体和犯罪的直接客体。同类客体，是指某一类犯罪所共同侵犯的某一类社会关系，或者说是某一类犯罪所共同侵犯的社会关系的某一方面或者某一部分。例如，放火、爆炸、投放危险物质、决水等罪侵犯的是公共安全，即公共安全是这类犯罪的同类客体。直接客体，是指某一具体犯罪所直接侵犯的具体的社会关系或社会关系的某个具体的部分。例如，故意杀人罪直接侵害的是人的生命权。

犯罪的一般客体、同类客体和直接客体，是一般与特殊、整体与部分的关系。我国刑法根据犯罪所侵犯的同类客体和具体犯罪，将所有犯罪分为 10 类①。

① 需要说明的是，此处统计的只是我国刑法规定的具体罪名，与在刑事司法判决中定罪量刑的实际罪名的数目是不同的。例如，我国《刑法》第 246 条第 1 款规定：“以暴力或者其他方法公然侮辱他人或者捏造事实诽谤他人，情节严重的，处三年以下有期徒刑、拘役、管制或者剥夺政治权利。”根据这一规定，只是一个罪名。但是在司法实践中，如果某人既有公然侮辱他人也有捏造事实诽谤他人的严重情节，对其定罪则是侮辱罪和诽谤罪。

一、危害国家安全罪

危害国家安全罪是指故意危害中华人民共和国国家主权、领土完整、国家政权和社会主义制度安全的行为。危害国家安全罪侵犯的客体是国家安全；犯罪的客观方面表现为实施危害国家安全的行为；犯罪的主体大部分是一般主体，少部分是特殊主体；犯罪的主观方面都是故意。

危害国家安全罪的具体罪名包括：背叛国家罪，分裂国家罪，煽动分裂国家罪，武装叛乱、暴乱罪，颠覆国家政权罪，煽动颠覆国家政权罪，资助危害国家安全犯罪活动罪，投敌叛变罪，叛逃罪，间谍罪，为境外窃取、刺探、收买、非法提供国家秘密、情报罪，资敌罪。

二、危害公共安全罪

危害公共安全罪是指故意或者过失地实施危害不特定多数人的生命、健康、重大公私财产或者公共生活安全的行为。危害公共安全罪侵犯的客体是公共安全；犯罪的客观方面表现为实施了刑法规定的危害公共安全的行为；犯罪的主体多数是一般主体，少数是特殊主体；犯罪的主观方面既包括故意，也包括过失。

危害公共安全罪的具体罪名包括：放火罪，决水罪，爆炸罪，投放危险物质罪，以危险方法危害公共安全罪，失火罪，过失决水罪，过失爆炸罪，过失投放危险物质罪，过失以危险方法危害公共安全罪，破坏交通工具罪，破坏交通设施罪，破坏电力设备罪，破坏易燃易爆设备罪，过失损坏交通工具罪，过失损坏交通设施罪，过失损坏电力设备罪，过失损坏易燃易爆设备罪，组织、领导、参加恐怖组织罪，帮助恐怖活动罪，准备实施恐怖活动罪，宣扬恐怖主义、极端主义、煽动实施恐怖活动罪，利用极端主义破坏法律实施罪，强制穿戴宣扬恐怖主义、极端主义服饰、标志罪，非法持有宣扬恐怖主义、极端主义物品罪，劫持航空器罪，劫持船只、汽车罪，暴力危及飞行安全罪，破坏广播电视设施、公用电信设施罪，过失损坏广播电视设施、公用电信设施罪，非法制造、买卖、运输、邮寄、储存枪支、弹药、爆炸物罪，非法制造、买卖、运输、储存危险物质罪，违规制造、销售枪支罪，盗窃、抢夺枪支、弹药、爆炸物、危险物质罪，抢劫枪支、弹药、爆炸物、危险物质罪，非法持有、私藏枪支、弹药罪，非法出租、出借枪支罪，丢失枪支不报罪，非法携带枪支、弹药、管制刀具、危险物品危及公共安全罪，重大飞行事故罪，铁路运营安全事故罪，交通肇事罪，危险驾驶罪，妨害安全驾驶罪，重大责任事故罪，强令、组织他人违章冒险作业罪，危险作业罪，重大劳动安全事故罪，大型群众性活动重大安全事故罪，危险物品肇事罪，工程重大安全事故罪，教育设施重大安全事故罪，消防责任事故罪，不报、谎报安全事故罪。

三、破坏社会主义市场经济秩序罪

破坏社会主义市场经济秩序罪是指违反国家经济管理法律、法规，破坏社会主义市场经济秩序，严重危害国家经济发展的行为。破坏社会主义市场经济秩序罪侵犯的客体是社会主义市场经济秩序；犯罪的客观方面表现为违反国家经济管理法律、法规，破坏市场经济秩序的行为；犯罪的主体既包括自然人，也包括单位；犯罪的主观方面绝大多数都是故意犯罪，并且以获取经济利益为目的，极个别是过失犯罪。

按照犯罪行为所侵犯的客体的不同，破坏社会主义市场经济秩序罪分为8类犯罪，具体罪名包括：

（一）生产、销售伪劣商品罪

生产、销售伪劣产品罪，生产、销售、提供假药罪，生产、销售、提供劣药罪，妨害药品管理罪，生产、销售不符合安全标准的食品罪，生产、销售有毒、有害食品罪，生产、销售不符合标准的医用器材罪，生产、销售不符合安全标准的产品罪，生产、销售伪劣农药、兽药、化肥、种子罪，生产、销售不符合卫生标准的化妆品罪。

（二）走私罪

走私武器、弹药罪，走私核材料罪，走私假币罪，走私文物罪，走私贵重金属罪，走私珍贵动物、珍贵动物制品罪，走私国家禁止进出口的货物、物品罪，走私淫秽物品罪，走私废物罪，走私普通货物、物品罪。

（三）妨害对公司、企业的管理秩序罪

虚报注册资本罪，虚假出资、抽逃出资罪，欺诈发行证券罪，违规披露、不披露重要信息罪，妨害清算罪，隐匿、故意销毁会计凭证、会计账簿、财务会计报告罪，虚假破产罪，非国家工作人员受贿罪，对非国家工作人员行贿罪，对外国公职人员、国际公共组织官员行贿罪，非法经营同类营业罪，为亲友非法牟利罪，签订、履行合同失职被骗罪，国有公司、企业、事业单位人员失职罪，国有公司、企业、事业单位人员滥用职权罪，徇私舞弊低价折股、出售公司、企业资产罪，背信损害上市公司利益罪。

（四）破坏金融管理秩序罪

伪造货币罪，出售、购买、运输假币罪，金融工作人员购买假币、以假币换取货币罪，伪造货币罪，持有、使用假币罪，变造货币罪，擅自设立金融机构罪，伪造、变造、转让金融机构经营许可证、批准文件罪，高利转贷罪，骗取贷款、票据承兑、金融票证罪，非法吸收公众存款罪，伪造、变造金融票证罪，妨害信用卡管理罪，窃取、收买、非法提供信用卡信息罪，伪造、变造国家有价证券罪，伪造、变造股票、公司、企业债券罪，擅自发行股票、公司、企业债券罪，内幕交易、泄露内幕信息罪，利用未公开信息交易罪，编造并传播证券、期货交易虚假信息罪，诱骗投资者买卖证券、期货合约罪，操纵证券、期货市场罪，背信运用受托财产罪，违法运用资金罪，违法发放贷款罪，吸收客户资金不入账罪，违规出具金融票证罪，对违法票据承兑、付款、保证罪，逃汇罪，洗钱罪。

（五）金融诈骗罪

集资诈骗罪，贷款诈骗罪，票据诈骗罪，金融凭证诈骗罪，信用证诈骗罪，信用卡诈骗罪，有价证券诈骗罪，保险诈骗罪。

（六）危害税收征管罪

逃税罪，抗税罪，逃避追缴欠税罪，骗取出口退税罪，虚开增值税专用发票、用于骗取出口退税、抵扣税款发票罪，虚开发票罪，伪造、出售伪造的增值税专用发票罪，非法出售增值税专用发票罪，非法购买增值税专用发票、购买伪造的增值税专用发票罪，非法制造、出售非法制造的用于骗取出口退税、抵扣税款发票罪，非法制造、出售非法制造的发票罪，非法出售用于骗取出口退税、抵扣税款发票罪，非法出售发票罪，持有伪造的发票罪。

（七）侵犯知识产权罪

假冒注册商标罪，销售假冒注册商标的商品罪，非法制造、销售非法制造的注册商标标识罪，假冒专利罪，侵犯著作权罪，销售侵权复制品罪，侵犯商业秘密罪，为境外窃取、刺探、收买、非法提供商业秘密罪。

（八）扰乱市场秩序罪

损害商业信誉、商品声誉罪，虚假广告罪，串通投标罪，合同诈骗罪，组织、领导传销活动罪，非法经营罪，强迫交易罪，伪造、倒卖伪造的有价票证罪，倒卖车票、船票罪，非法转让、倒卖土地使用权罪，提供虚假证明文件罪，出具证明文件重大失实罪，逃避商检罪。

四、侵犯公民人身权利、民主权利罪

侵犯公民人身权利、民主权利罪是指故意或者过失地侵犯他人人身权利和其他与人身直接有关的权利，以及非法剥夺或者妨害公民自由地行使依法享有的管理国家事务和参加政治活动权利的行为。侵犯公民人身权利、民主权利罪侵犯的客体是公民的人身权利和其他与人身直接相关的权利以及民主权利；犯罪的客观方面表现为非法侵犯公民的人身权利、民主权利的行为；犯罪的主体多数为一般主体，少数是特殊主体；犯罪的主观方面绝大多数是故意，极少数是过失。

侵犯公民人身权利、民主权利罪的具体罪名包括：故意杀人罪，过失致人死亡罪，故意伤害罪，组织出卖人体器官罪，盗窃、侮辱、故意毁坏尸体、尸骨、骨灰罪，过失致人重伤罪，强奸罪，负有照护职责人员性侵罪，强制猥亵、侮辱罪，猥亵儿童罪，非法拘禁罪，绑架罪，拐卖妇女、儿童罪，收买被拐卖的妇女、儿童罪，聚众阻碍解救被收买的妇女、儿童罪，诬告陷害罪，强迫劳动罪，雇用童工从事危重劳动罪，非法搜查罪，非法侵入住宅罪，侮辱罪，诽谤罪，刑讯逼供罪，暴力取证罪，虐待被监管人罪，煽动民族仇恨、民族歧视罪，出版歧视、侮辱少数民族作品罪，非法剥夺公民宗教信仰自由罪，侵犯通信自由罪，私自开拆、隐匿、毁弃邮件、电报罪，侵犯公民个人信息罪，报复陷害罪，打击报复会计、统计人员罪，破坏选举罪，暴力干涉婚姻自由罪，重婚罪，破坏军婚罪，虐待罪，虐待被监护、看护人罪，遗弃罪，拐骗儿童罪，组织残疾人、儿童乞讨罪，组织未成年人进行违反治安管理活动罪。

五、侵犯财产罪

侵犯财产罪是指故意非法占有、挪用、毁坏公私财物的行为。侵犯财产罪侵犯的客体是公私财产所有权；犯罪的客观方面表现为行为人实施了各种非法侵犯公私财产的行为；犯罪的主体大多数为一般主体，少数是特殊主体；犯罪的主观方面都是故意。

侵犯财产罪的具体罪名包括：抢劫罪，盗窃罪，诈骗罪，抢夺罪，聚众哄抢罪，侵占罪，职务侵占罪，挪用资金罪，挪用特定款物罪，敲诈勒索罪，故意毁坏财物罪，破坏生产经营罪，拒不支付劳动报酬罪。

六、妨害社会管理秩序罪

妨害社会管理秩序罪是指妨害国家社会管理活动，破坏社会秩序，依法应当受到刑罚处罚的行为。妨害社会管理秩序罪侵犯的客体是国家对社会的管理活动与社会管理秩序；犯罪的客观方面表现为行为人实施了妨害国家管理社会的活动，破坏社会管理秩序的行为；犯罪的主体多数为一般主体，少数是特殊主体，还包括单位；犯罪的主观方面绝大多数是故意，极少数是过失。

按照犯罪行为所侵犯的客体的不同，妨害社会管理秩序罪分为 9 类犯罪，具体罪名包括：

（一）扰乱公共秩序罪

妨害公务罪，袭警罪，煽动暴力抗拒法律实施罪，招摇撞骗罪，伪造、变造、买卖国家机关公文、证件、印章罪，伪造公司、企业、事业单位、人民团体印章罪，伪造、变造、买卖身份证件罪，使用虚假身份证件、盗用身份证件罪，冒名顶替罪，非法生产、买卖警用装备罪，非法获取国家秘密罪，非法持有国家绝密、机密文件、资料、物品罪，非法生产、销售专用间谍器材、窃听、窃照专用器材罪，非法使用窃听、窃照专用器材罪，组织考试作弊罪，非法出售、提供试题、答案罪，代替考试罪，非法侵入计算机信息系统罪，非法获取计算机信息系统数据、非法控制计算机信息系统罪，提供侵入、非法控制计算机信息系统程序、工具罪，破坏计算机信息系统罪，拒不履行信息网络安全管理义务罪，非法利用信息网络罪，帮助信息网络犯罪活动罪，扰乱无线电通讯管理秩序罪，聚众扰乱社会秩序罪，聚众冲击国家机关罪，扰乱国家机关工作秩序罪，组织、资助非法聚集罪，聚众扰乱公共场所秩序、交通秩序罪，投放虚假危险物质罪，编造、故意传播虚假信息罪，高空抛物罪，聚众斗殴罪，寻衅滋事罪，催收非法债务罪，组织、领导、参加黑社会性质组织罪，入境发展黑社会组织罪，包庇、纵容黑社会性质组织罪，传授犯罪方法罪，非法集会、游行、示威罪，非法携带武器、管制刀具、爆炸物参加集会、游行、示威罪，破坏集会、游行、示威罪，侮辱国旗、国徽、国歌罪，侵害英雄烈士名誉、荣誉罪，组织、利用会道门、邪教组织、利用迷信破坏法律实施罪，组织、利用会道门、邪教组织、利用迷信致人重伤、死亡罪，聚众淫乱罪，引诱未成年人聚众淫乱罪，盗窃、侮辱、故意毁坏尸体、尸骨、骨灰罪，赌博罪，开设赌场罪，组织参与国（境）外赌博罪，故意延误投递邮件罪。

（二）妨害司法罪

伪证罪，辩护人、诉讼代理人毁灭证据、伪造证据、妨害作证罪，妨害作证罪，帮助毁灭、伪造证据罪，虚假诉讼罪，打击报复证人罪，泄露不应公开的案件信息罪，披露、报道不应公开的案件信息罪，扰乱法庭秩序罪，窝藏、包庇罪，拒绝提供间谍犯罪、恐怖主义犯罪、极端主义犯罪证据罪，掩饰、隐瞒犯罪所得、犯罪所得收益罪，拒不执行判决、裁定罪，非法处置查封、扣押、冻结的财产罪，破坏监管秩序罪，脱逃罪，劫夺被押解人员罪，组织越狱罪，暴动越狱罪，聚众持械劫狱罪。

（三）妨害国（边）境管理罪

组织他人偷越国（边）境罪，骗取出境证件罪，提供伪造、变造的出入境证件罪，运送他人偷越国（边）境罪，偷越国（边）境罪，破坏界碑、界桩罪，破坏永久性测量标志罪。

（四）妨害文物管理罪

故意损毁文物罪，故意损毁名胜古迹罪，过失损毁文物罪，非法向外国人出售、赠送珍贵文物罪，倒卖文物罪，非法出售、私赠文物藏品罪，盗掘古文化遗址、古墓葬罪，盗掘古人类化石、古脊椎动物化石罪，抢夺、窃取国有档案罪，擅自出卖、转让国有档案罪。

（五）危害公共卫生罪

妨害传染病防治罪，传染病毒菌、毒种扩散罪，妨害国境卫生检疫罪，非法组织卖血罪，强迫卖血罪，非法采集、供应血液或制作、供应血液制品罪，采集、供应血液、制作、供应血液制品事故罪，非法采集人类遗传资源、走私人类遗传资源材料罪，医疗事故罪，非法行医罪，非法进行节育手术罪，非法植入基因编辑、克隆胚胎罪，妨害动植物防疫、检疫罪。

（六）破坏环境资源保护罪

污染环境罪，非法处置进口的固体废物罪，擅自进口固体废物罪，非法捕捞水产品罪，危害珍贵、濒危野生动物罪，非法狩猎罪，非法猎捕、收购、运输、出售陆生野生动物罪，非法占用农用地罪，破坏自然保护地罪，非法采矿罪，破坏性采矿罪，危害国家重点保护植物罪，非法引进、释放、丢弃外来入侵物种罪，盗伐林木罪，滥伐林木罪，非法收购、运输盗伐、滥伐的林木罪。

（七）走私、贩卖、运输、制造毒品罪

走私、贩卖、运输、制造毒品罪，非法持有毒品罪，包庇毒品犯罪分子罪，窝藏、转移、隐瞒毒品、毒赃罪，非法生产、买卖、运输制毒物品、走私制毒物品罪，非法种植毒品原植物罪，非法买卖、运输、携带、持有毒品原植物种子、幼苗罪，引诱、教唆、欺骗他人吸毒罪，强迫他人吸毒罪，容留他人吸毒罪，非法提供麻醉药品、精神药品罪，妨害兴奋剂管理罪。

（八）组织、强迫、引诱、容留、介绍卖淫罪

组织卖淫罪，强迫卖淫罪，协助组织卖淫罪，引诱、容留、介绍卖淫罪，引诱幼女卖淫罪，传播性病罪。

（九）制作、贩卖、传播淫秽物品罪

制作、复制、出版、贩卖、传播淫秽物品牟利罪，为他人提供书号出版淫秽书刊罪，传播淫秽物品罪，组织播放淫秽音像制品罪，组织淫秽表演罪。

七、危害国防利益罪

危害国防利益罪是指公民或者单位危害作战或者军事行动，危害国防基础设施和国防活动，妨害国防管理秩序，拒绝或者逃避履行国防义务，损害部队声誉的行为。危害国防利益罪侵犯的客体是国防利益；犯罪的客观方面表现为行为人实施了危害国防利益的行为；犯罪的主体多数为一般主体，少数是特殊主体；犯罪的主观方面绝大多数是故意，极少数是过失。

危害国防利益罪的具体罪名包括：阻碍军人执行职务罪，阻碍军事行动罪，破坏武器装备、军事设施、军事通信罪，过失损坏武器装备、军事设施、军事通信罪，故意提供不合格武器装备、军事设施罪，过失提供不合格武器装备、军事设施罪，聚众冲击军事禁区罪，聚众扰乱军事管理区秩序罪，冒充军人招摇撞骗罪，煽动军人逃离部队罪，雇用逃离部队军人罪，接送不合格兵员罪，伪造、变造、买卖武装部队公文、证件、印章罪，非法生产、买卖武装部队制式服装罪，伪造、盗窃、买卖、非法提供、非法使用武装部队专用标志罪，战时拒绝、逃避征召、军事训练罪，战时拒绝、逃避服役罪，战时故意提供虚假敌情罪，战时造谣扰乱军心罪，战时窝藏逃离部队军人罪，战时拒绝、故意延误军事订货罪，战时拒绝军事征收、征用罪。

八、贪污贿赂罪

贪污贿赂罪是指贪污、挪用、私分公共财物或国有资产，索取、收受贿赂，或者以

国家工作人员、国有单位为对象进行贿赂，收买公务行为，破坏公务廉洁性的行为。贪污贿赂罪侵犯的客体是国家工作人员公务行为的廉洁性，同时也侵犯了公私财物所有权；犯罪的客观方面表现为国家人员利用职务上的便利，贪污、挪用、私分公共财物，收受或者索取贿赂，为个人或者单位牟取利益，亵渎公务廉洁性的行为；犯罪的主体多数为特殊主体，少数是一般主体；犯罪的主观方面都是故意。

贪污贿赂罪的具体罪名包括：贪污罪，挪用公款罪，受贿罪，单位受贿罪，利用影响力受贿罪，行贿罪，对有影响力的人行贿罪，对单位行贿罪，介绍贿赂罪，单位行贿罪，巨额财产来源不明罪，隐瞒境外存款罪，私分国有资产罪，私分罚没财物罪。

九、渎职罪

渎职罪是指国家机关工作人员在公务活动中滥用职权、玩忽职守、徇私舞弊，妨害国家管理活动，致使公共财产或者国家与人民的利益遭受重大损失的行为。渎职罪侵犯的客体是国家机关的正常管理活动；犯罪的客观方面表现为行为人实施了滥用职权、玩忽职守、徇私舞弊并使公共财产及国家和人民利益遭受重大损失的行为；犯罪的主体是特殊主体；犯罪的主观方面既包括故意，也包括过失。

渎职罪的具体罪名包括：滥用职权罪，玩忽职守罪，故意泄露国家秘密罪，过失泄露国家秘密罪，徇私枉法罪，民事、行政枉法裁判罪，执行判决、裁定失职罪，执行判决、裁定滥用职权罪，枉法仲裁罪，私放在押人员罪，失职致使在押人员脱逃罪，徇私舞弊减刑、假释、暂予监外执行罪，徇私舞弊不移交刑事案件罪，滥用管理公司、证券职权罪，徇私舞弊不征、少征税款罪，徇私舞弊发售发票、抵扣税款、出口退税罪，违法提供出口退税凭证罪，国家机关工作人员签订、履行合同失职被骗罪，违法发放林木采伐许可证罪，环境监管失职罪，食品、药品监管渎职罪，传染病防治失职罪，非法批准征收、征用、占用土地罪，非法低价出让国有土地使用权罪，放纵走私罪，商检徇私舞弊罪，商检失职罪，动植物检疫徇私舞弊罪，动植物检疫失职罪，放纵制售伪劣商品犯罪行为罪，办理偷越国（边）境人员出入境证件罪，放行偷越国（边）境人员罪，不解救被拐卖、绑架妇女、儿童罪，阻碍解救被拐卖、绑架妇女、儿童罪，帮助犯罪分子逃避处罚罪，招收公务员、学生徇私舞弊罪，失职造成珍贵文物损毁、流失罪。

十、军人违反职责罪

军人违反职责罪是指中国人民解放军的现役军人、执行军事任务的预备役人员以及执行军事任务的其他人员违反职责，危害国家军事利益，依照法律应当受刑罚处罚的行为。军人违反职责罪侵犯的客体是国家的军事利益；犯罪的客观方面表现为行为人实施了违反军人职责，危害国家军事利益的行为；犯罪的主体是特殊主体；犯罪的主观方面既包括故意，也包括过失。

军人违反职责罪的具体罪名包括：战时违抗命令罪，隐瞒、谎报军情罪，拒传、假传军令罪，投降罪，战时临阵脱逃罪，擅离、玩忽军事职守罪，阻碍执行军事职务罪，指使部属违反职责罪，违令作战消极罪，拒不救援友邻部队罪，军人叛逃罪，非法获取军事秘密罪，为境外窃取、刺探、收买、非法提供军事秘密罪，故意泄露军事秘密罪，过失泄露军事秘密罪，战时造谣惑众罪，战时自伤罪，逃离部队罪，武器装备肇事罪，擅自改变武器装备编配用途罪，盗窃、抢夺武器装备、军用物资罪，非法出卖、转让武器装备罪，遗弃武器装备罪，遗失武器装备罪，擅自出卖、转让军队房地产罪，虐待部属罪，遗弃伤病军人罪，战时拒不救治伤病军人罪，战时残害居民、掠夺居民财物罪，私放俘虏罪，虐待俘虏罪。

练习与思考

内容提要

1. 刑法主要规定犯罪和刑罚。犯罪是刑罚的前提，刑罚是犯罪的后果。犯罪的认定必须符合刑法所规定的条件，这个条件就是犯罪构成。犯罪构成的要件包括犯罪客体、犯罪客观方面、犯罪主体、犯罪主观方面。

2. 在犯罪人实施直接故意犯罪的过程中，由于各种原因，会出现不同的停止形态，这就是犯罪的既遂、预备、未遂和中止。二人以上共同实施的故意犯罪，是刑法所规定的共同犯罪。

3. 刑法虽然就总体来说属于禁止性规范，但是，为了更好地实现打击犯罪、保护人民、弘扬社会正气的任务，刑法中也规定了授权性规范，这就是正当防卫和紧急避险。

4. 刑罚是犯罪人承担刑事责任的法律后果。刑法中规定了不同的刑罚方法以及刑罚裁量和刑罚执行制度，以便根据犯罪人的不同情况分别适用不同的刑罚方法和刑罚制度。

5. 我国刑法根据犯罪所侵犯的客体的不同，将犯罪划分为 10 类，即危害国家安全罪，危害公共安全罪，破坏社会主义市场经济秩序罪，侵犯公民人身权利、民主权利罪，侵犯财产罪，妨害社会管理秩序罪，危害国防利益罪，贪污贿赂罪，渎职罪和军人违反职责罪。

关键术语

犯罪	犯罪主体	犯罪故意	犯罪过失	正当防卫
紧急避险	犯罪既遂	犯罪未遂	犯罪中止	共同犯罪
刑罚	自首	立功	累犯	

辨析题

1. 不管是中国人还是外国人，只要是在中国境内犯了罪，就应当适用中国的刑法。

2. 一个人只要达到了刑法所规定的刑事责任年龄，就必须对自己所实施的危害社会行为承担刑事责任。

3. 只要危害社会的结果不是行为人主观上希望或者放任发生的，就不构成刑法中所规定的犯罪。

4. 面对突然发生的不法侵害行为，采取任何防卫形式，都是正当防卫。

5. 犯罪没有得逞的是犯罪未遂。

6. 只要在犯罪过程中自己主动停下来不再进行进一步的犯罪活动，无论是否造成损害结果，都是犯罪中止。

7. 两个人以上共同实施的犯罪，是刑法所规定的共同犯罪。

8. 凡是犯罪以后自首的，都应当从轻处罚。

9.《刑法》中规定的过失犯罪，一定存在与之对应的故意犯罪。

10. 附加刑既可以附加于主刑适用，也可以独立适用。

案例分析

1995 年 7 月，洪某与蓝某共谋抢劫，蓝某事前打探了被害人赵某的行踪后，二人决定在同年 7 月 13 日 20 点拦路抢劫赵某的财物。当天 19 点 55 分，洪某到达了现场，但没有发现蓝某，赵某出现后，洪某决定独自抢劫赵某。于是，洪某使用事先准备的凶器，击打赵某的后脑部，导致赵某昏倒在地不省人事，蓝某此时到达了现场，与洪某一起在赵某的背包中翻找，但是未发现财物。

2017 年 9 月，洪某由于无业没有收入来源，便想用租来的车骗取小贷公司的贷款，于是伪造了车辆行驶证与购车发票，找到 C 小贷公司借款 50 万元。后 C 小贷公司发现被骗后报警。公安机关以洪某犯诈骗罪为由在网上通缉洪某，同年 10 月洪某被公安机关抓获。洪某到案后，如实供述了自己对 C 小贷公司的诈骗事实，但没有交代 1995 年的犯罪事实，另揭发了程某的一起犯罪事实，即程某为报复前妻周某将周某手臂砍成轻伤，但因其前妻患有白血病，受伤后流血不止死亡，程某对其前妻患有白血病知情。洪某揭发的事实，经公安机关查证属实。经公安机关进一步讯问，洪某如实交代了自己 1995 年犯罪事实（公安机关当时虽然知道该犯罪事实并已立案侦查，但一直未发现犯罪嫌疑人）。

问：

（1）洪某和蓝某的抢劫行为是否构成共同犯罪？为什么？

（2）洪某和蓝某二人的抢劫行为是犯罪既遂、犯罪未遂还是犯罪中止？为什么？

（3）洪某对抢劫的犯罪事实的交代是否成立自首？为什么？

（4）洪某揭发程某的行为是否属于立功？为什么？

（5）洪某和蓝某的抢劫罪是否已过追诉时效？为什么？

第十一章

诉讼法与非诉讼程序

诉讼法是解决社会纠纷、打击刑事犯罪、监督行政机关依法行政以及维护正常社会秩序的有效手段，也是正确适用实体法、维护当事人合法权益的有力保障。诉讼法既具有保障实体法得以实现，维护社会稳定和正常运行的工具性价值，也具有自身独立的公正、正当、对话、效率、效益等价值。公正性价值要求诉讼程序必须是安定和公开的，排除恣意与无序，保持程序的透明。正当性价值包括：结果的正当性，要求裁判的结果能够正确地实现实体法的内容；过程的正当性，要求获取结果的过程本身应当是公正的。对话性价值是诉讼程序为双方当事人维护自身权益提供充分的机会和手段，在当事人之间以及当事人与司法机关之间进行交流，协同推进诉讼进程。效率性价值要求司法审判保证处理案件的进度。效益性价值则强调诉讼过程应当尽可能地节省诉讼成本，防止诉讼成本大于诉讼收益。诉讼程序的工具性价值和独立性价值互相依存、不可分割。没有独立性价值，工具性价值无法得到实现；没有工具性价值，独立性价值的意义则将受到极大的限制，甚至失去依托。因此，正确理解诉讼法的基本精神和内容，树立依法诉讼观念，有助于正确行使诉讼权利，维护自身合法权益。非诉讼程序是对诉讼以外的其他各种纠纷解决方式、程序或制度的总称，基本功能是以平和、合理的方式解决纠纷。

重点问题

- 诉讼法的基本原则与基本制度。
- 诉讼中的证据种类与司法证明。
- 民事诉讼的普通程序。
- 刑事侦查程序。
- 行政诉讼的范围。
- 非诉讼程序。
- 法律援助制度。

第一节　诉讼法概述

一、诉讼法的概念、基本原则和制度

（一）诉讼法的概念

“诉讼”是国家司法机关在当事人和其他诉讼参与人的参加下，按照法定程序解决各种案件争讼的专门活动，一般分为民事诉讼、刑事诉讼和行政诉讼三种诉讼类型。诉讼法是国家制定的司法机关、当事人和其他诉讼参与人进行诉讼活动时必须遵守的法律规范的总称。它有狭义和广义之分：狭义的诉讼法是指以诉讼法命名的法律，包括我国《民事诉讼法》、《刑事诉讼法》和《行政诉讼法》；广义的诉讼法指的是凡是具有诉讼法内容的法律规范的总和，如宪法、民法和民事诉讼法中涉及诉讼问题的规定。

（二）诉讼法的基本原则

诉讼法的基本原则是指导诉讼活动正常进行的起指导作用的思想，以及具有基础或本源意义的稳定的法律原理和准则。诉讼法的基本原则具有指导性、规范性、理念性等特点，是诉讼法中的重要内容。由于各种诉讼活动的性质和特点不同，诉讼法的基本原则可分为上述三大诉讼法共同的基本原则与每一诉讼法特有的基本原则。

1. 共同的基本原则

三大诉讼法共同的基本原则包括：（1）司法机关依法独立行使职权原则；（2）以事实为根据，以法律为准绳原则；（3）对诉讼当事人适用法律一律平等原则；（4）用本民族语言文字进行诉讼原则；（5）人民检察院对诉讼活动进行检察监督原则。

2. 特有的基本原则

民事诉讼法特有的基本原则包括：（1）诉讼权利平等原则；（2）法院调解原则；（3）辩论原则；（4）处分原则；（5）同等与对等原则；等等。

刑事诉讼法特有的基本原则包括：（1）侦查权、检察权和审判权由专门机关依法行使原则；（2）公、检、法三机关在诉讼过程中分工负责、互相配合、相互制约原则；（3）依靠群众原则；（4）控辩对等原则；（5）未经人民法院依法判决不得确定任何人有罪原则；（6）刑事被告人有权获得辩护原则；等等。

行政诉讼法特有的基本原则主要是审查行政行为合法性原则，此外还包括行政诉讼中法院不得调解原则等。

（三）诉讼法的基本制度

基本制度不同于基本原则，也有别于具体制度。我国三大诉讼法的基本制度包括：（1）合议制度；（2）回避制度；（3）公开审判制度；（4）两审终审制度。合议制度指的是法院审判案件原则上应当组成合议庭进行，目的主要是发挥集体智慧，确保案件的正确处理。回避制度指的是行使审判权的审判人员以及其他相关人员在遇到有可能影响案件客观公正处理的情形时，应当退出该案件的审判过程，其目的主要是确保法官的中立性和公正性。公开审判制度是指法院审判案件的过程应当向当事人以及社会上的一般群众公开，包括向新闻媒体公开，目的是提高司法的透明度，确保诉讼程序的正当和合法进行。两审终审制度是指一个案件，经过上、下两级法院的审判即告终结的制度，这是为了平衡公正与效率。

二、诉讼证据与司法证明

（一）诉讼证据的概念和属性

证据是广义的概念，在日常生活中经常会遇到证据问题。诉讼证据是证据的一种，指的是能够证明案件事实的材料，是内容与形式的统一。诉讼证据的内容是证据所表达的事实（包含的事实信息）；诉讼证据的形式是事实赖以存在的载体，即诉讼法规定的证据种类。诉讼证据往往是有真有假或半真半假，无论是否被法庭采纳，都是证据。

关于诉讼证据的属性，传统主流观点采“三性说”：客观性、关联性与合法性。客观性指的是证据本身以及作为证据内容的事实是客观存在的，而非主观想象、猜测和杜撰捏造的。关联性是指证据必须与案件事实有实质性联系，从而对案件事实有证明作用。合法性是指证据的形式、收集、出示和查证，都由法律予以规范和调整。诉讼证据区别于一般证据的主要标志就是合法性。非法证据排除规则是证据的合法性的具体表现形式。

（二）诉讼证据的种类

我国民事诉讼法把民事诉讼证据分为：当事人的陈述、物证、书证、视听资料、电子数据、证人证言、鉴定意见和勘验笔录。我国行政诉讼法与民事诉讼法的规定大体相同，只是多了现场笔录。我国刑事诉讼法将刑事诉讼证据分为：物证，书证，证人证言，被害人陈述，犯罪嫌疑人、被告人供述和辩解，鉴定意见，勘验、检查、辨认、侦查实验等笔录，视听资料、电子数据。我国诉讼中提供的证据必须符合上述的法定形式，才能作为定案根据。

（三）诉讼证明及其过程

诉讼证明又称司法证明，是指国家公诉机关和当事人就争议的案件事实，依照法定程序，运用证据向中立的裁判方进行的论证说服活动。三大诉讼中的证明制度不尽一致。

1. 证明对象

证明首先要明确证明的对象是什么。所谓证明对象，是指诉讼中证明主体运用一定的证明方法所欲证明的案件事实，一般包括：（1）实体法事实；（2）程序法事实；（3）外国法律法规。在司法实践中，更常见的是前两类证明对象。

2. 免予证明的事实

免予证明的事实是指无须证据证明，可由法院在诉讼中直接加以确认的事实。因而，免予证明的事实不属于证明对象的范围。包括：（1）自认的事实；（2）已为发生效力的法院判决或仲裁裁决所确定的事实；（3）众所周知的事实；（4）自然规律及定理；（5）经公证证明的事实；（6）根据法律规定或者已知事实和日常生活经验法则，能推定出的另一事实。当然，这主要是从民事诉讼和行政诉讼的角度说的，对刑事诉讼而言，有些免予证明的事实是不存在的，比如自认的事实、仲裁裁决的事实等。

3. 举证责任

举证责任也称为证明责任，是指当法律要件事实在诉讼上处于真伪不明状态时，当事人所负有的接受不利裁判的诉讼风险。案件事实到诉讼结束之时，有可能处在真伪不明状态，此时法院不得拒绝裁判，也不得随意裁判，而只能根据举证责任的分配原则裁判。举证责任的分配是极为重要的问题。三大诉讼法根据各自的特点，对举证责任在当事人之间的分配作出了不同的规定。在刑事诉讼中，除自诉案件外，举证责任由公诉方承担，公诉方必须提供足够有力的证据证明被告人或犯罪嫌疑人确实构成了犯罪，如果犯罪与否的事实还存在合理怀疑，则应当判决被告人或犯罪嫌疑人无罪。但在极少数情况下，被告人对被指控的犯罪不成立承担举证责任。例如，我国刑法规定的“巨额财产来源不明罪”，被告人就要对其巨额财产的正当来源承担举证责任，如果不能证明，指控的犯罪即成立。在行政诉讼中，举证责任是由作为行政机关的被告来承担的，被告有义务证明其行政行为具有事实依据和法律依据。民事诉讼中则由双方当事人分担举证责任。民事诉讼法规定，当事人对自己提出的诉讼请求所依据的事实或者反驳对方诉讼请求所依据的事实有责任提供证据加以证明。一般来讲，原告对其诉讼请求承担举证责任，被告如果提出反诉，那么被告要对反诉请求承担举证责任。

第二节　民事诉讼法

一、民事诉讼的管辖

（一）民事诉讼管辖的概念和原则

民事诉讼的管辖，是指在法院系统内部，确定各级法院之间以及同级法院之间，受理第一审民事案件、经济纠纷案件的分工和权限。确定管辖的前提是主管。主管则决定法院能否有权解决民事纠纷。在主管问题确定后，便涉及管辖问题。

我国民事诉讼法关于管辖规定的主要原则是：（1）便于当事人进行诉讼；（2）便于人民法院审理案件和执行裁判；（3）保证案件的公正审判；（4）保证各级人民法院工作负担的均衡；（5）有利于维护国家主权。在确定管辖的过程中，要注意防止地方保护主义，确保司法公正。

（二）民事诉讼管辖的种类

民事诉讼法规定的管辖制度，包括级别管辖、地域管辖和裁定管辖。裁定管辖主要包括移送管辖、指定管辖和管辖权转移等。

1. 级别管辖

级别管辖是指管辖案件的法院层级。确定级别管辖的标准是案件的性质和影响范围。

除法律另有规定外，基层人民法院管辖第一审民事案件；中级人民法院管辖重大涉外案件、在本辖区内有重大影响的第一审民事案件，以及最高人民法院确定由中级人民法院管辖的第一审民事案件；高级人民法院管辖在本辖区有重大影响的第一审民事案件；最高人民法院管辖在全国有重大影响的或认为应当由本院审理的第一审民事案件。各级法院都可以管辖第一审民事案件，这是我国级别管辖制度的一个显著特征。

2. 地域管辖

在级别管辖确定后，便要确定地域管辖。地域管辖又称区域管辖，是指确定同级人民法院之间在各自辖区受理第一审民事案件的分工和权限。可见，级别管辖是从纵向上划分上下级法院之间的审判权限的，地域管辖则是从横向上划分同级法院之间的审判权限的。确定地域管辖的标准主要是法院的辖区以及当事人或诉讼标的与人民法院辖区的关系。

地域管辖主要包括一般地域管辖、特殊地域管辖和专属管辖。一般地域管辖指以当事人所在地与法院的隶属关系来确定管辖权，原则上由被告所在地法院管辖。以诉讼标的所在地或者引起法律关系发生、变更、消灭的法律事实所在地为标准确定的管辖，称为特殊地域管辖。专属管辖是特殊地域管辖的一种，是根据案件的特定性质，法律规定必须由一定地区的人民法院管辖。

二、民事诉讼参加人

民事诉讼参加人是指参加民事诉讼的当事人和诉讼代理人。在不同诉讼程序中，当事人有不同的称谓，一般包括原告、被告、共同诉讼人、第三人。诉讼参加人不同于诉讼参与人，诉讼参与人除诉讼参加人以外，还包括证人、鉴定人和翻译人员等。

（一）当事人

当事人是诉讼的构成要素之一，也是民事诉讼中重要的诉讼参加人。所谓当事人，是指因民事权利义务关系发生争议，以自己的名义进行诉讼，并受人民法院裁判、调解协议约束的利害关系人。它可以是公民、法人，也可以是其他组织。当事人主要有以下几类：

（1）原告和被告。原告是因民事权益发生争议或受到侵害，向人民法院起诉要求保护其合法权益的公民、法人或者其他组织。被告是因民事权益发生争议或被指控侵害他人民事权益，而被法院通知应诉的公民、法人或者其他组织。

（2）共同诉讼人。共同诉讼是指当事人一方或双方各为 2 人以上的诉讼。共同诉讼中复数方的当事人统称为共同诉讼人。根据《民事诉讼法》的规定，共同诉讼可分为必要的共同诉讼和普通的共同诉讼。

（3）第三人。第三人是指对他人之间争议的诉讼标的具有独立的请求权，或者虽无独立的请求权，但与案件处理的结果有法律上的利害关系，因而参加到诉讼中来的人。

第三人分为有独立请求权的第三人与无独立请求权的第三人。人民法院判决承担民事责任的第三人，有当事人的诉讼权利和义务。

（二）诉讼代理人

诉讼代理人是指依照代理权，以当事人的名义代为实施或接受诉讼行为，以维护该当事人利益的诉讼参加人。诉讼代理人分为法定代理人和委托代理人。在特殊情况下，法院可以指定代理人。

三、民事诉讼的强制措施

民事诉讼的强制措施是指在民事诉讼中，对有妨害民事诉讼秩序行为的行为人采取的强制措施。其目的是排除妨碍，并对行为人进行司法上的教育。《民事诉讼法》规定了五种强制措施：拘传，训诫，责令退出法庭，罚款，拘留。其中，拘传、罚款、拘留必须经法院院长批准。不同的强制措施有不同的适用条件和不同的针对对象。

对妨害民事诉讼的当事人适用强制措施必须由人民法院决定。任何单位和个人采取非法拘禁他人或者非法私自扣押他人财产追索债务的，应当依法追究刑事责任，或者予以拘留、罚款。拘传应当发拘传票。罚款、拘留应当用决定书。对决定不服的，可以向上一级人民法院申请复议一次，复议期间不停止执行。

2023 年修正的《民事诉讼法》对第 115 条作了修改完善，规定“当事人之间恶意串通，企图通过诉讼、调解等方式侵害国家利益、社会公共利益或者他人合法权益的，人民法院应当驳回其请求，并根据情节轻重予以罚款、拘留；构成犯罪的，依法追究刑事责任。当事人单方捏造民事案件基本事实，向人民法院提起诉讼，企图侵害国家利益、社会公共利益或者他人合法权益的，适用前款规定”。

四、民事诉讼审判程序

（一）第一审普通程序

普通程序是人民法院审理第一审民事案件、经济纠纷案件通常适用的程序。普通程序是最系统、最完备、最基础的程序，具有广泛的适用性，其他程序中没有明文规定的，均适用普通程序。因此，普通程序具有程序通则的意义，是最为重要的一种审判程序。普通程序由以下阶段构成：

1. 起诉与受理

起诉是指原告向人民法院请求司法保护的诉讼行为。根据《民事诉讼法》第 122 条的规定，起诉的条件包括：原告是与本案有直接利害关系的公民、法人和其他组织，有明确的被告，有具体的诉讼请求和事实、理由，属于人民法院受理民事诉讼的范围和受诉人民法院的管辖。

起诉应当向人民法院递交起诉状，并按照被告人数提出副本。书写起诉状确有困难的，可以口头起诉，由人民法院记入笔录，并告知对方当事人。起诉以书面为原则，以口头为例外。

2. 审理前的准备

审理前的准备是指人民法院在受理案件后，开庭审理之前所做的准备工作。主要包括发送起诉状副本和答辩状副本；审阅诉讼材料，调查收集证据；更换和追加当事人；等等。

根据《民事诉讼法》的规定，人民法院对决定受理的案件，应当在受理案件通知书和应诉通知书中向当事人告知有关的诉讼权利义务，或者口头告知。人民法院受理案件后，当事人对管辖权有异议的，应当在提交答辩状期间提出。人民法院对当事人提出的异议，应当审查。异议成立的，裁定将案件移送有管辖权的人民法院；异议不成立的，裁定驳回。当事人未提出管辖异议，并应诉答辩或者提出反诉的，视为受诉人民法院有管辖权，但违反级别管辖和专属管辖规定的除外。

3. 开庭审理

人民法院受理当事人的起诉后，经过开庭前的准备，应当指定日期开庭审理。开庭审理是指人民法院在当事人和其他诉讼参与人参与下，对案件进行实体审理的诉讼活动过程。开庭审理包括以下几个阶段：(1) 准备开庭；(2) 法庭调查；(3) 法庭辩论；(4) 法庭调解；(5) 合议庭评议；(6) 宣告判决。

根据《民事诉讼法》的规定，人民法院适用普通程序审理的案件，应当在立案之日起 6 个月内审结。有特殊情况需要延长的，经本院院长批准，可以延长 6 个月；还需要延长的，报请上级人民法院批准。

（二）简易程序

简易程序是指基层人民法院及其派出法庭审理简单民事案件和简单经济纠纷案件所适用的简便易行的诉讼程序。在司法实践中，简易程序具有重要作用。

可以适用简易程序的法院，目前只有基层人民法院及其派出法庭。适用简易程序的案件，是事实清楚、权利义务关系明确、争议不大的简单民事案件。当事人各方自愿选择适用简易程序，人民法院审查同意的，可以适用。

简易程序的特点是：起诉方式和受理程序简便；传唤或通知当事人、其他诉讼参与人的方式灵活；独任审判；开庭审理程序简化；审理期限较短，应当在立案之日起 3 个月内审结。

根据《民事诉讼法》的规定，基层人民法院和它派出的法庭审理事实清楚、权利义务关系明确、争议不大的简单金钱给付民事案件，标的额为各省、自治区、直辖市上年度就业人员年平均工资百分之五十以下的，适用小额诉讼的程序审理，实行一审终审。

（三）第二审程序

第二审程序是指第一审当事人不服一审人民法院尚未生效的判决、裁定，依法向上一级人民法院提起上诉，上一级法院据此对案件进行审理所适用的程序。

提起上诉的主体应当是第一审案件的当事人，并应当递交上诉状，依法对允许上诉的判决或裁定提出上诉；对判决提起上诉的期限为 15 日，对裁定提起上诉的期限为 10 日。

第二审人民法院对上诉案件应当开庭审理。经过阅卷、调查和询问当事人，对没有提出新的事实、证据或者理由，人民法院认为不需要开庭审理的，可以不开庭审理。第二审人民法院审理上诉案件，可以在本院进行，也可以到案件发生地或者原审人民法院所在地进行。

根据《民事诉讼法》的规定，第二审人民法院对上诉案件，经过审理，按照下列情形，分别处理：(1) 原判决、裁定认定事实清楚，适用法律正确的，以判决、裁定方式驳回上诉，维持原判决、裁定；(2) 原判决、裁定认定事实错误或者适用法律错误的，以判决、裁定方式依法改判、撤销或者变更；(3) 原判决认定基本事实不清的，裁定撤销原判决，发回原审人民法院重审，或者查清事实后改判；(4) 原判决遗漏当事人或者违法缺席判决等严重违反法定程序的，裁定撤销原判决，发回原审人民法院重审。

第二审法院审理不服判决的上诉案件，应当在第二审法院立案之日起 3 个月内审结，有特殊情况需要延长的，报请本院院长批准；审理不服裁定的上诉案件，应当在二审法院立案之日起 30 日内作出终审裁定。

(四) 审判监督程序

审判监督程序即再审程序，是指人民法院、人民检察院或当事人，认为人民法院已经发生法律效力的判决、裁定及调解书确有错误而提起或申请再审，由人民法院依法对案件进行再次审理所适用的诉讼程序。再审程序可以由人民法院依职权、人民检察院提起抗诉以及当事人申请而启动。提起再审的条件是：必须是生效裁判确有错误，或者其他符合法律规定的情形；必须由法定的组织和人员提起再审，或者在法定情形下由当事人提出申请。

(五) 民事特别程序

特别程序是指人民法院审理特殊类型民事案件所适用的特殊审判程序。开启特别程序的目的是确认某种法律事实是否存在。适用特别程序解决的民事案件，通常是非诉讼性的民事案件，往往只有一方当事人，不存在民事权益方面的争议。特别程序实行一审终审制，而且审理期限较短，一般要在 1 个月内解决案件。特别程序主要适用于选民资格案件、宣告公民失踪或者宣告公民死亡案件、指定遗产管理人案件、认定公民无行为能力或者限制行为能力的案件、认定财产无主案件、确认调解协议案件和实现担保物权案件。人民法院适用特别程序审理的案件，应当在立案之日起 30 日内或者公告期满后 30 日内审结。有特殊情况需要延长的，由本院院长批准。但审理选民资格的案件除外。

根据《民事诉讼法》的规定，对遗产管理人的确定有争议，利害关系人申请指定遗产管理人的，向被继承人死亡时住所地或者主要遗产所在地基层人民法院提出。申请书应当写明被继承人死亡的时间、申请事由和具体请求，并附有被继承人死亡的相关证据。人民法院受理申请后，应当审查核实，并按照有利于遗产管理的原则，判决指定遗产管理人。

(六) 督促程序

督促程序是指对于债权人提出的给付一定数量金钱、有价证券的财产请求，基层人民法院根据债权人的单方面请求，不经过开庭审理，以他的主张为内容，直接向债务人发出支付命令的非讼程序。适用督促程序，必须符合以下条件：（1）请求内容必须为金钱或有价证券之给付；（2）债权人与债务人没有其他债务纠纷；（3）支付令能够送达债务人；（4）必须由债权人提出书面申请。

人民法院受理债权人的申请后，经审查认为债权债务关系明确合法，应当向债务人发出支付令。债务人在法定期限内不提出异议又不履行支付令的，债权人可以向人民法院申请执行。人民法院若收到债务人提出的书面异议，经审查，异议成立的，应当裁定终结督促程序，支付令自行失效。支付令失效的，转入诉讼程序，但申请支付令的一方当事人不同意提起诉讼的除外。

（七）公示催告程序

公示催告程序是指在可以背书转让的票据被盗、遗失或灭失的情况下，人民法院根据票据持有人的申请，以公告的方式，催促利害关系人在法定期限内申报权利，否则宣告该票据无效的程序。公示催告程序因票据持有人的申请而开启，法院在收到申请书之后，应当进行审查。法院决定受理后，应当同时通知支付人停止支付，并发出公示催告的公告，限定利害关系人在申报期间内申报权利。在申报权利期间内没人申报权利的，人民法院应当根据申请人的申请作出除权判决。申请人可以根据除权判决，行使权利。利害关系人因正当理由不能在判决前向人民法院申报的，自知道或者应当知道判决公告之日起一年内，可以向作出判决的人民法院起诉。

五、民事执行程序

执行程序是指保证具有执行力的法律文书得以实施的程序，是调整人民法院的执行组织与申请执行人、被执行人及有关协助执行的单位和个人在实施法律文书中的各种活动，以及由此而产生的各种关系的法律规范的总和。执行程序必须具备如下条件：（1）必须要有执行根据；（2）作为执行根据的法律文书，必须已经发生法律效力；（3）作为执行根据的法律文书，必须具有给付内容；（4）引起执行程序发生的前提条件，必须是负有义务的一方当事人故意拖延、逃避或者拒绝履行义务。

六、涉外民事诉讼程序的特别规定

涉外民事诉讼程序是指以国内司法权解决涉外民事案件的程序或活动，主要包括涉外争讼案件、涉外非讼事件和涉外执行案件。

根据《民事诉讼法》的规定，涉外民事诉讼程序的一般原则包括：人民法院审理涉外案件适用我国民事诉讼法原则、信守国际条约原则、尊重外交特权与豁免原则、适用我国通用语言文字原则、委托我国律师代理诉讼原则等。根据《民事诉讼法》的规定，因涉外民事纠纷，对在中华人民共和国领域内没有住所的被告提起除身份关系以外的诉讼，如果合同签订地、合同履行地、诉讼标的物所在地、可供扣押财产所在地、侵权行为地、代表机构住所地，位于中华人民共和国领域内的，可以由以上所在地人民法院管辖。

第三节　刑事诉讼法

一、刑事诉讼的管辖

刑事诉讼的管辖分为立案管辖和审判管辖。

（一）立案管辖

立案管辖是指人民法院、人民检察院和公安机关各自直接受理刑事案件的职权范围和权限划分。

对人民检察院直接受理的案件，《刑事诉讼法》规定：人民检察院在对诉讼活动实行法律监督中发现的司法工作人员利用职权实施的非法拘禁、刑讯逼供、非法搜查等侵犯公民权利、损害司法公正的犯罪，可以由人民检察院立案侦查。对于公安机关管辖的国家机关工作人员利用职权实施的重大犯罪案件，需要由人民检察院直接受理的时候，经省级以上人民检察院决定，可以由人民检察院立案侦查。

对人民法院直接受理的案件，《刑事诉讼法》规定：自诉案件，由人民法院直接受理。这类案件包括：告诉才处理的案件；人民检察院没有提起公诉，被害人有证据证明的轻微刑事案件；被害人有证据证明对被告人侵犯自己人身、财产权利的行为应当依法追究刑事责任，而公安机关或者人民检察院不予追究被告人刑事责任的案件，即公诉转自诉的案件。

对公安机关直接受理的刑事案件，《刑事诉讼法》规定：刑事案件的侦查由公安机关进行，法律另有规定的除外。

（二）审判管辖

审判管辖是指人民法院审判第一审刑事案件的权限划分。审判管辖分为级别管辖、地域管辖、专门管辖和指定管辖。

1. 级别管辖

基层人民法院管辖除上级法院管辖的其他第一审普通刑事案件。

中级人民法院管辖的第一审刑事案件有：(1) 危害国家安全、恐怖活动的案件；(2) 可能判处无期徒刑、死刑的案件。

高级人民法院管辖全省（自治区、直辖市）性的重大刑事案件。

最高人民法院管辖全国性的重大刑事案件。

2. 地域管辖

刑事案件由犯罪地的人民法院管辖。如果由被告人居住地的人民法院审判更为适宜，可以由被告人居住地的人民法院管辖。

3. 专门管辖

专门管辖是指各种专门人民法院审判刑事案件的职权范围。如军事法院是管辖刑事案件的专门法院。

4. 指定管辖

指定管辖是指管辖不明或有管辖权的法院不宜行使管辖权时，由上级人民法院以指定的方式确定案件的管辖。

二、刑事辩护与代理制度

刑事辩护制度是指法律规定的关于犯罪嫌疑人、被告人行使辩护权和公安、司法机关等有义务保障他们行使辩护权的一系列规则的总称。辩护分为自行辩护、委托辩护和法律援助辩护。

刑事代理是指代理人接受公诉案件的被害人及其法定代理人或者近亲属、自诉案件的自诉人及其法定代理人、附带民事诉讼的当事人及其法定代理人的委托，以被代理人的名义参加诉讼，由被代理人承担代理行为的法律后果的诉讼活动。从产生方式看，刑事代理有两种：法定代理和委托代理。

三、刑事诉讼中的强制措施

刑事诉讼中的强制措施是指公安机关、人民检察院、人民法院为了保证刑事诉讼活动的顺利进行，依法对犯罪嫌疑人、被告人所采取的暂时限制其人身自由的各种强制方法。

刑事诉讼中的强制措施分为以下几种：

1. 拘传

拘传是指公安机关、人民检察院、人民法院对未被羁押的犯罪嫌疑人、被告人强制其到案接受讯问的强制方法。拘传是强制措施中最轻的一种。

2. 取保候审

取保候审是指人民法院、人民检察院或公安机关责令某些犯罪嫌疑人、刑事被告人提出保证人或者交纳保证金，保证随传随到的强制方法。取保候审由公安机关执行。人民法院、人民检察院和公安机关决定对犯罪嫌疑人、被告人取保候审，应当责令犯罪嫌疑人、被告人提出保证人或者交纳保证金。有下列情形之一的犯罪嫌疑人、被告人，可以取保候审：（1）可能判处管制、拘役或者独立适用附加刑的；（2）可能判处有期徒刑以上刑罚，采取取保候审不致发生社会危险性的；（3）患有严重疾病、生活不能自理，怀孕或者正在哺乳自己婴儿的妇女，采取取保候审不致发生社会危险性的；（4）羁押期限届满，案件尚未办结，需要采取取保候审的。

3. 监视居住

监视居住是指公安机关、人民检察院、人民法院对未被羁押的犯罪嫌疑人、被告人依法责令其不得擅自离开指定住处或居所，并对其活动加以监视和控制的强制方法。监视居住由公安机关执行。对符合逮捕条件，但有下列情形之一的犯罪嫌疑人、被告人，可以监视居住：（1）患有严重疾病、生活不能自理的；（2）怀孕或者正在哺乳自己婴儿的妇女；（3）系生活不能自理的人的唯一扶养人；（4）因为案件的特殊情况或者办理案件的需要，采取监视居住措施更为适宜的；（5）羁押期限届满，案件尚未办结，需要采取监视居住措施的。对符合取保候审条件，但犯罪嫌疑人、被告人不能提出保证人，也不交纳保证金的，可以监视居住。

4. 拘留

拘留是指公安机关在法定的紧急情况下，对现行犯或重大嫌疑分子采取的临时限制其人身自由的强制方法。如果有下列情形之一，可以先行拘留：（1）正在预备犯罪、实行犯罪或者在犯罪后即时被发觉的；（2）被害人或者在场亲眼看见的人指认他犯罪的；（3）在身边或者住处发现有犯罪证据的；（4）犯罪后企图自杀、逃跑或者在逃的；（5）有毁灭、伪造证据或者串供可能的；（6）不讲真实姓名、住址，身份不明的；（7）有流窜作案、多次作案、结伙作案重大嫌疑的。

5. 逮捕

逮捕是指经过人民检察院批准或人民法院决定，由公安机关执行的一种较长时间限制犯罪嫌疑人、被告人人身自由的强制方法。适用逮捕必须具备的条件：对有证据证明有犯罪事实，可能判处徒刑以上刑罚的犯罪嫌疑人、被告人，采取取保候审尚不足以防止发生社会危险性而有逮捕必要的。批准或者决定逮捕，应当将犯罪嫌疑人、被告人涉嫌犯罪的性质、情节，认罪认罚等情况，作为是否可能发生社会危险性的考虑因素。对有证据证明有犯罪事实，可能判处十年有期徒刑以上刑罚的，或者有证据证明有犯罪事实，可能判处徒刑以上刑罚，曾经故意犯罪或者身份不明的，应当予以逮捕。被取保候审、监视居住的犯罪嫌疑人、被告人违反取保候审、监视居住规定，情节严重的，可以予以逮捕。

四、刑事附带民事诉讼

刑事附带民事诉讼是指司法机关在刑事诉讼过程中，在解决被告人刑事责任的同时，附带解决由于被告人的犯罪行为而使被害人遭受物质损失的赔偿问题所进行的诉讼活动。

提起附带民事诉讼必须具备四个条件：（1）起诉人属于规定的附带民事诉讼原告人；（2）被告人属于规定的依法负有赔偿责任的人；（3）有请求赔偿的具体要求、事实和理由；（4）属于人民法院受理附带民事诉讼的范围。

附带民事诉讼应当同刑事案件一并审判，只有为了防止刑事案件审判的过分迟延，才可以先审判刑事案件，然后由同一审判组织继续审理附带民事诉讼。但是如果同一审判组织的成员确实不能继续参与审判的，也可以更换。

五、刑事诉讼审判前程序

（一）立案

刑事诉讼中的立案是指公安机关、人民检察院和人民法院对报案、控告、举报、自首以及自诉人起诉等材料进行审查，根据事实和法律，决定是否作为刑事案件进行侦查或者审判的诉讼活动。根据《刑事诉讼法》的规定，立案应当同时具备两个条件：一是有犯罪事实发生，二是依法需要追究刑事责任。立案程序包括三方面内容：对立案材料的接受，对立案材料的审查与处理，人民检察院对不立案的监督。立案是我国刑事诉讼开始的法定诉讼形式，是我国刑事诉讼过程中的独立的诉讼阶段。

（二）侦查程序

侦查是指公安机关、人民检察院在办理案件过程中，依照法律进行的专门调查工作和有关的强制性措施。

侦查的任务主要是：收集证据，查明犯罪事实，查获犯罪嫌疑人；及时采取强制措施，防止犯罪嫌疑人逃避侦查、继续犯罪、毁灭证据、伪造证据，保障诉讼活动的顺利进行；保障无罪的人不受刑事追究，尊重和保障人权，保障犯罪嫌疑人和其他诉讼参与人的诉讼权利。

侦查应当遵循迅速及时、客观全面、深入细致、遵守法治和保守秘密的原则。

侦查的内容和方式主要有：(1) 讯问犯罪嫌疑人；(2) 询问证人、被害人；(3) 勘验、检查；(4) 侦查实验；(5) 搜查；(6) 查封、扣押；(7) 查询、冻结；(8) 鉴定；(9) 辨认；(10) 通缉。

公安机关对已经立案的刑事案件，应当进行侦查，收集、调取犯罪嫌疑人有罪或者无罪、罪轻或者罪重的证据材料。对现行犯或者重大嫌疑分子可以依法先行拘留，对符合逮捕条件的犯罪嫌疑人应当依法逮捕。

（三）提起公诉

审查起诉是指人民检察院对侦查机关、监察机关或侦查部门侦查、调查终结移送起诉的案件是否受理，以及受理后通过依法审查核实，决定是否提起公诉、不起诉决定的诉讼活动和独立阶段。根据《刑事诉讼法》第 169 条的规定，凡需要提起公诉的案件，一律由人民检察院审查决定。

提起公诉是指人民检察院代表国家将犯罪嫌疑人提交人民法院，要求人民法院通过审判追究其刑事责任的一种诉讼活动。

不起诉是指人民检察院对侦查、调查终结移送起诉的案件和自行侦查终结的案件进行审查后，认为犯罪嫌疑人、被调查人的行为不符合起诉条件或没有必要起诉的，依法作出不将犯罪嫌疑人、被调查人提交人民法院进行审判、追究刑事责任的一种处理决定。不起诉有四种：法定不起诉、酌定不起诉、证据不足不起诉、附条件不起诉。

六、刑事审判程序

（一）第一审程序

第一审程序是审判刑事案件的基本程序，有公诉、自诉和简易程序、速裁程序之分。

1. 公诉案件第一审程序

人民法院对人民检察院提起公诉的案件进行初次审判时应当遵循的步骤和方式，包括庭前审查、庭前准备、法庭审判以及延期、中止和终止审理等诉讼环节。

2. 自诉案件第一审程序

自诉案件的被告人在诉讼过程中，可以对自诉人提起反诉。反诉适用自诉的规定。

3. 简易程序

简易程序是指在基层人民法院审理案件中，事实确实清楚、证据确实充分的情况下，被告人承认自己所犯罪行，并同意适用的较一审普通程序更为简化的程序。

简易程序可以适用的案件范围是：(1) 案件事实清楚、证据充分的；(2) 被告人承认自己所犯罪行，对指控的犯罪事实没有异议的；(3) 被告人对适用简易程序没有异议的。

适用简易程序审理案件，人民法院应当在受理后 20 日以内审结；对可能判处有期徒刑超过 3 年的，可以延长至一个半月。

4. 速裁程序

速裁程序是指在被告人同意的前提下，所适用的比简易程序更为简化的审判程序。根据《刑事诉讼法》第 222 条的规定，速裁程序适用的条件为：基层人民法院管辖的可能判处 3 年有期徒刑以下刑罚的案件，案件事实清楚，证据确实、充分，被告人认罪认罚并同意适用速裁程序的，可以适用速裁程序，由审判员一人独任审判。人民检察院在提起公诉的时候，可以建议人民法院适用速裁程序。

（二）第二审程序

第二审程序，又称上诉审程序，是上级人民法院根据上诉或者抗诉，就下级人民法院尚未发生法律效力的第一审裁判进行重新审判的诉讼程序。

上诉是指有上诉权的人不服第一审未生效的判决、裁定，依照法定程序与期限，要求上一级法院对案件进行重新审判的诉讼行为。《刑事诉讼法》第 227 条规定上诉提起的情形为：被告人、自诉人和他们的法定代理人，不服地方各级人民法院第一审的判决、裁定，有权用书状或者口头向上一级人民法院上诉。被告人的辩护人和近亲属，经被告人同意，可以提出上诉。附带民事诉讼的当事人和他们的法定代理人，可以对地方各级人民法院第一审的判决、裁定中的附带民事诉讼部分，提出上诉。

抗诉是指检察机关发现法院第一审未生效判决、裁定确有错误时，依照法定程序与期限提请上一级法院对案件进行重新审判的诉讼行为。《刑事诉讼法》第 228 条规定抗诉提起的情形为：地方各级人民检察院认为本级人民法院第一审的判决、裁定确有错误的时候，应当向上一级人民法院提出抗诉。

二审法院本着全面审查和上诉不加刑的原则审理二审案件。刑事诉讼第二审的审理方式有开庭审与不开庭审两种。《刑事诉讼法》第 234 条规定应当组成合议庭，开庭审理的情形，包括：(1) 被告人、自诉人及其法定代理人对第一审认定的事实、证据提出异议，可能影响定罪量刑的上诉案件；(2) 被告人被判处死刑的上诉案件；(3) 人民检察院抗诉的案件；(4) 其他应当开庭审理的案件。

（三）死刑复核程序

死刑复核程序，是对判处死刑的判决和裁定进行审查核准的一种特殊诉讼程序。死刑由最高人民法院核准。中级人民法院判处死刑的第一审案件，被告人不上诉的，应当由高级人民法院复核后，报请最高人民法院核准。高级人民法院不同意判处死刑的，可以提审或者发回重新审判。高级人民法院判处死刑的第一审案件被告人不上诉的，和判处死刑的第二审案件，都应当报请最高人民法院核准。中级人民法院判处死刑缓期 2 年执行的案件，由高级人民法院核准。

最高人民法院复核死刑案件，高级人民法院复核死刑缓期执行的案件，应当由审判员三人组成合议庭进行。最高人民法院复核死刑案件，应当作出核准或者不核准死刑的裁定。对于不核准死刑的，最高人民法院可以发回重新审判或者予以改判。

（四）审判监督程序

审判监督程序是指人民法院、人民检察院对于已经发生法律效力的判决和裁定，发现在认定事实或者适用法律上确有错误、严重违反法律程序时，依法作出重新审理的决定或提出抗诉，并由法院对案件重新进行审判的一种诉讼程序。审判监督程序是整个刑事诉讼的重要组成部分，但并不是每个案件的必经程序，只有对于已经发生法律效力而且在认定事实上或者在适用法律上确有错误的判决和裁定才能适用。

人民法院按照审判监督程序重新审判的案件，由原审人民法院审理的，应当另行组成合议庭进行。如果原来是第一审案件，应当依照第一审程序进行审判，所作的判决、裁定，可以上诉、抗诉；如果原来是第二审案件，或者是上级人民法院提审的案件，应当依照第二审程序进行审判，所作的判决、裁定，是终审的判决、裁定。人民法院开庭审理的再审案件，同级人民检察院应当派员出席法庭。

七、刑事执行程序

刑事诉讼中的执行，是指国家刑罚执行机关依照法定职权和法定程序，将人民法院已经发生法律效力的判决、裁定所确定的内容付诸实施，以及解决实施过程中执行变更等特定问题的诉讼活动。根据实施阶段和内容的不同，可以将刑事执行分为交付执行和变更执行。刑事执行程序则是指在进行上述活动时所应遵循的步骤、方式、方法。根据执行依据的内容、性质以及各执行主体的不同职能，可将执行机关分为交付执行机关、实际执行机关以及执行的监督机关。我国实际执行刑罚的机关包括人民法院、监狱、未成年犯管教所、公安机关、看守所和社区矫正机构。

根据执行机关和执行程序的不同，刑事执行大致可以分为以下几种：（1）死刑立即执行判决的执行；（2）死刑缓期 2 年执行、无期徒刑、有期徒刑和拘役判决的执行；（3）管制、有期徒刑缓刑、拘役缓刑判决的执行；（4）剥夺政治权利判决的执行；（5）罚金、没收财产判决的执行；（6）无罪判决和免除刑事处罚判决的执行。

人民检察院对执行机关执行刑罚的活动是否合法实行监督。如果发现有违法的情况，应当通知执行机关纠正。

第四节 行政诉讼法

一、行政诉讼受案范围与管辖

（一）行政诉讼的受案范围

行政诉讼的受案范围是指法律规定的人民法院受理的行政争议的种类和权限。一般认为，行政诉讼法的受案范围是：具体行政行为、行政合同、部分抽象行政行为。

我国《行政诉讼法》对法院受案范围的规定，主要考虑了两方面的因素：一是尽可能扩大法院的受案范围，以便给当事人的合法权益提供更有力的司法保护；二是法院在我国政权体制中的地位、法院的审判力量、法院与行政机关的关系以及当前的行政诉讼意识。划分标准主要包括行政行为标准和合法权益标准。

《行政诉讼法》第 12 条具体列举了属于行政诉讼受案范围的各类行政案件，包括：(1) 对行政拘留、暂扣或者吊销许可证和执照、责令停产停业、没收违法所得、没收非法财物、罚款、警告等行政处罚不服的；(2) 对限制人身自由或者对财产的查封、扣押、冻结等行政强制措施和行政强制执行不服的；(3) 申请行政许可，行政机关拒绝或者在法定期限内不予答复，或者对行政机关作出的有关行政许可的其他决定不服的；(4) 对行政机关作出的关于确认土地、矿藏、水流、森林、山岭、草原、荒地、滩涂、海域等自然资源的所有权或者使用权的决定不服的；(5) 对征收、征用决定及其补偿决定不服的；(6) 申请行政机关履行保护人身权、财产权等合法权益的法定职责，行政机关拒绝履行或者不予答复的；(7) 认为行政机关侵犯其经营自主权或者农村土地承包经营权、农村土地经营权的；(8) 认为行政机关滥用行政权力排除或者限制竞争的；(9) 认为行政机关违法集资、摊派费用或者违法要求履行其他义务的；(10) 认为行政机关没有依法支付抚恤金、最低生活保障待遇或者社会保险待遇的；(11) 认为行政机关不依法履行、未按照约定履行或者违法变更、解除政府特许经营协议、土地房屋征收补偿协议等协议的；(12) 认为行政机关侵犯其他人身权、财产权等合法权益的。

同时，该法第 13 条还具体列举了以下行为不属于行政诉讼的受理范围：(1) 国防、外交等国家行为；(2) 行政法规、规章或者行政机关制定、发布的具有普遍约束力的决定、命令；(3) 行政机关对行政机关工作人员的奖惩、任免等决定；(4) 法律规定由行政机关最终裁决的行政行为。

（二）行政诉讼的管辖

行政诉讼的管辖是指上下级法院之间以及同级法院之间受理第一审行政案件的分工和权限。行政诉讼法对管辖权的规定，主要考虑了以下因素：(1) 法院内部的合理分工；(2) 便于当事人进行行政诉讼；(3) 有利于法院公正、及时、便利审判案件。

行政诉讼管辖分为级别管辖、地域管辖和裁定管辖三类。裁定管辖又分为移送管辖、指定管辖和管辖权转移。

《行政诉讼法》第 14 条规定：基层人民法院管辖第一审行政案件。第 15 条规定：中级人民法院管辖下列第一审行政案件：(1) 对国务院部门或者县级以上地方人民政府所作的行政行为提起诉讼的案件；(2) 海关处理的案件；(3) 本辖区内重大、复杂的案件；(4) 其他法律规定由中级人民法院管辖的案件。第 16 条规定：高级人民法院管辖本辖区内重大、复杂的第一审行政案件。第 17 条规定：最高人民法院管辖全国范围内重大、复杂的第一审行政案件。第 18 条规定：行政案件由最初作出行政行为的行政机关所在地人民法院管辖。经复议的案件，也可以由复议机关所在地人民法院管辖。经最高人民法院批准，高级人民法院可以根据审判工作的实际情况，确定若干人民法院跨行政区域管辖行政案件。

二、行政诉讼参加人

行政诉讼参加人是指引起行政争议、存在直接利害关系而参加行政诉讼的整个过程或者主要阶段的人，包括当事人和诉讼代理人。诉讼参加人是行政诉讼权利义务的主要承担者。

当事人包括行政诉讼的原告、被告、共同诉讼人以及第三人。

诉讼代理人是指根据法律规定，由人民法院指定或受当事人的委托，享有代理权，以当事人的名义在代理权限范围内进行行政诉讼活动的人。行政诉讼的代理人包括委托代理人和法定代理人。

三、行政诉讼程序

行政诉讼程序主要由起诉和受理、第一审程序、第二审程序、审判监督程序构成。

（一）起诉和受理

1. 起诉

起诉是指公民、法人或者其他组织认为自己的合法权益受到行政机关和行政机关工作人员的行政行为的侵害，而向法院提出诉讼请求，要求法院行使审判权，依法保护自己合法权益的诉讼行为。

起诉应符合下列条件：原告适格，有明确的被告，有具体的诉讼请求和事实根据，属于法院受案范围和受诉法院管辖。

同时，起诉还要遵守我国《行政诉讼法》关于诉讼时效的规定。我国《行政诉讼法》规定：公民、法人或者其他组织不服复议决定的，可以在收到复议决定书之日起 15 日内向人民法院提起诉讼。复议机关逾期不作决定的，申请人可以在复议期满之日起 15 日内向人民法院提起诉讼。法律另有规定的除外。

公民、法人或者其他组织直接向人民法院提起诉讼的，应当自知道或者应当知道作出行政行为之日起 6 个月内提出。法律另有规定的除外。因不动产提起诉讼的案件自行政行为作出之日起超过 20 年，其他案件自行政行为作出之日起超过 5 年提起诉讼的，人民法院不予受理。

2. 受理

2014 年修订后的《行政诉讼法》将立案审查制改为立案登记制。人民法院在接到起诉状时，对符合起诉条件的，应当登记立案。对当场不能判定是否符合起诉条件的，应当接收起诉状，出具注明收到日期的书面凭证，并在 7 日内决定是否立案。不符合起诉条件的，作出不予立案的裁定。裁定书应当载明不予立案的理由。原告对裁定不服的，可以提起上诉。

起诉状内容欠缺或者有其他错误的，应当给予指导和释明，并一次性告知当事人需要补正的内容。不得未经指导和释明即以起诉不符合条件为由不接收起诉状。对于不接收起诉状、接收起诉状后不出具书面凭证，以及不一次性告知当事人需要补正的起诉状内容的，当事人可以向上级人民法院投诉，上级人民法院应当责令改正，并对直接负责的主管人员和其他直接责任人员依法给予处分。

（二）第一审程序

第一审是指人民法院对行政案件的初次审理。法院审理第一审案件的程序为第一审程序。

行政诉讼案件的开庭审理程序与民事诉讼案件基本相同，主要分为以下几个阶段：开庭准备，审查出庭情况，法庭调查，法庭辩论，合议庭评议，公开宣判。

人民法院对公开审理和不公开审理的案件，一律公开宣告判决。当庭宣判的，应当在 10 日内发送判决书；定期宣判的，宣判后立即发给判决书。宣告判决时，必须告知当事人上诉权利、上诉期限和上诉的人民法院。人民法院应当在立案之日起 6 个月内作出第一审判决。有特殊情况需要延长的，由高级人民法院批准，高级人民法院审理第一审案件需要延长的，由最高人民法院批准。

（三）第二审程序

第二审程序是指上一级人民法院依照法律规定，根据当事人在法定期限内提起的上诉，对下一级法院作出的尚未生效的行政判决或者裁定进行重新审理的程序。

行政诉讼的第二审程序与民事诉讼的第二审程序相似。二审法院审理上诉行政案件，根据不同情况，可以作出维持判决和依法改判两种类型的判决和撤销原判、发回重审的裁定。

第二审人民法院审理上诉案件，应当自收到上诉状之日起 2 个月内作出终审判决。有特殊情况需要延长的，由高级人民法院批准；高级人民法院审理上诉案件需要延长的，由最高人民法院批准。

（四）审判监督程序

审判监督程序是指人民法院发现已经发生法律效力的行政判决、裁定，在认定事实和适用法律上有错误，依法对案件进行重新审理的程序。

审判监督程序的启动方式包括当事人申请、法院审查启动、检察院抗诉。审理对象应当围绕再审请求和被诉行政行为合法性进行，当事人的再审请求超出原审诉讼请求的，符合另案诉讼条件的，告知当事人可以另行起诉。

第五节 法律援助

一、概念与原则

法律援助制度，又称为法律扶助制度，是国家建立的为经济困难公民和符合法定条件的其他当事人无偿提供法律咨询、代理、刑事辩护等法律服务的制度，是公共法律服务体系的组成部分。该制度是国家以为被援助对象提供经济帮助为途径，保证法律赋予每位公民的合法权利真正得以实现的一项法律制度。是完善社会保障法律制度体系的重要措施，也是实现“法律面前人人平等”的重要方面。

法律援助工作应当坚持中国共产党领导，坚持以人民为中心，尊重和保障人权，遵循公开、公平、公正的原则，实行国家保障与社会参与相结合。

二、机构和人员

在我国，县级以上人民政府司法行政部门应当设立法律援助机构。法律援助机构负责组织实施法律援助工作，受理、审查法律援助申请，指派律师、基层法律服务工作者、法律援助志愿者等法律援助人员提供法律援助，支付法律援助补贴。

法律援助机构根据工作需要，可以安排本机构具有律师资格或者法律职业资格的工作人员提供法律援助；可以设置法律援助工作站或者联络点，就近受理法律援助申请。法律援助机构可以在人民法院、人民检察院和看守所等场所派驻值班律师，依法为没有辩护人的犯罪嫌疑人、被告人提供法律援助。司法行政部门可以通过政府采购等方式，择优选择律师事务所等法律服务机构为受援人提供法律援助。律师事务所、基层法律服务所、律师、基层法律服务工作者负有依法提供法律援助的义务。律师事务所、基层法律服务所应当支持和保障本所律师、基层法律服务工作者履行法律援助义务。

三、形式和范围

提供法律援助的形式主要有：（1）法律咨询；（2）代拟法律文书；（3）刑事辩护与代理；（4）民事案件、行政案件、国家赔偿案件的诉讼代理及非诉讼代理；（5）值班律师法律帮助；（6）劳动争议调解与仲裁代理；（7）法律、法规、规章规定的其他形式。

法律援助机构应当通过服务窗口、电话、网络等多种方式提供法律咨询服务；提示当事人享有依法申请法律援助的权利，并告知申请法律援助的条件和程序。刑事案件的犯罪嫌疑人、被告人因经济困难或者其他原因没有委托辩护人的，本人及其近亲属可以向法律援助机构申请法律援助。人民法院、人民检察院、公安机关和有关部门在办理案件或者相关事务中，应当及时告知有关当事人有权依法申请法律援助。人民法院、人民检察院、公安机关应当保障值班律师依法提供法律援助，告知没有辩护人的犯罪嫌疑人、被告人有权约见值班律师，并依法为值班律师了解案件有关情况、阅卷、会见等提供便利。

第六节　非诉讼程序

一、概念与类型

非诉讼程序[①]是对诉讼以外的其他各种纠纷解决方式、程序或制度的总称，强调的是与法院的诉讼程序（或判决）的区别与联系。由于非诉讼程序是一个总括性、综合性的概念，其内涵和外延均难以准确界定。尽管概念表述并不统一，但在今天全世界范围，非诉讼程序已成为一个约定俗成的通用术语。对其界定通常根据以下要素：（1）替代性；（2）选择性；（3）解决纠纷。其中解决纠纷是其基本功能，基于此功能，各种非诉讼程序能够与司法程序共同构成一种多元化的机制，相互衔接和补充，共同承担解决纠纷的社会功能。

当代世界各国的非诉讼程序形式多样，根据纠纷解决主体标准可以作出以下分类：（1）法院附设的非诉讼程序；（2）行政机关或准行政机关所设或附设的非诉讼程序；（3）由民间团体或组织主持的非诉讼程序；（4）由律师主持的专业咨询或法律援助性质的非诉讼程序；（5）国际组织及国际商事纠纷解决机制；（6）在线纠纷解决机制（online dispute resolution，ODR）。

二、非诉讼程序的多元解纷实务

协商（谈判）、调解、仲裁是非诉讼程序纠纷解决实务中采用的基本方法。在不同的制度和程序中，或针对处理不同类型的纠纷的实际需要，这些方法可以体现不同的价值取向，回应当事人的不同期待。

（一）调解

调解是指在第三方协助下，以当事人自主协商为主的纠纷解决活动。其基本特征是：（1）在中立第三方的参与下进行的纠纷解决活动；（2）以当事人的自愿为前提；（3）调解协议本身的成立和生效不具有国家强制性，但其效力能够得到法律的保证；（4）与诉讼相比较，调解具有特殊的程序利益。

当代世界上的调解类型和形式多样，一般而言，可分为以下几种基本类型：（1）根

---

① 此节主要参照：范愉．非诉讼程序（ADR）教程．4版．北京：中国人民大学出版社，2020.

据中立第三方即主持者的性质，可分为民间社会调解、行政调解、司法调解；（2）诉讼外调解、诉讼前调解与诉讼中调解；（3）类型化或专门调解。划分标准主要是纠纷类型、当事人关系、地域、调解组织等因素，调解人需要具备专门的资格和特定的能力。如2021年7月经最高人民法院和司法部同意，杭州在全国率先开展以律师调解为主的市场化解纷机制试点工作。

（二）仲裁

仲裁是根据当事人的合意（仲裁契约），把纠纷的处理，委托给法院以外的第三方（仲裁者）进行裁决的纠纷解决方法或制度。典型的仲裁制度是指商事仲裁，其基本特征包括：（1）依仲裁契约启动；（2）裁决的终局性；（3）纠纷解决的灵活性。

仲裁的程序依仲裁类型的不同而有所不同，并可分设普通程序与简易程序。标准的商事仲裁一般要经过以下几个阶段：（1）订立仲裁契约；（2）仲裁开始程序；（3）选任仲裁员；（4）准备程序；（5）开庭审理；（6）调解和裁决；（7）终结程序。

当代世界上的仲裁形式多样，依据不同标准，一般作以下几种分类：（1）国内仲裁与国际仲裁；（2）制度性仲裁与临时性仲裁；（3）自愿仲裁与强制仲裁。共通性基本原则主要有以下几项：（1）合法原则；（2）公平与衡平原则；（3）及时、迅速原则及其他程序利益。

三、我国非诉讼程序与司法的衔接

进入21世纪后，我国法院积极与其他相关机构展开协作，以推进多元化纠纷解决机制的建构。比如共享法庭建设与运行，旨在打造一站式多元解纷、一站式诉讼服务、一站式基层治理的最小支点①。目前已有的非诉讼程序和司法衔接的模式主要包括以下几种：

（1）法院附设型，包括法院人民调解窗口、特邀调解、协助调解、诉前调解等。调解协议可通过确认、转化为法院调解书等方式产生强制执行效力。

（2）前置型，如劳动仲裁、特定行政前置程序等。

（3）司法审查型，包括：对仲裁裁决的司法审查；对各类调解协议的司法确认；通过撤销之诉、无效之诉和再审等对调解协议合法性和效力进行的司法审查救济。

练习与思考

内容提要

1. “诉讼”是国家司法机关在当事人和其他诉讼参与人的参加下，按照法定程序解决各种案件争讼的专门活动，一般分为民事诉讼、刑事诉讼和行政诉讼三种。诉讼法是

① 韩振文，张思雨．共享法庭制度化发展的现实困境与优化路径：基于浙江省的实证考察．理论月刊，2023（6）．

国家制定的司法机关和诉讼参与人进行诉讼活动时必须遵守的法律规范的总称。

2. 由于不同的诉讼程序既有共性也有个性，因而三大诉讼法既有共同的基本原则，也有每一诉讼法特有的基本原则。共同的基本原则是三大诉讼法都要遵循的基本原则，每一诉讼法特有的基本原则是分别依其特性所形成的仅适用于本领域的基本原则。

3. 举证责任也称为证明责任，是指当法律要件事实在诉讼上处于真伪不明状态时，当事人所负有的接受不利裁判的诉讼风险。举证责任的分配是极为重要的问题。三大诉讼法根据各自的特点，对举证责任在当事人之间的分配作出了不同的规定。

4. 民事诉讼法规定的管辖制度，包括级别管辖、地域管辖和裁定管辖。裁定管辖主要包括移送管辖、指定管辖和管辖权转移等。级别管辖是指各级人民法院受理第一审民事案件的职权范围。地域管辖是指确定同级人民法院之间在各自辖区受理第一审民事案件的分工和权限。地域管辖主要包括一般地域管辖和特殊地域管辖两种，在适用上，应先适用特殊地域管辖，后适用一般地域管辖。

5. 普通程序在民事诉讼审判程序中是最基本的程序，也是最完整的程序；它的内容最为丰富，环节最为详尽严密，要求最为严格，在其他程序中没有明文规定的都适用普通程序的规定。

6. 侦查是指公安机关、人民检察院在办理案件过程中，依照法律进行的专门调查工作和有关的强制性措施。侦查的任务主要是：收集证据，查明犯罪事实，查获犯罪嫌疑人；及时采取强制措施，防止犯罪嫌疑人逃避侦查、继续犯罪、毁灭证据、伪造证据，保障诉讼活动的顺利进行；保障无罪的人不受刑事追究，尊重和保障人权，保障犯罪嫌疑人和其他诉讼参与人的诉讼权利。

7. 刑事诉讼中的第一审程序包括公诉案件第一审程序和自诉案件第一审程序两种类型。公诉案件是指由人民检察院向人民法院提起公诉的案件，自诉案件是指由被害人或其法定代理人向人民法院起诉并由人民法院直接受理的案件。

8. 我国《行政诉讼法》对法院受案范围的规定，主要考虑了两方面的因素：一是尽可能扩大法院的受案范围，以便给当事人的合法权益提供更有力的司法保护；二是法院在我国政权体制中的地位、法院的审判力量、法院与行政机关的关系以及当前的行政诉讼意识。

9. 我国法院积极与其他相关机构展开协作，以推进多元化纠纷解决机制的建构。协商（谈判）、调解、仲裁是非诉讼程序纠纷解决实务中采用的基本方法。目前已有的非诉讼程序和司法衔接的模式主要包括：法院附设型、前置型、司法审查型。

关键术语

诉讼	民事诉讼法	刑事诉讼法	行政诉讼法	证据
举证责任	督促程序	公示催告程序	侦查	自诉案件
行政诉讼参加人	法律援助制度	非诉讼程序	诉非衔接	

辨析题

1. 对已发生效力的调解书，当事人双方不能上诉，但如果提出证据证明调解违反自愿原则或者调解协议内容违反法律的，可以申请再审。

2. 简易程序是人民法院审理简单民事案件适用的程序。

3. 原告经两次合法传唤，无正当理由拒不到庭的，或未经法庭许可中途退庭的，可以按撤诉处理。

4. 刑事诉讼中，被告人对指控的犯罪不承担任何举证责任。

5. 侦查机关以威胁、引诱、欺骗等方法收集的证据，经人民法院调查属实，可以作为定案的依据。

6. 证据不足、不能认定被告人有罪的，不能以证据不足、指控的犯罪不能成立，判决宣告被告人无罪，而应当退回检察机关补充侦查。

7. 在行政诉讼中，被告不一定都是行政机关，原告也可能是行政机关。

8. 行政复议机关在法定期间内不作出复议决定，当事人对原具体行政行为不服，向人民法院起诉的，应以复议机关和作出原具体行政行为的行政机关为共同被告。

9. 公民、法人或其他组织因人身权、财产权以外的合法权益受具体行政行为侵害而提起的诉讼也属于人民法院的受案范围。

案例分析

某小区发生一起入室抢劫杀人案，犯罪现场破坏严重，未发现有价值的痕迹物证。经查，李某有重大犯罪嫌疑，其曾因抢劫被判有期徒刑 12 年，刚刚刑满释放，案发时小区保安见李某出入小区。李某被市公安局立案侦查并被逮捕羁押。审讯期间，在保安的指认下，李某不得不承认其在小区他处入室盗窃 3 000 元，后经查证属实。但李某拒不承认抢劫杀人行为。审讯人员将李某提到公安局办案基地对其实施了捆绑、吊打、电击等行为，三天三夜不许吃饭，不许睡觉，只给少许水喝，并威胁不坦白交代抢劫杀人罪行、认罪态度不好法院会判死刑。最终，李某按审讯人员的意思交代了抢劫杀人的事实。在此期间，侦查人员还对李某的住处进行了搜查，提取扣押了李某的鞋子等物品，当场未出示搜查证。案件经市检察院审查起诉后，向市中级人民法院提起公诉。庭审中，应李某辩护人的申请，法院启动了排除非法证据程序①。

问：

（1）本案哪些非法证据应当予以排除？

（2）市中级人民法院应当如何判决本案？

---

① 本案案情改编自国家统一法律职业资格考试真题。

第十二章

国际法

国际法是与国内法相对应的对法律规范的分类。根据调整范围和侧重点的不同，通常将国际法分为国际公法、国际私法、国际经济法三个相互联系的主要部分。国际公法主要调整国家间关系。国际私法主要调整国际民商事法律关系的法律适用，与国内民商法有较为密切的关系。国际经济法重在国际经济贸易关系的调整，既调整国家与国家之间，也调整国家与其他国际法主体之间以及其他国际法主体相互之间的贸易、金融、投资、货币、税收等经济关系。国际法来源于国内法，同时又对国内法的发展有较大的影响，二者相互影响、相互作用、相互配合，共同维系着全球治理和法治文明的发展。

重点问题

- 国际法的性质。
- 国内法与国际法的关系。
- 联合国的作用。
- 国际人权保护。
- 涉外民商事法律关系及法律适用。
- 世界贸易组织及其规则。

第一节　国际公法

一、国际公法概述

（一）国际公法的概念

国际公法，或称国际法，是指调整国际社会成员，主要是主权国家、国际组织和其他国际法主体之间权利义务关系，具有法律拘束力的法律规范的总称①。

① 狭义上的国际法专指国际公法。因为约定俗成和为方便起见，本书均用狭义的“国际法”一词指代“国际公法”。因为国际私法和国际经济法中还有国内的法律规范，而国际公法中并不包括国内法。特此说明。

（二）国际法的主体

能够直接享有国际法权利和承担国际法义务、独立参加国际关系的实体，称为国际法的主体。国家是国际法的基本主体，国际组织也是国际法的主体，其他如争取独立的民族或民族解放组织，在一定程度上和一定范围内，也被认可为国际法的主体。个人不能成为国际法主体，但是可以成为国际法的受益者。

（三）国际法的渊源

国际法的渊源主要表现为国际条约和国际习惯，此外还有一般公认的法律原则。国际法院以及其他国际法庭的判例和权威国际法学家的学说被认为是国际法渊源的辅助资料。

国际条约是两个或两个以上的国际法主体依据国际法确立其相互权利和义务而缔结的国际书面协议。国际条约可以用多种名称表述，如条约、公约、协定、议定书、宪章、规约、换文或宣言等。《维也纳条约法公约》对条约的缔结、效力、解释、修订、终止等问题的原则、规则作了规定，用于调整和规范国家之间的条约关系。

国际习惯是一种不成文法，指已经被接受为法律的一般实践、惯例或做法。国际习惯需要从国际关系中查找证据，进行证明。国际习惯的形成需具备两个要件：物质要件和心理要件。前者指有一般的实践或通例存在，后者指法律确信，即一般的实践或通例被各国接受和承认为法律。

（四）国际法的基本原则

国际法的基本原则，是指各国公认的、具有普遍意义且构成国际法基础的法律原则。包括：国家主权平等原则、禁止以武力相威胁或使用武力原则、不干涉内政原则、善意履行国际义务原则、和平解决国际争端原则、国际合作原则、保护基本人权原则、民族自决原则等。中国等国首先提出并倡导的和平共处五项原则，高度概括了国际法文件中反映出的国际法的基本原则，得到了国际上的广泛承认。这五项原则是：互相尊重主权和领土完整、互不侵犯、互不干涉内政、平等互利、和平共处。

二、国际法的性质和效力

国际法是平等国际法主体之间的法律，对国际法主体有拘束力。与国内法不同，国际法缺少国内社会那样的立法、行政和司法机关来制定、执行或适用法律。缔结、执行国际法，承担不执行国际法后果的，是国家本身，除此之外没有超越国家的强制力保证国际法的实施。

国际法的效力根据来自国家意志，国际法是各国协调意志的体现。国家参与制定国际法、执行国际法。正是通过各国的国家意志，国际法才得以发挥自己的法律效力。

国家在享有国际法权利时，也承担国际法义务。如果国家违反了自己所承担的国际法义务，就应当对其行为承担国家责任。国际法义务可以分为两个层次：第一个层次表现为国家政府在国际层面上对其他国家政府履行承诺，承担不履行承诺的后果，例如国家赔偿；第二个层次表现为国家政府在国内法律制度中履行国际承诺，这可以视为国际法在国内法中的效力。第二个层次涉及国际法与国内法的关系问题。

国际法与国内法的关系问题，其实质是二者有不同或冲突规定时何者优先适用的问题，以及国内法没有相应规定能否直接适用国际法的问题。根据《维也纳条约法公约》，一当事国不得援引其国内法规定为理由而不履行条约。在国内法院程序中，这一问题体现为当事人可否直接援引国际条约主张权利、进行抗辩，国内法院能否直接援引国际条约进行判决。各国在这方面的做法不尽相同。国际法与国内法的关系问题，归根结底是一个主权国家在国内如何执行国际法的问题。

三、国家、个人和领土

（一）国家

1. 国家及其基本权利

国家是国际法的基本主体。政府间国际组织也是通过国家创设的。固定的居民、确定的领土、一定的政权组织、主权，构成了国家的四要素。

国家主权，是国家的根本属性，在国际法上指国家独立自主地处理内外事务的权力。国家主权是每一国家所固有的、非外界赋予的权力。在法律特征上表现为对内最高权和对外独立权。一个国家从国家利益出发，根据所缔结或参加的国际条约承担义务，是行使国家主权的一种方式。任何对国家主权的机械、片面理解，都是不准确的。全球化并没有改变国家主权这一国家的基本构成要素。

国家根据主权所享有的固有权利，称为国家的基本权利，包括独立权、平等权、自保权（自卫权）和管辖权等。国家的基本权利和义务是统一的。也就是说，一国的基本权利构成了他国的基本义务。

管辖权包括属地管辖、属人管辖、保护性管辖和普遍管辖。与国家的属地管辖权相联系，产生了国家司法豁免权。它产生于平等者无管辖权这一原则，即：除非一国同意，该国的国家行为和财产不受另一国的司法管辖，其财产不受所在国法院的扣押和强制执行。联合国大会于 2004 年 12 月通过了《联合国国家及其财产管辖豁免公约》。

2. 外交与领事关系

外交关系是国与国之间进行国际交往，运用谈判、会议和缔约的方法，以及互设常设外交代表机构所形成的国家间的关系。领事关系，是指一国根据与他国达成的协议，相互在对方一定地区设立领事馆和执行领事职务所形成的国家间的关系。

使馆为一国派驻外国的常设外交代表机关。《维也纳外交关系公约》确立了处理使馆问题的国际规范。使馆和外交代表及其他相关人员享有不同程度的特权和豁免，使馆馆舍不可侵犯。

（二）个人

1. 个人及其国籍

国际法在调整国家关系的同时，不可避免地涉及国家与国民的关系。个人在国际法上的地位构成了国家权利义务的客体。国家对本国国民享有属人管辖权，对在本国的外国人享有属地管辖权，对在外国的本国国民有实行外交保护的权利和义务。

一个人是否属于某国国民，是根据其国籍确定的。国籍是指一个人隶属于某一特定国家而成为该国国民的法律资格或身份，是与该国固定的法律联系，也是国家对其实行外交保护权利的依据。国籍根据国籍法确定。由于各国国籍立法不同，往往引起国籍冲突，导致双重、多重国籍或无国籍，并可能导致国家之间的争执。

2. 外国人的法律地位及保护

在一国境内不具有居留国国籍的人称为外国人。外国人的法律地位，由所在国法律规定，同时也遵循国际法的一般原则和国际通则。通常在不同领域分别采取国民待遇、最惠国待遇、差别待遇。

主权国家根据属人优越权，具有对在外国的本国侨民进行保护的权利，可以通过外交途径或国际手段向外国要求适当救济，这就是外交保护权。

根据不同情形，一国可以对外国人进行引渡或提供庇护。难民所在国根据主权及承担的国际法律义务对难民提供保护。

3. 国际人权法

国际法主体之间有关尊重、促进和保护人的基本权利和自由的原则、规则和制度，构成了国际人权法。国际人权法的主体主要是国家。个人是国际人权公约的直接受益者。人权可以分为集体人权和个人人权。前者包括民族自决权、发展权、和平权、环境权等，后者包括公民权利、政治权利以及经济、社会和文化权利。人权本质上主要是属于一国内部管辖的事项。人权的国际保护，是指国家按照国际法，通过条约，在尊重与保护人权方面进行合作。因此，人权的国际保护并不指某个或某几个国家按其标准保护其他国家的人权。各主权国家自身仍然是实现和维护人权的首要力量。《世界人权宣言》、《经济、社会和文化权利国际公约》和《公民权利和政治权利国际公约》构成了国际人权法的基本文件。中国签署并批准了《经济、社会和文化权利国际公约》，该公约于 2001 年 6 月 27 日正式对我国生效。中国已经签署《公民权利和政治权利国际公约》，但尚未批准。

2004 年修订的《中华人民共和国宪法》第 33 条规定，“国家尊重和保障人权”。在我国人权事业发展的实践中，坚持把马克思主义人权观同中国具体实际相结合、同中华优秀传统文化相结合，总结我们党团结带领人民尊重和保障人权的成功经验，借鉴人类优秀文明成果，走出了一条顺应时代潮流、适合本国国情的人权发展道路。一是坚持中国共产党领导，二是坚持尊重人民主体地位，三是坚持从我国实际出发，四是坚持以生存权、发展权为首要的基本人权，五是坚持依法保障人权，六是坚持积极参与全球人权治理。发展人权是全人类共同的事业。人权保障没有最好，只有更好。各国都有权利自主选择人权发展道路，不同文明、不同国家应该相互尊重、相互包容、相互交流、相互借鉴。我国弘扬全人类共同价值，践行真正多边主义，积极参与包括人权在内的全球治理体系改革和建设，推动构建人类命运共同体。

（三）领土

国家领土是指处于国家主权支配之下的地球的特定部分。领土是国家行使主权的空间，无领土即无国家。尊重国家领土的完整就是尊重国家主权。国家领土通常包括领陆、领水（内水和领海）、领空和底土（地下领土）。

国家边界是分隔一国领土与他国领土或国家管辖范围与国家管辖范围之外的区域的界线。边界是国家行使主权的界限。边界可分为陆地边界、水域边界和空中边界。其形成通常有两种情况：一是历史上逐渐形成的传统边界，二是由国际条约划定的边界。

四、国际组织及联合国

国际法上的国际组织，是指由国家或其政府基于国际条约所创立的政府间国际组织，不包括由不同国家的民间团体、个人创立的非政府国际组织。在国际组织中，所有成员都享有平等主权。国际组织的诞生使国家不再是国际法的唯一主体。国际组织活动范围广泛。例如，国际政治类的组织以联合国为代表，国际经济类的组织主要有世界银行、国际货币基金组织和世界贸易组织，国际教育文化类的组织主要有联合国教科文组织等。

国际组织具有国际法律人格，具有为实现其目的和达成其宗旨所必要的权利能力和行为能力。具体表现为缔约权、对外交往权、承认与被承认的权利、国际索赔和国际责任、特权与豁免等。国际组织按其建立的基本文件运作，有完整的组织机构和议事规则。

党的二十大报告指出，中国积极参与全球治理体系改革和建设，坚定维护以联合国为核心的国际体系、以国际法为基础的国际秩序、以《联合国宪章》宗旨和原则为基础的国际关系基本准则。联合国是最大最重要的政治性国际组织。《联合国宪章》规定了联合国的宗旨和原则、会员、组织机构、职权范围和活动程序、联合国的地位等，是联合国一切活动的法律依据。联合国设六个主要机关：联合国大会、联合国安全理事会、联合国经济及社会理事会、联合国托管理事会、国际法院和秘书处。联合国大会是一个审议和建议机关，无权迫使任何一国采取行动。安全理事会由五个常任理事国和十个非常任理事国组成，是对维持国际和平与安全负有主要责任并唯一有权采取维护和平与安全行动的机关。常任理事国具有阻止决议通过的否决权。中国是五个常任理事国之一。国际法院是联合国的主要司法机关，依据《国际法院规约》进行活动。

第二节　国际私法

一、国际私法概述

国际私法是解决平等主体间的国际民商事法律关系（涉外民商事法律关系）的法律冲突、确定法律适用的法律规范的总称。其特征是主要通过冲突规范援引某国法为准据法来调整当事人之间的权利义务。这种方法与直接规定当事人权利义务关系的方法相比，是间接的。

国际私法的渊源表现为国内法渊源和国际法渊源，前者如国内立法、司法判例等，后者如国际条约、国际惯例等。国际私法的主体是指能够参与涉外民商事关系，享有权利、承担义务的人，包括自然人、法人、国家和国际组织。

二、法律冲突与准据法

（一）法律冲突及其解决

法律冲突是指不同国家的民商事立法对同一涉外民商事关系作了不同的规定，而同时又互相承认民商事立法具有域外效力，从而导致当事人之间的权利义务关系出现矛盾或抵触。

解决法律冲突，可以采取统一实体法律规范的直接调整方法，也可以采取通过冲突规范解决的间接调整方法。间接调整方法是国际私法采取的基本方法。以冲突规范解决法律冲突问题，客观上存在着适用国内法和外国法的两种可能。

（二）准据法的确定

经冲突规范的援用而用来具体确定涉外民商事法律关系当事人权利义务的特定国家的实体法，称为准据法。准据法是涉及民商事法律关系所具体适用的法律，而非冲突规范所抽象指定的法律。

三、冲突规范

（一）冲突规范的概念

冲突规范，是指明某种涉外民商事法律关系应适用何种法律的规范，又被称为法律适用规范、法律选择规范。冲突规范是国际私法的基本规范，其作用是指明如何选择适用法律，是一种间接规范。从性质上说，冲突规范既不是实体法规范，也不是程序法规范，而是一种特殊类型的法律规范。2010 年通过的《中华人民共和国涉外民事关系法律适用法》就是典型的冲突规范。

《涉外民事关系法律适用法》设“一般规定”“民事主体”“婚姻家庭”“继承”“物权”“债权”“知识产权”“附则”等 8 章，共 52 条。其中第 1 条规定：“为了明确涉外民事关系的法律适用，合理解决涉外民事争议，维护当事人的合法权益，制定本法。”第 2 条规定：“涉外民事关系适用的法律，依照本法确定。其他法律对涉外民事关系法律适用另有特别规定的，依照其规定。本法和其他法律对涉外民事关系法律适用没有规定的，适用与该涉外民事关系有最密切联系的法律。”

（二）冲突规范的结构

冲突规范的结构，与一般法律规范包括规范适用的条件、行为模式和法律后果有所不同，只包括两个部分，即范围和系属。

范围是指冲突规范中指明该规范所要调整的涉外民事法律关系或所要解决的法律问题的部分，又称为原因、连接对象、问题分类等。系属指冲突规范中指明其所调整涉外民事法律关系应适用的法律的部分。例如，在《涉外民事关系法律适用法》第 36 条规定的“不动产物权，适用不动产所在地法律”这一冲突规范中，“不动产物权”是范围，“不动产所在地法律”是系属。在系属中，据以指定准据法所借以表现的客观标志部分，称为连接点或连接因素。如“不动产所在地”就是连接点。所以，连接点是连接法律关系与适用法律的纽带。

根据冲突规范中系属的不同规定，冲突规范可以分为单边冲突规范、双边冲突规范、重叠适用的冲突规范和选择适用的冲突规范四种。直接、具体规定适用某国法律的冲突规范为单边冲突规范。系属不直接规定适用内国法或外国法，而只是规定一个可以推定的系属，根据该系属结合实际情况寻找确定应适用某一国家法律的冲突规范，称为双边冲突规范。系属中有两个或两个以上的连接点，其所指引的准据法同时适用某一涉外民商事法律关系的冲突规范，为重叠适用的冲突规范。系属中规定两个或两个以上的连接点，但只选择其一确定调整有关涉外民商事法律关系的准据法的冲突规范，是选择适用的冲突规范。

双边冲突规范是应用最多的一种冲突规范。将双边冲突规范的系属公式化、固定化，就构成了系属公式。常见的系属公式有属人法、物之所在地法、行为地法、当事人合意选择的法律、法院地法、国旗国法、最密切联系地法等。例如，《涉外民事关系法律适用法》第 16 条第 1 款“代理适用代理行为地法律，但被代理人与代理人的民事关系，适用代理关系发生地法律”，就属于关于行为地法的规定。

（三）识别

冲突规范的范围指明法律关系或所要解决的法律问题。而要指明法律关系或所要解决的法律问题，需要依据一定的法律制度，对有关事实和问题进行定性和分类，将其归入一定的法律范畴，从而确定应援用的冲突规范，并对有关冲突规范进行解释。这一过程称为识别，也可以称为定性。识别是国际私法的一个基本问题，也是法院在处理涉外民事案件时首先遇到并必须解决的问题。

依据何种法律或法律观念进行识别，意义重大。面对相同的法律事实，采取不同的法律观念进行识别，可能导致适用不同的冲突规范从而导致适用不同的准据法。这种情形称为识别冲突。解决识别冲突或确定识别依据，通常有下述几种：依法院地法、依准据法、依分析法学和比较法学的方法、不同情况采取不同方法。《涉外民事关系法律适用法》第 8 条规定：“涉外民事关系的定性，适用法院地法律。”可以说，识别或定性的过程是法院正确适用冲突规范、正确适用准据法的前提，在客观上具有限制和解释国内冲突规范从而限制或排除外国法适用的作用。

识别时常常涉及实体问题还是程序问题。如果识别为程序问题，则适用法院地法，如果识别为实体问题，才有可能适用外国法。但有时很难区分实体问题和程序问题。通常倾向于将时效、举证责任、推定、赔偿视为实体法问题。

对法律事实识别后，通常可以根据连接点（系属）找到冲突规范所指向的法律。这一法律现在一般理解为实体法，而非冲突法。

四、外国法适用的限制

（一）公共秩序保留

如果一国法院根据其冲突规范本应适用某一外国法，而适用该外国法将违反法院地国的公共秩序，则国内法院可以此为理由限制或排除该外国法的适用。此为冲突规范适用中的公共秩序保留。公共秩序保留的作用，在于限制或排除外国法的适用。例如，《涉外民事关系法律适用法》第 5 条规定：“外国法律的适用将损害中华人民共和国社会公共利益的，适用中华人民共和国法律。”

公共秩序保留的关键，是对“公共秩序”的理解。各国对此的理解不同，从而为适用公共秩序保留提供了空间。

（二）法律规避

在冲突规范的范围（法律定性）确定的情况下，连接点不同，可能导致最终适用的法律不同。涉外民事法律关系的当事人通过改变冲突规范的连接点，规避本应适用的某一外国法，称为法律规避。法律规避是通过当事人有目的的行为造成的，被规避的法律是强制性法律，而且已经达到规避的结果。

对国际私法上的法律规避行为的效力，各国存在分歧。大致分为三种情形：全面否定法律规避的效力，基本肯定法律规避的效力，部分否定法律规避的效力（仅仅否定规避国内法的效力）。

（三）外国法的查明

如果法院经冲突规范指引，确定适用外国法后，就面临着如何确定外国法内容的问题。

很多国家的诉讼法都将法律与事实分开，对法律和事实的确定采取不同的程序，而且推定法官知法。因而，将外国法视为事实还是法律，对外国法内容的查明，会产生不同的结果。如果不能查明外国法的内容，法院常常以法院地法取代应适用的外国法，或者驳回诉讼请求或抗辩请求。例如，《涉外民事关系法律适用法》第 10 条规定：“涉外民事关系适用的外国法律，由人民法院、仲裁机构或者行政机关查明。当事人选择适用外国法律的，应当提供该国法律。不能查明外国法律或者该国法律没有规定的，适用中华人民共和国法律。”

五、不同法律关系的法律适用

（一）自然人和法人的权利能力与行为能力

自然人的权利能力始于出生，终于死亡。产生法律冲突主要是由于对出生和死亡的理解不同。一般以自然人的属人法（本国法或住所地法）来解决，包括宣告失踪或宣告死亡方面。

自然人的行为能力一般以自然人的本国法为准据法，辅之以行为地法。

法人的权利能力和行为能力是一致的。一般依法人属人法解决这方面的法律冲突。但各国对法人属人法又有不同理解，可包括国籍法、营业地法和成立地法。例如，《涉外民事关系法律适用法》第 14 条“法人及其分支机构的民事权利能力、民事行为能力、组织机构、股东权利义务等事项，适用登记地法律”的规定。

（二）物权关系

在物权关系方面，物权的主体、客体、种类与内容、取得与变动、保护方法，各国法律多有不同的规定。这方面适用最普遍的是物之所在地法原则。例如，前引《涉外民事关系法律适用法》第 36 条的规定。但是，这一原则也存在例外。例如，运输途中货物的物权变动，多采用货物运输目的地法。《涉外民事关系法律适用法》第 38 条规定：“当事人可以协议选择运输中动产物权发生变更适用的法律。当事人没有选择的，适用运输目的地法律。”

（三）合同之债与非合同之债

合同准据法，指通过冲突规范的指引而适用于合同的某一国的实体法。确定合同准据法，通常采取下述三种方式：合同当事人自由选择（意思自治）原则、与合同相关的客观标准原则、最密切联系原则。

一般侵权行为之债，多适用侵权行为地法、法院地法或重叠适用侵权行为地和法院地法，或者当事人共同属人法。例如，《涉外民事关系法律适用法》第 44 条“侵权责任，适用侵权行为地法律，但当事人有共同经常居所地的，适用共同经常居所地法律。侵权行为发生后，当事人协议选择适用法律的，按照其协议”的规定。

（四）涉外婚姻家庭关系

有效的婚姻须符合法律规定的实质要件和形式要件。有关婚姻的法律通常适用婚姻缔结地法、当事人属人法以及混合使用缔结地法和属人法。离婚同样存在实质要件和形式要件的要求。通常实质要件适用夫妻共同本国法、一方或共同住所地法、法院地法。形式要件多适用法院地法。

涉外夫妻人身关系多适用当事人本国法、住所地法，夫妻财产关系多采用意思自治原则、属人法。涉外婚生子女关系一般适用父母属人法、子女属人法、对子女更为有利的法律等。

关于涉外结婚，《涉外民事关系法律适用法》第 21 条规定：“结婚条件，适用当事人共同经常居所地法律；没有共同经常居所地的，适用共同国籍国法律；没有共同国籍，在一方当事人经常居所地或者国籍国缔结婚姻的，适用婚姻缔结地法律。”第 22 条规定：“结婚手续，符合婚姻缔结地法律、一方当事人经常居所地法律或者国籍国法律的，均为有效。”

关于涉外离婚，《涉外民事关系法律适用法》第 26 条规定：“协议离婚，当事人可以协议选择适用一方当事人经常居所地法律或者国籍国法律。当事人没有选择的，适用共同经常居所地法律；没有共同经常居所地的，适用共同国籍国法律；没有共同国籍的，适用办理离婚手续机构所在地法律。”诉讼离婚，适用法院地法律。我国法院受理的离婚案件，适用中国法律。

（五）涉外继承

涉外继承，指被继承财产、继承人或被继承人具有涉外因素的继承。一般分为三种情况。

涉外法定继承是指被继承人未留下遗嘱或遗嘱无效或遗嘱继承人拒绝继承财产时，按法律的规定继承的制度。法定继承一般采取分割制和单一制两种。前者区分动产与不动产，动产适用被继承人的属人法，不动产适用物之所在地法。例如，《涉外民事关系法律适用法》第 31 条规定：“法定继承，适用被继承人死亡时经常居所地法律，但不动产法定继承，适用不动产所在地法律。”后者虽不区分动产与不动产，但具体做法也有遗产所在地法和被继承人死亡时住所地法之别。

涉外遗嘱继承涉及立遗嘱人能力、遗嘱内容和效力等，根据不同情况适用不同的法律。例如《涉外民事关系法律适用法》第 32 条“遗嘱方式，符合遗嘱人立遗嘱时或者死亡时经常居所地法律、国籍国法律或者遗嘱行为地法律的，遗嘱均为成立”的规定，第 33 条“遗嘱效力，适用遗嘱人立遗嘱时或者死亡时经常居所地法律或者国籍国法律”的规定。

无人继承财产，多采取继承关系本身的准据法、遗产所在地法或采用区别制。例如《涉外民事关系法律适用法》第 35 条“无人继承遗产的归属，适用被继承人死亡时遗产所在地法律”的规定。

（六）涉外知识产权

涉外知识产权，根据确权和效力一般分为权利原始取得地法、被请求保护地法、行为地法或适用两个或两个以上国家的法律。《涉外民事关系法律适用法》第七章第 48～50 条分别规定了知识产权归属和内容、转让和许可使用、侵权责任的法律适用。例如，该法第 48 条“知识产权的归属和内容，适用被请求保护地法律”的规定。

第三节　国际经济法

一、国际经济法的概念和范围

国际经济法是调整国际经济法律关系的法律规范的总称，包括国内法、国际条约和国际惯例。国际经济法的调整范围不仅包括平等主体的当事人之间的横向经济关系，也包括国家、国际组织对横向经济关系的纵向管理和管制关系。国家、自然人、法人、国际经济组织，都可以成为国际经济法的主体。跨国公司作为分设在两个或两个以上国家的实体组成的企业，由于其战略的全球性和管理的集中以及公司内部的相互联系，在国际经济活动中的作用越来越大。中国作为一个发展中的经济大国，在国际经济合作中，以和平、发展、合作、共赢为目标，维护中国和广大发展中国家的主权和利益，推动建立更为公平合理的国际经济秩序。

国际货物买卖、国际技术许可、国际投资、国际融资，构成了主要的国际经济关系。按照世界贸易组织的划分，国际贸易可以分为货物贸易和服务贸易。凡是不提供货物或不主要提供货物的贸易，都可以理解为服务贸易。

二、国际货物买卖

（一）国际货物买卖的框架

国际货物买卖是指买卖双方的营业地位于不同国家的货物买卖。国际货物买卖涉及一系列的程序和不同的当事人。买卖双方签订国际货物买卖合同，并依据该合同履行相应的义务。根据合同规定不同，卖方或买方负责与运输货物的承运人签订运输合同，由承运人负责运送货物。卖方向承运人交货，或直接向买方交货。货物在运输途中存在损坏或灭失的风险，因此需要投保相应的保险险别。买方可以通过汇款的方式，直接向卖方付款；或者通过信用证支付方式，由买方申请开立信用证的银行向卖方付款。卖方也可以委托银行向买方收款。买方收到货物后，根据对货物检验的具体情况，决定是否接受、拒收或要求赔偿。

（二）国际货物买卖合同

调整国际货物买卖合同买卖双方当事人权利义务的，主要是国内合同法、《联合国国际货物买卖合同公约》（以下简称《联合国买卖合同公约》）和《国际贸易术语解释通则》。根据当事人意思自治原则，当事人可以在合同中约定是否采用《联合国买卖合同公约》、某国合同法或某一国际惯例；合同中有不同约定时，当事人的约定优先。

《联合国买卖合同公约》适用于合同当事人营业地在不同缔约国的货物销售合同，不适用于提供服务或劳务的合同，也不适用于对销售程序有特殊要求的货物，如股票、船只等。该公约只调整合同的成立与当事人之间的权利义务。合同及其条款的效力、惯例的效力、合同对货物所有权的可能影响，以及货物造成的人身伤亡责任，不属于该公约调整的范围。因此，在选择适用该公约时，须同时选择某一国内法作为补充。

（三）买卖双方的权利义务及违约救济

根据《联合国买卖合同公约》，买卖双方都承担通知义务和保全货物的义务。除此之外，卖方主要承担四项大的义务：交付货物、货物与合同规定相符、交付单据、保证交付的货物不侵犯包括知识产权在内的他人的权利。买方主要承担两项大的义务：支付货款和收取货物。

违约根据违约程度可以分为根本违约和非根本违约，根据违约时间可以分为预期违约和实际违约。根本违约和非根本违约造成的法律后果是不同的，一方根本违约时，受到损害的一方可以解除合同。预期违约也可能是根本违约。

一方违反合同应负的损害赔偿额，应与另一方当事人遭受的包括利润在内的损失额相等，但不得超过违反合同的一方在订立合同时依照他当时已经知道或理应知道的事实和情况，对违反合同预料到或理应预料到的可能损失。损害赔偿可以与其他救济措施同时适用。

在卖方违约时，买方还可以享受其他救济：实际履行合同义务、交付替代物、减价、修补更换等。买方违约时，卖方也可以要求实际履行、赔偿或宣告合同无效。

违约方违约是由非他所能控制的障碍所引起的，可以免除其违约责任。

（四）货物所有权和风险转移

货物所有权何时以何种方式从卖方转移到买方，各国法律没有统一规定。《联合国买卖合同公约》对此没有规定。根据我国相关法律的规定，所有权在交付时转移，或者按当事人的约定转移。

货物风险是指货物灭失或损坏的风险。买卖双方如何分配风险承担、风险何时由卖方转由买方承担，直接涉及双方的权利义务和利益。货物风险转移给买方后，如果货物损坏或灭失，且不是卖方造成的，买方依然须承担支付货款的责任。货物风险转移可以采取下述几种方式：交付时转移、合同订立时转移、买方接收时转移、在涉及货物运输时货交承运人时转移。但具体转移时间，须结合合同采用的具体贸易术语确定。

（五）《国际贸易术语解释通则 2020》

《国际贸易术语解释通则 2020》（Incoterms 2020），对卖方与买方之间的责任、风险、费用作了详细、明确的划分，反映了货物的价格构成和交货及装运条件，方便了合同条款的制定。该通则属于国际惯例，且有不同的版本，当事人选用时应加以注明。该通则在世界上被广泛适用。

该通则包括了 11 个贸易术语，分为 E、F、C、D 四组，分别代表工厂交货、主要运费未付、主要运费已付和到货合同。其中，FOB、CIF 最常用。

FOB，free on board（ ... named port of shipment）的简称，即船上交货（指定装运港）。根据该术语，卖方应将备妥的货物在约定的日期或期限内，在指定的装运港按港口习惯方式装上买方指定的船只，履行其交货义务；货物越过船舷后，有关费用及货物灭损的风险由买方承担。买方负责订立运输合同，向卖方发出有关船名、装货地点和交货时间的充分通知。

CIF，cost，insurance and freight（ ... named port of destination）的简称，即成本、保险费加运费（指定目的港）。根据该术语，卖方要支付运输航程的主要运费和保险费，但没有将货物运至指定目的港的义务。卖方应按通常条件自行负担费用订立运输合同，支付按惯常航线用通常船只将货物运至目的港的费用。在规定的日期或期限内，将货物装到船上。货物越过船舷后，货物灭损的风险由卖方转向买方。

三、知识产权的国际保护与国际技术许可

（一）知识产权的国际保护

世界知识产权组织单独管理或与其他组织共同管理的一系列知识产权公约或协定，

确立了知识产权及其国际保护的基本标准、范围、体系和制度。其中重要的有《保护工业产权巴黎公约》、《保护文学和艺术作品伯尔尼公约》、《保护表演者、录音制品制作者和广播组织罗马公约》和《集成电路知识产权条约》。世界贸易组织的《与贸易有关的知识产权协定》在基本涵盖上述公约的基础上，扩大了知识产权的保护范围，并增加了实施和执行的相关规定，加强了知识产权的保护力度。

（二）国际技术许可

技术许可，指技术许可方许可他人在一定期限、一定区域内实施许可方享有的独占权所包括的一项或多项行为。其最大特征是技术使用权许可。国际技术许可，指涉及国际因素的技术许可。例如，许可方和被许可方具有不同国籍或营业地位于不同国家，或实施区域在不同国家等。

作为许可对象的技术，其范围非常广泛，包括专有技术、商业秘密、专利权、商标权、版权及邻接权、集成电路等，还包括提供的相关服务。

国际技术许可协议，指有权阻止其他人利用或使用某项技术的人（许可方），同意其他人（被许可方）使用该项技术从而收取费用的协议。该协议具有较强的时间性、地域性、有偿性、国际性、授权性和法律性。按被许可方在特定区域内取得的使用权权限分，可以分为独占许可、排他许可、普通许可三种。

技术许可协议中，许可方常常利用限制性商业做法对被许可方进行多方面的限制。这些限制有些是合理的，有些是许可方滥用其支配地位。《与贸易有关的知识产权协定》明确禁止独占性回授许可、阻止对技术效力提出异议、强迫性一揽子许可这三种限制性贸易做法。

（三）特许经营

特许经营，指开发特定商业制度的特许方，允许被特许方根据特许方规定的条件有偿使用该制度。特许的对象是特许方成功的经营制度，是包括了知识产权与专有技术、商业秘密，用于提供货物或服务的一揽子安排。

四、国际投资

（一）国际投资法

国际投资法是指调整国际私人直接投资关系的法律规范的总称。国内立法和国际条约构成了国际投资法的主要渊源。直接投资与间接投资的区别，在于投资者对企业有无管理权或控制权。

资本输出国的国内立法主要是鼓励、促进、保护对外投资，而资本输入国的国内立法特别是发展中国家的投资立法主要是鼓励、保护、管理外来投资。

（二）国际投资的法律形式

国际投资主要包括国际贷款、国际证券组合投资、独资经营、合资经营、合作经营、并购外国企业、合作开发自然资源等形式。

根据2019年全国人大通过的《中华人民共和国外商投资法》和国务院制定的《外商投资法实施条例》，外商投资指外国的自然人、企业或者其他组织（以下称外国投资者）直接或者间接在中国境内进行的投资活动，主要是新设企业和并购境内企业，包括下列情形：外国投资者单独或者与其他投资者共同在中国境内设立外商投资企业，外国投资者取得中国境内企业的股份、股权、财产份额或者其他类似权益，外国投资者单独或者与其他投资者共同在中国境内投资新建项目，法律、行政法规或者国务院规定的其他方式的投资。外商投资企业的组织形式、组织机构及其活动准则，适用《中华人民共和国公司法》《中华人民共和国合伙企业法》等法律的规定。

（三）对外商投资的保护和鼓励

资本输入国制定和出台政策和法律调整外商投资者及其投资行为，主要规定外商投资的定义，国家对投资者的鼓励、保护和规制，以及投资者的权利义务和法律责任等。

我国外商投资立法和政策保护和鼓励外商投资。作为调整外国投资的重要法律，《外商投资法》规定了投资促进、投资保护、投资管理、法律责任等内容。根据《外商投资法》，国家实行高水平投资自由化便利化政策，建立和完善外商投资促进机制，营造稳定、透明、可预期和公平竞争的市场环境。在外资准入管理上实行准入前国民待遇和负面清单管理。对外商投资企业不实行征收；在特殊情况下，国家为了公共利益的需要，可以依照法律规定对外国投资者的投资实行征收或者征用。征收、征用应当依照法定程序进行，并及时给予公平、合理的补偿。国家建立外商投资企业投诉工作机制，及时处理外商投资企业或者其投资者反映的问题，协调完善相关政策措施。外国投资者在中国境内的出资、利润、资本收益、资产处置所得、知识产权许可使用费、依法获得的补偿或者赔偿、清算所得等，可以依法以人民币或者外汇自由汇入、汇出。在税收政策、产业政策、地区政策等方面，我国对外商投资企业提供了一系列的优惠待遇。外商投资准入负面清单规定禁止投资的领域，外国投资者不得投资。明确对影响或可能影响国家安全的外国投资进行审查，规定了审查范围、申报机制、审查程序、审查决定监督执行，切实维护国家安全和利益。

（四）有关投资的国际条约

双边投资协定构成了有关投资的国际条约的主要形式。《多边投资担保机构公约》《关于解决国家和他国国民之间投资争端公约》是直接调整国际投资的多边条约。世界贸易组织《与贸易有关的投资措施协议》《服务贸易总协定》也对国际投资具有重大影响。

五、世界贸易组织

（一）世界贸易组织概况

世界贸易组织根据《马拉喀什建立世界贸易组织协定》（以下简称《WTO协定》）于1995年1月1日成立。其职责主要是促进乌拉圭回合多边协议的执行、实施和管理，为成员间有关贸易协议的后续谈判和新议题的谈判提供谈判场所，负责解决成员间的贸易分歧与争端，负责定期审查成员的贸易政策。世界贸易组织成员可以是国家，也可以是不享有国家主权的单独关税区，例如欧盟、中国香港等。

部长会议是该组织的最高权力机构，在部长会议休会期间，由总理事会行使部长会议的职能。总理事会还分别以争端解决机构、贸易政策审查机构的名义，承担争端解决、贸易政策审查的职责。世界贸易组织遵循协商一致优先、投票表决次之的决策程序。但决策事项不同，投票要求也不同。诸如最惠国待遇事项的修改，需要全体成员接受方始有效。

国际货物贸易、服务贸易和与贸易有关的知识产权，是现有世界贸易组织规则调整、规范的主要内容。最惠国待遇、国民待遇、约束关税、普遍取消数量限制、反倾销措施、补贴与反补贴措施、保障措施、市场准入、知识产权的充分有效保护等，是世界贸易组织重要的国际贸易法律制度。最惠国待遇原则、国民待遇原则、公平竞争原则、透明度原则、对发展中国家优惠原则，是世界贸易组织的基本原则。最惠国待遇原则、国民待遇原则共同构成了非歧视原则。在货物贸易、服务贸易和与贸易有关的知识产权制度中，最惠国待遇或国民待遇的具体要求，并不完全相同。

（二）世界贸易组织法律规则

世界贸易组织的法律规则主要由《WTO协定》及其四个附件组成。该协定的附件1、附件2和附件3（这三个附件合称为“多边贸易协定”），对所有成员都有约束力。附件4（“诸边贸易协定”）只对参加的成员有约束力。货物贸易方面的主要协定有：《1994年关税与贸易总协定》《农业协议》《实施卫生与植物卫生措施协议》《纺织品与服装协议》《技术性贸易壁垒协议》《与贸易有关的投资措施协议》《反倾销协议》《海关估价协议》《装运前检验协议》《原产地规则协议》《进口许可程序协议》《补贴与反补贴措施协议》《保障措施协议》。上述货物贸易规则与《服务贸易总协定》《与贸易有关的知识产权协定》，构成了附件1的内容。关于《争端解决规则和程序的谅解》《贸易政策审议机制》，分别构成附件2和附件3的内容。2004年12月31日《纺织品与服装协议》终止适用。

《WTO协定》与其他协定冲突时，该协定优先适用。货物贸易规则、服务贸易规则以及与贸易有关的知识产权规则，相互之间是并存关系，某一协议对某一争端的适用，不排除其他协议对该争端同时适用。各具体规则之间同样存在累积适用的关系。

（三）世界贸易组织法律规则的实施

世界贸易组织各成员主要通过使其国内法与世界贸易组织规则相一致来履行义务。世界贸易组织成员之间的贸易争端，在双方协商不能解决的情况下，可以提交争端解决机构解决。对争端解决机构作出的裁定和建议，相关成员应予以履行。但履行裁定和建议的具体方式由相关成员自己决定。如果相关成员对是否履行该裁定或建议，或是否全部履行该裁定或建议有分歧，可以提请争端解决机构裁决。如果被裁决违反义务的成员拒不履行该裁定或建议，因其措施受到损害的成员，经争端解决机构批准，可以进行报复，如采取提高关税或限制进口等措施。当被裁决违反义务的成员履行了争端解决机构的裁定或建议时，该成员对其措施造成的损害无赔偿的义务。

与世界贸易组织决策程序不同，争端解决机构在解决争端时，采取反向一致的规则，即除非全体成员一致不同意，否则视为同意。这是世界贸易组织争端解决机制的最大特点之一。它有力地防止了被诉成员阻碍争端解决程序的情形。

（四）中国加入世界贸易组织

中国以加入的方式于 2001 年 12 月正式成为世界贸易组织的成员。根据《WTO 协定》，任何成员申请加入该组织，都必须按该成员与世界贸易组织成员达成的条件进入。中国加入世界贸易组织的条件规定在《中华人民共和国加入议定书》及其附件和《中国加入工作组报告书》中。中国加入世界贸易组织，是建立在权利与义务平衡基础之上的。作为世界贸易组织的成员，中国既享有相应的权利，也承担相应的义务。加入世界贸易组织，是我国对外开放的里程碑，为中国的对外贸易发展乃至整个经济的发展创造了良好的环境，加入以来的实践已经证明这一点。习近平指出，要从更好统筹国内国际两个大局、更好统筹发展和安全的高度，深刻认识参与世界贸易组织改革的重要性和紧迫性。要更加主动对接高标准国际经贸规则，稳步扩大规则、规制、管理、标准等制度型开放，加快打造对外开放新高地，建设更高水平开放型经济新体制，加快构建新发展格局。要积极营造市场化、法治化、国际化一流营商环境，加快建设贸易强国，全面参与世界贸易组织改革和国际经贸规则调整，以高水平对外开放促进深层次改革、高质量发展①。

练习与思考

内容提要

1. 国际公法是调整国际关系主要是国家间权利义务关系的、有法律拘束力的法律规范的总称。其渊源主要包括国际条约、国际习惯和一般法律原则。国家和国际组织是国际公法的主体。

2. 互相尊重主权和领土完整、互不侵犯、互不干涉内政、平等互利、和平共处，是我国等国家倡导、国际社会普遍接受的国际法基本原则。

3. 国际公法的效力根据来自国家意志，国际法是各国协调意志的体现。国际法与国内法的关系问题，归根结底是一个主权国家在国内如何执行国际法的问题。

4. 固定的居民、确定的领土、一定的政权组织、主权，构成了国家的四要素。国家根据主权所享有的固有权利，称为国家的基本权利，包括独立权、平等权、自保权和管辖权等。国家与国家之间的关系，通过国际法中调整外交与领事的法律规范进行。

5. 个人与某一特定国家的关系，根据其是否具有该国的国籍确定。国家对本国国民享有属人管辖权，对在本国的外国人享有属地管辖权，对在外国的本国国民享有外交保护权。国际法主体间有关尊重、促进和保护人的基本权利和自由的原则、规则和制度，构成了国际人权法。

---

① 习近平在中共中央政治局第八次集体学习时强调 积极参与世界贸易组织改革 提高驾驭高水平对外开放能力. 人民日报，2023－09－28.

6. 领土是国家行使主权的空间。国家领土包括领陆、领水、领空和底土。一国的领土由边界分开。

7. 联合国是世界上最大最重要的国际政治组织。联合国安理会负有维持国际和平与安全的责任，是联合国唯一有权采取维护和平与安全行动的机关。

8. 法律冲突是指不同国家的民商事立法对同一涉外民商事关系作了不同的规定，而同时又互相承认民商事立法具有域外效力，从而导致当事人之间的权利义务关系出现矛盾或抵触。冲突规范，是指明某种涉外民商事法律关系应适用何种法律的规范。经冲突规范的援用而用来具体确定涉外民商事法律关系当事人权利义务的特定国家的实体法，称为准据法。

9. 冲突规范包括范围和系属两部分。范围指表明所要解决的法律关系或所要解决的法律问题的部分，系属指应适用的法律部分。为指明法律关系或要解决的法律问题，依据一定法律制度进行定性、分类的过程，称为识别。

10. 根据《联合国国际货物买卖合同公约》，卖方承担的主要义务包括交付货物、货物与合同规定相符、交付单据、保证交付的货物不侵犯他人的权利。买方主要承担支付货款和收取货物的义务。买卖双方都有保全货物的义务。《国际贸易术语解释通则 2020》进一步细化了国际货物买卖合同的内容。

11. 知识产权的国际保护为国际技术许可提供了条件。国际技术许可的主要特征是支持使用权许可。技术许可可以分为独占许可、排他许可和普通许可三种。

12. 我国外商投资立法和政策保护和鼓励外商投资。作为调整外国投资的基本法律，《外商投资法》规定了投资促进、投资保护、投资管理、法律责任等内容。

13. 世界贸易组织是全球性的贸易组织，其基本目标是建立一个完整的、更有活力的、永久性的多边贸易体制，通过规范成员间的贸易关系，促进世界贸易的自由化进程，但世界贸易组织并不直接干预成员内部政策。

14. 世界贸易组织的法律规则的适用遵循累积适用的原则，世界贸易组织成员应遵循所有的规则或义务。某一规则的适用，不排除其他规则的适用；某一协议的适用，不排除其他协议的适用。法律规则之间的相互关系，是共同适用关系，而非相互排斥关系。

15. 世界贸易组织争端解决机构解决争端，采取反向一致规则。被裁定违反义务的成员，采取撤销或修改措施的方式，履行争端解决机构的裁定或建议。如果该成员履行了该裁定或建议，该成员对其原来的措施对其他成员造成的损害，不承担赔偿责任。

关键术语

国际法	国际法的基本原则	国际条约
国际习惯	国家的基本权利	国家管辖权
使馆	国籍	人权的国际保护
领土	国际组织	联合国
法律冲突	冲突规范	系属
准据法	公共秩序保留	联合国国际货物买卖合同公约

特许经营　　国际技术许可协议　　国际贸易术语解释通则 2020
世界贸易组织　　世界贸易组织争端解决机制　　反向一致

辨析题

1. 能够享有权利、独立参加国际关系的实体，称为国际法的主体。

2. 买卖双方决定凭样品确定小麦面粉的品质。卖方交付的货物与样品一致，但却含有对人体有害的物质。卖方交付的货物不合格。

3. 据报载，某外资企业在收取了应聘人员交纳的保证金后携款而逃。有关人员在向工商登记机关进行查询时发现该企业在登记时根本没有缴纳注册资金。该工商登记机关在没有确信该企业缴纳注册资金就准许设立，违反了国家的有关法律规定。

4. 根据某技术许可协议，被许可人享有在某一区域的独占许可。这表示除许可人外，任何人都不可以在这一区域实施该技术。

5. 根据某国际货物买卖合同，卖方向买方交付纺织机械，供买方生产纺织品。但卖方延迟交货，影响买方开工日期。买方声称由于延迟开工错过最佳市场行情，要求卖方赔偿市场行情变化引起的损失。根据《联合国国际货物买卖合同公约》，买方的要求有法律依据。

6. 如果一个国家违反了国际法，其他国家可以以公诉人和法院的身份，对其进行制裁。

7. 国际条约的主体包括国家、国际组织和个人。

8. 国际公法中的国际习惯是指国际商人习惯法。

9. 人权的国际保护，是指国际组织对人权的保护。

10. 冲突规范是一种法律适用规范，它指明了相关法律关系所适用的具体实体法。

11. 自卫权是国家的固有权利之一。

12. 使馆虽然是一国派驻外国的常设外交代表机关，但由于地处所在国境内，使馆馆舍可以侵犯。

13. 某些国际条约义务可以通过缔约国在国内法律制度中履行的方式履行。

14. 不同国家对同样的民商事法律关系有不同的规定，导致了法律冲突。

15. 张男和李女在中国结婚，婚后共赴国外生活。现他们想解除婚姻关系，向我国法院起诉。根据我国法律，我国法院可以受理他们的离婚案件。

16. 某一世界贸易组织成员被争端解决机构裁决违反义务后，必须对其他成员因其措施受到的损害进行赔偿。

案例分析

2017 年 8 月，美国总统向美国贸易代表发布备忘录，声称“中国关于知识产权、创新与科技的法律、政策与做法可能会损害美国的出口、损害美国人民创新报酬”等，要求美国贸易代表根据《1974 年贸易法》301 条款对中国技术转让、知识产权和创新有关行为、政策及做法是否存在不合理或歧视性并对美国商业造成阻碍和限制，即是否属于第301节（b）（1）项下可采取的行为，从而对华正式发起“301调查”。

2018年3月，美国贸易代表办公室在其对华“301调查”报告中认定中国政府的相关法律、政策和做法“不合理”或者具有“歧视性”，并且已经给美国商业造成了“负担或者限制”，具体涉及强制技术转让、歧视性技术许可、对美投资收购、网络窃密等方面。随后，美国贸易代表办公室于4月3日公布拟对约1 300个税号的中国产品征收25%的额外关税。中国国务院关税税则委员会紧跟着于4月4日决定对原产于美国的大豆、汽车、化工品等14类106项商品加征25%的关税。

2018年7月6日，美国正式对中国340亿美元的输美产品加征25%关税，并于2018年9月24日对价值约2 000亿美元的中国产品加征10%的关税。2019年5月10日起，美国将此2 000亿美元的进口商品征收的关税升至25%，中国宣布反制措施。

针对美国基于其“301调查”报告单方面对中国施加的关税措施，2018年4月4日中国通过WTO的争端解决机构（DSB）向美国提起了磋商请求（I），并于同年7月6日、7月16日和9月18日分别提出补充磋商请求。因无法通过磋商解决争端，2018年12月6日中国向WTO的争端解决机构提出设立专家组。

《关税与贸易总协定》第1.1条（最惠国待遇）规定：在对输出或输入、有关输出或输入及输出输入货物的国际支付转账所征收的关税和费用方面，在征收上述关税和花费的方法方面，在输出和输入的规章手续方面，以及在本协定第三条第二款及第四款所述事项方面，一缔约国对来自或运往其余国家的产品所赐予的利益、优待、特权或豁免，应当立即无条件地给予来自或运往所有其余缔约国的相同产品。

《关税与贸易总协定》第20条（一般例外）规定：本协定的规定不得解释为阻止缔约国采用或实施以下举措，但对情况相同的各国，实施的举措不得构成武断的或不合理的差别待遇，或构成对国际贸易的变相限制：

（甲）为维护公共道德所必需的措施；

…………①

问：

（1）美国是否违反了《关税与贸易总协定》第1.1条最惠国待遇规定？

（2）美国是否能够援引《关税与贸易总协定》第20条的一般例外规定免责？

（3）请结合本案例，谈谈如何应对美国挑起贸易战的行为？

---

① 李诚篪，叶军，陈雨松，等．支持和践行多边主义：中国参与WTO争端解决法律实践（2011—2020）．北京：商务印书馆，2021：211-225.